前言 FOREWORD

汽车电工电子是高职高专院校汽车类专业的核心课程。本书依据职业教育改革新要求，紧紧围绕高素质技能型人才的培养目标，以能力培养为本位，以汽车技术应用为主线，以典型汽车电工电子设备为载体，确定编写思路和特色。本书内容组织合理、通俗易懂、深入浅出，网络教学资源丰富，突出电工电子技术在汽车中的应用，注重基础理论与实践应用的有机结合。

本书有机整合传统的电工电子技术知识，遵循知识面广、分析案例难度适中、应用性强的原则，兼顾针对性和普适性，以及课程内容的基础性与延展性。在内容编排上，本书紧扣基本概念和基本定律，重视汽车典型电路的分析和计算，加强汽车电工电子技术应用。通过学习本书知识，学生可掌握运用电工电子基础知识分析汽车电路及简单故障的能力，也可为学习汽车电器、汽车电子控制技术等后续课程打下坚实的基础。

根据"十三五"职业教育国家规划教材复核的专家反馈意见，本书紧扣职业教育改革新要求，对结构设计、内容编排和任务设置等环节进行一定调整，具体如下。

（1）本书结构从传统章节模式调整为"模块-项目-任务"模式。每个模块从"学习导读""学习路线"引出项目，项目以"知识学习"为基础，以"任务"为抓手，通过理论与实践一体化训练完成包含知识、能力和素养等方面的"学习目标"。

（2）本书新增29个任务（将本书旧版中分布在各章的汽车典型案例和重要知识点以任务的形式凸显出来）。从偏重知识叙述调整为理论与实践兼顾，基于任务引领学生参与课堂实践，强调紧扣应用、理实一体的教育改革理念。任务设置兼顾基础性和应用性：有电路的理论分析和计算，还有动手实训环节。

（3）新增"拓展阅读"。本书全面贯彻党的二十大精神，融入素质培养元素，更好地培养学生的爱国主义精神、职业道德和工匠精神，引导学生树立正确的世界观、人生观和价值观。

（4）本书新增思考题。思考题紧扣知识点，能启发学生思考。此外，本书还提供多个视频资料，包括电工电子及汽车电器等内容；书中的习题和自测题，有助于学生进行知识巩固。

本书共7个模块，参考学时为120学时，其中理论环节共78学时，实践环节共42学时，各模块的参考学时见下面的学时分配表。

学时分配表

模块号	模块内容	参考学时	
		理论环节	实践环节
模块1	直流电路及其应用	14	8
模块2	正弦交流电路及其应用	10	8
模块3	磁路和铁芯线圈电路	6	4
模块4	交流电动机及其控制	6	3
模块5	直流电动机及其应用	8	3
模块6	常用半导体器件及其应用	18	8
模块7	数字电子技术及其应用	16	8
学时总计		78	42

由于本书知识点丰富、基础理论多、实践应用性强，为便于学生学习和理解，建议教师在组织课程教学时采用多种教学手段和方法，如依托实验实训室开展实践教学、现场教学；根据教学内容，合理选择现场教学、案例教学等方法；应用多种现代教学技术，丰富教学形式。

本书编写团队的成员专业素养高、教学经验丰富，同时还有来自企业的技术人员，他们为本书提供了丰富的汽车应用案例，体现了校企合作的特色。

本书由无锡职业技术学院吕玫、张美娟任主编，陆荣任副主编，西藏职业技术学院金东东参与了本书的编写。模块1由吕玫和金东东编写，模块2、模块6由陆荣编写，模块3、模块4由吕玫编写，模块5、模块7由张美娟编写。来自汽车企业的符海建工程师为本书提供了部分汽车应用案例。吕玫负责全书统稿工作。

在编写本书过程中，编者参考了许多资料与文献，无法一一列举，谨在此对所有文献的作者表示衷心的感谢。

由于编者水平有限，书中难免存在疏漏之处，敬请广大读者批评指正。

编者
2023年12月

"十四五"职业教育国家规划教材

汽车类专业
人才培养系列教材

吕玫 张美娟／主编

陆荣／副主编

汽车
电工电子

第4版 | 附微课视频

人民邮电出版社
北　京

图书在版编目（CIP）数据

汽车电工电子：附微课视频 / 吕玫，张美娟　主编
. -- 4版. -- 北京：人民邮电出版社，2024.8
汽车类专业人才培养系列教材
ISBN 978-7-115-63749-9

Ⅰ. ①汽… Ⅱ. ①吕… ②张… Ⅲ. ①汽车—电工技
术—高等职业教育—教材②汽车—电子技术—高等职业教
育—教材　Ⅳ. ①U463.6

中国国家版本馆CIP数据核字(2024)第035024号

内 容 提 要

本书以汽车技术应用为主线，整合传统的电工电子技术知识，遵循必需、够用的原则，精选应用案例，培养读者运用电工电子技术基础知识分析各类电路及简单故障的能力。

本书共 7 个模块，主要内容包括直流电路及其应用、正弦交流电路及其应用、磁路和铁芯线圈电路、交流电动机及其控制、直流电动机及其应用、常用半导体器件及其应用、数字电子技术及其应用。每个模块提供若干个项目，并附有模块小结、习题和自测题。

本书可作为高职高专院校汽车类专业的教材，也可作为从事汽车维修和管理工作的技术人员的参考书。

◆ 主　　编　吕　玫　张美娟
　　副主编　陆　荣
　　责任编辑　王丽美
　　责任印制　王　郁　焦志炜
◆ 人民邮电出版社出版发行　　北京市丰台区成寿寺路 11 号
　　邮编　100164　电子邮件　315@ptpress.com.cn
　　网址　https://www.ptpress.com.cn
　　三河市君旺印务有限公司印刷
◆ 开本：787×1092　1/16
　　印张：17　　　　　　　　　2024 年 8 月第 4 版
　　字数：402 千字　　　　　　2025 年 6 月河北第 3 次印刷

定价：59.80 元

读者服务热线：(010)81055256　印装质量热线：(010)81055316
反盗版热线：(010)81055315

目录 CONTENTS

直流电路及其应用

••• 学习导读 •••

经过 100 多年的发展，汽车成为技术进步的重要载体，融入了机电一体化、互联网等技术应用。从传统汽车、电动汽车到智能网联汽车，未来的汽车将越来越具有电动化、智能化等特点。

汽车通常由两个直流电源供电，在汽车电源、启动、点火、照明与信号、仪表与报警、辅助电气、空调等系统中，有成百上千个电路协同作用来确保汽车正常运行。比如：一辆汽车中至少有 40 个由不同类型的照明灯组成的照明电路，实现近光灯、远光灯等电路功能，至少有 50 个由各种传感器构成的温度、压力等传感器电路。本模块主要讲述直流电路的基本定律和电路计算与分析，涵盖电阻的串并联、多电源复杂电路等知识。通过学习本模块知识，学生可以初步具备分析电路、诊断电路故障的基本能力，非常契合汽车类维修、服务岗位从业人员的专业技术、技能要求，因此掌握好直流电路计算与分析方法显得尤为重要。

••• 学习路线 •••

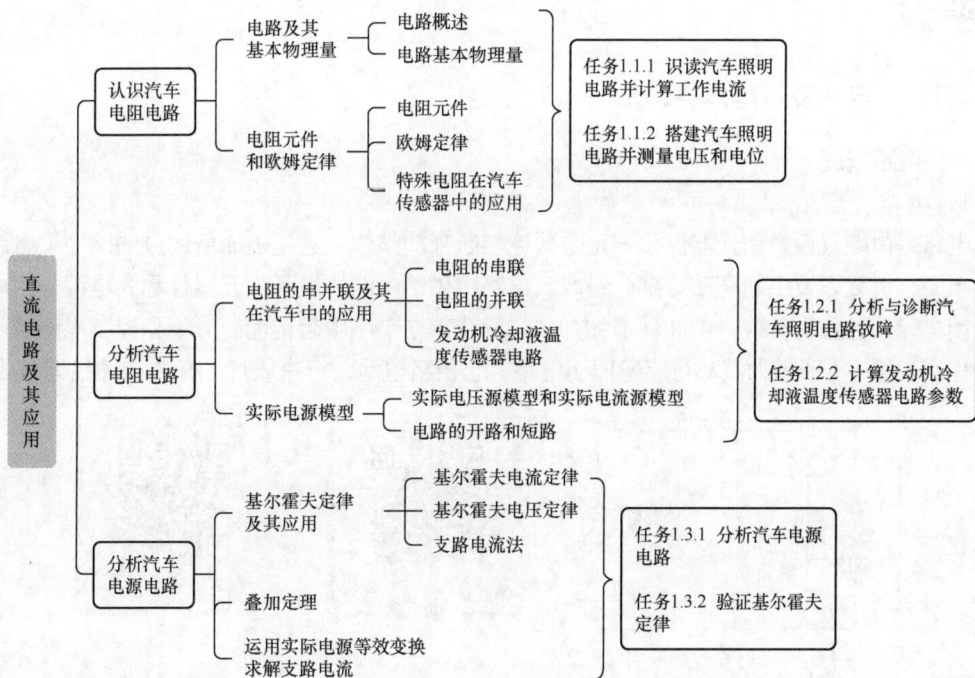

●●● 项目1.1 认识汽车电阻电路 ●●●

项目导入

　　大二暑假期间，学生小张在某汽修厂找到一份实习工作，汽修厂安排他给王师傅打下手。一天有客户来修车，他描述了汽车的状况：前一天晚上开车时，发现左边的近光灯不亮了。小张第一次上岗，王师傅就想考考他，让小张先想想问题可能出在哪里，应该怎么排查故障。

学习目标

　　1．知识目标
　　（1）了解电路的组成及各部分的作用，理解电流、电压、电位和电功率等基本物理量的概念。
　　（2）掌握电阻的基本知识，熟悉特殊电阻在汽车中的应用。
　　（3）掌握欧姆定律。
　　2．能力目标
　　（1）具备汽车照明电路的初步识图能力。
　　（2）具备汽车前照灯简化电路模型搭建能力。
　　（3）学会使用万用表测量电压和电位。
　　3．素养目标
　　（1）培养精益求精的工匠精神。
　　（2）培养严谨的科学精神和职业素养。
　　（3）培养敬业精神和合作能力。

知识学习

1.1.1 电路及其基本物理量

一、电路概述

1．电路

　　电路是由电气设备和元器件按一定方式连接起来的整体，它是电流所通过的路径。电路一般由电源、负载以及中间环节等部分组成。电路中供给电能的设备或元器件称为电源，用电设备或用电元器件称为负载，中间环节如开关、导线等在电路中起传输、分配和控制电能或电信号的作用。图1-1所示为汽车行李舱照明电路，它由蓄电池、行李舱灯、开关和导线等组成。

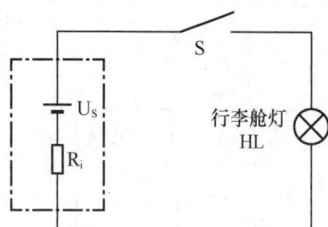

图1-1　汽车行李舱照明电路

电工在生活中的应用

电力系统示意图

在日常生活和工业控制中存在各种各样的电路，如随处可见的照明电路，汽车中的温度、压力、光照、位置、角度等传感器检测电路。根据实现功能的不同，电路可分为两种类型：电力电路和信号电路。电力电路用于实现能量的转换、传输和分配，如电力系统电路等；信号电路用于实现信号的处理与传递，如汽车中的传感器电路。

2. 理想元件和电路模型

实际电路中的元器件种类繁多，但在电磁现象方面一些元器件却有共同之处，如各种电阻、照明灯、汽车扬声器等元件主要的电磁特性是消耗电能；各种电感线圈（如变压器线圈、点火线圈等）存储磁场能量；各种类型的电容存储电场能量；蓄电池、干电池等部件提供电能。为了便于探讨电路的一般规律、简化电路的分析，在工程上通常将电路的实际元件用理想元件替代，即在一定的条件下，突出元件主要的电磁特性，忽略其次要因素，把实际元件近似地看作理想元件，用一个理想元件或几个理想元件的组合来代替实际元件。因此，各类用电设备或元器件在工作时表现出的电磁现象可以用下面 3 个理想元件及其组合来反映。

电阻元件——用来等效消耗电能并转换成其他形式的能量的实际元件，简称电阻。

电感元件——用来等效存储磁场能量的实际元件，简称电感。

电容元件——用来等效存储电场能量的实际元件，简称电容。

此外，不考虑内阻的电源可用"理想电压源""理想电流源"等效。实际电源可用多个理想元件组合表示，如实际电压源可用理想电压源与电阻元件串联等效，实际电流源可用理想电流源与电阻元件并联等效。

电阻（R）、电感（L）、电容（C）、理想电压源（U_S）、理想电流源（I_S）的图形符号如图 1-2 所示。

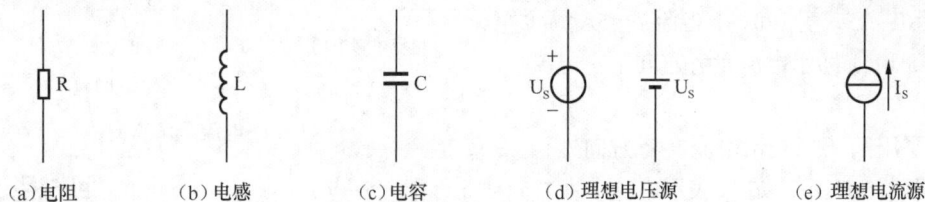

（a）电阻　　　（b）电感　　　（c）电容　　　（d）理想电压源　　　（e）理想电流源

图1-2　理想元件图形符号

电路模型就是指用理想元件及其组合来代替实际元件的理想电路。如图 1-1 所示，电压源 U_S 与电阻 R_i 串联表示实际电压源，行李舱灯 HL 为负载。后文若未特殊说明，分析的电路都指电路模型。

🎓 **提示**
- 电阻是耗能元件，电感、电容是储能元件。电感元件储存磁场能，电容元件储存电场能。
- 在不同工作条件下，实际元件可等效为不同理想元件的组合。如电感线圈，在低频下，可等效为电感元件与电阻元件的串联组合；在高频下，还要考虑其电容效应。

❓ **思考题**
列举汽车照明电路中的 3 种负载。列举汽车中的 5 个电路。

二、电路基本物理量

下面分别对电路的电流、电压和电位、电动势、电能和电功率等物理量进行分析。

1. 电流

电荷定向运动形成电流，通常将正电荷移动的方向规定为电流正方向。电流的大小用电流强度来衡量，其数值等于单位时间内通过导体某一横截面的电荷量。根据定义有

$$i = \frac{\mathrm{d}q}{\mathrm{d}t} \tag{1-1}$$

式（1-1）中，i 为电流强度（简称电流），单位为安培（A）。

根据电流大小和方向随时间变化的情况，把电流分为两大类：一类是电流大小和方向都不随时间而变化，称为恒定电流，简称直流电，用大写字母 I 表示；另一类是电流大小和方向都随时间而变化，称为变动电流，变动电流用小写字母 i 表示，其中一个周期内电流的平均值为零的变动电流，称为交变电流，简称交流电。

交流电中应用最广泛的是随时间按正弦函数变化的电流，称为正弦交流电。目前电力工程中所采用的电压、电流几乎都是按正弦函数变化的。

电流的方向是客观存在的。但在电路分析中，对于一些较为复杂的电路，有时其电流的实际方向难以判断，因此在分析电路时，引入电流参考方向这一概念。

在一段电路上可以任意选定一个方向作为电流的流动方向，这个方向就是电流参考方向，如图 1-3 所示，电流参考方向用箭头表示。当电流参考方向与电流实际方向一致时，电流为正值（$I>0$）；当电流参考方向与电流实际方向相反时，电流为负值（$I<0$）。例如，流经电阻的实际电流大小为 5A，在不同的电流参考方向下，电流的表达式正负号不同。在图 1-3（a）所示电流参考方向下，电流 $I=5$A；而在图 1-3（b）所示电流参考方向下，电流 $I=-5$A。

图1-3　电流参考方向

除了用箭头来表示电流参考方向外，还可用双下标表示，如 I_{ab} 表示电流参考方向从 a 点指向 b 点。

因此在分析电路时，应先确定电流参考方向，再进行电路分析与计算，最后根据计算出的电流数值，就可以确定电流实际方向。不明确电流参考方向就谈论电流正负值显然毫无意义。

提示

- 在电路图上标注的电流参考方向可随意选择，而实际电流方向是客观存在的。
- 电流是代数量，反映电流的大小与实际方向。

思考题

若电流 $I_{AB}=-6$A，则 $I_{BA}=$＿＿＿＿＿A，该电流实际方向是从＿＿＿＿＿指向＿＿＿＿＿。

2. 电压和电位

导体内电荷定向运动是由电场力的作用产生的，电压就是表征电场力对电荷做功的物理量。电路中 a、b 两点间电压的大小就等于电场力将单位正电荷由 a 点移动到 b 点所做的功，用符号 u 表示，即

$$u = \frac{\mathrm{d}W_{\mathrm{ab}}}{\mathrm{d}q} \tag{1-2}$$

在直流电路中电压用大写字母 U 表示，电压的单位为伏特（V）。

为了方便分析电压这个物理量，电路中引入了电位的概念。在电路中任选参考点 O，则电路中某点 a 到参考点 O 的电压就称为 a 点的电位。换言之，电路中某点的电位实际上是某点相对于参考点的电压，即

$$V_{\mathrm{a}} = U_{\mathrm{aO}} \tag{1-3}$$

电位用 V 表示。电路参考点本身的电位 $V_{\mathrm{O}}=0$，参考点也称为零电位点。

两点之间电压的实际方向是高电位点指向低电位点，所以电压也常被称为电压降。为方便分析电路，与电流一样，引入电压参考方向。当电压实际方向与电压参考方向一致时，电压为正值，即 $U>0$；反之，当电压实际方向与电压参考方向相反时，电压为负值，即 $U<0$。

电压参考方向除了可用箭头标注，还可用双下标和正负符号标注来表示，如图 1-4 所示。如 U_{ab} 表明电压参考方向从 a 点指向 b 点。若用正负符号标注，电压参考方向从正极指向负极。

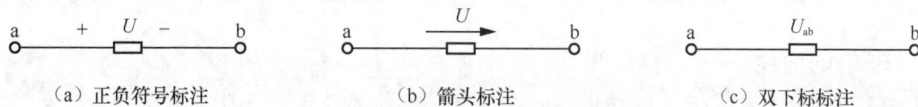

（a）正负符号标注　　　　　（b）箭头标注　　　　　（c）双下标标注

图1-4　电压参考方向表示

一个元件上的电压与电流参考方向相同，则称为关联参考方向（简称关联方向），如图 1-5 所示，否则为非关联参考方向（简称非关联方向）。一般电阻元件的电压与电流都选择关联方向。

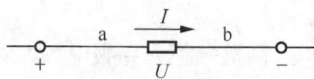

图1-5　关联参考方向

在电路中有 a、b、O 这 3 点，选 O 点为参考点，则 a、b 两点的电位分别为 $V_{\mathrm{a}}=U_{\mathrm{aO}}$、$V_{\mathrm{b}}=U_{\mathrm{bO}}$。按照做功的定义，电场力把单位正电荷从 a 点移到 b 点所做的功，等于把单位正电荷从 a 点移到 O 点，再从 O 点移到 b 点所做的功的和，即

$$U_{\mathrm{ab}} = U_{\mathrm{aO}} + U_{\mathrm{Ob}} = U_{\mathrm{aO}} - U_{\mathrm{bO}} = V_{\mathrm{a}} - V_{\mathrm{b}}$$

即

$$U_{\mathrm{ab}} = V_{\mathrm{a}} - V_{\mathrm{b}} \tag{1-4}$$

式（1-4）表明，电路中 a、b 两点间的电压等于 a、b 两点的电位差，因此电压也称为电位差。

电路中参考点用符号"⊥"表示。在电力系统中，通常选择大地作为参考点；在电子电路中，一般选择电子设备的金属机壳或某公共点作为参考点。

? 思考题

若 $U_{\mathrm{AB}}=12\mathrm{V}$，则 $U_{\mathrm{BA}}=$ ＿＿＿＿＿V，＿＿＿＿＿点电位高于＿＿＿＿＿点电位。

【例1-1】 已知图 1-6 所示电路 $U_{\mathrm{AO}}=3\mathrm{V}$、$U_{\mathrm{OB}}=7\mathrm{V}$。若选择 O 点为参考点，求 A、B 两点的电位。若选择 B 点为参考点，则求 A、O 两点的电位。

解：（1）若选择 O 点为参考点，则

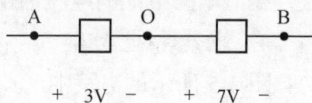

图1-6　例1-1电路

5

$$V_O = 0V$$
$$V_A = U_{AO} = 3V$$
$$V_B = U_{BO} = -U_{OB} = -7V$$

（2）若选择 B 点为参考点，则

$$V_B = 0V$$
$$V_A = U_{AB} = U_{AO} + U_{OB} = 3V + 7V = 10V$$
$$V_O = U_{OB} = 7V$$

电位的概念对实际电路的测量十分重要。对于一个实际的复杂电路，往往需要用万用表、示波器等仪器进行电压测量，通过测量来确定其工作状态。在汽车电路中，某照明电路出现断路故障，要查找电路在何处出现断路，可以通过测量各点电位的方法来判定。测量电位时，把万用表两个表笔中的黑表笔固定接在被测电路选定的参考点（汽车搭铁）上，红表笔搭在测量点上，即可测量该点电位，进而得出任意两点间的电压。这种测量方法既方便又安全。

提示

- 选择不同的参考点时，同一点的电位值不同。
- 两点间的电压大小与参考点选择无关，即电位的高低是相对的，而电压的值是绝对的。

汽车中的应用

在汽车电路中，蓄电池负极直接或间接地通过导线连接在车身金属或车架上，即"搭铁"。通常汽车中的搭铁点就是电路的参考点，电路中任一点的电位就是相对于搭铁点的电压。

3. 电动势

衡量电源力克服电场力对电荷做功能力的物理量称为电动势，用符号 e 表示。图 1-7 所示电路中，电动势在数值上等于电源力将单位正电荷由低电位点（b 点）移到高电位点（a 点）所做的功。电动势的方向规定为在电源内部由负极指向正极，即从低电位点指向高电位点。直流电路中电动势用 E 表示，单位为伏特（V）。

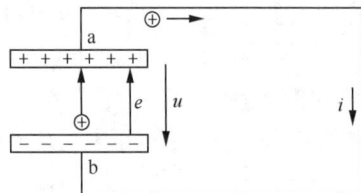

电源的电动势

图 1-7　电压与电动势

提示

- 电动势的实际方向是从低电位点指向高电位点，即电位升；而电压的实际方向是从高电位点指向低电位点，即电位降。
- 电源的电动势和电压是大小相等、方向相反的一对物理量，对外部电路而言，二者没有区别。

在后文中，电源常常用电压来等效表示电动势对外电路的作用。不同的电源具有不同的电压，如汽车蓄电池的电压通常为 12V，干电池的电压通常为 1.5V。

4. 电能和电功率

图 1-5 所示的电路中，a、b 两点间电压为 U，电路中的电流为 I，电压、电流参考方向为关联方向。由电压的定义可知，在时间 t 内，电场力所做的功，即元件消耗（或吸收）的电能，为

$$W = UQ = UIt \tag{1-5}$$

其中，Q——电荷量（C）。

单位时间内消耗的电能称为电功率（简称功率），直流电路中用字母 P 表示，即

$$P = \frac{W}{t} = UI \tag{1-6}$$

若电压、电流参考方向为非关联方向，则

$$P = -UI \tag{1-7}$$

在我国法定计量单位中，电能的单位是焦耳（J），功率的单位是瓦特（W）。在实际应用中，有时电能的单位用千瓦时（kW·h）表示，1kW·h 俗称一度电。

提示

● $P = \pm UI$，根据电压、电流参考方向是否为关联方向，选择不同的公式，$P>0$ 表示元件实际为吸收功率，$P<0$ 表示元件实际为发出功率。

● 还可根据元件的实际电压、电流方向是否相同，判断元件是吸收还是发出功率。若实际电压、电流方向相同，元件吸收功率；若方向相反，则元件发出功率。

【例 1-2】 已知图 1-8 所示电路 $U_{S1} = 12V$、$U_{S2} = 2V$、$I = 1A$、$U_1 = 6V$、$U_2 = 4V$。求各元件的功率，并说明元件是发出功率还是吸收功率。

解： 根据式（1-6）和式（1-7）得

$$P_{U_{S1}} = -U_{S1}I = -12V \times 1A = -12W < 0 \text{（发出功率）}$$

$$P_{U_{S2}} = U_{S2}I = 2V \times 1A = 2W > 0 \text{（吸收功率）}$$

$$P_1 = U_1 I = 6V \times 1A = 6W > 0 \text{（吸收功率）}$$

$$P_2 = U_2 I = 4V \times 1A = 4W > 0 \text{（吸收功率）}$$

$\sum P = P_{U_{S1}} + P_{U_{S2}} + P_1 + P_2 = -12W + 2W + 6W + 4W = 0$，说明电路的功率平衡。

图 1-8　例 1-2 电路

思考题

电路中有多个电源共同作用，例如汽车电源电路流经电流时，电路中的电阻吸收功率，而每个电源都发出功率吗？

1.1.2　电阻元件和欧姆定律

一、电阻元件

电阻元件是构成各类电路最常用的元件之一。电阻元件对电流的阻碍作用，被称为该元件的电阻值（简称电阻），用 R 表示，其单位为欧姆（Ω）。

试验证明，当温度一定时，金属导体的电阻（R）与导体的长度（l）成正比，与横截面积（S）成反比，还与材料的电阻率（ρ）有关，这就是电阻定律，即

电阻的认识

$$R = \rho \frac{l}{S} \tag{1-8}$$

其中，l 的单位为 m，S 的单位为 mm^2，ρ 的单位为 $\Omega \cdot mm^2/m$。

电阻定律

电阻的倒数称为电导（G），单位为西门子（S）。

$$G = \frac{1}{R} \tag{1-9}$$

导体的电阻还与温度的变化有关，一般可分为 3 种情况：第一种是导体电阻随温度的升高而增加，如银、铝、铜、铁、钨等金属；第二种是导体电阻随温度的升高而减小，如电解液、碳素等；第三种是导体的电阻几乎不随温度变化而变化，如康铜、锰铜、镍铬合金等。因此用电阻温度系数（α）可反映材料电阻受温度影响的程度。

通常金属导体的电阻随温度的升高而增加，它们的关系是

$$R_2 = R_1\left[1 + \alpha\left(t_2 - t_1\right)\right] \tag{1-10}$$

其中，t_1 —— 参考温度（通常为 20℃）；

$\quad\quad t_2$ —— 导体实际温度（℃）；

$\quad\quad R_1$、R_2 —— 温度为 t_1、t_2 时的电阻值（Ω）；

$\quad\quad \alpha$ —— 电阻温度系数（1/℃）。

表 1-1 所示为常见材料的电阻率和电阻温度系数。

表 1-1　常见材料的电阻率和电阻温度系数

材料名称	20℃时的电阻率/（Ω·mm²·m⁻¹）	0～100℃时的电阻温度系数/（1·℃⁻¹）
银	0.015 9	0.003 8
铜	0.016 9	0.004 0
铝	0.026 5	0.004 23
钢	0.13～0.25	0.006
锰铜	0.42	0.000 006
康铜	0.4～0.51	0.000 005
镍铬合金	1.1	0.000 15
铁铬铝合金	1.4	0.000 28

由此可知，银、铜、铝的电阻率很小，表示其对电流的阻碍小，导电能力强。因此，常用铜或铝来制作导线和电气设备的线圈。银因价格昂贵，只在有特殊要求的场合中使用，如电气触点等。镍铬合金、铁铬铝合金的电阻率很大，而且耐高温，常用来制造发热器件的电阻丝。工程上，通常用电阻温度系数极小的锰铜、康铜制造标准电阻、电阻箱以及电工仪表中的分流电阻和附加电阻等。

二、欧姆定律

电路中电阻元件流经电流，电阻两端产生电压降。若电压和电流参考方向为关联方向，则电阻的电压和电流关系为

$$U = IR \tag{1-11}$$

这一规律称为欧姆定律。

若电压和电流参考方向为非关联方向，则欧姆定律可写为

$$U = -IR \tag{1-12}$$

式（1-11）和式（1-12）反映了电阻与电压和电流的约束关系。

通常在任何时刻，电阻两端的电压与流过的电流的关系都服从欧姆定律，电阻常为线性电阻元件，其电阻值一定。线性电阻元件的伏安特性曲线是通过坐标原点的一条直线，其斜率对应电阻的数值，如图 1-9 所示。

而非线性电阻元件的伏安特性曲线不是一条通过原点的直线，而是一条曲线。因此电阻两端电压和通过电阻的电流不再服从欧姆定律，它们不成正比，其电阻值是个变量。本书中，若未加说明，电阻都指线性电阻元件。

严格来说，所有电灯、电热炉等实际电路元件的电阻都或多或少是非线性的。但是，对于金属膜电阻、碳膜电阻、线绕电阻等实际元件，在一定范围内，它们的阻值基本不变，若当作线性电阻元件来处理，可以得出满足实际需求的结果。

电压和电流参考方向为关联方向时，任何时刻线性电阻元件的吸收功率为

图1-9 线性电阻元件的伏安特性曲线

$$P = UI = I^2R = \frac{U^2}{R} \qquad (1-13)$$

同样，电压和电流参考方向为非关联方向时，任何时刻线性电阻元件的吸收功率为

$$P = -UI = I^2R = \frac{U^2}{R} \qquad (1-14)$$

从式（1-13）和式（1-14）可见，功率恒为非负值。这说明，任何时刻电阻元件不会发出电能，而是从电路中吸收电能，所以电阻元件是耗能元件。

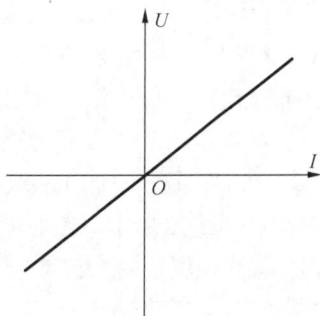

🎓 **提示**

- 电阻的电流、电压参考方向一般选择关联方向。
- 计算复杂电路时，若电路图上未标出电阻的电压方向，则默认电压与电流方向一致。

❓ **思考题**

一个 220V、60W 灯泡和 220V、100W 灯泡相比，哪一个的电阻大？如何计算？

【例1-3】 已知某电阻 $R = 10\Omega$，电阻上电压、电流参考方向为关联方向，流经电流 $I = 2A$。试求：电阻的 U、P。

解： 电压、电流参考方向为关联方向，故

$$U = IR = 2A \times 10\Omega = 20V$$
$$P = I^2R = (2A)^2 \times 10\Omega = 40W > 0（吸收功率）$$

三、特殊电阻在汽车传感器中的应用

物体的电阻率随其本身的温度变化而变化的现象称为热电阻效应。按材料特性不同，热电阻可分为热敏电阻和金属热电阻。热敏电阻常用陶瓷半导体材料制成。金属热电阻的电阻值随温度变化的特性可用于温度的测量。目前常用的金属热电阻有铂电阻和铜电阻等。铂是一种较理想的热电阻材料，在氧化性介质中，甚至在高温下，铂的物理性质和化学性质都很稳定，并

且在很宽的温度范围内都可以保持良好的特性。根据热电阻效应制成的传感器称为热电阻式传感器，汽车中很多温度传感器都是热电阻式传感器。

（1）热敏电阻

热敏电阻是用陶瓷半导体制成的，温度系数很大。在工作温度范围内，按陶瓷半导体的电阻与温度的特性关系，热敏电阻可分为以下3种类型。

① 负温度系数（NTC）热敏电阻。在工作范围内，NTC 热敏电阻的电阻值随温度升高而减小，如图 1-10 中曲线 1 所示。这种电阻是由陶瓷半导体和镍、铜、钴、锰等金属氧化物按适当比例混合后，高温烧结制成的，现广泛用于汽车发动机冷却液温度传感器、进气温度传感器、机油温度传感器和空调温度传感器。

② 正温度系数（PTC）热敏电阻。在工作范围内，PTC 热敏电阻的电阻值随温度升高而增加，如图 1-10 中曲线 2 所示。这种电阻在汽车发动机、仪器、仪表等测温部件中被广泛应用。

③ 临界温度系数（CTR）热敏电阻。在某一温度下，CTR 热敏电阻的电阻值随温度升高而急剧减小，具有很大的负温度系数，如图 1-10 中曲线 3 所示。

热敏电阻式温度传感器具有体积小、灵敏度高、安装简单、价格低廉的特点，因此，在汽车电子控制系统中被广泛应用。

（2）光敏电阻

光敏电阻是利用半导体光电效应制成的一种特殊电阻，对光线十分敏感，它的电阻值能随着外界光照强弱（明暗）变化而变化。它在无光线照射时，呈高阻状态；当有光线照射时，其电阻值迅速减小，即光敏电阻具有光照强度引起电阻值变化的特性。

汽车中的光电式光量传感器就采用了光敏电阻——硫化镉（CdS）光电元件。当光线照射硫化镉时，若周围环境的光线暗（照度小），则电阻大；若周围环境的光线亮（照度大），则电阻小。光电式光量传感器通过硫化镉光电元件，将周围光照的变化转换为电阻的变化，并以电信号的形式输入控制器。硫化镉光电元件的特性如图 1-11 所示，在汽车上其可用于各种灯具亮、灭的自动控制。

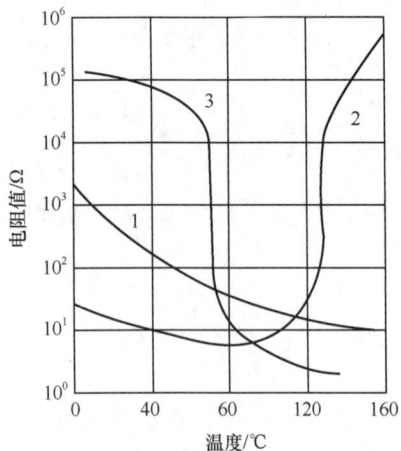

1—NTC 2—PTC 3—CTR

图1-10 热敏电阻的电阻值与温度的特性关系　　图1-11 硫化镉光电元件的特性

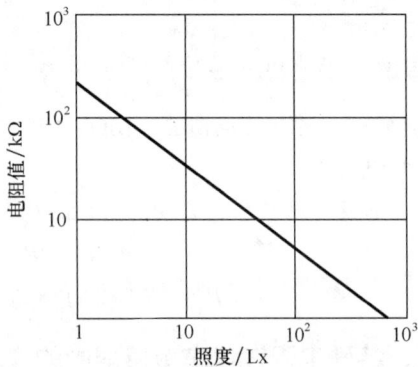

光电式光量传感器在汽车灯光控制器上的应用如图 1-12 所示。光电式光量传感器的结构如图 1-12（a）所示。灯光控制器安装在仪表板的上方，如图 1-12（b）所示，到傍晚时，控制尾

灯点亮；当天色更晚时，控制前照灯点亮。

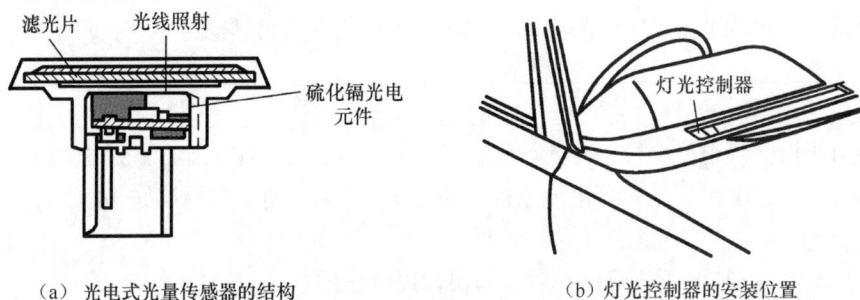

（a）光电式光量传感器的结构　　　　　（b）灯光控制器的安装位置

图1-12　光电式光量传感器在汽车灯光控制器上的应用

项目实施

任务1.1.1　识读汽车照明电路并计算工作电流

一、任务目的

1．学会汽车照明电路的识读。

2．学会计算电路电流的方法。

二、任务内容

汽车照明电路主要用于夜间行车照明、车内照明、仪表照明及检修照明等。图 1-13 所示为汽车常用照明电路，由此可知，汽车照明电路主要由电源、照明设备、控制开关等组成。汽车照明电路根据不同的控制要求，将许多照明灯并联在一起。照明灯由灯光开关和变光开关控制。灯光开关有 3 个挡位——0 挡、1 挡和 2 挡。灯光开关在 0 挡时断开；在 1 挡时示宽灯、尾灯、牌照灯等小灯亮；在 2 挡时配合变光开关控制前照灯的远光灯亮、灭，同时示宽灯、尾灯、牌照灯等小灯亮。在电路中，蓄电池电压为 12V，前照灯中近光灯额定电压、额定功率为 12V、25W。试分析并计算电路。

1—蓄电池　2—门控开关　3—室内灯　4—室内灯控开关　5—示宽灯　6—尾灯　7—牌照灯

8—仪表灯　9—灯光开关　10—变光开关　11—远光指示灯　12—前照灯（4个灯亮，接通远光灯；

2个灯亮，接通近光灯）　13—超车灯开关　14—前照灯易熔线

图1-13　汽车常用照明电路

三、分析与计算过程

1．电路中的负载有哪些？电路中的中间环节（开关等）有哪些？

_____

_____

2．试分析近光灯电流路径，并计算近光灯电阻，近光灯正常工作时的总电流 I。

（1）由图 1-13 可知，近光灯电流路径：蓄电池（＋）→前照灯易熔线 14→_____→

_____→_____→搭铁→蓄电池（－）。

（2）计算 12V、25W 近光灯的电阻，写出计算过程。

计算过程：_____

（3）接通 12V、25W 近光灯，该灯在额定电压下工作，正常发光，消耗功率应为 25W，计算左、右近光灯通过总电流，写出计算过程。

计算过程：_____

任务1.1.2　搭建汽车照明电路并测量电压和电位

一、任务目的

1．学会根据提供的元器件搭建汽车简单电路。

2．学会使用万用表测量直流电压和电流。

3．掌握电压和电位之间的关系。

二、任务条件

电工实验台、万用表、直流稳压电源。

三、任务内容

1．搭建汽车照明电路模型

搭建图 1-14 所示的前照灯电路模型。

（1）将可调电阻调出相应数值：近光灯电阻值（R_1、R_3）为 6Ω，远光灯电阻值（R_2、R_4）为 3Ω。

（2）打开直流稳压电源，调整电压值为 12V。

（3）按照前照灯电路模型接线。

2．测量电压值和电位值

（1）把开关 S 打到位置 1，以 O 点作为电位的参考点，分别测量各点电压值及电位值，将数据记入表 1-2 中。

（2）把开关 S 打到位置 1，以 A 点作为电位的参考点，分别测量各点电压值及电位值，将数据记入表 1-2 中。

（3）把开关 S 打到位置 2，分别以 O 点、A 点作为参考点，重复（1）、（2）的测量，将数据记入表 1-2 中。

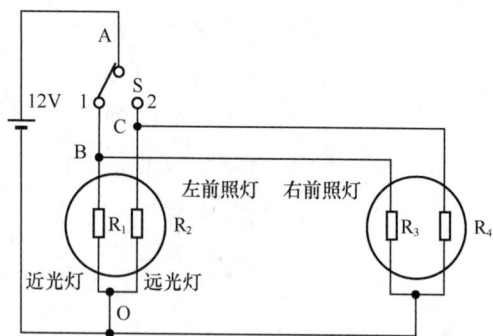

注：本书中为方便表示电路模型，灯一般用理想元件——电阻元件表示，较完整的汽车照明电路除外。

图1-14　前照灯电路模型

表 1-2　电位电压测量汇总

开关 S 的位置	参考点	V_A	V_B	V_C	V_O	U_{AO}	U_{BO}	U_{CO}
1	O							
	A							
2	O							
	A							

四、分析与讨论

根据上述测量结果和对比，可得出以下结论。

（1）选取的参考点不同，电路中各点的电位＿＿＿＿＿＿（不变，随之改变）。

（2）电路中两点间电压值＿＿＿＿＿＿（不变，随之改变），即电压值与参考点选择＿＿＿＿＿＿（有关，无关）。

（3）某点的电位值就是该点到参考点的电压值。（　　）（括号内填入√或×，下同。）

（4）电路中电位值是相对的，电压值是绝对的。（　　）

（5）把开关打到位置 1，以 O 点为参考点，根据电位值 V_A、V_B 可知导线上各点的电位相同。（　　）

（6）无论如何选择参考点，无电流流过的电阻，电压为 0，同时电阻两端的电位相等，电位值都为 0。（　　）

（7）回顾前文项目导入的案例，请想一想，从电路角度分析故障可能发生在什么地方。

数字式万用表简介

拓展阅读　新安江水电站

我国第一座自行设计、自制设备、自己施工建造的大型水力发电站——新安江水电站，被人们誉为"长江三峡的试验田"。该工程于 1957 年开工，于 1960 年第 1 台机组发电，总装机容量为 $6.625 \times 10^5 kW$。

1988 年年底，葛洲坝水利枢纽工程建成，装机容量为 $2.715 \times 10^6 kW$；2009 年，迄今为止世界上规模最大的发电站——三峡水利枢纽工程全部完工，总装机容量为 $2.25 \times 10^7 kW$，年发电量接近 1 000 亿 $kW \cdot h$。

••• 项目 1.2　分析汽车电阻电路 •••

项目导入

一天修理厂接待了一名客户，客户自述车辆怠速时抖动得很厉害，要求检查原因。实习生小张的师傅根据故障现象，通过初步检查排除了可能存在的机械故障，然后用诊断仪对电控系统进行检查，发现车辆的故障就出在冷却液温度传感器输送给电子控制单元的电压信号与冷却液实际温度的变化不一致上，由此造成了喷油修正信号不准。师傅更换了冷却液温度传感器后试车，故障排除。那么，冷却液温度传感器有哪些工作特性？电压信号和温度之间如何存在一一对应的关系呢？小张心里想着这些问题，在修车之余赶紧去查阅相关资料。

1. 知识目标

（1）掌握电阻串并联电路相关知识。

（2）掌握欧姆定律和功率公式的应用。

（3）掌握电源模型以及汽车蓄电池的基本知识。

（4）掌握电路负载、空载和短路的3种工作状态。

2. 能力目标

（1）具备电工实验基本技能，会正确使用仪器和仪表。

（2）初步学会通过等效电路计算及分析汽车电路。

（3）初步学会通过测量数据分析电路状态并排除故障。

3. 素养目标

（1）培养工匠精神和职业素养。

（2）培养团队合作能力。

知识学习

1.2.1 电阻的串并联及其在汽车中的应用

通过前面的学习可知，汽车中很多照明灯作为电路的负载实现照明功能，汽车温度传感器的热敏电阻通过外接电路实现电信号的传递。电路中电阻通过串联、并联、混联等连接方式，实现电路的特定功能。

一、电阻的串联

图 1-15（a）所示电路中两个电阻依次首尾相连，称为电阻串联。串联电路中各电阻流经同一个电流。当多个电阻串联时，可用一个等效电阻来等值代替，如图 1-15（b）所示。根据分析可知，串联电阻的等效电阻（或称为总电阻）等于各电阻之和，即

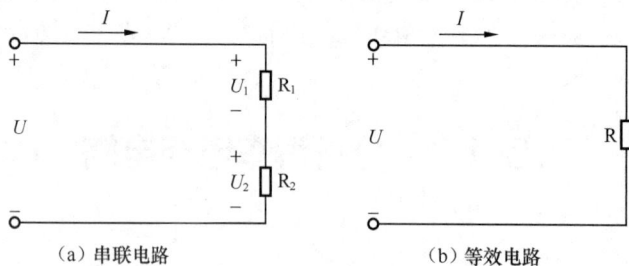

（a）串联电路　　　　　　　　　（b）等效电路

图1-15　电阻串联

$$U = U_1 + U_2 = (R_1 + R_2)I = RI$$

其中，$R = R_1 + R_2$。

写成一般形式（n 个电阻串联）：

$$R = R_1 + R_2 + \cdots + R_n \tag{1-15}$$

在电路分析中，常用到两个电阻的分压公式：

$$U_1 = \frac{R_1}{R_1 + R_2} \times U$$

$$U_2 = \frac{R_2}{R_1 + R_2} \times U \qquad (1\text{-}16)$$

由此可见，串联电阻上电压与电阻成正比，电阻具有串联分压特性。

汽车中的应用

汽车的温度传感器电路常利用电阻串联分压特性来间接测量温度变化情况。图1-16所示为冷却液温度传感器与电子控制单元（ECU）的连接电路。冷却液温度传感器内随电阻值温度变化的热敏电阻（R'）与ECU内的电阻（R）串联并分压，将冷却液温度的变化转换为电信号输送到ECU电路。图1-17所示为冷却液温度传感器电阻等效电路，电压（U_O）为传感器输出的电压信号，它的大小间接反映冷却液温度的高低变化。

图1-16 冷却液温度传感器与ECU的连接电路 图1-17 冷却液温度传感器电阻等效电路

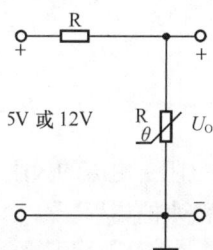

提示

工程上常常利用电阻串联分压特性来扩大电压表的量程。

串联电阻的功率、电压与它们的电阻成正比，即 $P_1:P_2 = U_1:U_2 = R_1:R_2$。

思考题

两电阻串联，$R_1:R_2=2:7$，电流流过时，对应电压比 $U_1:U_2=$＿＿＿＿＿，对应功率比 $P_1:P_2=$＿＿＿＿＿。

二、电阻的并联

如图1-18（a）所示，电路中电阻的首端与首端连接在一起、尾端与尾端连接在一起，称为电阻并联。并联电阻两端的电压相同，当多个电阻并联时，可用一个等效电阻来等值代替，如图1-18（b）所示。根据分析可知，并联电阻的等效电阻（或称为总电阻）的倒数等于各电阻倒数之和。

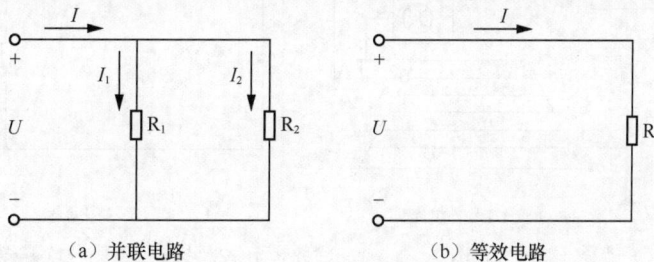

（a）并联电路　　　　　　（b）等效电路

图1-18 电阻并联

$$\frac{I}{U} = \frac{I_1 + I_2}{U} = \frac{I_1}{U} + \frac{I_2}{U}$$

n 个电阻并联时，可用等效电阻来代替，等效电阻的倒数等于各并联电阻倒数之和，即经变换得

$$\frac{1}{R} = \frac{1}{R_1} + \frac{1}{R_2}$$

电阻并联电路

写成一般形式（n 个电阻并联）：

$$\frac{1}{R} = \frac{1}{R_1} + \frac{1}{R_2} + \cdots + \frac{1}{R_n}$$

或
$$G = G_1 + G_2 + \cdots + G_n \qquad (1\text{-}17)$$

由此可知，等效电阻小于电路中最小的电阻，并联电阻越多，等效电阻越小。

在电路分析中，常用到两个电阻并联时的分流公式：

分流电路

$$I_1 = \frac{U}{R_1} = \frac{R_2}{R_1 + R_2} \times I$$

$$I_2 = \frac{U}{R_2} = \frac{R_1}{R_1 + R_2} \times I \qquad (1\text{-}18)$$

由此可见，并联电阻上电流的大小与电阻成反比，电阻具有并联分流特性。工程上常常利用这一特性来扩大电流表的量程。

提示

并联电阻的功率、电流与它们的电阻成反比，即 $P_1 : P_2 = I_1 : I_2 = R_2 : R_1$。

思考题

两电阻并联，$R_1 : R_2 = 2:3$，电阻两端加一定电压，对应电流之比 $I_1 : I_2 =$ _____，对应功率之比 $P_1 : P_2 =$ _____。

汽车中的应用

汽车中并联电路很多，如图 1-19（a）所示的汽车后窗除霜装置，它由蓄电池、点火开关、熔断器、除霜器开关及指示灯、除霜器（电热丝）组成。其中，除霜器由若干条电热丝并联连接，若将每条电热丝当作一个电阻，除霜器就可以等效成若干个并联的电阻，其等效的简化电路如图 1-19（b）所示。

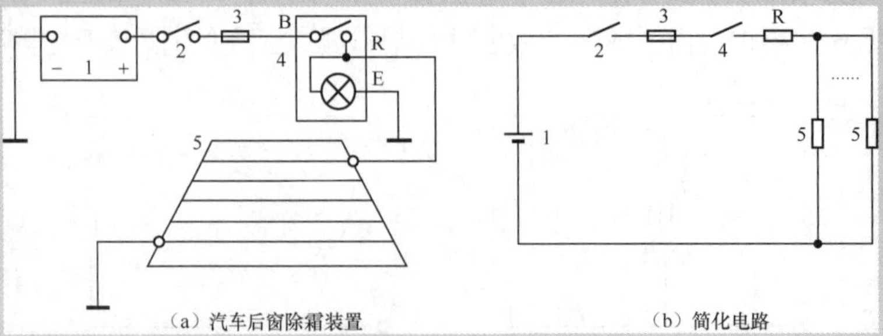

（a）汽车后窗除霜装置 （b）简化电路

1—蓄电池 2—点火开关 3—熔断器 4—除霜器开关及指示灯 5—除霜器（电热丝）

图1-19 汽车后窗除霜装置及简化电路

图 1-20 所示为由多个电阻组成的电路，电阻之间既有串联关系，又有并联关系，称为电阻混联电路。下面通过实例说明等效电阻和各物理量的求解方法。

【例 1-4】 根据图 1-20 所示的电阻混联电路，已知 $R_1 = 60\Omega$，$R_2 = 40\Omega$，$R_3 = 40\Omega$，$U = 80\text{V}$。求电路等效电阻 R，电流 I、I_2、I_3，电压 U_1、U_2。

解： 等效电阻

$$R = R_1 + \frac{R_2 R_3}{R_2 + R_3} = 60\Omega + \frac{40\Omega \times 40\Omega}{40\Omega + 40\Omega} = 60\Omega + 20\Omega = 80\Omega$$

总电流

$$I = \frac{U}{R} = \frac{80\text{V}}{80\Omega} = 1\text{A}$$

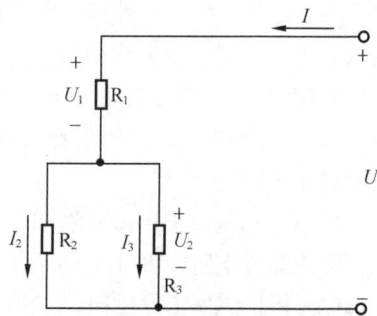

图1-20 电阻混联电路

用分流公式可求出 I_2、I_3。

$$I_2 = \frac{R_3}{R_2 + R_3} \times I = \frac{40\Omega}{40\Omega + 40\Omega} \times 1\text{A} = 0.5\text{A}$$

$$I_3 = I - I_2 = 1\text{A} - 0.5\text{A} = 0.5\text{A}$$

用分压公式可求出 U_1、U_2。

$$U_1 = \frac{R_1}{R} \times U = \frac{60\Omega}{80\Omega} \times 80\text{V} = 60\text{V}$$

$$U_2 = \frac{R_{23}}{R} \times U = \frac{20\Omega}{80\Omega} \times 80\text{V} = 20\text{V}$$

其中，$R_{23} = \frac{R_2 R_3}{R_2 + R_3} = \frac{40\Omega \times 40\Omega}{40\Omega + 40\Omega} = 20\Omega$

三、发动机冷却液温度传感器电路

1. 发动机冷却液温度传感器介绍

发动机冷却液温度传感器（又称为水温传感器）大多采用负温度系数热敏电阻制成，当冷却液温度升高时，传感器的电阻随之减小；反之，当冷却液温度降低时，传感器的电阻随之增大。冷却液温度传感器的结构和特性如图 1-21 所示。它一般安装在发动机缸体、缸盖的水套或节温器内并伸入水套中。冷却液温度传感器接头有两条线与 ECU 连接，其中一条是信号线，输出电压随热敏电阻的变化而变化，根据电压的变化测得发动机的冷却液温度；另一条是搭铁线。

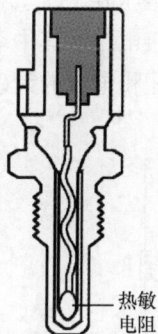

（a）结构

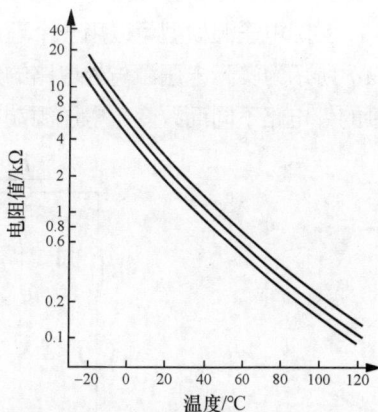

（b）特性

图1-21 冷却液温度传感器的结构和特性

2. 传感器与 ECU 的连接电路

图 1-22 所示为北京切诺基汽车发动机热敏电阻式冷却液温度传感器与 ECU 的连接电路。

17

ECU 内部三极管与 1kΩ电阻串联后再与10kΩ电阻并联。三极管有两种工作状态——饱和导通或截止。相当于一个开关：发动机冷却液温度低于 51.6℃时，三极管截止，相当于开关断开；发动机冷却液温度高达 51.6℃时，三极管导通，相当于开关闭合（三极管特性将在后面模块中展开分析）。

北京切诺基汽车用冷却液温度传感器各种温度下的部分电压如表 1-3 所示。下面通过任务具体分析传感器工作过程。

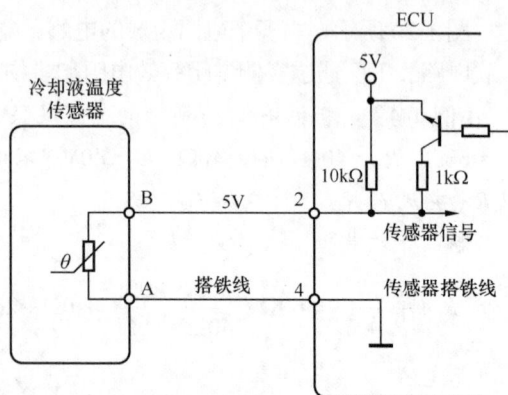

图1-22　北京切诺基汽车发动机热敏电阻式冷却液温度传感器与ECU的连接电路

表 1-3　北京切诺基车用冷却液温度传感器各种温度下的部分电压

冷态曲线（用 10kΩ并联电阻）		热态曲线（用 909Ω并联电阻）	
温度/℃	电压/V	温度/℃	电压/V
−28.8	4.70	51.6	4.00
−23.3	4.57	54.4	3.77
10	3.3	87.7	2.6
37.7	1.83	110	1.8

1.2.2　实际电源模型

一个实际的电源对外电路所呈现的特性（简称外特性），即电源端电压与输出电流之间的关系，可以用电压源模型或电流源模型来表示。

一、实际电压源模型和实际电流源模型

1.　实际电压源模型

实际电压源模型可以用一个理想电压源（U_S）和内阻（R_i）相串联的模型来表示。图 1-23（a）所示为实际电压源与外电路的连接电路，其中理想电压源电压固定不变，不会因为它所连接的外电路不同而改变，电压源端电压和电流的大小取决于外电路。

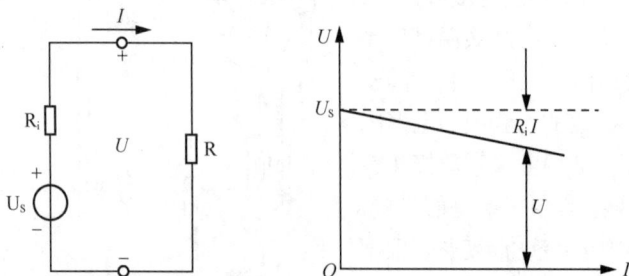

（a）实际电压源与外电路的连接电路　　　（b）外特性曲线

图1-23　实际电压源与外特性曲线

电压源电压（U_S）、电流（I）及其电压源端电压（U）的关系为

$$U = U_S - IR_i \tag{1-19}$$

式（1-19）是表征直流电压源端电压和电流的外特性方程。图 1-23（b）所示为实际电压源的外特性曲线。根据外特性方程可知，电源开路时，$I = 0$，$U = U_S$；电源短路时，$U = 0$，$I = I_S = U_S/R_i$。

根据电压源的表达式和外特性曲线可知如下两点。

① 当输出电流增大时，端电压随之下降。R_i 越小，则直线越平坦。

② 在理想情况下，$R_i = 0$，电压源的端电压恒等于电压源电压，即理想电压源。

理想电压源实际上是不存在的，但如果电压源的内阻远小于负载电阻（$R_i \ll R$），则端电压基本恒定，就可忽略内阻的影响，认为是理想电压源。通常，稳压电源、新的干电池、汽车蓄电池都可近似地认为是理想电压源。

？ 思考题

如图 1-23 所示，若负载电阻 R 是两个同样型号的灯泡并联后组成的等效电阻，那么若增加 3 个同样的灯泡并联，则等效电阻_____（变大，变小），电阻端电压_____（变大，变小），灯泡的亮度_____（不变，变亮，变暗）。

2. 实际电流源模型

电源的电路模型除了用理想电压源和内阻串联表示外，还可以用理想电流源（I_S）和内阻（R_i）并联来表示，如图 1-24（a）所示。图 1-24（b）所示为实际电流源与外电路的连接电路，可得实际电流源的外特性方程为

$$I = \frac{U_S}{R_i} - \frac{U}{R_i} = I_S - \frac{U}{R_i} \tag{1-20}$$

图 1-24（c）所示为实际电流源的外特性曲线，由此可知，当理想电流源电流（I_S）和内阻（R_i）一定时，输出电流（I）越大，端电压（U）越小。

在理想情况下，$R_i = \infty$，表明负载变化时，电流源的输出电流恒等于理想电流源电流，即 $I = I_S$。这种输出电流恒定、输出电流与端电压无关的电流源称为理想电流源，也称为恒流源。

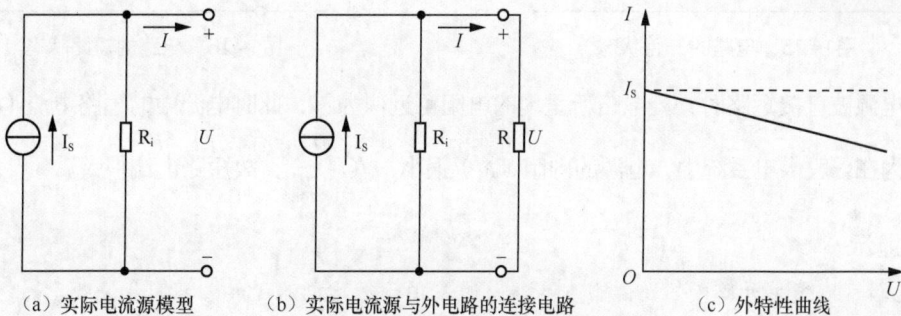

（a）实际电流源模型　（b）实际电流源与外电路的连接电路　（c）外特性曲线

图1-24　实际电流源与外特性曲线

在工程上，如果电流源的内阻远大于负载电阻（$R_i \gg R$），则电流基本恒定，即可认为是理想电流源。

通常，稳流器和光电池等都可近似地认为是理想电流源。

？ 思考题

实际电流源的内阻是越大越好，还是越小越好？

汽车中的应用

汽车电路采用直流电源供电，其额定电压一般有 12V、24V。汽油车普遍采用 12V 电源，柴油车多采用 24V 电源。汽车中的蓄电池种类较多，在汽车上广泛采用铅酸蓄电池。铅酸蓄电池内阻小、电压稳定，在短时间内能供给较大的启动电流(汽油车发动机一般为 200~600A，柴油车发动机高达 1 000A)，而且结构简单、价格较低。汽车发电机将在后文中做简要介绍。

二、电路的开路和短路

电路工作时有 3 种状态，即负载工作状态、开路状态和短路状态。负载工作状态已在实际电压源与外电路的连接电路中进行了分析，下面分别对开路状态和短路状态展开介绍。

1. 开路状态

开路状态又称为断路或空载状态，如图 1-25 所示，它是电路中开关断开或连接导线折断等引起的一种运行状态，可能是电路正常工作的一种状态，也可能是电路发生故障的一种状态。

电路空载时，外电路所呈现的电阻可视为无穷大，电路中的电流为零，即 $I = 0$。电源的端电压等于电源电压，即 $U_1 = U_S$，此电压称为空载电压或开路电压，用 U_0 表示。

电路的工作状态

2. 短路状态

由于电源线绝缘损坏、操作不当等引起电源的两输出端相接触，造成电源被直接短路，如图 1-26 所示。

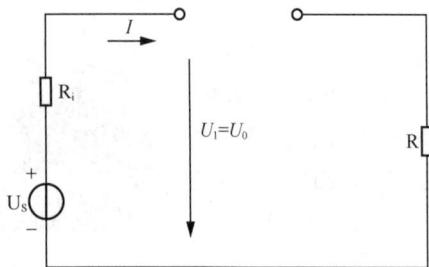

图1-25　电路的开路状态

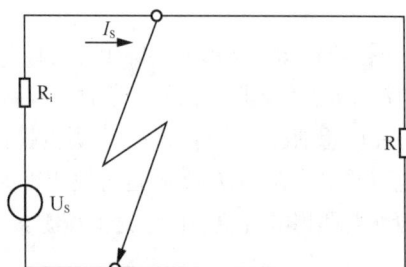

图1-26　电路的短路状态

当电源被直接短路时，外电路所呈现的电阻可近似为零，此时电源中的短路电流（I_S）最大，因为在一般供电系统中，电源的内阻（R_i）很小，$I_S = \dfrac{U_S}{R_i}$，故短路电流很大。

🎓 提示

电路可能发生开路或短路。当发生短路时，由于短路电流过大，可能会烧毁元器件，造成不可逆的严重后果；而发生开路时，会影响电路正常运行，但不会损坏电路元器件。

汽车中的应用

开路和短路是汽车电路的常见故障。汽车开路如图 1-27 所示，电路可能在 1~4 点中某一点处开路。例如，电路在 3 点处开路，则通过测量电位可知，靠近元件 C 处电位 $V_{3C}=0$，靠近元件 B 处电位 $V_{3B}=12V$（蓄电池电压值）。汽车开路可导致电路不能正常工作，但只要排除故障，电路即可恢复正常。

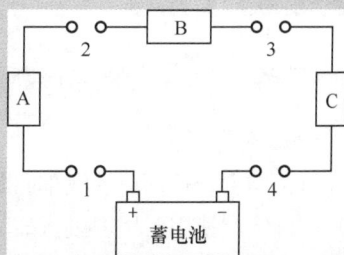

图1-27　汽车开路

汽车短路如图 1-28 所示。若元件短接可能会使电路产生过大的短路电流，从而烧毁电路，造成不可逆转的破坏。

例如，在图 1-28（a）所示电路中，若元件 A 和元件 C 是开关，元件 B 是负载，B 被短接就会直接导致电源短路而烧毁电路。

在图 1-28（b）所示电路中，元件 B 和元件 C 一端短接，使元件 B 和元件 C 所在支路的开关失去应有的作用。

在图 1-28（c）所示电路中，元件 C 被短路，若元件 C 是开关，则开关 C 失去作用；若元件 C 是负载灯泡，元件 A、B 是开关，则电源被短接。

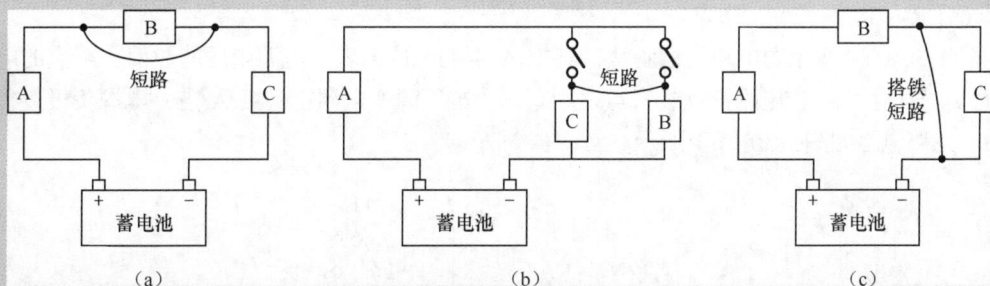

(a)　　　　　　　　　　(b)　　　　　　　　　　(c)

图1-28　汽车短路

提示

1. 实际电路中必须设置短路保护装置，常用的是安装熔断器进行短路保护。
2. 汽车电路常用的检测工具包括万用表、跨接线、试灯、试电笔等。

【例 1-5】　图 1-29 所示为某汽车门灯电路，蓄电池电压 $U_S = 12V$，内阻 $R_i = 0.2\Omega$，灯泡为 12V、6W，试求：

（1）空载电压（U_0）；

（2）短路电流（I_S）；

（3）忽略内阻压降，正常工作时的电流（I）。

解：（1）$U_0 = U_S = 12V$

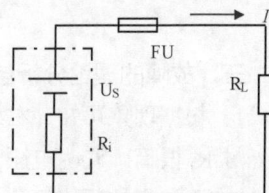

图1-29　某汽车门灯电路

（2）$I_S = \dfrac{U_S}{R_i} = \dfrac{12V}{0.2\Omega} = 60A$

（3）忽略内阻压降，则

$$I = \frac{P}{U} = \frac{6W}{12V} = 0.5A$$

由上述计算可知，短路电流远远大于正常工作电流，很容易烧毁电源与负载，同时短路时电流产生强大的电磁力会造成机械上的损失。

项目实施

任务1.2.1　分析与诊断汽车照明电路故障

一、任务目的

1．学会分析简单的汽车照明电路故障。

2．学会使用万用表进行故障电路检测，并能正确分析测量结果。

二、任务内容

一客户来汽修厂修车，经询问得知客户汽车的近光灯照明电路出现故障：接通近光灯开关时，左、右两个近光灯和左、右两个远光灯都亮了，其中右侧近光灯亮度正常，而左侧近光灯亮度很暗。请汽修厂排除照明电路故障。

图 1-30 所示为汽车前照灯电路，S 为近光灯、远光灯转换开关，当其打到 1 挡时，接通左、右两个近光灯；当其打到 2 挡时，接通左、右两个远光灯。两个近光灯 R_1、R_3 为 12V、25W，两个远光灯 R_2、R_4 为 12V、55W。

图 1-30（a）所示为电路习惯画法，其中 A 点的电位值表示电源电压的数值。A 点的电位为+12V，表明 A 点和电路搭铁参考点之间有一个电压源，电源正极接 A 点，电源负极接参考点 D。完整电路如图 1-30（b）所示。

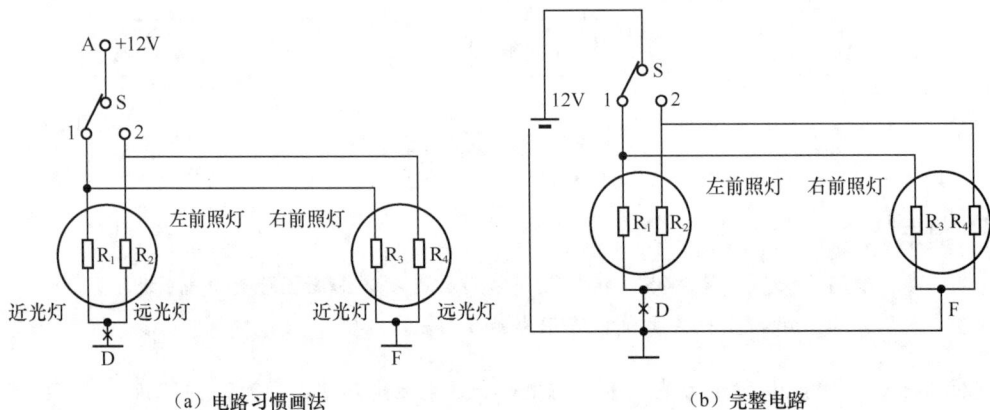

（a）电路习惯画法　　　　　　　　　　　（b）完整电路

图1-30　汽车前照灯电路

三、故障的理论分析与计算

1．根据现象可知，右侧近光灯 R_3 亮度正常，说明线路_____（正常，不正常）；而左侧近光灯 R_1 很暗，说明电压_____（大于，小于，等于）额定值 12V。

2．不该亮的远光灯也都亮了，且很暗，说明远光灯_____（有，无）电流流过，存在寄生电路。同时根据亮度可知：每个远光灯 R_2、R_4 上的电压都_____（小于，等于）额定值 12V。根据电路初步判断，可能是左前照灯_____断开，导致近光灯 R_1、远光灯 R_2 和 R_4 这 3 个灯_____（串联，并联，串并联），接到 12V 电源上。

3．下面通过计算分析相关物理量，将计算值与额定值对比，从理论上验证故障判断。

（1）运用欧姆定律、功率公式求解近光灯、远光灯电阻和正常工作电流。

近光灯电阻 $R_近$=_____

远光灯电阻 $R_{远}$ =_____

近光灯正常工作电流：

_____

远光灯正常工作电流：

_____

（2）若左前照灯搭铁处 D 点断开，当接通近光灯开关时，分析回答下列问题。

a. 电路中有几个电流，如何形成电流闭合路径，试画出等效电路。

_____

b. 通过计算近光灯和远光灯的电流、电压，说明故障原因。

_____

c. 找出了汽车照明电路的故障原因后应如何排除？

_____

4. 若右前照灯搭铁处 F 点断开，当接通远光灯开关时，会出现什么现象？

_____

四、故障电路检测分析

1. 任务条件

电工实验台、万用表、直流稳压电源。

2. 测量步骤

（1）连接电路。根据电路连接各个元件，并将电源电压、4 个电阻调整至要求的数值。

（2）电路中的 D 点处断开，分别测量近光灯 R_1、R_3 和远光灯 R_2、R_4 的电压，并将数值填入表 1-4。电压测量时注意红、黑表笔的位置。

表 1-4　前照灯电压测量汇总

电路状态	U_{R_1}	U_{R_2}	U_{R_3}	U_{R_4}
有故障（D 点处断开）				
正常工作（故障排除）				

分析：$U_{R_1} + U_{R_2} + U_{R_4}$ =_____。

初步判断故障原因并排除：_____。

（3）排除故障后，再测量近光灯 R_1、R_3 和远光灯 R_2、R_4 的电压，并将数值填入表 1-4。

（4）还有什么方法可以判断电路的 D 点处断路？

提示

汽车电路具有电源负极搭铁、负载单线并联（另一端就近搭铁）等特点，所以一旦搭铁点断开，就会改变原有的支路电流路径（产生寄生电路），改变电路结构，影响负载正常工作。

任务1.2.2　计算发动机冷却液温度传感器电路参数

一、任务目的

1. 学会进行串并联电路的分析与计算。

2．能够正确查阅冷却液温度传感器的热态曲线和冷态曲线。

二、任务内容

图 1-31 所示为汽车冷却液温度传感器等效电路，采用负温度系数热敏电阻 R 为可调电阻。根据开关不同状态以及热敏电阻的电阻值 R 计算冷却液温度传感器信号电压 U。

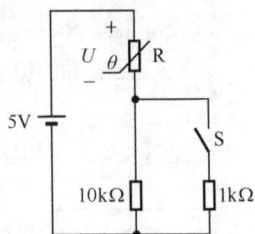

图1-31　汽车冷却液温度
传感器等效电路

三、分析过程

1．开关 S 断开，热敏电阻 $R=19.4k\Omega$ 时，求冷却液温度传感器信号电压 U，查表 1-3 得出对应的温度。

（1）分析：串联分压，可以先求出电流，再求电压 U；也可直接用分压公式一步求出电压 U。计算过程如下：

_____

（2）查表 1-3 所示的热态曲线，对应的温度是_____。

2．开关 S 闭合状态下，热敏电阻 $R=2\,786\Omega$ 时，求冷却液温度传感器信号电压 U，查表 1-3 得出对应的温度。

（1）求冷却液温度传感器信号电压 U：

_____

（2）查表 1-3 所示的冷态曲线，对应的温度是_____。

（3）当热敏电阻 $R=2\,786\Omega$ 时，如果开关 S 断开，则冷却液温度传感器信号电压 U 是多少？

_____

四、分析与讨论

用指针式万用表的同一量程（例如 5V）测量两个不同电压时，指针越靠近满偏（满挡值），准确度越高。对比分析过程中问题 1 和 2 的计算结果，在热敏电阻较小（温度较高）的情况下，电路中的分压电阻由 $10k\Omega$ 变为_____ $k\Omega$，开关 S 闭合时的热敏电阻电压比开关断开时的数值_____，使测量更为准确。

通过分析，可知如下内容。

① 在发动机冷却液温度低于 51.6℃时，冷却液温度传感器热敏电阻的值较大。ECU 内部三极管截止断开，5V 电压只通过 $10k\Omega$ 电阻与热敏电阻串联，分压后得到相应的电压值，通过 ECU 的两端得到冷却液温度传感器信号。

② 当发动机冷却液温度升高后，冷却液温度传感器热敏电阻的值变小。因此当发动机冷却液温度达 51.6℃时，ECU 控制三极管导通，此时 ECU 内部 $10k\Omega$ 电阻与 $1k\Omega$ 电阻并联，总电阻变小，为 909Ω。5V 电压则通过较小的并联等效电阻和热敏电阻分压，得到冷却液温度传感器信号，使得冷却液温度传感器在高温时，测量结果也相对准确。冷却液温度传感器信号输入 ECU 为修正喷油量及确定喷油时刻提供准确依据。

拓展阅读 中华人民共和国成立后的第一辆汽车

1956 年 7 月 13 日，吉林省长春市第一汽车制造厂装配出第一辆汽车——解放牌汽车，从此我国结束了不能制造汽车的历史。1956 年 7 月 14 日，第一批解放牌汽车徐徐驶出装配线，中国汽车工业发展史也从此刻开始记录。第一辆解放牌汽车也是中国生产的第一款绿皮卡车，载质量为 4t。

••• 项目 1.3　分析汽车电源电路 •••

项目导入

刘先生出差半个月后回单位上班，一早准备驾驶汽车出门，发现汽车打不着火了，于是刘先生拨打保险公司救援电话。客服在了解完详细情况后，初步判定汽车是因为亏电而导致无法启动，并派遣救援人员前往现场。经过给汽车搭电，很快汽车就能启动了。在不更换蓄电池的前提下，救援人员建议刘先生启动汽车后至少行驶半小时，以便给蓄电池充电。那么，为什么汽车行驶过程中可以给蓄电池充电呢？

学习目标

1. 知识目标

（1）掌握基尔霍夫电流定律、基尔霍夫电压定律。

（2）掌握支路电流法。

（3）掌握叠加定理的应用。

（4）掌握实际电源的等效变换。

2. 能力目标

（1）根据计算结果，学会分析电路的工作状态。

（2）学会正确使用仪器、仪表。

（3）学会综合应用所学知识，根据实际电路灵活选择合适的解题方法。

3. 素养目标

（1）培养精益求精的工匠精神。

（2）培养团队合作精神。

知识学习

1.3.1　基尔霍夫定律及其应用

前面已经介绍了电阻、电压源和电流源等元件的特点，了解了元件流经的电流与其两端电压间形成的约束关系，如欧姆定律。同时电路作为整体还应有相互约束的规律，基尔霍夫定律就是研究这一规律的。基尔霍夫定律包含两个定律，分别为基尔霍夫电流定律和基尔霍夫电压定律。

基尔霍夫定律

首先以图 1-32 所示为例，介绍几个电路相关名词。

电路结构中的名词

支路：电路中的每个分支即一条支路，每条支路流过一定电流，如 acb 支路。

节点：3 条及 3 条以上支路的连接点称为节点，如 a 点和 b 点。

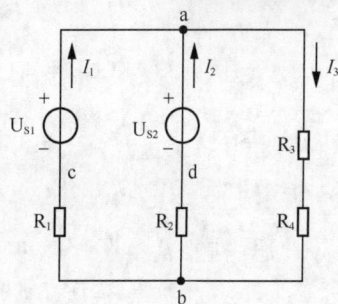

图 1-32　电路名词说明

回路：由若干支路所组成的闭合路径。网孔也是一种回路，它是平面电路内不再存在其他支路的回路，如由 U_{S1}、R_1 支路和 U_{S2}、R_2 支路构成的回路就是网孔，而由 U_{S1}、R_1 支路和 R_3、R_4 支路构成的就不是网孔。

一、基尔霍夫电流定律

基尔霍夫电流定律（KCL）用于约束流经节点的所有电流，可叙述为在任一时刻，电路中流入任一个节点的电流之和等于流出该节点的电流之和。

如图 1-33 所示，选定各支路电流的参考方向，对于节点，流入的电流有 I_1 和 I_2，流出的电流有 I_3 和 I_4，那么根据 KCL 可写出

$$I_1 + I_2 = I_3 + I_4$$

一般表达式为

$$\sum I_入 = \sum I_出 \tag{1-21}$$

该定律还可叙述为在任一瞬间，电路中流经任一节点的电流代数和恒等于零，即

$$\sum I = 0 \tag{1-22}$$

式（1-22）中，若流入节点的电流取正号，则流出节点的电流取负号，即

$$I_1 + I_2 - I_3 - I_4 = 0$$

如图 1-33 所示，若 $I_1 = 1A$，$I_2 = -3A$，$I_3 = -4A$，则根据 KCL 可知

$$I_1 + I_2 = I_3 + I_4$$

经变换写出

$$I_4 = I_1 + I_2 - I_3 = 1A + (-3A) - (-4A) = 2A$$

KCL 反映了电流的连续性原理，即电荷守恒的逻辑推论。

KCL 是应用于节点的定律，还可以把它推广运用于电路中包含几个节点的任一假设的封闭面。

三相负载三角形连接电路中 3 个电流 i_U、i_V、i_W 的参考方向如图 1-34 所示。用一封闭面包围 3 个电流，把封闭面看作扩大的节点，应用 KCL 可得 3 个电流之间的关系为

$$i_U + i_V + i_W = 0$$

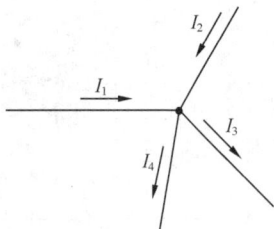

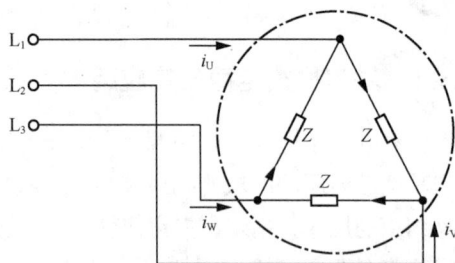

图1-33　KCL应用　　　　　　　图1-34　三相负载三角形连接电路

提示

KCL 反映了电路中任一节点处各支路电流必须服从的约束关系，与各支路上有什么元件无关。

思考题

某电路中节点 A 连有 3 条支路，电流分别为 I_1、I_2 和 I_3，参考方向均指向 A，若 I_1、I_2 为正值，则 I_3 为负值。（　　）（括号内填入√或×）

【例 1-6】 在图 1-35 所示的电路中，$I_1 =$ 2A，$I_2 = 4A$，$I_3 = 6A$，试求 I_4、I_5 和 I_6。

解：（1）节点 E：

$$I_4 = I_1 + I_2 = 2A + 4A = 6A$$

（2）节点 B：

$$I_5 = I_2 + I_3 = 4A + 6A = 10A$$

（3）节点 F：

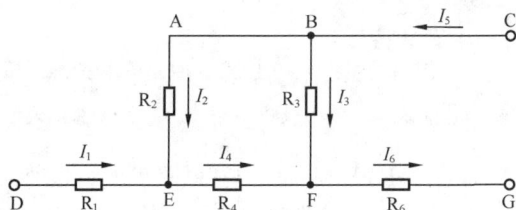

图 1-35　例 1-6 电路

$$I_6 = I_3 + I_4 = 6A + 6A = 12A$$

二、基尔霍夫电压定律

基尔霍夫电压定律（KVL）用于反映电路的任一回路中各支路电压之间的关系。该定律可叙述为任一瞬时作用于电路中任一回路各支路电压的代数和恒等于零，用数学式来表达，即

$$\sum U_i = 0 \qquad\qquad （1-23）$$

其中，U_i ——组成该回路的各支路电压，$i = 1,2,\cdots,m$（设该回路有 m 个支路电压）。

一般列 KVL 方程可按以下步骤进行。

① 指定回路绕行方向，可以为顺时针方向或逆时针方向。

② 设定各支路元件电压参考方向。电路中电阻的电压、电流参考方向为关联方向。

③ 列方程。比较元件电压参考方向和回路绕行方向是否相同，当元件电压参考方向与回路绕行方向一致时，电压符号取"+"，否则取"-"。

某电路的回路绕行方向如图 1-36 所示。据此选定各元件电压的参考方向，从 a 点出发绕行一周，有

$$U_1 + U_{S1} - U_2 + U_{S2} = 0$$

其中，$U_1 = I_1 R_1$，$U_2 = I_2 R_2$。

由此代入各元件的电压和电流的约束关系，可得

$$I_1 R_1 + U_{S1} - I_2 R_2 + U_{S2} = 0$$

由此可知如下两点。

图 1-36　某电路的回路

① 对电压源上的电压，若电压源电压参考方向与回路绕行方向一致，则取"+"，反之取"-"。

② 由于电阻元件的电压、电流参考方向为关联方向，故可根据电流方向确定电阻电压的正负号，即当回路绕行方向与电阻电流方向一致时，电阻取"+"，否则取"-"。电阻元件有电流参考方向，电压方向也就不必标出。

KVL 还有另一表达式，将电压源电压写到等式右边，由上述可得

$$I_1 R_1 - I_2 R_2 = -U_{S1} - U_{S2}$$

可归纳为

$$\sum IR = \sum U \qquad\qquad （1-24）$$

可以将式（1-24）描述为在任一回路内，电阻电压的代数和等于电压源电压的代数和。在使用时需注意，由于电压源电压被写到等式右边，因此电压源电压的正负号会变化，即若电压源电压参考方向与回路绕行方向一致，则 U_S 取"-"，反之取"+"。

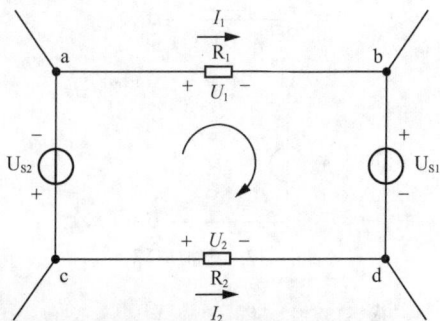

提示

　　KVL 规定了电路中任一回路内电压必须服从的约束关系，至于回路内有什么元件与其无关。因此，不论是线性电路还是非线性电路，KVL 都是适用的。

　　此外，KVL 可以由真实回路扩展到虚拟回路。如图 1-37 所示，从虚拟回路的 A 点出发，A→R→U_S→B→A 逆时针绕行，将 A、B 两点间的电压 U_{AB} 写入电压平衡式，则有

$$-IR +U_S-U_{AB} = 0$$

即

$$U_{AB} = U_S - IR$$

思考题

　　选择回路绕行方向为顺时针方向或逆时针方向，列出的 KVL 方程是否相同？

　　【例 1-7】 已知图 1-38 所示的电路，$R_1 = 20\Omega$，$R_2 = 10\Omega$，$R_3 = 10\Omega$，$U_{S1} = 30V$，$U_{S2} = 10V$，求 I 和 U_{AC}。

　　解： 选定电流 I 的参考方向及回路绕行方向如图 1-38 所示。根据 KVL 可写出

$$IR_1 + IR_3 + IR_2 - U_{S2} - U_{S1}=0$$

即

$$I(R_1 + R_2 + R_3)= U_{S1} + U_{S2}$$

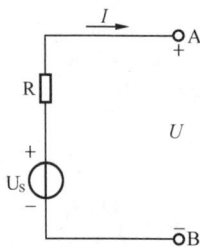

图1-37　虚拟电路

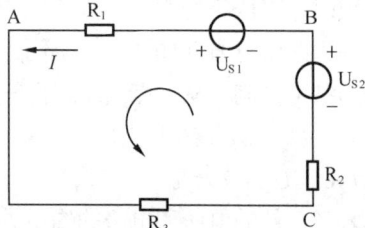

图1-38　例1-7电路

代入数据，得

$$I(20\Omega + 10\Omega + 10\Omega)=(30 + 10)V$$
$$40\Omega \times I = 40V$$
$$I = 1A$$

电流为正值，说明电流的实际方向与参考方向一致。

　　求 U_{AC} 有两条路径可走，顺时针方向为 A→B→C，逆时针方向为 A→C。为了对比两条路径的电压数值，先沿顺时针方向求 U_{AC}，即

$$U_{AC} = - IR_1+ U_{S1}+ U_{S2} - IR_2 =(- 20 \times 1 + 30 + 10 - 10 \times 1)V = 10V$$

再沿逆时针方向求 U_{AC}，即

$$U_{AC} = IR_3 = 1A \times 10\Omega = 10V$$

由此可见，两点间电压与路径无关。在计算时，尽量选择元件较少、计算较容易的路径。

三、支路电流法

　　支路电流法是以支路电流为待求量，利用 KCL 和 KVL 列出电路的方程，从而解出支路电

流的一种方法，其分析步骤如下。

① 假定各支路电流的参考方向，对选定的回路标出回路绕行方向。若有 n 个节点，根据 KCL 列 $(n-1)$ 个独立的节点电流方程。

② 若有 m 条支路，根据 KVL 列 $(m-n+1)$ 个独立的回路电压方程。为了计算方便，通常选择网孔作为回路。对于平面电路，独立的 KVL 方程数等于网孔数。

③ 解方程组，求出支路电流。

下面通过实例来说明支路电流法的应用。

【例 1-8】 在图 1-39 所示电路中，已知 $U_{S1}=12V$、$R_1=1Ω$ 为直流发电机的模型，$U_{S2}=6V$、$R_2=1Ω$ 为蓄电池组的模型，电阻负载 $R_3=5Ω$。试求各支路电流。

解：支路数 $m=3$，节点数 $n=2$，网孔数为 2。各支路电流的参考方向如图 1-39 所示，回路绕行方向为顺时针方向。电路 3 有条支路，需要求解 3 个电流未知数，因此需要列 3 个方程。

（1）根据 KCL，列节点电流方程（即列 1 个独立方程）。

a 节点： $I_1+I_2=I_3$

（2）根据 KVL，列回路电压方程（即列 2 个独立方程）。

网孔 1： $I_1R_1-U_{S1}+U_{S2}-I_2R_2=0$

网孔 2： $I_3R_3+I_2R_2-U_{S2}=0$

（3）联立上述 3 个方程，代入数值，经整理得

$$I_1+I_2=I_3$$
$$I_1-I_2=12A-6A$$
$$I_2+5I_3=6A$$

可得

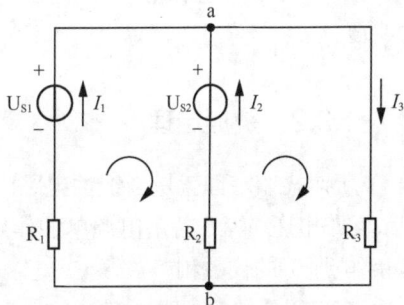

图1-39 例1-8电路

$$I_1 \approx 3.8A，I_2 \approx -2.2A，I_3 \approx 1.6A$$

I_2 数值为负，说明它的实际方向与参考方向相反，表示蓄电池此时处于充电状态。而发电机不仅对负载 R_3 供电，还为蓄电池提供电能，即充电。

提示

列 KVL 方程时，正确写出各个电压的"+""–"是关键。要先确定回路绕行方向 A，再与各电源电压方向 B 以及支路电流方向 C 对比，电源则比较 A 和 B，电阻则比较 A 和 C。方向相同的，方程中对应的电压为"+"，否则为"–"。

汽车中的应用

汽车上有两个直流低压电源，一个是启动型蓄电池，另一个是发电机。发电机由发动机带动，发出三相交流电，再通过整流电路将三相交流电变成汽车中使用的低压直流电。蓄电池是靠内部的化学反应来存储电能和向外供电的，在汽车上与发电机并联。图 1-40 所示为汽车电源电路。

由此可以看出，汽车电源电路是双电源并联带负载的。其中蓄电池有时为负载提供能量；电压低时处于充电状态，吸收能量。

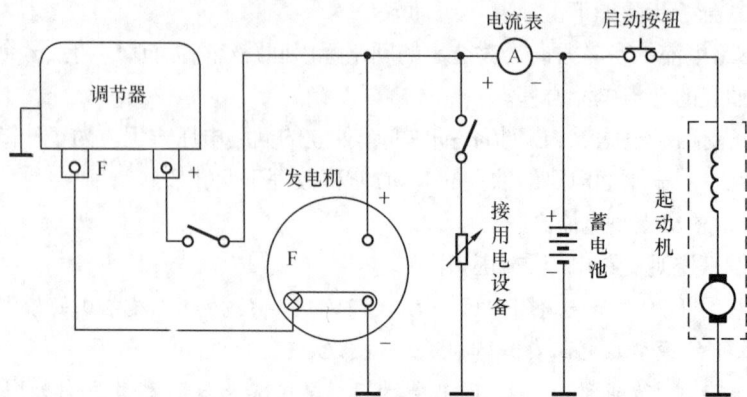

图1-40　汽车电源电路

？ 思考题

电路中一般会标出电阻电流方向，但电阻电压不标出，那么列 KVL 方程时如何确定电阻电压的"+""–"？

1.3.2　叠加定理

所谓叠加定理就是当线性电路中有几个电源共同作用时，各支路电流（或回路电压）等于各个电源单独作用时在该条支路上产生的支路电流（或回路电压）的代数和。

在应用叠加定理时，应注意以下几点。

① 在考虑某一电源单独作用时，要假设其他独立电源不作用。即电压源不作用——令电压源电压 U_S=0，相当于电压源短路；电流源不作用——令电流源电流 I_S=0，相当于电流源开路。

② 电路中所有电阻不变，元件的连接方式不变，叠加定理示例电路如图 1-41 所示。

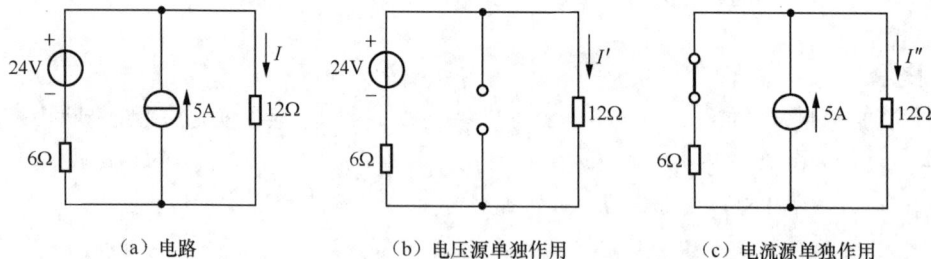

（a）电路　　　　　　（b）电压源单独作用　　　　　（c）电流源单独作用

图1-41　叠加定理示例电路

③ 在叠加时需注意电压和电流参考方向。当分电压、分电流参考方向与原电路相应电压、电流物理量参考方向一致时，则叠加时分量数值为代数加，否则为代数减。

④ 叠加定理只能用于计算线性电路的电压和电流，不能计算功率等与电压或电流之间不是线性关系的参数。例如，$P = I^2 \times R = (I' + I'')^2 R \neq I'^2 R + I''^2 R = P'^2 + P''^2$。

⑤ 受控源不属于独立电源，必须全部保留在各自的支路中。

【例 1-9】 根据图 1-41 所示的电路的信息，用叠加定理求解电流 I。

解：（1）根据图 1-41（a）所示电路分别画出两个电源单独作用时的分电路，如图 1-41（b）、（c）所示。

（2）24V 电压源单独作用时，电流源开路，求出 I'，即

$$I' = \frac{24V}{6\Omega + 12\Omega} = \frac{4}{3}A$$

（3）5A 电流源单独作用时，电压源短路，根据电阻并联分流公式，求出 I''，即

$$I'' = \frac{6\Omega}{6\Omega + 12\Omega} \times 5A = \frac{5}{3}A$$

（4）求出总电流。I'、I'' 参考方向与 I 一致，故

$$I = I' + I'' = \frac{4}{3}A + \frac{5}{3}A = 3A$$

思考题
如何求解电路中某个元件的功率？

1.3.3 运用实际电源等效变换求解支路电流

图 1-42 所示为两种实际电源模型的等效变换电路。如果实际电压源与实际电流源的外特性相同，即当与外部相连的端子 a、b 之间具有相同的电压时，流经端子的电流也相等，此时实际电压源与实际电流源之间可以等效变换。

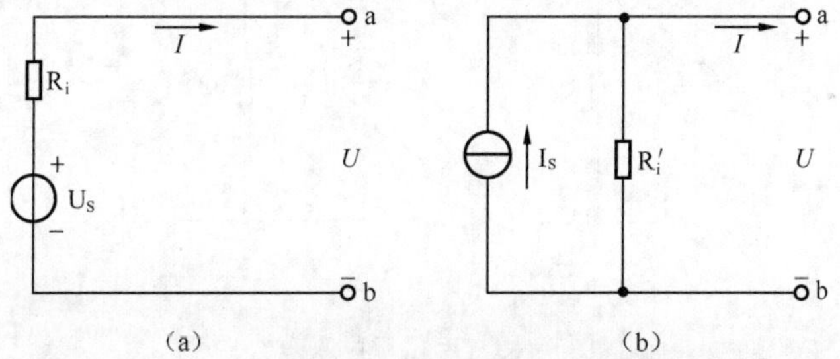

图1-42 两种实际电源模型的等效变换电路

由图 1-42（a）得

$$U = U_S - IR_i$$

可写成

$$I = \frac{U_S}{R_i} - \frac{U}{R_i}$$

由图 1-42（b）得

$$I = I_S - \frac{U}{R_i'}$$

根据分析可知，实际电压源与实际电流源之间等效变换的条件是

$$I_S = \frac{U_S}{R_i} \tag{1-25}$$

$$R_\mathrm{i} = R_\mathrm{i}' \qquad (1\text{-}26)$$

在电路分析中为便于计算，有时要求用电流源与电阻并联组合去等效代替电压源与电阻的串联组合，有时又要求用电压源与电阻的串联组合去等效代替电流源与电阻的并联组合。

提示

● 等效变换时两种电路模型的电源极性必须保持一致，即电流源流出电流的一端与电压源的正极端相对应。

● 等效变换仅对外电路适用，其电源内部是不等效的。

● 理想电压源与理想电流源不能相互转换。

思考题

两个理想电压源串联或者两个理想电流源并联，如何化简等效变换？

【例 1-10】 求图 1-43（a）所示电路的等效电流源模型和图 1-43（b）所示电路的等效电压源模型。

解：（1）图 1-43（a）所示电路的等效电流源模型为

$$I_\mathrm{S} = \frac{U_\mathrm{S}}{R_\mathrm{i}} = \frac{12\mathrm{V}}{2\Omega} = 6\mathrm{A}$$

$$R_\mathrm{i}' = R_\mathrm{i} = 2\Omega$$

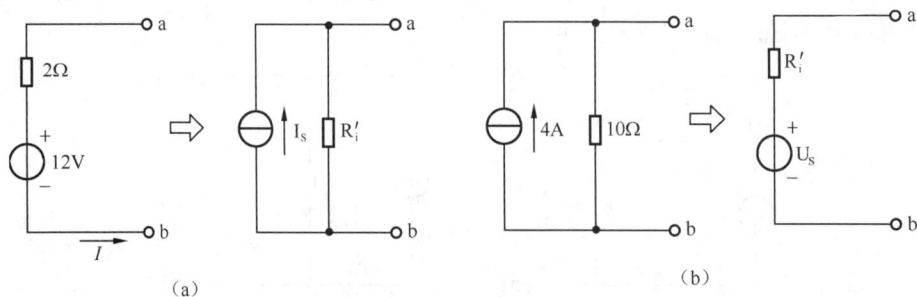

图1-43　电路与等效模型

（2）图 1-43（b）所示电路的等效电压源模型为

$$U_\mathrm{S} = I_\mathrm{S}R_\mathrm{i} = 4\mathrm{A}\times10\Omega = 40\mathrm{V}$$

$$R_\mathrm{i}' = R_\mathrm{i} = 10\Omega$$

在工程上分析电路时常常用到电源等效变换，特别是在求解电路中的某一条支路电流时，用电源等效变换可以很方便地化简电路，因此在电路分析过程中电源等效变换得到广泛应用。

在复杂电路中，若有电压源和电阻串联组合，或者电流源和电阻并联组合，都可以将其看作实际电源模型，运用电源等效变换来化简电路。

【例 1-11】 化简图 1-44 所示电路。

解：（1）图 1-44（a）所示电路中两个电流源并联，根据 KCL，有

$$I = 9A - 3A = 6A$$

即不论端电压是多少，端电流均等于 6A。其等效电路是一个 6A 电流源，如图 1-44（b）所示。

（2）图 1-44（c）所示电路中两个电压源串联，根据 KVL 可知，等效端电压为

$$U = 7V - 4V = 3V$$

即不论端电流是多少，端电压均等于 3V。其等效电路是一个 3V 电压源，如图 1-44（d）所示。

图1-44 例1-11电路

【例 1-12】 用电源等效变换求图 1-45（a）所示电路中 5Ω 电阻支路的电流 I_3。

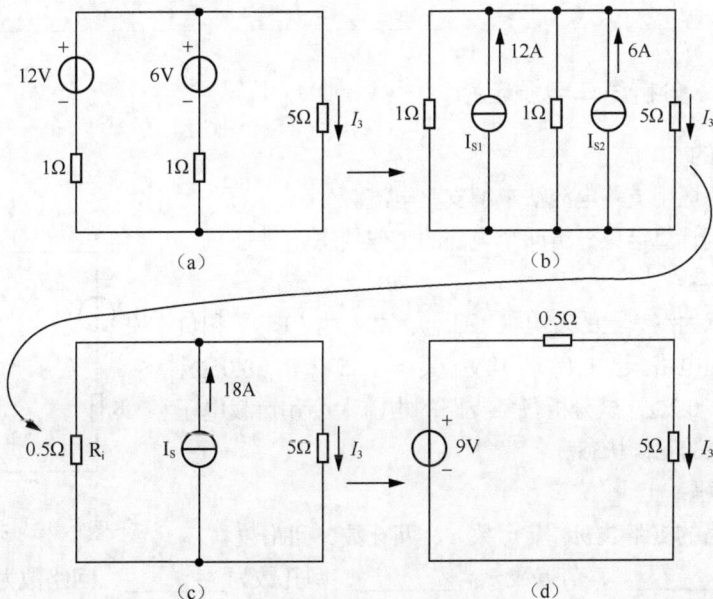

图1-45 例1-12电路

解：（1）需要求解的 5Ω 电阻支路始终保持不变，对其他支路进行变换。将图 1-45（a）中左边所示两并联支路——电压源模型变换成电流源模型，形成 4 条并联的支路，如图 1-45（b）所示。其中

$$I_{S1} = \frac{12V}{1\Omega} = 12A \quad （12A \ 电流源与 \ 1\Omega \ 电阻并联）$$

$$I_{S2} = \frac{6V}{1\Omega} = 6A \quad （6A \ 电流源与 \ 1\Omega \ 电阻并联）$$

并联的两个电阻值均为 1Ω。

（2）合并并联电流源 I_{S1} 和 I_{S2}，同时两个 1Ω电阻并联为等效电阻 R_i，如图 1-45（c）所示。

$$I_S = I_{S1} + I_{S2} = 12A + 6A = 18A$$

$$R_i = \frac{1 \times 1}{1+1}\Omega = 0.5\Omega$$

（3）合并后的电流源 I_S 与电阻 R_i 并联，可进一步变换成电压源与电阻串联，如图 1-45（d）所示。

$$U = I_S R_i = 18A \times 0.5\Omega = 9V$$

（4）根据图 1-45（d），求得 5Ω 电阻的支路电流。

$$I_3 = \frac{U}{R_i + R_3} = \frac{9V}{0.5\Omega + 5\Omega} \approx 1.6A$$

显然，与支路电流法相比，求解电路中某一条支路的电流，用电源等效变换法更加方便。

项目实施

任务1.3.1　分析汽车电源电路

一、任务目的

1．学会熟练应用支路电流法求解支路电流。

2．学会根据计算结果分析两个电源的工作状态。

二、任务内容

图 1-46 所示为汽车上的发电机（U_{S1}）、蓄电池（U_{S2}）和负载（R_3）并联原理电路。已知 U_{S1} = 14V，U_{S2} = 12.5V，R_1 =0.05Ω，R_2 =0.014Ω，R_3 =0.2Ω，试分析各条支路的电流大小和负载电压 U_{ab}，并分析电源的工作状态。

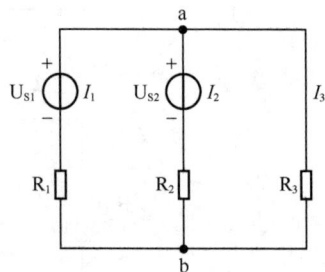

图1-46　并联原理电路

三、分析过程

1．写出电路的支路数 m、节点数 n、网孔数、回路数。

支路数 m = _____，节点数 n = _____，网孔数为_____，回路数为_____。

2．在图 1-46 上标出各回路绕行方向、各支路电流方向。

3．抓住节点写 KCL 方程，有_____个独立方程。方程如下：

_____（1）

4．选择网孔或回路，写出 KVL 方程，有____个独立方程。

_____（2）

_____（3）

5．联立上述方程，代入数值，计算得出各支路电流数值。

_____

6．根据电流值求出负载电压 U_{ab}，具体计算如下：

_____

7．分析 3 个电流数值，说明汽车行驶时，其上的发电机（U_{S1}）_____（发出，吸收）功率，蓄电池（U_{S2}）_____（发出，吸收）功率，负载_____（发出，吸收）功率，并将电流数值、负载电压 U_{ab} 填入表 1-5。

表 1–5　电源变化时支路电流和负载电压记录

U_{S1}、R_1	U_{S2}、R_2	I_1/A	I_2/A	I_3/A	U_{ab}/V
14V、0.05Ω	12.5V、0.014Ω				
14V、0.05Ω	10V、0.014Ω				
14V、0.05Ω	9V、0.014Ω				

四、拓展讨论

1．同样的电路中如果将蓄电池的数据 U_{S2} 调整为 10V 和 9V，请继续计算 3 个电流数值和负载电压 U_{ab}，并填入表 1-5。同时对 3 行数据进行对比、分析。

（1）当 U_{S2} 调整为 10V 时，汽车上的发电机（U_{S1}）_____（发出，吸收）功率，蓄电池（U_{S2}）_____（发出，吸收）功率，负载_____（发出，吸收）功率。

（2）当 U_{S2} 调整为 9V 时，汽车上的发电机（U_{S1}）_____（发出，吸收）功率，蓄电池（U_{S2}）_____（发出，吸收）功率，负载_____（发出，吸收）功率。此时负载电压 U_{ab} _____（大于，小于）蓄电池电压 U_{S2}。

2．通过分析可知，汽车行驶时，其上的发电机（U_{S1}）既对负载（R_3），如照明灯等供电，也可能对蓄电池（U_{S2}）_____（充电，放电）。此时蓄电池是发电机的负载，蓄电池吸收发电机的_____（电能，化学能）并转变为_____（电能，化学能）存储。

📖 提示

若两组电源的电压相等，而内阻不等，则发出的功率各不相同，供给负载的电能不均等；若两组电源中的一组电源的电压过低，则电压过低的电源不仅不供电，反而要消耗电能。

任务1.3.2　验证基尔霍夫定律

一、任务目的
1．学会熟练测量电路的电压、电流。
2．学会根据测量结果验证 KCL 和 KVL。

二、任务条件
电工实验台、万用表、直流稳压电源。

三、任务内容及步骤
图 1-47 所示电路中已标出各支路电流、元件电压的参考方向以及两个回路的绕行方向。

1．测量支路电流 I_1、I_2 和 I_3

（1）分别将两路直流稳压电源接入电路，两个电源 U_{S1}、U_{S2} 都为12V。

（2）用直流电流表接入 3 条支路（注意直流电流表的"+""−"两个端子），分别测量电流 I_1、I_2 和 I_3，将测量结果填入表 1-6。

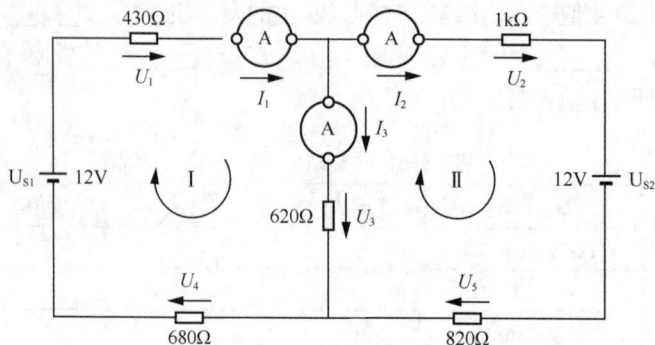

图1-47　电流电压测量电路

表 1-6　电流测量汇总

测量电流	测量值/A	计算值/A
I_1		
I_2		
I_3		

2．测量各元件电压

用直流电压表或万用表直流电压挡分别测量各电阻电压 U_1、U_2 、U_3、U_4 及 U_5，电源电压 U_{S1}、U_{S2}，注意电压的参考方向，将测量结果填入表 1-7。

表 1-7　电压测量汇总

测量电压	测量值/V	计算值/V
U_1		
U_2		
U_3		
U_4		
U_5		
U_{S1}		
U_{S2}		

需注意以下两点。

① 所测得的电压、电流的数值与参考方向有关，因此要根据电路上的参考方向接入电压表、电流表。

② 用指针式电压表测量电压时，若指针反偏，则调换仪表的两个端子，重新测量，记录时在数值前加负号。指针式电流表亦然。

四、分析与讨论

1．根据测量数据，选定某节点，计算 $\sum I$，验证 KCL。

2．根据测量数据，计算两个网孔的电压代数和 $\sum U_{\mathrm{I}}$ 及 $\sum U_{\mathrm{II}}$，验证 KVL。

3．如果改变电路中某几个电流、电压方向，例如 I_3、U_3，则记录的测量值应为多少？再次验证 KCL 和 KVL。

新能源汽车是指采用非常规的车用燃料作为动力来源（或使用常规的车用燃料、采用新型车载动力装置），综合车辆的动力控制和驱动方面的先进技术，形成技术原理先进，具有新技术、新结构的汽车。新能源汽车包括四大类型：混合动力汽车（HEV）；纯电动汽车（BEV）；燃料电池电动汽车（FCEV）；其他新能源（如超级电容器、飞轮等高效储能器）汽车等。非常规的车用燃料指除汽油、柴油之外的燃料。

●●● 模块小结 ●●●

（1）电路一般由电源、负载以及中间环节等部分组成。电路能实现能量的转换、传输和分配，还能实现电信号的处理与传递。

（2）电压、电流是电路的基本物理量。在进行电路分析时，引入参考方向的概念。当物理量的参考方向与实际方向一致时，数值为正值；当物理量的参考方向与实际方向相反时，数值为负值。$I_{ab} = -I_{ba}$，$U_{ab} = -U_{ba}$。

（3）电位是电路中某点到参考点的电压。参考点在电路中可任意选择，两点间的电压大小与参考点的选择无关，即电位的高低是相对的，而电压值是绝对的。电路中 a、b 两点间的电压等于 a、b 两点的电位差，即 $U_{ab} = V_a - V_b$。选择不同的参考点，同一点的电位值不同。电位的概念对实际电路的测量十分重要。对于一个实际复杂电路，往往需要用万用表等仪表对其进行电位值测量，通过测量来确定其工作状态。

（4）电路的 3 种工作状态包括开路状态、短路状态、负载状态。

（5）在电压和电流的关联方向下，电阻的电压和电流关系为 $U = IR$，这一规律称为欧姆定律。线性电阻元件的吸收功率 $P = UI = I^2R = U^2/R$。

串联电阻的等效电阻或称为总电阻（R）等于各电阻之和。电阻具有串联分压特性，$P_1:P_2 = U_1:U_2 = R_1:R_2$。电阻并联时，等效电阻的倒数等于各并联电阻的倒数之和。电阻具有并联分流特性，$P_1:P_2 = I_1:I_2 = R_2:R_1$。

（6）实际电压源模型可以用理想电压源（U_S）和内阻（R_i）相串联的电路来表示。通常，稳压电源、新的干电池、汽车蓄电池都可近似地认为是理想电压源。实际电流源模型也可以用理想电流源（I_S）和内阻（R_i）并联的电路来代替。实际电压源模型与实际电流源模型之间可以进行等效变换。

（7）KCL 用于约束流经节点的所有电流，在任一时刻，流入一个节点的电流之和等于从该节点流出的电流之和，即 $\sum I_入 = \sum I_出$。还可以把 KCL 推广应用于电路中任一假设的封闭面。KVL 用于反映电路的任一回路中各支路电压之间的关系，任一瞬时，作用于电路中任一回路各支路电压的代数和恒等于零，即 $\sum U_i = 0$。KVL 可以由真实回路扩展到虚拟回路。

（8）对于较复杂的电路，可采用支路电流法、叠加定理等方法来求解。支路电流法是以支路电流为待求量，利用基尔霍夫定律列出电路的方程，从而解出支路电流的一种方法。叠加定理是指在线性电路中，所有独立电源共同作用产生的电压（或电流），等于各个电源单独作用所产生的电压（或电流）的叠加。叠加定理只能用于计算线性电路的电压和电流，而不能用于计算功率。在求解电路中的某一条支路电流时，用电源等效变换可以很方便地简化电路。

习题

1. 试求图 1-48 所示电路中开关 S 打开和闭合时的电压 U。

2. 图 1-49 所示为直流电动机励磁回路。设电动机励磁绕组电阻 $R_f = 315\Omega$，其额定电压为 220V。变阻器 R 调节励磁回路电流 I_f，若要求励磁电流在 0.4～0.7A 范围变动，试在 3 种规格的变阻器中选用一个合适的：①1 000Ω，0.5A；②200Ω，1A；③350Ω，1A。

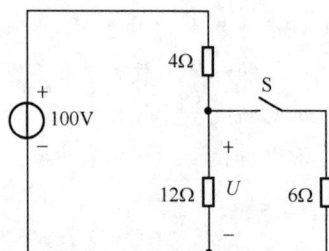

图1-48　习题1电路图

3. 在图 1-50 所示电路中，电压 $U_S = 20V$，$I = 4A$，$R = 1\Omega$，试计算 U_{AB} 和电路中各元件的功率，并说明元件是吸收功率还是发出功率。

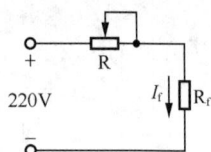

图1-49　习题2图

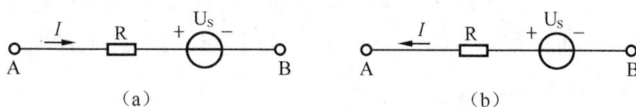

图1-50　习题3图

4. 求图 1-51 所示电路中，各有源支路的未知量。

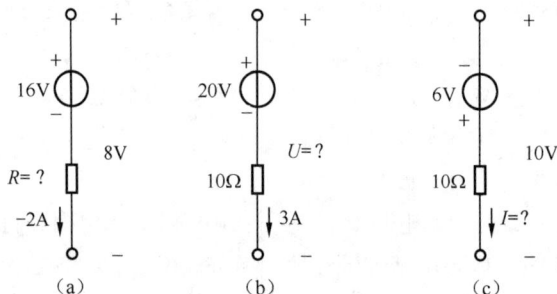

图1-51　习题4图

5. 试化简图 1-52 所示的电路。

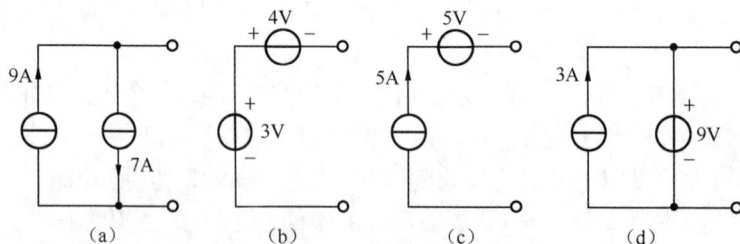

图1-52　习题5图

6. 根据电源等效变换，试求图 1-53 所示电路中的未知量。

7. 如图 1-54 所示，试求电压 U。

8. 如图 1-55 所示，试求电流 I。

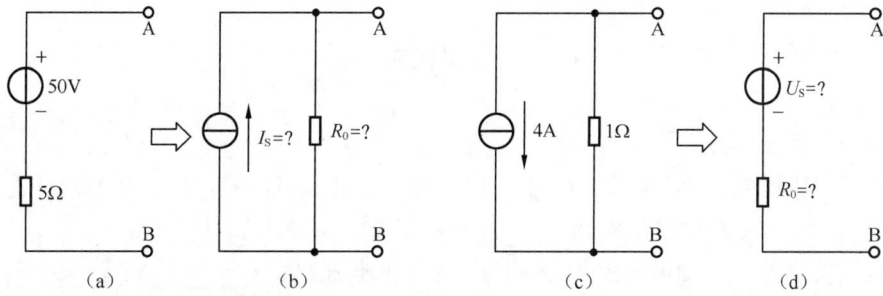

图1-53 习题6图

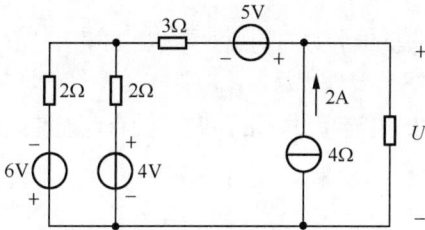

图1-54 习题7图

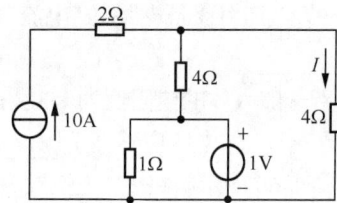

图1-55 习题8图

9. 如图 1-56 所示，试求电流 I。

10. 试求图 1-57 所示电路中的电流 I 和 I_1。

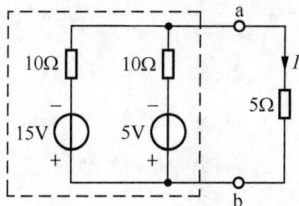

图1-56 习题9图

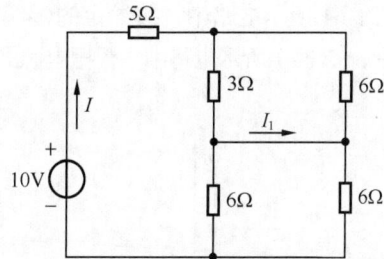

图1-57 习题10图

11. 试求图 1-58 所示电路中的电流 I_1、I_2、I 以及 a、b 两点的电位。

12. 如图 1-59 所示，试求支路电流 I_3。

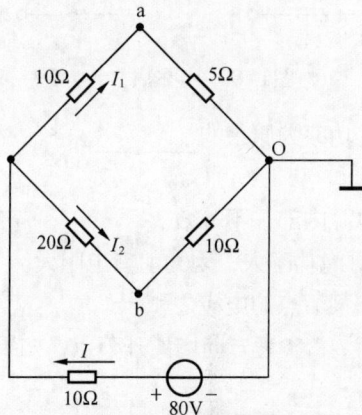

图1-58 习题11图

图1-59 习题12图

自测题

一、填空题

1. 两个电阻 R_1、R_2 并联，$R_1:R_2 = 2:3$，当电阻两端加一定电压时，对应电流之比 $I_1:I_2 =$ _____，对应功率之比 $P_1:P_2 =$ _____。

2. 若 A 点电位 $V_A = 20V$，B 点电位 $V_B = 6V$，则电压 $U_{AB} =$ _____V。

3. 两个电阻 R_1、R_2 串联，$R_1:R_2 = 2:7$，电流流过时，对应电压之比 $U_1:U_2 =$ _____，对应功率之比 $P_1:P_2 =$ _____。

4. 一节点连有 3 条支路，其电流分别为 I_1、I_2 和 I_3，参考方向均离开节点，如果 $I_1 = 4I_3 = 8A$，则 $I_2 =$ _____。

5. 若一般人体的电阻值为 800Ω，当通过人体的电流超过 45mA 时，就有可能使人触电死亡，因此安全工作电压应不高于_____。

6. 图 1-60 所示电路中，已知 $U_{ab} = 24V$，则 $I =$ _____。

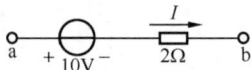

图1-60　电路（1）

7. 图 1-61 所示电路中，按给定的参考方向，$I_1 =$ _____，$I_2 =$ _____。

8. 图 1-62（a）所示电路中，根据电源的等效变换，则图 1-62（b）所示电路中 $I_S =$ _____，$R_0 =$ _____。

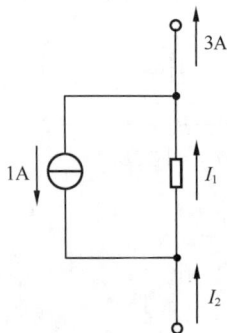

图1-61　电路（2）

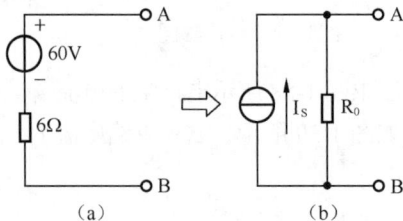

图1-62　电路（3）

9. 某一电阻元件，当电流减为原来的一半时，其功率为原来的_____。

二、判断题

1. 实际电源模型的等效变换是对负载而言的，电源内部并不等效。　　　　（　　）

2. "220V、100W"的灯泡比"220V、40W"的灯泡功率大，因为前者电阻大。　（　　）

3. 所有流入某节点的电流之和一定等于所有流出某节点的电流之和。　　　（　　）

4. 一节点连有 3 条支路，其电流分别为 I_1、I_2 和 I_3，参考方向均离开节点，如果 I_1、I_2 均为正值，则 I_3 一定为负值。　　　　　　　　　　　　　　　　（　　）

5. 对于任意闭合回路，所有元件电压代数和一定为零。　　　　　　　　　（　　）

6. 基尔霍夫定律只适用于线性电路。 （　　）

7. 电路中有 A、B、C 这 3 点，已知电压 $U_{AB} = 8V$，$U_{BC} = -7V$，则电压 U_{AC} 为 15V。（　　）

三、计算题

1. 试求图 1-63 所示电路中 a、b 两点的电位。

2. 试求图 1-64 所示电路中的电流 I。

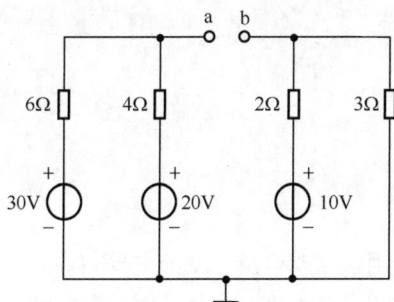

图1-63　电路（4）

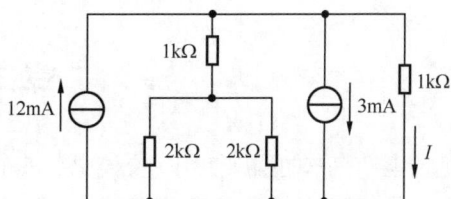

图1-64　电路（5）

3. 图 1-65 所示为汽车上的发电机（U_{S1}）、蓄电池（U_{S2}）和负载（R_3）并联的原理电路，已知 U_{S1}=12V，U_{S2}=4.8V，R_1=R_2=1Ω，R_3=4Ω，求各支路电流。

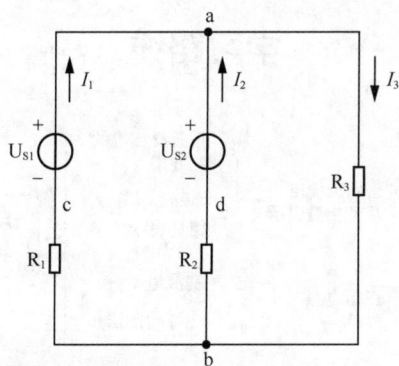

图1-65　电路（6）

▷ 模块2 ◁
正弦交流电路及其应用

••• 学习导读 •••

随着电动汽车的推广使用，交流电在汽车领域的应用越来越广泛。交流电具有许多技术、经济上的优越性，比如：利用整流设备可以方便地从交流电获得直流电从而对汽车电池充电；在电动汽车中使用的交流电动机，其结构比直流电动机更简单，维护和保养更方便。此外，利用变压器变换交流电压，可以远距离传输大量的电能；在通信技术中可利用交流电实现信息的传输等。所以，交流电路的研究有着重要的意义。

••• 学习路线 •••

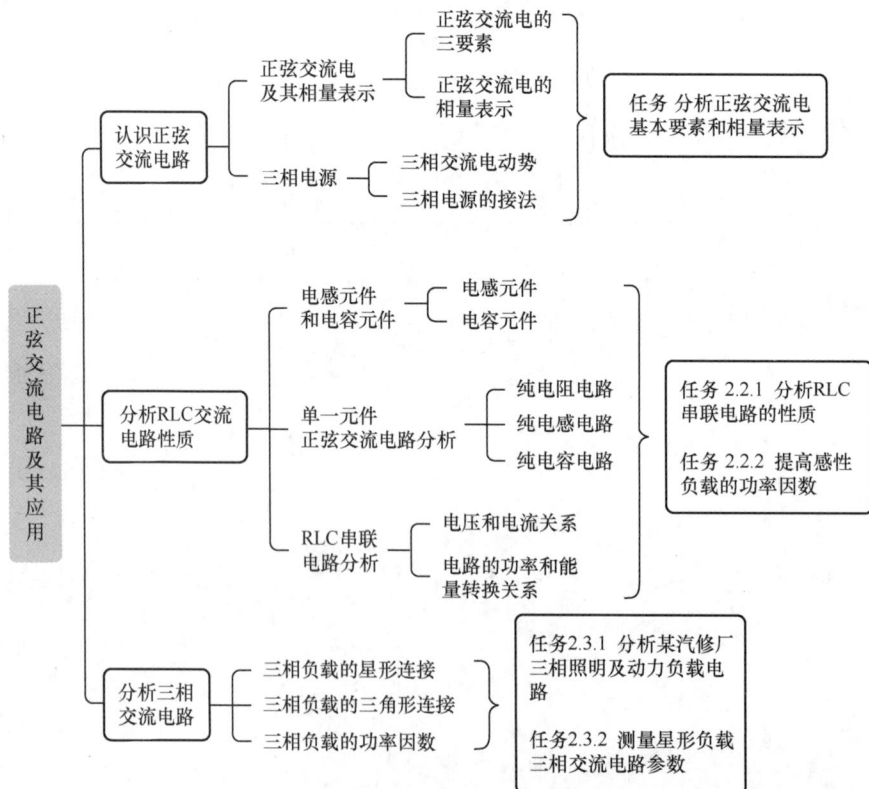

项目 2.1　认识正弦交流电路

项目导入

　　小张在汽修厂已经实习了一段时间，最近对电动汽车的能量回收特别感兴趣。为此，小张特意请教了师傅，师傅说："汽车中能量回收的基础是交流发电技术，所以你首先要掌握交流电路的基本知识。"

学习目标

　　1.　知识目标
　　（1）掌握正弦交流电路的三要素。
　　（2）掌握三相电源的电压、电流的关系。
　　2.　能力目标
　　（1）能够用相量分析法分析和计算正弦交流电路的基本参数。
　　（2）能够分析三相电源的电压、电流的关系。
　　3.　素养目标
　　（1）培养严谨的科学精神和职业素养。
　　（2）培养精益求精的工匠精神。

知识学习

2.1.1　正弦交流电及其相量表示

　　正弦交流电路是电工电子电路中基本的交流电路，正弦交流电易于产生，便于输送和使用，在生产和生活的各个领域中的应用也十分广泛。

　　一、正弦交流电的三要素

　　正弦交流电随时间按正弦规律变化，可用正弦函数或波形图表示。其任一瞬间的值称为瞬时值，通常以小写字母 e、u、i 分别表示电动势、电压和电流的瞬时值。图 2-1 所示为某正弦交流电的波形图，其电流瞬时值的函数表达式为

$$i = I_m \sin(\omega t + \varphi) \tag{2-1}$$

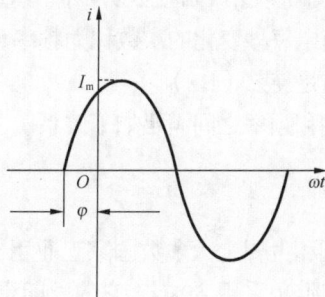

正弦交流电的产生

正弦交流电的波形图表示

图2-1　某正弦交流电的波形图

43

由式（2-1）可见，电流（i）与时间（t）的关系由幅值（I_m）、角频率（ω）和初相（φ）决定。幅值、角频率、初相称为正弦交流电的三要素。

正弦交流电的三要素

提示

幅值、角频率、初相是正弦交流电之间进行比较和区别的依据。

1. 幅值与有效值

幅值是交流电瞬时值中的最大值，也称为峰值。通常用大写字母加下标"m"表示，如 E_m、U_m、I_m 等。

交流电的大小随时间变化，某一时刻的值显然难以作为衡量交流电大小的标准。由于电路的重要作用之一是能量转换，所以其大小可以用交流电在一定时间内的热效应来衡量。让直流电和交流电分别通过阻值完全相同的电阻，如果在相同的时间内，两个电阻产生的热量相等，就把这个直流电的数值定义为交流电的有效值。电动势、电压和电流的有效值分别用大写字母 E、U、I 表示。

根据数学分析，正弦交流电的有效值与最大值的关系为

$$有效值 = \frac{最大值}{\sqrt{2}} \qquad (2-2)$$

提示

平时所说的交流电的大小和交流电压表、交流电流表的读数等，都指有效值。电气设备铭牌上标注的额定值，如交流电压 220V，也指有效值。

【例 2-1】 某同学为提高电路的功率因数，将一耐压值为 250V 的电容元件并接在 220V 正弦交流电的负载上。请问这种做法是否正确？

解： 因为 220V 正弦交流电压的幅值为 311V，超过了电容元件的 250V 耐压值，电容元件可能击穿，所以不能将该电容元件并接在 220V 的负载上。

正弦交流电的有效值和平均值

工程上，有时还会用到交流电的平均值。由于交流电变化一周时平均值为零，所以规定交流电的平均值为由零点开始的半个周期内的平均值，如图 2-2 所示。平均值用大写字母加下标"av"表示，如 E_{av}、U_{av}、I_{av} 等。通过数学分析可知，正弦交流电的平均值约为最大值乘以 0.637。

2. 周期与频率

周期是正弦交流电重复变化一次所需要的时间，用字母 T 表示，如图 2-2 所示。其单位是秒（s），正弦交流电每秒变化的次数称为频率，用字母 f 表示，单位是赫兹（Hz）。

周期和频率之间满足如下关系

$$f = \frac{1}{T} \qquad (2-3)$$

我国和世界上大多数国家工业用电的标准频率（即"工频"）采用 50Hz，它的周期是 0.02s，也有少数国家和地区采用的工频为 60Hz。

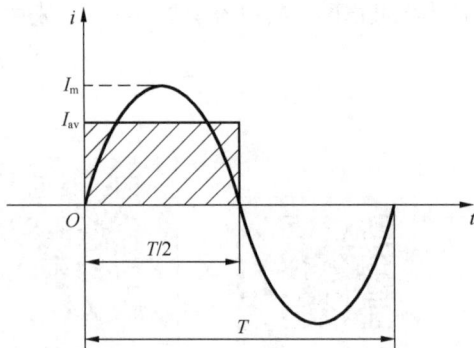

图2-2 交流电的周期和平均值

正弦交流电变化的快慢除用周期和频率表示外，还可用角频率（ω）表示，角频率是交流电每秒变化的弧度数，单位是弧度/秒（rad/s）。

由于正弦交流电在一个周期内，其电角度变化了 2π，所以有

$$\omega = \frac{2\pi}{T} = 2\pi f \tag{2-4}$$

式（2-4）表明了角频率（ω）与频率（f）、周期（T）的关系。ω、f、T 都是表示交流电变化快慢的量，只要知道其中一个，就可以求得另外两个。

汽车中的应用

在汽车检测技术中，频率是一个重要参数，图 2-3（a）所示车速检测装置中，当自动变速器输出轴转动时，安装在轴上的停止锁止齿轮的凸齿交替靠近或离开车速传感器，使感应线圈输出交流电压，如图 2-3（b）所示。车速越快，输出轴转速越快，感应电压频率也越高，ECU 根据该感应电压频率就可以计算出汽车行驶的速度。

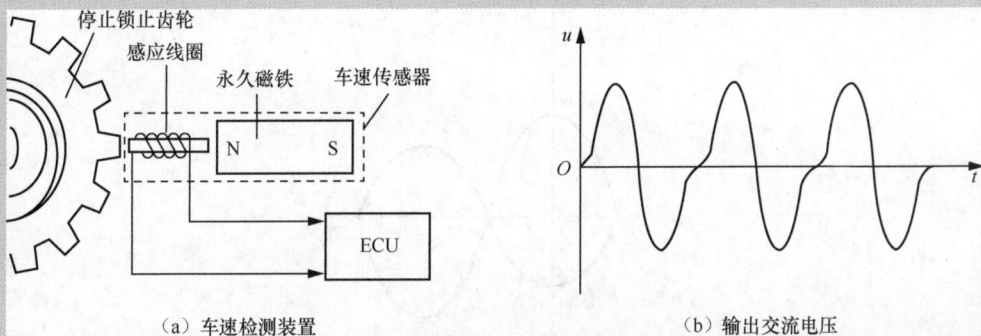

（a）车速检测装置 　　　　　　　　　（b）输出交流电压

图2-3　车速检测

3. 相位与初相

由正弦交流电的式（2-1）可知，交流电在任一时刻的瞬时值取决于电角度（$\omega t + \varphi$），这个电角度称为交流电的相位。

交流电在 $t = 0$ 时所具有的相位称为初相，用 φ 表示，单位是弧度或度，规定初相的绝对值不超过 π。显然，初相决定了 $t = 0$ 时的瞬时值（又称为初值）的大小。

正弦交流电的相位差

初相可以为正角，在 $t = 0$ 时交流电压的瞬时值为正，如图 2-4（a）中的 u_1 所示；初相也可以为负角，在 $t = 0$ 时交流电压的瞬时值为负，如图 2-4（a）中的 u_2 所示。

两同频率交流电的初相之差称为相位差，即

$$\Delta\varphi = \varphi_1 - \varphi_2 \tag{2-5}$$

存在相位差的两同频率的交流电，在变化的过程中电压达到最大值（或零值）的时间是不同的。如图 2-4（a）所示，u_1 比 u_2 先达到最大值（U_m），又称 u_1 比 u_2 超前 $\Delta\varphi$ 角度或 u_2 比 u_1 滞后 $\Delta\varphi$ 角度。当 u_1 和 u_2 同时达到最大值时，称 u_1 与 u_2 同相，如图 2-4（b）所示，此时 $\varphi_1 = \varphi_2 = \varphi$。当一交流电压达到正的最大值、另一交流电压达到负的最大值时，称 u_1 与 u_2 反相，如图 2-4（c）所示，此时 $\Delta\varphi = \varphi_1 - \varphi_2 = 180°$。

在正弦交流电路中，电压和电流的频率是相同的，但初相不一定相同。只有同频率的正弦量才能进行相位比较，为避免混乱，规定相位差的范围为 $[-\pi,\pi]$。

（a）u_1 比 u_2 超前（u_2 比 u_1 滞后）

（b）u_1 与 u_2 同相

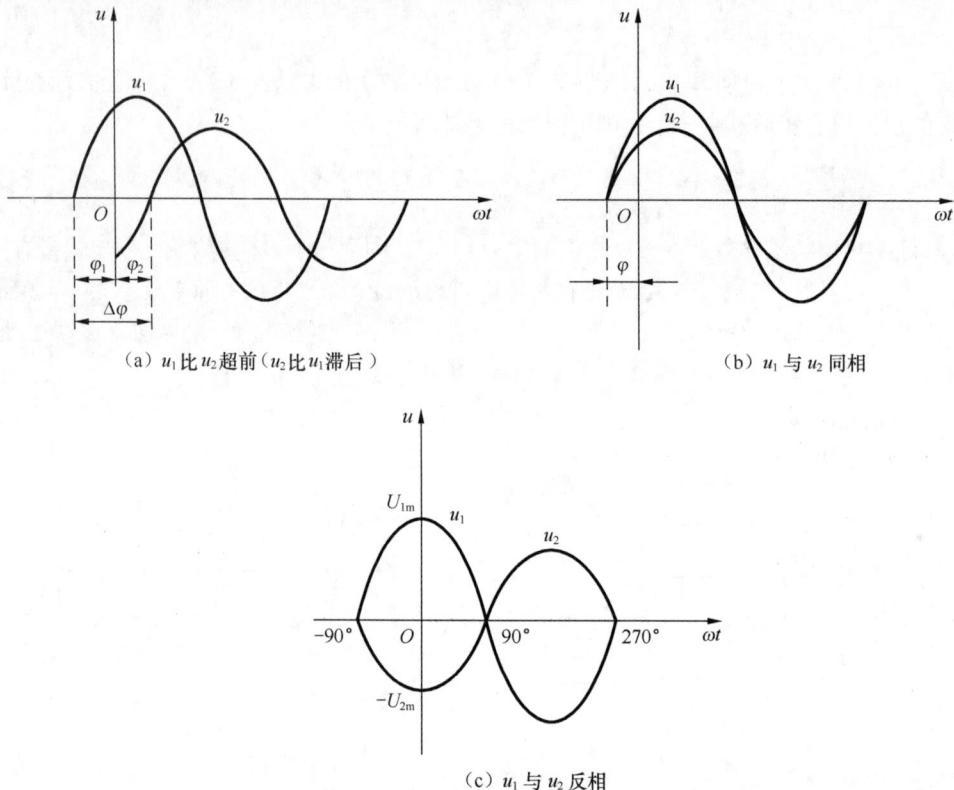

（c）u_1 与 u_2 反相

图2-4 交流电的初相和相位差

【例 2-2】 某电源电动势 $e=141\sin(314t+45°)\,\text{V}$，该电动势的角频率、频率、周期、幅值（最大值）、有效值、初相各为多少？画出波形图。

解：由电动势的瞬时值表达式可知，该电动势的角频率 $\omega=314\text{rad/s}$，最大值 $E_m=141\text{V}$，所以频率为

$$f=\frac{\omega}{2\pi}=\frac{314}{2\pi}\text{Hz}\approx 50\text{Hz}$$

周期：

$$T=\frac{1}{f}=\frac{1}{50\text{Hz}}=0.02\text{s}$$

有效值：

$$E=\frac{E_m}{\sqrt{2}}=\frac{141\text{V}}{\sqrt{2}}\approx 100\text{V}$$

初相：

$$\varphi=45°$$

波形图如图 2-5 所示。

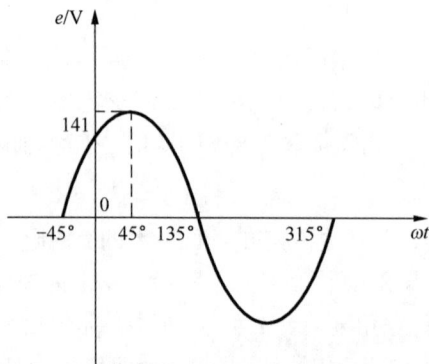

图2-5 例2-2波形图

46

思考题

一初相为 30° 的工频正弦交流电,在 $t=T/6$ 时其电流值为 10A,则该电流的频率为_____Hz,周期为_____s,幅值为_____A,有效值为_____A,电流瞬时值表达式是_____。

二、正弦交流电的相量表示

由前文所述,正弦交流电可以用三角函数表示,也可以用波形图表示。前者是基本的表示方法,但运算烦琐;后者直观、形象,但运算不便。为了便于分析和计算正弦交流电路,常用相量来表示正弦交流电。

以正弦交流电 $i = I_\mathrm{m}\sin(\omega t+\varphi)$ 为例,在直角坐标系(复平面)中画一条带箭头的直线,如图 2-6 所示。该直线满足条件:①直线长度与正弦交流电的有效值(或幅值)成正比;②直线与正横轴的夹角等于正弦交流电的初相(φ);③直线以角频率(ω)按逆时针方向旋转。这条带箭头的直线就称为相量。

正弦交流电的相量表示

在正弦交流电路中,所有的电压和电流都是同频率的正弦交流电,它们的频率与正弦交流电源的频率相同,往往是已知的。因此,在使用相量分析和计算正弦交流电路时,可以不考虑相量的旋转。这样,正弦交流电 $i = I_\mathrm{m}\sin(\omega t+\varphi)$ 可以表示成极坐标形式 $I\angle\varphi$,记为相量 $\dot{I} = I\angle\varphi$。需要注意的是,其中 I 是有效值,因此 $\dot{I} = I\angle\varphi$ 称为有效值相量,我们也可以用幅值相量 $\dot{I}_\mathrm{m} = I_\mathrm{m}\angle\varphi$ 来表示正弦交流电。

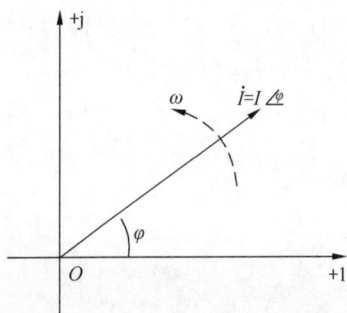

【例 2-3】 图 2-7 所示电路中,已知 $i_1 = 10\sqrt{2}\sin314t$ A,$i_2 = 10\sqrt{2}\sin(314t+90°)$ A,试用相量图法求总电流(i)。

图2-6 正弦交流电的相量表示

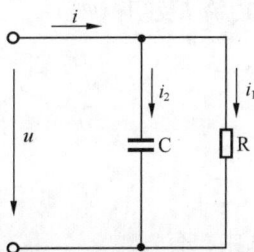

图2-7 例2-3电路

解: 根据 KCL,有

$$i = i_1 + i_2$$

其相量表示为

$$\dot{I} = \dot{I}_1 + \dot{I}_2 = (10\angle0° + 10\angle90°)\mathrm{A}$$

上述相量可以用相量图法或代数法进行求和运算。

用相量图法求和的步骤如下。

① 作相量图。将同频率的正弦交流电画在同一个坐标系中所得的图称为相量图,相量图可以直观地反映各相量之间的关系,有助于电路的分析,也可以在相量图上进行同频率正弦交流电之间的运算,特别是加、减运算。

![提示]

作图时，规定以正横轴为起点，逆时针旋转角度为正，顺时针旋转角度为负。相量可以在坐标系内平行移动，为方便起见，允许省略坐标轴。

分别作相量 $\dot{I}_1$ 和 $\dot{I}_2$ 的相量图如图 2-8 所示。

② 求相量和。在相量图上求两相量之和时需遵守平行四边形法则，即以 $\dot{I}_1$ 和 $\dot{I}_2$ 为边作平行四边形 $OABC$，对角线 OB 就是相量和 $\dot{I}$。

根据三角形法则运算的结果，$\dot{I} = 10\sqrt{2}\angle 45° \text{ A}$，因此

$$\dot{I}_m = 20\angle 45° \text{ A}$$

即

$$i = 20\sin(314t + 45°) \text{ A}$$

进行相量运算的另一种方法是代数法。具体做法如下。

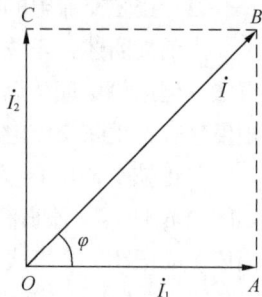

图2-8 例2-3相量图

① 将相量分解为实部和虚部两个部分（虚部前加虚数单位 j，且 $j^2 = -1$），分别对应复平面上实轴（横轴）和虚轴（纵轴），即

$$\dot{I}_1 = I_1 \angle \varphi_1 = I_1 \cos\varphi_1 + jI_1 \sin\varphi_1$$

$$\dot{I}_2 = I_2 \angle \varphi_2 = I_2 \cos\varphi_2 + jI_2 \sin\varphi_2$$

② 对实部和虚部分别进行求和运算，即实部和实部相加，虚部和虚部相加。

$$\dot{I}_1 + \dot{I}_2 = (I_1 \cos\varphi_1 + I_2 \cos\varphi_2) + j(I_1 \sin\varphi_1 + I_2 \sin\varphi_2) = I_x + jI_y$$

其中

$$I_x = I_1 \cos\varphi_1 + I_2 \cos\varphi_2$$

$$I_y = I_1 \sin\varphi_1 + I_2 \sin\varphi_2$$

③ 求电流 I 及初相 φ。

$$\dot{I} = \dot{I}_1 + \dot{I}_2$$

$$I \angle \varphi = I_x + jI_y$$

其中

$$I = \sqrt{I_x^2 + I_y^2}, \quad \varphi = \arctan\frac{I_y}{I_x}$$

例 2-3 中，有

$$\dot{I}_1 = 10\angle 0° \text{ A} = (10\cos 0° + j10\sin 0°) \text{ A} = 10 \text{ A}$$

$$\dot{I}_2 = 10\angle 90° \text{ A} = (10\cos 90° + j10\sin 90°) \text{ A} = j10 \text{ A}$$

$$\dot{I} = I \angle \varphi = \dot{I}_1 + \dot{I}_2 = (10 + j10) \text{ A} = 10\sqrt{2}\angle 45° \text{ A}$$

因此，$i = 20\sin(314t + 45°) \text{ A}$，与用相量图法求解结果相同。

利用相量图法不仅可进行正弦量相加，还可进行相减、相乘、相除等运算，此处不赘述，读者可自行查阅相关资料。

![思考题]

频率为 50Hz 的正弦交流电压 $\dot{U}_{AB} = j220\text{V}$ 的极坐标表达式是 $\dot{U}_{AB} = $_____V；瞬时值表达式是 $u_{AB} = $_____V；若电压 $\dot{U}_{BC}$ 与 $\dot{U}_{AB}$ 幅值相等，相位滞后 $\dot{U}_{AB}$ 120°，则 $\dot{U}_{BC} = $_____V；已知 $\dot{U}_{AB} + \dot{U}_{BC} + \dot{U}_{CA} = 0$，则 $\dot{U}_{CA} = $_____V。

2.1.2 三相电源

一、三相交流电动势

三相交流发电机由定子和转子两部分组成，其原理示意图如图 2-9（a）所示。定子铁芯的内圆表面有槽，槽内放置的 3 个尺寸和匝数完全相同的绕组 U1-U2、V1-V2、W1-W2，称为三相绕组。其中，U1、V1、W1 是绕组的首端，U2、V2、W2 是绕组的末端。三相绕组在空间位置上互成 120° 放置，称为 U 相、V 相和 W 相，图 2-9（b）所示为其中的一相线圈绕组和电动势。定子铁芯内部的磁极是转动的，称为转子。

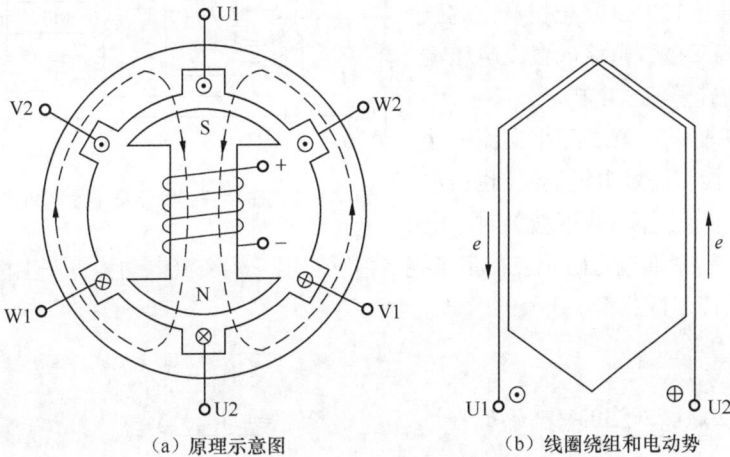

（a）原理示意图　　　　（b）线圈绕组和电动势

图2-9　三相交流发电机

三相交流电的产生

三相交流电的相序

三相对称正弦量

当转子在原动机（汽轮机、水轮机）的带动下以角频率（ω）匀速旋转时，三相绕组依次切割磁力线，产生频率相同、幅值相等、相位差互成 120° 的三相交流电动势。选定电动势的参考方向由绕组的末端指向首端，如图 2-9（b）所示，则

$$\begin{cases} e_U = E_m \sin \omega t \\ e_V = E_m \sin(\omega t - 120°) \\ e_W = E_m \sin(\omega t + 120°) \end{cases}$$

（2-6）

相应的波形图、相量图如图 2-10（a）、（b）所示。

（a）波形图　　　　　　　（b）相量图

图2-10　三相交流电动势

由波形图可见，三相交流电动势达到最大值的先后次序是不同的。这种达到最大值的先后次序，称为三相交流电动势的相序。上述三相交流电动势的相序是 U→V→W→U。在工厂或企业配电站的三相电源裸铜排上，涂有黄、绿、红 3 种颜色，分别表示 U、V、W 三相。

由相量图可见，三相交流电动势的相量和为零，即

$$\dot{E}_U + \dot{E}_V + \dot{E}_W = 0 \tag{2-7}$$

一种汽车用三相同步交流发电机工作原理如图 2-11 所示。发电机的转子绕组通过电刷和滑环引入直流电而产生磁场，三相定子绕组按照一定的规律分布在定子槽中，彼此相差 120°。发电机产生的三相交流电动势通过硅整流二极管整流成直流电压输出，因此该发电机也称为硅整流发电机。

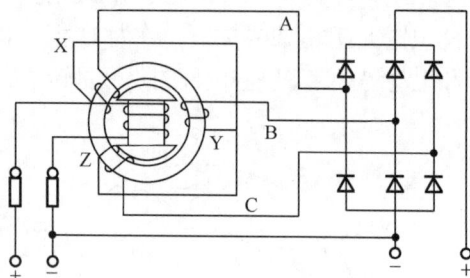

电动汽车依靠电动机驱动，其中三相交流电动机的结构与图 2-9 所示三相交流发电机类似，也由定子和转子组成。在制动运行（停车或下坡）时，电

图2-11　汽车用三相同步交流发电机工作原理

动机工作在发电机状态，转子通过电磁感应在定子绕组中感应出三相交流电动势，产生再生电能，这就是电动汽车回收能量的来源。

? 思考题

三相交流电源中，$\dot{E}_U = 220\angle 30° \text{ V}$，则 $\dot{E}_V = $＿＿＿＿ V，$\dot{E}_W = $＿＿＿＿V。

二、三相电源的接法

把上述三相绕组按照一定的方式连接起来，就成为可以为负载供电的三相电源。连接的方式有两种，分别是星形（Y）连接和三角形（△）连接。

1. 星形连接的三相电源

把图 2-9 所示的三相绕组的末端 U2、V2 和 W2 连在一起，就构成星形连接，如图 2-12（a）所示。3 个末端连接的点称为电源的中性点或零点，用 N 表示。由 3 个电源绕组的首端 U1、V1、W1 和中性点 N 分别引出 4 根线对外供电，这种供电方式称为三相四线制。从首端引出的 3 根输电线称为端线（火线），从中性点 N 引出的输电线称为中线（零线）。

三相电源的星形连接

由图 2-12（a）可知，星形连接的三相电源可以提供两组电压：一组是端线和中线之间的电压，用 u_1、u_2、u_3 或统一用有效值 U_P 表示，称为电源相电压；另一组是端线和端线之间的电压，用 u_{12}、u_{23}、u_{31} 或统一用有效值 U_L 表示，称为线电压。显然，电源相电压和电源电动势相等，为频率相同、幅值相等、相位差互成 120° 的三相对称交流电压。

三相电源星形连接的相电压和线电压

由于电路对称，因此线电压（u_{12}、u_{23} 和 u_{31}）也是对称的，其频率相同、幅值相等、相位互差 120°。图 2-12（b）所示为电压相量图，由此可见，星形连接时，线电压是相电压的 $\sqrt{3}$ 倍，即

$$U_L = \sqrt{3} U_P \tag{2-8}$$

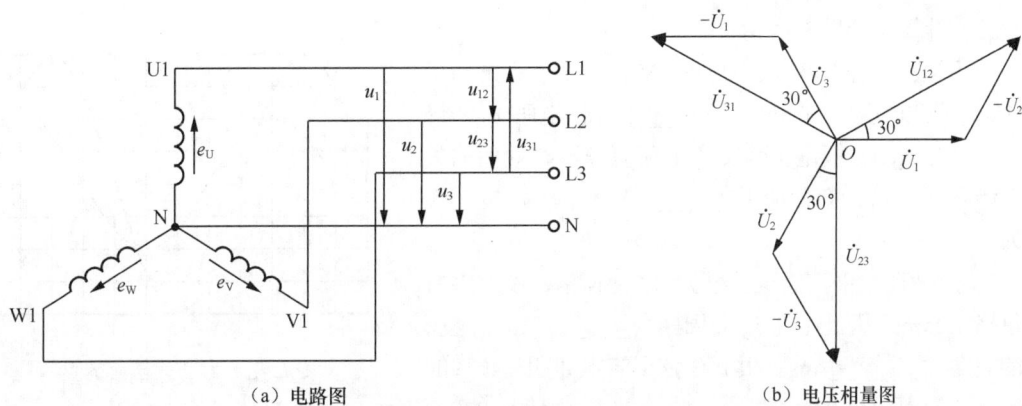

（a）电路图　　　　　　　　　　（b）电压相量图

图2-12　星形连接的三相电源

🎓 **提示**

工矿企业的低压供电系统中，三相电源都采用星形连接，其相电压 U_P 为220V，相应的线电压 $U_L = \sqrt{3}\,U_P = \sqrt{3} \times 220\text{V} \approx 380\text{V}$。220V 的相电压可供照明、家用电器使用，380V 的线电压则可供三相负载如三相电动机等使用。

2. 三角形连接的三相电源

如图 2-13 所示，将一相绕组的末端与另一相绕组的首端依次相连，构成闭合回路，然后从 3 个连接点引出 3 条端线，就成为三角形连接的三相电源。显然，在三角形连接下，电源只能以三相三线制方式对外供电，其线电压和电源相电压的关系为

$$U_L = U_P \qquad （2\text{-}9）$$

即三角形连接的三相电源，只能提供一组电压。

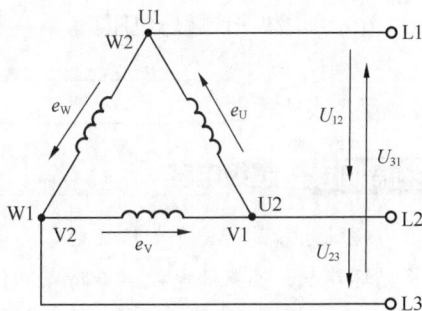

图2-13　三角形连接的三相电源

❓ **思考题**

星形连接的发电机线电压为 380V，其相电压为_____V；若采用三角形连接，则相电压为_____V。

项目实施

任务　分析正弦交流电基本要素和相量表示

一、任务目的

1. 加深对正弦交流电三要素的理解。

2. 学会用相量法分析与计算正弦交流电路。

二、任务内容

某一电路由两个元件串联而成，由示波器通道 A 和通道 B 分别观测到元件 1 和元件 2 的电压波形 u_1 和 u_2 如图 2-14 所示。请根据示波器电压波形完成任务：①分别计算出各元件的电压有效值、频率和初相；②判断电压相位关系；③计算总电压，写出总电压的函数表达式。

三、计算与分析过程

1. 示波器垂直偏转灵敏度为 1V/格，即垂直方向每格 1V，因此电压 u_1 的峰值为_____V，电压 u_2 的峰值为_____V。根据正弦交流电压峰值与有效值的关系，计算电压 u_1 的有效值为_____V，电压 u_2 的有效值为_____V。

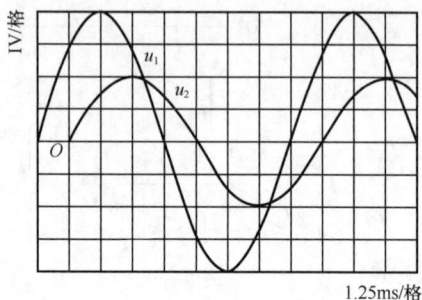

图2-14　示波器电压波形

2. 示波器水平扫描灵敏度为 1.25ms/格，即水平方向每格 1.25ms，因此电压 u_1 的周期为_____ms，电压 u_2 的周期为_____ms。根据正弦交流电周期与频率的关系，计算电压 u_1 的频率为_____Hz，电压 u_2 的频率为_____Hz。

3. 以图 2-14 所示 O 点为零时刻点，电压 u_1 的初相为_____，电压 u_2 的初相为_____，电压 u_1 超前电压 u_2_____电角度。

4. 电压 u_1 的函数表达式是_____，电压 u_2 的函数表达式是_____。

5. 电压 u_1 的相量表达式是_____，电压 u_2 的相量表达式是_____，在图 2-15 中画出 u_1 和 u_2 的相量图并求其相量和（即总电压 u 的相量）。

6. 用代数法计算总电压。

$$\dot{U} = \dot{U}_1 + \dot{U}_2 = \underline{\hspace{5cm}},$$

u 的函数表达式是_____。

图2-15　相量图

拓展阅读　超级电容

超级电容是一种介于传统电容与电池之间的新型储能元件，具有超大容量、高功率密度、长循环寿命、高充放电效率等特点。作为电动汽车和混合动力汽车的动力电源，超级电容可以单独使用或与电池联用。在用作电动汽车的短时驱动电源时，能快速输出足够大的电流，为汽车启动或爬坡提供强大的动力。

项目 2.2　分析 RLC 交流电路性质

项目导入

小张经过查阅资料和深入学习，掌握了正弦交流电三要素的基本知识，学会了用相量图法分析和计算正弦交流电路，了解到电动汽车制动时回收的能量是由电机发电产生的。但小张并不满足，他还想继续研究下去。师傅说："电动汽车中的能量回收、储存和利用离不开电容、电感等储能元件。"

学习目标

1. 知识目标

（1）掌握电感和电容元件的基本特性。

（2）掌握交流电路中电阻、电感和电容元件的电压和电流的关系。

（3）掌握电阻、电感和电容元件的功率因数及其计算方法。

2. 能力目标

（1）学会计算 RLC 交流电路的阻抗、电压、电流以及功率因数。

（2）学会分析和判断 RLC 交流电路的性质。

3. 素养目标

（1）培养严谨的科学精神。

（2）培养锲而不舍的钻研精神。

知识学习

2.2.1　电感元件和电容元件

交流电路由交流电源及其负载组成，交流负载一般由电阻、电感、电容以及它们的组合按照一定的方式连接而成。由于电感中的交变电流产生交变磁场，会产生感应电动势；电容极板间的交流电压，会引起电荷在与电容极板相连的导线中移动形成电流，因此，电阻、电感及电容对交流电路中的电压、电流都会产生影响。

一、电感元件

1. 电感元件的基本特性

当线圈中的电流发生变化时，线圈本身就产生感应电动势，这种由于线圈本身的电流发生变化而产生的电磁感应现象，称为自感现象，简称自感。而互感现象是指一个线圈中的电流变化使另一个线圈产生感应电动势。

如图 2-16 所示，电感线圈通过电流 i_L 产生磁力线，并与线圈本身交链，此时的磁通称为自感磁通，其大小用 Φ_L 表示。如果线圈的匝数为 N，穿过一匝线圈的磁通是 Φ_L，则总磁通（又称自感磁链）为

$$\Psi_L = N\Phi_L \tag{2-10}$$

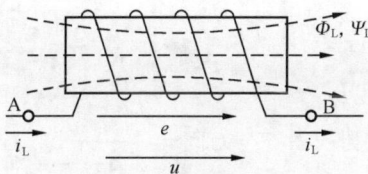

图2-16　线圈的磁通和磁链

其中，Ψ_L 为自感磁链，其单位是韦伯（简称韦），用字母 Wb 表示。

在自感磁通 Φ_L 与电流 i_L 符合右手螺旋定则时，自感磁链 Ψ_L 与电流 i_L 的比就是电感线圈的自感系数（L），简称电感，即

$$L = \frac{\Psi_L}{i_L} \tag{2-11}$$

在国际单位制中，电感的单位是亨利（简称亨），用字母 H 表示。实际应用中还有微亨（μH）和毫亨（mH）等电感单位。电感既代表自感系数，也代表电感线圈。

电感的大小与线圈的匝数、形状、大小及周围介质的磁导率有关。例如，一长直密绕的线圈，电感（L）为

$$L = \frac{\mu SN^2}{l}$$

其中，S——横截面积（m^2）；

     l——线圈长度（m）；

     N——匝数；

     μ——磁导率（H/m）。

若自感系数为常数，即磁链与电流的大小成正比，这样的电感线圈称为线性电感，否则称为非线性电感。对铁芯线圈来说，电感不为常数，故称为非线性电感；而空心线圈的电感为常数，故称为线性电感。

自感现象2

2. 电感元件的电压和电流的关系

法拉第电磁感应定律和楞次定律分别从大小和方向两方面阐述了感应电动势与磁通的关系。法拉第电磁感应定律表明，感应电动势的大小正比于回路内磁通对时间的变化率；楞次定律则总结出，在电磁感应过程中，感应电流所产生的磁通总是力图阻止原磁通的变化。

通常设定感应电动势（e）与磁通（$\varPhi_L$）的参考方向符合右手定则，如图 2-16 所示，根据上述定律，对于匝数为 N 的通电线圈，感应电动势为

$$e = -N\frac{d\varPhi_L}{dt} = -\frac{d(N\varPhi_L)}{dt} = -\frac{d\varPsi_L}{dt} \tag{2-12}$$

将式（2-11）代入式（2-12），得

$$e = -\frac{d\varPsi_L}{dt} = -\frac{d(Li_L)}{dt} = -L\frac{di_L}{dt} \tag{2-13}$$

式（2-12）与式（2-13）是感应电动势的两种表达式。

🎓 **提示**

当电感为常数时，多采用表达式 $e = -L\dfrac{di_L}{dt}$。而分析非线性电感时，多采用表达式 $e = -N\dfrac{d\varPhi_L}{dt}$。

习惯上假设电感元件上的电流、电压、自感电动势三者参考方向一致，如图 2-17 所示，则自感电压为

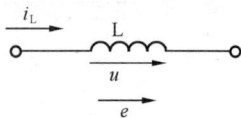

$$u = -e = N\frac{d\varPhi_L}{dt} = L\frac{di_L}{dt} \tag{2-14}$$

图2-17 电感元件

由式（2-14）可见，电感的电压与电流的变化率成正比，只有当电流发生变化时，其两端才会有电压。电流变化越快，自感电压越大；电流变化越慢，自感电压越小。当电流不随时间变化时，自感电压为零，即在直流稳态电路中，忽略线圈损耗，电感线圈相当于短路。

🎓 **提示**

由于电感元件上电流变化率与感应电压成正比，因此在断开电感电路时就会在电感元件两端产生较大的感应电压，有时甚至会烧坏电感元件或其他设备。因此在实际电路中要设置适当的安全保护电路，如在继电器线圈两端并联续流二极管等。

有电流就有磁场，磁场具有能量。电感元件流经电流，元件就储存磁场能。当电流由零增加到 I 时，储存的磁场能（W_L）为

$$W_L = \frac{1}{2}LI^2 \qquad (2\text{-}15)$$

由式（2-15）可知，电感 L 一定时，电感电流越大，电感元件储存的能量越多。此外，由于储能与电流有着上述对应关系，电感电流的变化就是电感元件储存能量变化的过程，它不会突变，而是需要一定的时间，也就是说电感电流是不能突变的。在电动汽车中，电机的定子绕组就是电感元件，在制动时电感元件中的电流对蓄电池充电，可将电感元件电能储存到动力电池中。

> **? 思考题**
>
> 如图 2-18 所示，当合上开关 S 后，灯泡 1＿＿＿（慢慢亮，立即亮），灯泡 2＿＿＿（慢慢亮，立即亮）；当断开开关 S 后，灯泡 1＿＿＿（慢慢灭，立即灭），灯泡 2＿＿＿（慢慢灭，立即灭）。
>
>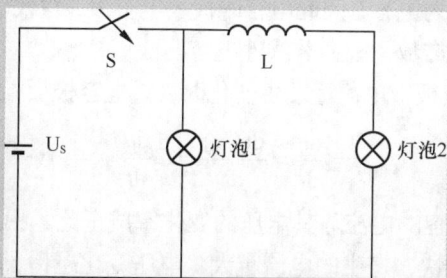
>
> 图2-18　电感线圈与灯泡串联电路

> **🎓 提示**
>
> 电感电路改变（开关动作）瞬间，电感电流不会突变。若 0_- 表示开关动作前最后一个时刻，0_+ 表示开关动作起始时刻，则 $i_L(0_+)=i_L(0_-)$。

二、电容元件

1. 电容元件的基本特性

电容元件是用来存储电荷的装置，通常由两个中间隔以绝缘材料的金属导体组成。金属导体称为极板，中间的绝缘材料称为介质，两个电极从极板引出。

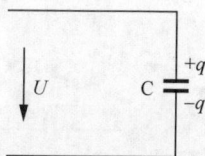

图2-19　电容元件存储电荷

在一个未充过电的电容元件的两个极板上加上电压，将对电容元件充电，使两个极板带上电量相等而极性相反的电荷，如图 2-19 所示。试验证明，极板上所带的电荷量（q）与电容元件两端的电压（u）成正比，即

$$q = Cu$$

还可以写成

$$C = \frac{q}{u} \qquad (2\text{-}16)$$

电容元件

其中，C 为衡量电容元件存储电荷能力大小的物理量，称为电容量，简称电容。

电容是电容元件固有的参数，本质上它与极板上所带的电荷量以及电容元件两端的电压无关。电容大小与极板面积成正比，与极板间距离成反比，还与极板间的介质有关。例如，有一极板间距离很小的平行板电容元件，电容（C）为

$$C = \frac{\varepsilon S}{d}$$

其中，S——极板面积（m^2）；

$\quad$ d——板间距离（m）；

$\quad$ ε——介电常数（F/m）。

在国际单位制中，电容的单位是法拉（简称法），用字母 F 表示。由于 F 太大，实际应用中常用微法（μF）和皮法（pF）作为电容的单位。

$$1\mu F = 10^{-6} F$$

$$1pF = 10^{-12} F$$

由于常将电容元件简称为电容，因此电容既代表电容量，也代表电容元件。若电容为常数，则为线性电容；若电容不为常数，则为非线性电容。

如图 2-20 所示，电容极板上电荷量发生变化时，与电容极板相连的导线中会出现电流，即

$$i = \frac{dq}{dt} = \frac{d(Cu)}{dt} = C\frac{du}{dt} \tag{2-17}$$

由式（2-17）可见，电容的电流与其电压的变化率成正比，只有当电压发生变化时，电容才会产生电流。电压变化越快，产生的电流越大；电压变化越慢，产生的电流越小。当电压不随时间变化时，电流为零。

> **提示**
>
> 直流稳态电路中，电容相当于开路。

2. 电容元件的串联和并联

（1）电容元件的串联

电容元件串联电路如图 2-21（a）所示，其等效电容如图 2-21（b）所示。

电容元件的串联和并联

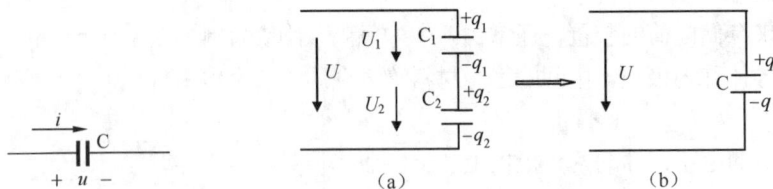

图2-20　电容的电压、电流关系　　　图2-21　电容元件的串联

电容元件的串联具有以下特点。

① 等效电容的倒数等于各电容倒数之和。

因为

$$q_1 = q_2 = q$$

$$u = u_1 + u_2$$

所以

$$\frac{u}{q} = \frac{u_1 + u_2}{q} = \frac{u_1}{q} + \frac{u_2}{q}$$

经变换得

$$\frac{1}{C} = \frac{1}{C_1} + \frac{1}{C_2}$$ （2-18）

② 每个电容元件分得的电压与其电容成反比。

每个电容元件上的电压由 $C = \dfrac{q}{u}$ 可以推出

$$\frac{u_1}{u_2} = \frac{C_2}{C_1}$$ （2-19）

C_1、C_2 分得的电压分别为

$$u_1 = \frac{C_2}{C_1 + C_2} u$$

$$u_2 = \frac{C_1}{C_1 + C_2} u$$

🎓 **提示**

串联的电容元件，小电容上所承受的电压高，大电容上所承受的电压低。

（2）电容元件的并联

电容元件并联电路如图 2-22（a）所示，其等效电容如图 2-22（b）所示。电容元件的并联具有以下特点。

① 等效电容等于各电容之和。每个电容元件两端的电压相等，总电荷量等于各电容元件上电荷量之和，即

$$u_1 = u_2 = u$$

$$q = q_1 + q_2$$

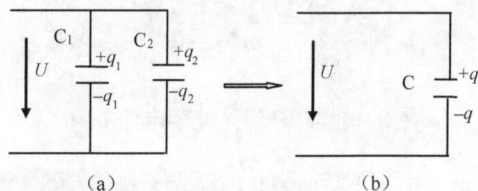

图2-22　电容元件的并联

则

$$\frac{q}{u} = \frac{q_1 + q_2}{u} = \frac{q_1}{u} + \frac{q_2}{u}$$

即

$$C = C_1 + C_2$$ （2-20）

② 为了使各个电容元件都能够安全工作，工作电压（u）不得超过它们中的最低耐压值。电容元件并联后，等效电容增大。因此，当电路中单个电容元件的电容不够时，可以通过并联来增加。

❓ **思考题**

图 2-23 所示的电解电容的电容值为_____μF，耐压值为_____V。将两只相同的该电解电容并联后的等效电容 $C_{\#}=$_____μF，耐压值为_____V；串联后的等效电容 $C_{\#}=$_____μF，耐压值为_____V。

图2-23　电解电容

提示

电容元件串联时的等效电容比单个电容元件电容小，但通过电容分压可以提高耐压值，因而可以解决工作中单个电容元件耐压值不够的问题。

3. 电容元件的充电和放电

（1）电容元件的充电

电容元件充电时吸收电源能量，并将其转换为电场能量储存起来。在图2-24所示的电容元件充、放电电路中，开关 S 闭合之前，电容元件没有电荷存储，其电压为零，记为 $u_C(0_-)=0$，0_- 表示开关闭合前的最后一个时刻。在开关 S 合向位置 1 的瞬间（0 时刻），电源通过电阻 R_1 向电容元件充电，由于电荷量不能够突变，因此在充电起始时刻（0_+ 时刻），电容电压也为零，有 $u_C(0_+)=u_C(0_-)=0$，即电容元件在接通电源的前后，其电压保持不变。

电容元件的充电

提示

- 电容电路换路瞬间，电容电压不会突变，即 $u_C(0_+)=u_C(0_-)$。
- 若 $u_C(0_+)=u_C(0_-)=0$，电容电压为零，则此时电容相当于短路。

在充电起始时刻，电容电压 $u_C(0_+)=0$，因此充电电流最大，为 $i_1=I_{10}=\dfrac{U}{R_1}$。随着充电的进行，电荷不断积累，$u_C$ 逐渐升高，i_1 随之减小。当电容电压 u_C 趋近于 U 时，充电电流 $i_1=0$，充电过程结束，电路进入稳定状态。充电过程中，u_C 和 i_1 均按指数规律变化，其变化曲线如图 2-25 所示。

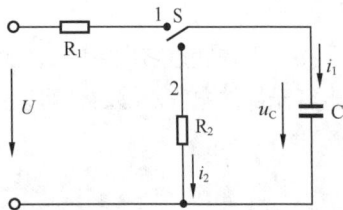

图2-24　电容元件充、放电电路

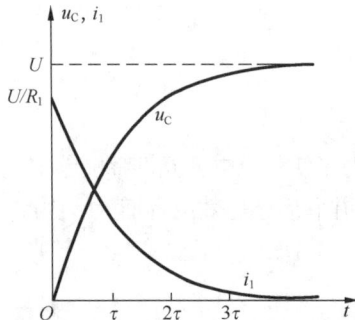

图2-25　充电过程中 u_C 和 i_1 变化曲线

（2）电容元件的放电

电容元件放电时，把充电时吸收的电源能量逐渐释放出来，并被电阻所消耗。在图 2-24 所示电路中，若在电容元件充电后将开关 S 迅速合向位置 2，电容元件就会通过电阻 R_2 放电。在放电开始的瞬间，电容元件两端的电压最高，因此放电电流最大，为 $i_2 = I_{20} = \dfrac{U}{R_2}$，方向与 i_1 相反。随着放电的进行，两个极板上的电荷不断减少，电容电压 u_C 逐渐下降，放电电流 i_2 随之减小。当电容电压 $u_C = 0$ 时，放电电流 $i_2 = 0$，放电过程结束，电路进入稳定状态。放电过程中的 u_C 和 i_2 均按指数规律变化，其变化曲线如图 2-26 所示。

（3）时间常数

由图 2-25 和图 2-26 所示的曲线可知，电容元件的充电和放电都需要一定的时间。显然，电容越大，存储电荷越多，电容元件充、放电时间就越长；电阻越大，充、放电电流越小，充、放电时间也越长。即电容元件充、放电时间的长短取决于电路中电阻和电容的大小，把两者的乘积称为时间常数，用 τ 表示，即

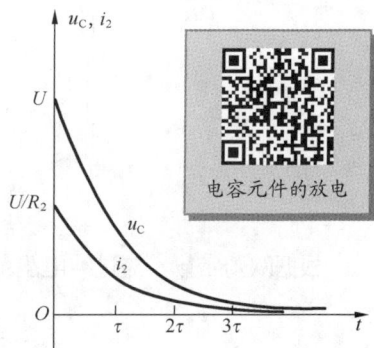

图2-26　放电过程中 u_C 和 i_2 变化曲线

$$\tau = RC \tag{2-21}$$

从理论分析可知，电容元件的充、放电过程必须经过无限长时间才能结束。但当 $t = 5\tau$ 时，电流已经接近于 0，因此可以认为充、放电过程基本结束。

🔖 思考题

图 2-24 所示电路中，已知 $U=12\text{V}$，$C=100\mu\text{F}$，$R_1=10\Omega$，$R_2=50\text{k}\Omega$，开关 S 合向位置 1 时的充电时间常数 $\tau_1=$_____ms，最大充电电流 $I_{10}=$_____A；充电完成后将开关 S 合向位置 2 时的放电时间常数 $\tau_2=$_____s，最大放电电流 $I_{20}=$_____mA。

🎓 提示

- 电容元件两端的电压不能突变，要达到新的稳定值，必须有一定的充、放电时间。
- 电容元件在接通电源的瞬间，充电电流最大；电路达到稳定时，电容元件中的电流为 0，相当于开路。
- 选择不同的 R、C 值，可以改变充、放电过程的快慢。
- 电容是储能元件，不消耗电能，其充、放电过程实际是能量转换过程。

2.2.2　单一元件正弦交流电路分析

所谓单一元件正弦交流电路就是指纯电阻电路、纯电感电路和纯电容电路。严格来说，只含单一参数的负载是不存在的，但当负载中只有一个参数起主要作用，其余两个参数因影响小而可以忽略时，就可以把它看作单一参数负载。如电阻炉，其电感和电容较小，因此可视为纯电阻负载。

一、纯电阻电路

交流负载是电阻炉、电烙铁、白炽灯等的电路属于纯电阻电路。

1．电压和电流关系

图 2-27（a）所示电路中，电压和电流的参考方向一致，设电阻电压为

纯电阻电路

$$u_R = \sqrt{2}U_R \sin \omega t$$

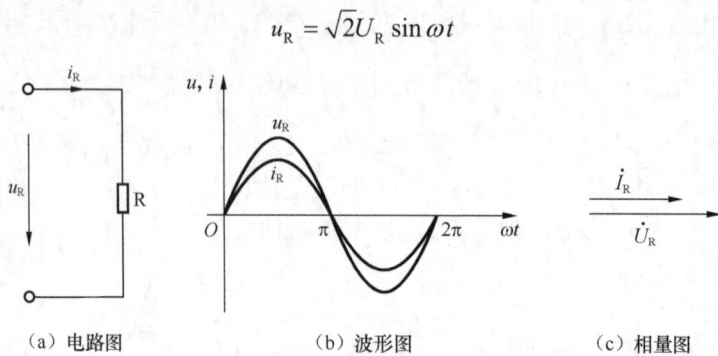

(a) 电路图　　　　　(b) 波形图　　　　　(c) 相量图

图2-27　纯电阻电路

根据欧姆定律，流过纯电阻负载的电流为

$$i_R = \frac{u_R}{R} = \frac{\sqrt{2}U_R}{R} \sin \omega t = \sqrt{2}I_R \sin \omega t \tag{2-22}$$

可见，纯电阻电路中，电阻两端电压和电流是同频率的正弦量，并且相位相同，其有效值关系为

$$U_R = RI_R \tag{2-23}$$

即交流电路中电阻元件的电流有效值（I_R）、电压有效值（U_R）和电阻（R）之间的关系满足欧姆定律。显然，其幅值之间的关系也满足欧姆定律。

用相量形式表示的电压和电流关系式为

$$\dot{U}_R = R\dot{I}_R \tag{2-24}$$

根据以上分析，作u_R、i_R的波形图、相量图，如图2-27（b）、（c）所示。

🎓 提示

相量表达式$\dot{U}_R = R\dot{I}_R$既包含有效值关系$U_R = RI_R$，又包含电压和电流的相位关系，这里电压与电流同相。

---

2. 电路的功率和能量转换

在任意瞬间，电压瞬时值与电流瞬时值的乘积称为瞬时功率，即

$$p = ui$$

显然，瞬时功率是一个随时间变化的量。对于电阻元件，有

$$p_R = u_R i_R = U_{Rm} I_{Rm} \sin^2 \omega t = U_R I_R (1 - \cos 2\omega t) \tag{2-25}$$

在实际应用中，通常用p在一个周期内的平均值来衡量交流功率的大小，称为平均功率或有功功率，用大写字母P表示。由式（2-25）可得纯电阻电路的有功功率表达式为

$$P_R = U_R I_R = I_R^2 R = \frac{U_R^2}{R} \tag{2-26}$$

🎓 提示

交流电阻电路和直流电阻电路具有相同的有功功率表达式，因此计算电阻消耗电能的表达式也一致。

【例2-4】 功率为 100W 的白炽灯，接在 $u = 311\sin(314t + 120°)V$ 的电源上，试求电流有效值。

解：白炽灯的电压有效值为

$$U_R = U = \frac{311V}{\sqrt{2}} \approx 220V$$

根据式（2-26），可推导出电流有效值为

$$I_R = \frac{P_R}{U_R} = \frac{100W}{220V} \approx 0.455A$$

思考题

某养殖场有额定值为 220V、60W 的白炽灯 30 盏，平均分为 3 组。接线时，每 10 盏白炽灯_____（串联，并联）成 1 组；每组白炽灯的总功率是_____W；为确保用电安全，每组白炽灯配熔断器 1 只，该熔断器的额定电流应等于或稍大于负载额定电流，即_____A。

二、纯电感电路

用导线绕制的空心线圈或具有铁芯的线圈在工程上有广泛的应用，如电动机绕组、继电器线圈等。若电感线圈中的损耗忽略不计，电感线圈可以看作电感元件，其电路称为纯电感电路。

1. 电压和电流关系

在交流电路中，线圈中的交变电流引起交变磁通，产生自感电动势，从而在线圈两端产生电压，阻碍电流的变化，所以电感线圈的电流的变化总是滞后于电压的变化。

交流纯电感电路如图 2-28（a）所示，设电感电流方向与电压参考方向一致，电感电流为

$$i_L = \sqrt{2}I_L \sin\omega t$$

根据电感元件的电压和电流关系 $u_L = L\dfrac{di_L}{dt}$，可以推导出电感两端的电压为

$$u_L = \sqrt{2}\omega L I_L \sin(\omega t + 90°) = \sqrt{2}U_L \sin(\omega t + 90°) \tag{2-27}$$

可见，纯电感电路中，电感电压和电流是同频率的正弦量，并且电压超前电流 90°，其有效值关系为

$$U_L = \omega L I_L = X_L I_L \tag{2-28}$$

其中，X_L——电感的感抗，单位为欧姆（Ω）。

$$X_L = \omega L = 2\pi f L \tag{2-29}$$

感抗（X_L）表示电感对电流的阻碍作用，由式（2-29）可见，X_L 与交流电的频率（f）和电感（L）成正比，即频率越高或电感越大，则感抗越大，线圈对交流电的阻碍作用越强，故电感常被用作交流限流元件。对于直流电，$f = 0$，$X_L = 0$，电感相当于短路，因此电感具有阻交流、通直流的作用，在电子电路中常被用于选频和滤波。

纯电感电路实验　　感抗的概念

🎓 **提示**

感抗是电压和电流的有效值之比，而不是它们的瞬时值之比。在纯电感电路中，电压和电流之间为导数关系，而非正比关系。

在纯电感电路中，电压和电流关系的相量表达式为

$$\dot{U}_L = j\omega L \dot{I}_L = jX_L \dot{I}_L \tag{2-30}$$

🎓 **提示**

$j\omega L$ 称为电感元件的复阻抗，"j"表示电压超前电流90°，即

$$\dot{U}_L = X_L \dot{I}_L \angle 90°$$

❓ **思考题**

工频下，1mH电感的感抗为_____Ω。

u_L 和 i_L 的波形图、相量图如图2-28（b）、（c）所示。

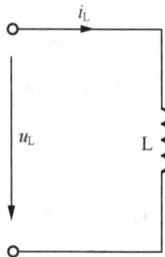
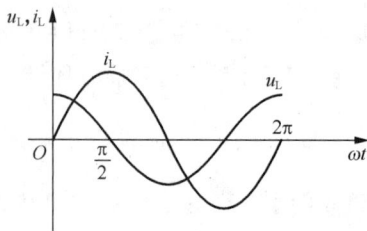
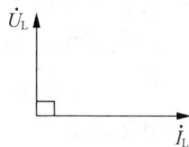

（a）电路图　　　　　　　（b）波形图　　　　　　　（c）相量图

图2-28　交流纯电感电路

2. 电路的功率和能量转换

根据交流电路瞬时功率的关系式 $p = ui$，有

$$p_L = u_L i_L = U_{Lm} I_{Lm} \sin(\omega t + 90°)\sin\omega t = U_L I_L \sin 2\omega t \tag{2-31}$$

🎓 **提示**

电感元件的瞬时功率按正弦规律做周期性变化。$p_L > 0$ 时，线圈从电源吸收能量，转换为磁场能存储起来；$p_L < 0$ 时，线圈将存储的能量释放，磁场能转换成电能返还给电源。因此，在交流电路中，电感线圈只起能量转换的作用，本身并不消耗能量，其有功功率 $P_L = 0$。

由上述分析可知，电感线圈在交流电路中虽无能量消耗，但存在与电源之间的能量转换。通常用瞬时功率的最大值来衡量能量转换的速率，称为无功功率，用 Q_L 表示，其单位是乏（var）。

$$Q_L = U_L I_L = I_L^2 X_L = \frac{U_L^2}{X_L} \tag{2-32}$$

【例2-5】 一个电感为0.2H的线圈，接到频率为50Hz、电压为10V的正弦交流电源上，求线圈的感抗、电流和无功功率。若电源电压不变，频率提高到5 000Hz，求这时的感抗和电流。

解：当 $f = 50\text{Hz}$ 时，有

$$X_{\text{L}} = 2\pi f L \approx 2 \times 3.14 \times 50\text{Hz} \times 0.2\text{H} = 62.8\Omega$$

$$I_{\text{L}} = \frac{U_{\text{L}}}{X_{\text{L}}} = \frac{10\text{V}}{62.8\Omega} \approx 0.159\text{A}$$

$$Q_{\text{L}} = U_{\text{L}} I_{\text{L}} = 10\text{V} \times 0.159\text{A} = 1.59\,\text{var}$$

当 $f = 5\,000\text{Hz}$ 时，有

$$X_{\text{L}} = 2\pi f L \approx 2 \times 3.14 \times 5\,000\text{Hz} \times 0.2\text{H} = 6\,280\Omega$$

$$I_{\text{L}} = \frac{U_{\text{L}}}{X_{\text{L}}} = \frac{10\text{V}}{6\,280\Omega} \approx 0.001\,59\text{A} = 1.59\text{mA}$$

可见，对于同样的电感，当频率提高至原来的 100 倍时，感抗也增大至原来的 100 倍。相同电压下，电流减小为原来的 1/100。

三、纯电容电路

忽略电容损耗的电容电路就是纯电容电路。

1. 电压和电流关系

在直流电路中，电容只有在接通电源和切断电源时有充电电流和放电电流，电路稳定后电流等于零。在交流电路中，电容两端电压的大小和方向不断变化，因此电容不断地充电和放电，从而形成大小和方向不断变化的电流。

交流纯电容电路如图 2-29（a）所示，设电容电压与电流参考方向一致，电容两端的电压为

$$u_{\text{C}} = \sqrt{2} U_{\text{C}} \sin \omega t$$

根据电容元件的电压电流关系 $i_{\text{C}} = C \dfrac{\mathrm{d} u_{\text{C}}}{\mathrm{d} t}$，可以推导出电容中的电流为

$$i_{\text{C}} = \sqrt{2} I_{\text{C}} \sin(\omega t + 90°) = \sqrt{2} U_{\text{C}} \omega C \sin(\omega t + 90°) \quad （2\text{-}33）$$

可见，纯电容电路中，电容电压和电流是同频率的正弦量，并且电流超前电压 90°，其有效值关系为

$$U_{\text{C}} = \frac{I_{\text{C}}}{\omega C} = X_{\text{C}} I_{\text{C}} \quad （2\text{-}34）$$

其中，X_{C}——电容的容抗，单位是欧姆（Ω）。

显然

$$X_{\text{C}} = \frac{1}{\omega C} = \frac{1}{2\pi f C} \quad （2\text{-}35）$$

容抗（X_{C}）表示电容元件对交流电的阻碍作用。由式（2-35）可见，X_{C} 与交流电的频率和电容量成反比，频率越高或电容量越大，则容抗越小，对交流电的阻碍作用越弱，所以高频电流易于从电容元件通过。对于直流电，$f = 0$，$X_{\text{C}} = \infty$，电容元件相当于开路，直流不能通过，因此电容元件具有阻直流、通交流的作用。在电子电路中电容常用作高频电流的通路，或用作选频和滤波电路的元件。

在纯电容电路中，电压和电流关系的相量表达式为

$$\dot{U}_{\rm C} = -{\rm j}\frac{1}{\omega C}\dot{I}_{\rm C} = -{\rm j}X_{\rm C}\dot{I}_{\rm C} \qquad (2\text{-}36)$$

提示

$-{\rm j}\dfrac{1}{\omega C}$ 称为电容元件的复阻抗，"$-{\rm j}$"表示电压滞后电流$90°$，即

$$\dot{U}_{\rm C} = X_{\rm C}\dot{I}_{\rm C}\angle{-90°}$$

思考题

工频下，$0.1\mu F$电容的容抗为_____$k\Omega$。

$u_{\rm C}$和$i_{\rm C}$的波形图、相量图如图2-29（b）、（c）所示。

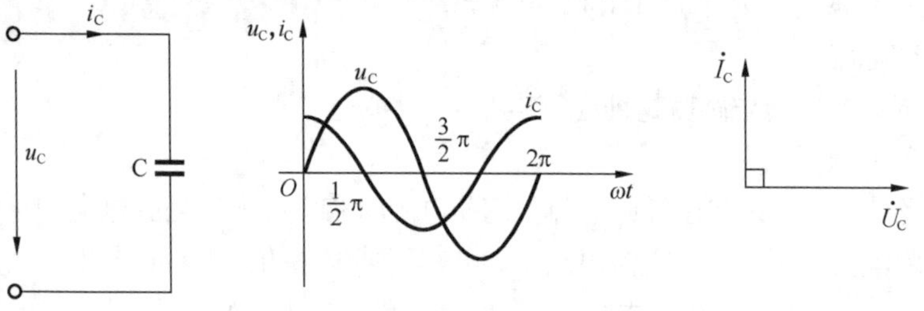

（a）电路图　　　　　　　　（b）波形图　　　　　　　（c）相量图

图2-29　交流纯电容电路

2. 电路的功率和能量转换

电容元件的瞬时功率为

$$p_{\rm C} = u_{\rm C}i_{\rm C} = U_{\rm Cm}I_{\rm Cm}\sin\omega t\sin(\omega t + 90°) = U_{\rm C}I_{\rm C}\sin 2\omega t \qquad (2\text{-}37)$$

提示

与电感线圈一样，电容元件的瞬时功率也按正弦规律做周期性变化。$p_{\rm C}>0$时，电容元件从电源吸收能量，转换为电场能存储起来；$p_{\rm C}<0$时，电容元件将电场能释放，并返还给电源。所以，电容元件本身不消耗能量，其有功功率$P_{\rm C}=0$。

电容是一种储能元件，它与电源之间能量转换的最大速率，即电容元件的无功功率（$Q_{\rm C}$）为

$$Q_{\rm C} = U_{\rm C}I_{\rm C} = I_{\rm C}^2 X_{\rm C} = \frac{U_{\rm C}^2}{X_{\rm C}} \qquad (2\text{-}38)$$

【例2-6】　一个电容量为$10\mu F$的电容元件，接到频率为50Hz、电压为50V的正弦交流电源上，求容抗、电流和无功功率。若电源电压不变，频率提高到5 000Hz，求这时的容抗和电流。

解：当$f=50Hz$时，有

$$X_{\rm C} = \frac{1}{2\pi fC} \approx \frac{1}{2\times 3.14\times 50\times 10\times 10^{-6}}\Omega \approx 319\Omega$$

$$I_{\rm C} = \frac{U_{\rm C}}{X_{\rm C}} = \frac{50V}{319\Omega} \approx 0.157A$$

$$Q_C = U_C I_C = 50\text{V} \times 0.157\text{A} = 7.85\,\text{var}$$

当 $f = 5\,000\text{Hz}$ 时，有

$$X_C = \frac{1}{2\pi fC} \approx \frac{1}{2 \times 3.14 \times 5\,000 \times 10 \times 10^{-6}}\Omega \approx 3.19\,\Omega$$

$$I_C = \frac{U_C}{X_C} = \frac{50\text{V}}{3.19\,\Omega} \approx 15.7\text{A}$$

可见，对于同样的电容元件，当频率提高至原来的 100 倍时，容抗减小为原来的 1/100。相同电压下，电流增大为原来的 100 倍。

为了便于比较，现将纯电阻电路、纯电感电路和纯电容电路的阻抗、电压和电流关系及功率列入表 2-1。

表 2-1　单一元件正弦交流电路的比较

电路	电阻或电抗	与电压和电流的关系		功率	
		有效值关系	相位关系	有功功率	无功功率
纯电阻电路	电阻 R	$I_R = \dfrac{U_R}{X_R}$	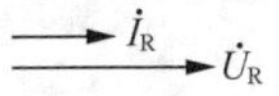 $\dot{U}_R$ 与 $\dot{I}_R$ 同相	$P_R = I_R^2 R$	0
纯电感电路	感抗 $X_L = 2\pi fL$	$I_L = \dfrac{U_L}{X_L}$	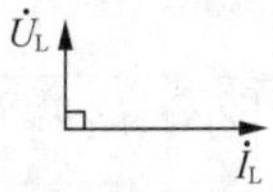 $\dot{U}_L$ 超前 $\dot{I}_L$ 90°	0	$Q_L = I_L^2 X_L$
纯电容电路	容抗 $X_C = \dfrac{1}{2\pi fC}$	$I_C = \dfrac{U_C}{X_C}$	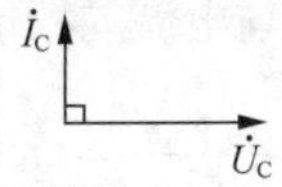 $\dot{I}_C$ 超前 $\dot{U}_C$ 90°	0	$Q_C = I_C^2 X_C$

2.2.3　RLC串联电路分析

只含单一参数的交流电路实际是不存在的。实际应用中的交流电路，其负载往往是电阻、电感和电容各元件的组合。

一、电压和电流关系

RLC 串联电路如图 2-30 所示，将电压和电流的参考方向取为一致。为便于分析，电路中各量均采用相量表示，各元件也采用相量化模型。

用相量图法分析电路如下。

（1）画相量图

RLC 串联电路两端外加正弦电压（$\dot{U}$），在电路中产生电流（$\dot{I}$）。设电流的初相为零，电阻电压（$\dot{U}_R$）与电流相位相同，电感电压（$\dot{U}_L$）超前电流 90°，电容电压（$\dot{U}_C$）滞后电流 90°，根据 U_L 和 U_C 的大小不同，画相量图，如图 2-31（a）、（b）所示。

RLC 串联电路

（2）求相量和

根据串联电路的性质，总电压为电路各部分电压之和，即 $\dot{U} = \dot{U}_R + \dot{U}_L + \dot{U}_C$。如图 2-31 所

示，按平行四边形法则画总电压（$\dot{U}$）的相量。

由相量图可见，$\dot{U}_L$ 与 $\dot{U}_C$ 反相。根据 $\dot{U}_R$、$\dot{U}_L + \dot{U}_C$ 和 $\dot{U}$ 构成的电压三角形，有

$$U = \sqrt{U_R^2 + (U_L - U_C)^2} = I\sqrt{R^2 + (X_L - X_C)^2} = I|Z|$$

其中，$|Z|$——RLC 串联电路的阻抗的模，单位为欧姆（Ω）。

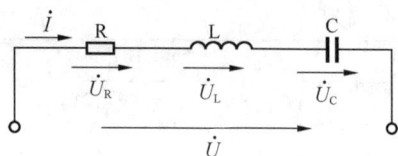

图2-30　RLC串联电路

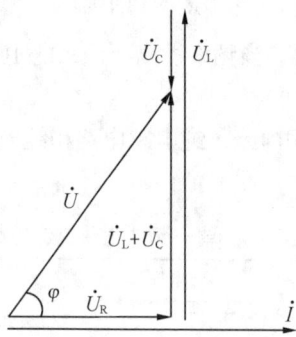

（a）$U_L > U_C$ 相量图

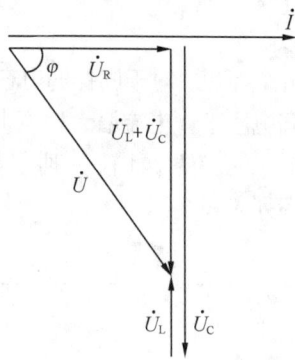

（b）$U_L < U_C$ 相量图

图2-31　相量图

可得

$$|Z| = \sqrt{R^2 + (X_L - X_C)^2} \tag{2-39}$$

由以上分析可得出以下结论。

① RLC 串联电路中，总电压与电流的相位差为 φ，根据图 2-31 所示的相量图，有

$$\varphi = \arctan\frac{U_L - U_C}{U_R} = \arctan\frac{X_L - X_C}{R} = \arctan\frac{X}{R} \tag{2-40}$$

其中，X——RLC 串联电路的电抗，单位为欧姆（Ω）。

当 $X_L > X_C$ 时，$\varphi > 0$，总电压超前电流 φ，如图 2-31（a）所示，这时电路呈感性；当 $X_L < X_C$ 时，$\varphi < 0$，总电压滞后电流 φ，如图 2-31（b）所示，这时电路呈容性；当 $X_L = X_C$ 时，$\varphi = 0$，总电压与电流同相，这时电路呈电阻性，产生串联谐振。

显然，电阻 R、电抗 X 和阻抗 $|Z|$ 之间满足图 2-32 所示的直角三角形关系，该三角形称为阻抗三角形，φ 称为阻抗角。阻抗和阻抗角用极坐标表示为 $Z = |Z|\angle\varphi$，Z 称为复阻抗。

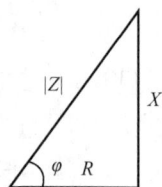

图2-32　阻抗三角形

提示

　　复阻抗不是相量，除了 $Z = |Z|\angle\varphi$ 的极坐标形式外，在电路的分析与计算中也常用其代数式 $Z = R + jX$ 表示。纯电阻电路中 $Z = R$，纯电感电路中 $Z = j\omega L$，纯电容电路中 $Z = -j\dfrac{1}{\omega C}$。

② 总电压的有效值与电流有效值以及阻抗 $|Z|$ 之间满足欧姆定律，即

$$I = \frac{U}{|Z|} \quad\quad (2-41)$$

总电压和电流关系的相量表达式为

$$\dot{I} = \frac{\dot{U}}{Z} \quad\quad (2-42)$$

思考题

复阻抗 $Z = 6\underline{/45°}\,\Omega$ 的代数表达式是 Z=_____。

【例 2-7】 图 2-33（a）所示电路中，已知 u_i 的频率为 1 000Hz，电容 $C=0.01\mu F$，若需 u_o 滞后 u_i 30°，求 R 的值。

解： 该电路为 RC 串联电路，设电流（$\dot{I}$）的初相为零，电阻电压（$\dot{U}_R$）与电流相位相同，电容电压（$\dot{U}_C$）即输出电压（$\dot{U}_O$）滞后电流 90°，根据 $\dot{U}_O$ 滞后 $\dot{U}_i$ 30° 的相位关系画相量图，如图 2-33（b）所示，相应的阻抗三角形如图 2-33（c）所示。

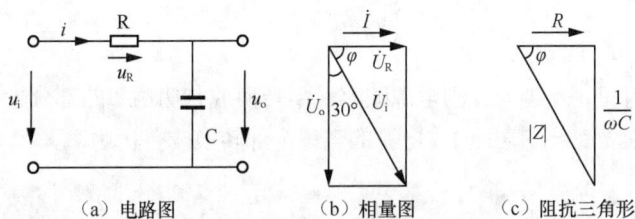
（a）电路图　　（b）相量图　　（c）阻抗三角形
图2-33　例2-7电路

由相量图可见，总电压（$\dot{U}_i$）滞后电阻电压（$\dot{U}_R$）60°，即阻抗三角形中的阻抗角 $\varphi=60°$。根据阻抗三角形的边角关系，有

$$\tan 60° = \frac{\frac{1}{\omega C}}{R} = \frac{1}{\omega RC} = \frac{1}{2\pi fRC}$$

$$R = \frac{1}{2\pi fC \tan 60°} \approx \frac{1}{2\times 3.14\times 1\,000\times 0.01\times 10^{-6}\times\sqrt{3}}\,\Omega \approx 9.2\text{k}\Omega$$

二、电路的功率和能量转换关系

1. 有功功率

RLC 串联电路中，只有电阻消耗电能，因此电路的有功功率为

$$P = P_R = IU_R = I^2 R$$

由电压三角形可知

$$U_R = U\cos\varphi$$

所以

$$P = UI\cos\varphi \quad\quad (2-43)$$

2. 无功功率

无功功率是表示电感、电容以及电源之间能量转换的量。由于电感电压与电容电压反相，

因此 RLC 串联电路的无功功率应为电感与电容无功功率之差，即

$$Q = \left(U_L - U_C\right)I = I^2\left(X_L - X_C\right) = UI\sin\varphi \tag{2-44}$$

3. 视在功率

电源电压有效值（U）与电流有效值（I）的乘积，称为视在功率，用 S 表示，即

$$S = UI \tag{2-45}$$

视在功率的单位是伏安（V·A），通常用来表示电气设备的容量。例如，50kV·A 的变压器，就是指它的视在功率为 50kV·A。

由式（2-43）~式（2-45）可知

$$S = \sqrt{P^2 + Q^2} \tag{2-46}$$

P、Q 和 S 之间满足图 2-34 所示的直角三角形关系，该三角形称为功率三角形。

由于电路的有功功率 $P = UI\cos\varphi = S\cos\varphi$，因此有

$$\lambda = \cos\varphi = \frac{P}{S} \tag{2-47}$$

图2-34　功率三角形

其中，λ —— 电路的功率因数。

由式（2-47）可见，λ 越大，则电源的容量中转换成有功功率的部分越多，电源的利用率越高；当 $\lambda = 1$ 时，电源的容量全部转换成有功功率。

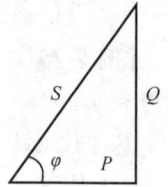

功率因数

🎓 提示

电动机、日光灯等感性负载的功率因数通常较低，为了增加电源的利用率，通常在这类负载的两端并联电容元件以提高电路的功率因数。

❓ 思考题

10kV·A 的供电电源接 7.5kW 的用电设备额定运行时，电路的功率因数 $\lambda = $ _____。

【例 2-8】　一个交流中间继电器线圈电阻为 2kΩ，电感为 43.3H，接在 50Hz、380V 的电源上。求通过线圈的电流、有功功率、视在功率和功率因数。

解：中间继电器线圈可等效为 RL 串联电路，电路及相量图如图 2-35 所示。

等效电感的感抗为

$$X_L = 2\pi f L \approx 2 \times 3.14 \times 50\text{Hz} \times 43.3\text{H} \approx 13.6\text{k}\Omega$$

线圈阻抗为

$$|Z| = \sqrt{R^2 + X_L^2} = \sqrt{2^2 + 13.6^2}\,\text{k}\Omega \approx 13.75\text{k}\Omega$$

线圈的电流为

$$I = \frac{U}{|Z|} = \frac{380\text{V}}{13.75\text{k}\Omega} \approx 27.64\text{mA}$$

（a）电路图　　（b）相量图

图2-35　RL串联电路

有功功率为

$$P = P_R = I^2 R = (27.64 \times 10^{-3}\text{A})^2 \times 2\,000\Omega \approx 1.53\text{W}$$

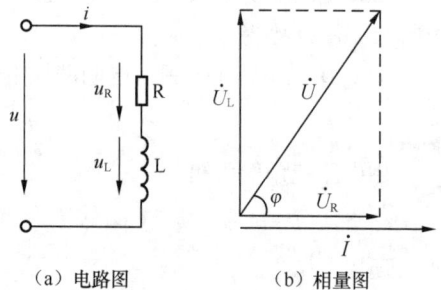

视在功率为

$$S = UI = 380\,\text{V} \times 27.6 \times 10^{-3}\,\text{A} \approx 10.5\,\text{V} \cdot \text{A}$$

功率因数为

$$\lambda = \frac{P}{S} = \frac{1.53\,\text{W}}{10.5\,\text{V} \cdot \text{A}} \approx 0.145$$

项目实施

任务2.2.1 分析RLC串联电路的性质

一、任务目的

1．掌握 RLC 串联电路的分析方法。

2．学会分析 RLC 串联电路的性质。

3．了解 RLC 串联电路的谐振特性。

二、任务内容

RLC 串联电路如图 2-30 所示。已知 $R=30\,\Omega$，$L=382\,\text{mH}$，$C=40\,\mu\text{F}$，外加电压 $U=100\,\text{V}$，$f=50\,\text{Hz}$，判断该电路的性质并求电路中的电流。

三、计算与分析过程

1．电感的感抗 $X_{\text{L}}=$＿＿＿＿＿Ω，电容的容抗 $X_{\text{C}}=$＿＿＿＿＿Ω，阻抗 $|Z|=$＿＿＿＿＿Ω。

＿＿

2．根据感抗和容抗的值，判断该电路的阻抗角＿＿＿＿＿＿＿（大于，小于）0，即电压＿＿＿＿＿＿＿（超前，滞后）电流，电路的性质为＿＿＿＿＿＿＿。

3．根据外加电压以及电路阻抗的值求得电流 $I=$＿＿＿＿＿A。

计算过程：＿＿＿＿＿＿＿＿＿＿＿＿＿＿＿＿＿＿＿＿＿＿＿＿＿＿＿＿＿＿＿＿＿

4．根据电流计算及各元件的其他参数值，求得电压 $U_{\text{L}}=$＿＿＿＿＿V，电压 $U_{\text{C}}=$＿＿＿＿＿V，电压 $U_{\text{R}}=$＿＿＿＿＿V。

计算过程：＿＿＿＿＿＿＿＿＿＿＿＿＿＿＿＿＿＿＿＿＿＿＿＿＿＿＿＿＿＿＿＿＿

5．该电路的视在功率 $S=$＿＿＿＿＿V·A，有功功率 $P=$＿＿＿＿＿W，无功功率 $Q=$＿＿＿＿＿var，功率因数 $\lambda=$＿＿＿＿＿。

计算过程：＿＿＿＿＿＿＿＿＿＿＿＿＿＿＿＿＿＿＿＿＿＿＿＿＿＿＿＿＿＿＿＿＿

6．在图 2-36 中分别画出该电路的阻抗三角形、电压三角形和功率三角形。

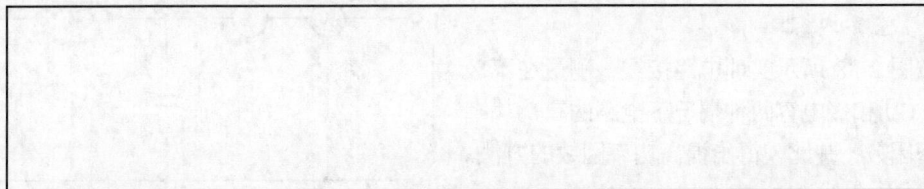

| |
| |

（a）阻抗三角形   （b）电压三角形   （c）功率三角形

图2-36 RLC串联电路分析

7．若外加电压的频率可调，则当频率为何值时，电路呈电阻性？

（1）电路呈电阻性时，外加的电路端电压与电流同相位，阻抗角$\varphi=$_____；

（2）此时，感抗X_L和容抗X_C的关系是_____；

（3）根据感抗X_L和容抗X_C的关系，求得频率f的表达式是_____；

（4）将$L=382$mH、$C=40\mu$F代入频率表达式，求得$f\approx$_____Hz时，该RLC串联电路呈电阻性；

（5）求得电路中的电流$I\approx$_____A，电压$U_L\approx$_____V，电压$U_C\approx$_____V，电压$U_R=$_____V；

计算过程：_____

（6）根据各电压之间的关系，在图2-37中将相量图绘制完整。

8．通过查阅资料可知，电压与电流参考方向一致的情况下，串联电路的端电压与电流同相位的现象称为_____，对应的频率f称为_____频率。由于f由电路本身的参数L和C所决定，所以又称为电路的_____频率，即

$$f=f_0=_____$$

此时，电路具有以下特性：

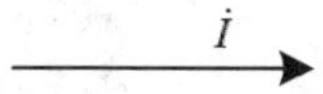

（1）电路的阻抗_____（最大，最小），且为纯电阻；

（2）电路的电流_____（最大，最小），与端电压的相位关系是_____；

（3）电感和电容两端的电压大小关系是_____。

图2-37　相量图

提示

谐振时，电感电压或电容电压可比电源电压高很多倍，过高的电压有可能把电容和电感线圈的绝缘层击穿，因此在电力工程中应避免产生电压谐振。但在无线电工程中，电压谐振却得到广泛应用，通过谐振，可以从电感或电容两端获得比信号电压高很多的电压。谐振是电动汽车的无线电供电技术的理论基础。

任务2.2.2　提高感性负载的功率因数

一、任务目的

1．学会交流电路中电压、电流及功率因数的测量方法。

2．通过实训了解功率因数提高的方法和意义。

二、任务条件

电工实验台、万用表。

三、任务内容及步骤

1．任务内容

按图2-38所示实训电路接线，测量在不接电容（C）和接电容两种情况下电路的有功功率和功率因数，并比较得出提高功率因数的方法。

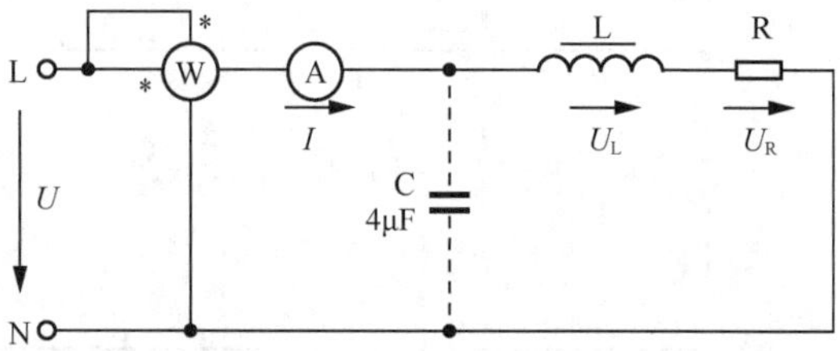

2．任务步骤

（1）按图2-38所示接线（不接电容）。

（2）分别测量电流（I）以及电源电压（U）、电感电压（U_L）、电阻电压（U_R）和有功功率（P），计算功率因数（$\cos\varphi$），并将所得数据记入表2-2。

图2-38　实训电路

表 2-2　不接电容时的电路测量值

被测量	I/A	U/V	U_L/V	U_R/V	P/W	$\cos\varphi$
测量值（不接电容时）						

（3）在图 2-38 所示电路中，接入一个 4μF/400V 的电容，打开电源，观察各电压和电流的变化，计算功率因数 $\cos\varphi$，并将所得数据记入表 2-3。

表 2-3　接电容时的电路测量值

被测量	I/A	U/V	U_L/V	U_R/V	P/W	$\cos\varphi$
测量值（$C=4$μF 时）						

四、分析与讨论

1. 电源电压（U）是否为电感电压（U_L）和电阻电压（U_R）之和？为什么？
2. 电路中接入电容后电流（I）有什么变化？有何实际意义？

拓展阅读　一体成型电感

随着汽车工业的不断发展，对其零部件的要求也越来越高，这促进了生产技术与工艺的不断创新与改造。应用于汽车中的一体成型电感又称为表面贴装式电感，它与传统电感不同，是将绕组本体埋入金属磁性粉末内部压铸而成的，为全封闭的磁屏蔽结构，具有体积小、抗干扰、高储能、稳定、可靠、无铅、环保等特点。

••• 项目2.3　分析三相交流电路 •••

项目导入

小张所在的汽修厂即将引进一台含有大功率电动机的新设备，前期要对车间配电柜进行改造。借此机会，小张加入了配电柜改造的队伍，对车间的配电及布线进行了研究，了解、学习了三相负载的星形连接和三角形连接、三相电源与三相负载的匹配等知识。

学习目标

1．知识目标
（1）了解三相负载的两种连接方式及特点。
（2）掌握不同连接方式下的相电压和线电压、相电流和线电流线相关系。
（3）掌握三相负载的电压、电流及功率因数的计算方法。
（4）了解安全用电的基本知识。
2．能力目标
（1）学会计算三相负载的电压、电流及功率因数。
（2）学会根据负载额定值选择连接方式。
（3）学会进行三相交流电路的简单故障分析和判断。

3．素养目标

（1）培养良好的职业素养。

（2）培养不怕吃苦的劳动精神。

（3）培养安全用电意识。

知识学习

三相交流电路由 3 个幅值相同、频率相同、相位互差 120° 的正弦交流电压按照一定的方式连接起来，作为三相交流电源向负载供电。采用三相供电时，可大大节省输电线的有色金属用量，降低输电成本。

使用交流电源的负载很多，有的需要单相供电，通常其功率较小，如照明灯、电风扇、电冰箱等，这类负载称为单相负载，可将它们接在三相电源的某一相上使用。有的需要三相供电，通常其功率较大，如三相电动机、三相电炉、三相整流装置等，这类负载称为三相负载。

在三相负载中，如果各相负载的大小和性质相同，称为三相对称负载，如三相电炉、三相电动机等。如果各相负载的大小或性质不同，称为三相不对称负载，如三相照明电路等。

三相负载有星形连接和三角形连接两种连接方式。

2.3.1　三相负载的星形连接

图 2-39 所示为三相负载的星形连接原理，由此可见，在电源相电压（u_1、u_2、u_3）作用下，各端线上有电流从电源流向负载，再经中线流回电源。把流过端线的电流称为线电流，用 i_L 表示；流过负载的电流称为相电流，用 i_P 表示；中线电流用 i_N 表示。显然，当负载星形连接时，线电流和对应的相电流为同一电流，即

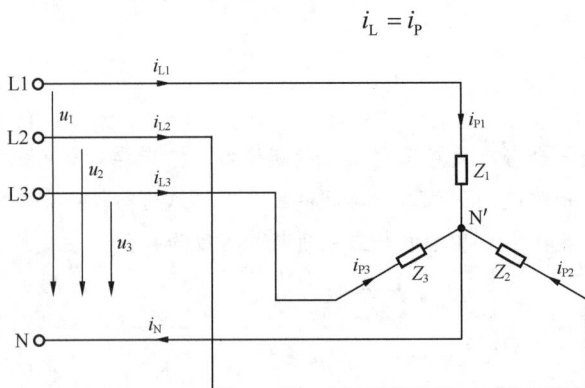

$$i_L = i_P$$

图2-39　三相负载的星形连接原理

用有效值表示为

$$I_L = I_P \tag{2-48}$$

根据图 2-39 不难看出，这种三相四线制的供电方式中，三相负载分别与中线构成独立的单相闭合回路，各相负载的相电压就是对称电源的相电压（U_P）。因此，各相负载的相电流分别为

$$I_{P1} = \frac{U_P}{|Z_1|}, \quad I_{P2} = \frac{U_P}{|Z_2|}, \quad I_{P3} = \frac{U_P}{|Z_3|} \tag{2-49}$$

显然，对称三相负载的各相电流相等，即 $I_{P1} = I_{P2} = I_{P3}$。

根据基尔霍夫电流定律，中线电流应为 3 个相电流之和，即

$$i_N = i_{P1} + i_{P2} + i_{P3} \qquad\qquad (2\text{-}50)$$

用相量表示为

$$\dot{I}_N = \dot{I}_{P1} + \dot{I}_{P2} + \dot{I}_{P3} \qquad\qquad (2\text{-}51)$$

【例 2-9】 三相电源星形连接时，线电压是 380V，负载是额定电压为 220V 的电灯组。

（1）三相负载采用什么连接方式？

（2）若三相负载的等效电阻 $R_1 = R_2 = R_3 = 510\Omega$，求相电流、线电流和中线电流。

（3）若三相负载的等效电阻分别为 $R_1 = 510\Omega$，$R_2 = 510\Omega$，$R_3 = 2k\Omega$，求中线电流。

解：（1）由三相电源的星形连接可知，电源线电压为 380V 时，相应的相电压为 $U_P = 380/\sqrt{3}V = 220V$，负载的额定电压等于电源相电压 U_P。因此三相负载应接在端线和中线之间，即负载采用星形连接，如图 2-39 所示。

（2）当 $R_1 = R_2 = R_3 = 510\Omega$ 时，负载为对称三相负载，各负载的相电流相等，即

$$I_{P1} = I_{P2} = I_{P3} = \frac{U_P}{R_1} = \frac{220V}{510\Omega} \approx 0.43A$$

负载采用星形连接，线电流等于相电流，即

$$I_{L1} = I_{L2} = I_{L3} = 0.43A$$

由于电灯组是电阻性负载，所以负载相电流和相电压的相位相同，因此可画相量图如图 2-40（a）所示。根据平行四边形法则，$\dot{I}_{P1} + \dot{I}_{P2}$ 所得相量的有效值为 0.43A，相位与 $\dot{I}_{P3}$ 相反。因此，中线电流 $I_N = 0.43A - 0.43A = 0A$。

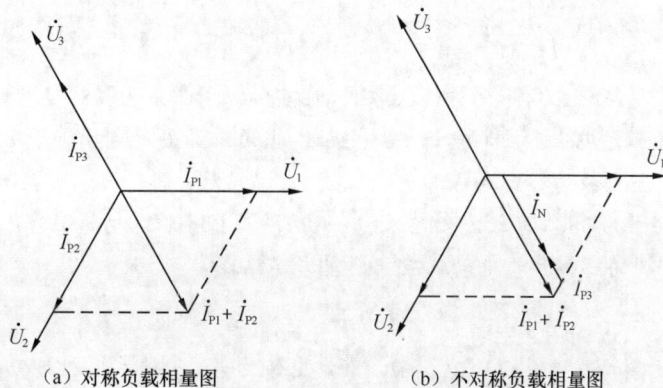

（a）对称负载相量图　　　　（b）不对称负载相量图

图2-40　例2-9 相量图

可见，三相负载星形连接时，若负载对称，则中线电流为零，取消中线不会影响各相负载工作，因此可以采用省略中线的三相三线制供电。

（3）当 $R_1 = 510\Omega$，$R_2 = 510\Omega$，$R_3 = 2k\Omega$ 时

$$I_{P3} = \frac{U_P}{R_3} = \frac{220V}{2k\Omega} = 0.11A$$

$$I_{L3} = I_{P3} = 0.11A$$

画相量图如图 2-40（b）所示，中线电流 $I_N = 0.44A - 0.11A = 0.33A$。

可见，三相不对称负载星形连接时，中线电流不等于零。

🎓 **提示**

　　在三相不对称负载星形连接时，各相负载经过中线构成独立回路，其电压均为三相电源的对称相电压，因此负载可以在额定电压下正常工作。中线一旦断开，各相负载电压将不再对称。有的负载电压高于额定电压，负载可能损坏；有的负载电压低于额定电压，负载则不能正常工作。因此，在中线上不允许接熔断器和开关，以确保中线不断，构成三相四线制。

2.3.2　三相负载的三角形连接

　　三相负载的三角形连接电路如图 2-41 所示，由此可见，各负载直接接在电源的线电压上。所以无论负载是否对称，负载的相电压均为电源的线电压，即

$$U_P = U_L \qquad (2\text{-}52)$$

　　还可以看出，三相负载三角形连接时，流过端线的线电流不等于流过负载的相电流，根据分析，对称负载时两者的有效值关系为

$$I_L = \sqrt{3} I_P \qquad (2\text{-}53)$$

　　即三相对称负载三角形连接时，线电流是相电流的 $\sqrt{3}$ 倍。

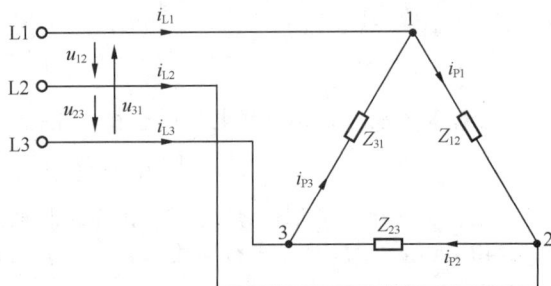

图2-41　三相负载的三角形连接电路

🎓 **提示**

　　三相负载具有星形和三角形两种连接方式，在实际应用中采用星形连接还是三角形连接，取决于三相负载的额定电压和三相电源的线电压。当负载的额定电压等于电源的线电压时，采用三角形连接；当负载的额定电压等于电源线电压的 $1/\sqrt{3}$ 时，则采用星形连接。例如，我国低压电网的线电压为 380V，额定相电压为 380V 的三相异步电动机应采用三角形连接，而额定相电压为 220V 的三相异步电动机应采用星形连接。

❓ **思考题**

　　某三相电气设备的每相电阻均为 55Ω，额定电流为 4A，测得电源线电压为 380V，则该设备应采用＿＿＿＿＿连接进行接线。

2.3.3　三相负载的功率因数

　　无论是星形连接还是三角形连接，三相负载总的有功功率都是各负载有功功率之和，即

$$P = P_1 + P_2 + P_3 \qquad (2\text{-}54)$$

　　当负载对称时，各相的有功功率相等，总的有功功率为单相有功功率的 3 倍，即

$$P = 3P_\mathrm{P} = 3U_\mathrm{P}I_\mathrm{P}\cos\varphi_\mathrm{P} \tag{2-55}$$

其中，$\cos\varphi_\mathrm{P}$——各相负载的功率因数。

由于对称负载星形连接时，$U_\mathrm{L} = \sqrt{3}\,U_\mathrm{P}$，$I_\mathrm{L} = I_\mathrm{P}$；对称负载三角形连接时，$I_\mathrm{L} = \sqrt{3}\,I_\mathrm{P}$，$U_\mathrm{L} = U_\mathrm{P}$。因此，无论三相对称负载采用星形连接还是三角形连接，总的有功功率为

$$P = 3P_\mathrm{P} = 3U_\mathrm{P}I_\mathrm{P}\cos\varphi_\mathrm{P} = \sqrt{3}U_\mathrm{L}I_\mathrm{L}\cos\varphi_\mathrm{P} \tag{2-56}$$

同理，三相对称负载总的无功功率（Q）和视在功率（S）为

$$Q = 3U_\mathrm{P}I_\mathrm{P}\sin\varphi_\mathrm{P} = \sqrt{3}U_\mathrm{L}I_\mathrm{L}\sin\varphi_\mathrm{P} \tag{2-57}$$

$$S = 3U_\mathrm{P}I_\mathrm{P} = \sqrt{3}U_\mathrm{L}I_\mathrm{L} = \sqrt{P^2 + Q^2} \tag{2-58}$$

【例 2-10】 三相交流异步电动机每相阻抗为 10Ω，额定相电压为 380V，功率因数为 0.6，电源的线电压为 380V。

（1）分别计算电动机采用星形连接和三角形连接时的线电流和功率。

（2）电动机正常工作时，应采用哪种接法？

解：（1）电动机采用星形连接时

$$U_\mathrm{P} = \frac{U_\mathrm{L}}{\sqrt{3}} = \frac{380\mathrm{V}}{\sqrt{3}} \approx 220\mathrm{V}$$

$$I_\mathrm{L} = I_\mathrm{P} = \frac{U_\mathrm{P}}{|Z_\mathrm{P}|} = \frac{220\mathrm{V}}{10\Omega} = 22\mathrm{A}$$

$$P = \sqrt{3}U_\mathrm{L}I_\mathrm{L}\cos\varphi_\mathrm{P} = \sqrt{3}\times380\mathrm{V}\times22\mathrm{A}\times0.6 \approx 8.7\mathrm{kW}$$

电动机采用三角形连接时

$$U_\mathrm{P} = U_\mathrm{L} = 380\mathrm{V}$$

$$I_\mathrm{L} = \sqrt{3}I_\mathrm{P} = \sqrt{3}\frac{U_\mathrm{P}}{|Z_\mathrm{P}|} = \sqrt{3}\times\frac{380\mathrm{V}}{10\Omega} \approx 65.8\mathrm{A}$$

$$P = \sqrt{3}U_\mathrm{L}I_\mathrm{L}\cos\varphi_\mathrm{P} = \sqrt{3}\times380\mathrm{V}\times65.8\mathrm{A}\times0.6 \approx 26\mathrm{kW}$$

可见，在相同的电源线电压下，同一负载三角形连接时的线电流和功率约为星形连接时的 3 倍。

（2）由于电动机的额定电压等于电源的线电压，因此电动机正常工作时应采用三角形连接。为了减小电动机启动电流，可在启动时采用星形连接，启动完毕正常运行时改为三角形连接。

安全用电

项目实施

任务2.3.1 分析某汽修厂三相照明及动力负载电路

一、任务目的

1. 掌握三相负载的连接方式。

2. 掌握三相交流电路中的电压、电流以及功率因数的计算方法。

3. 加深对三相交流电路中线的认识。

二、任务内容

线电压为 380V 的三相四线制电源，用于给汽修厂的照明负载和动力负载供电。照明负载每相为 50 盏额定电压为 220V、额定功率为 100W 的白炽灯。试画接线示意图，并分析、计算电路。

三、计算与分析过程

1．选择合适的连接方式将照明负载接入电源，写出接入依据。

由于照明负载＿＿＿＿＿＿＿＿＿＿＿＿＿＿＿＿＿＿＿＿＿＿＿，因此采用＿＿＿＿＿＿＿＿连接方式接入电源。

2．在图 2-42 中绘制照明负载的接线示意图。

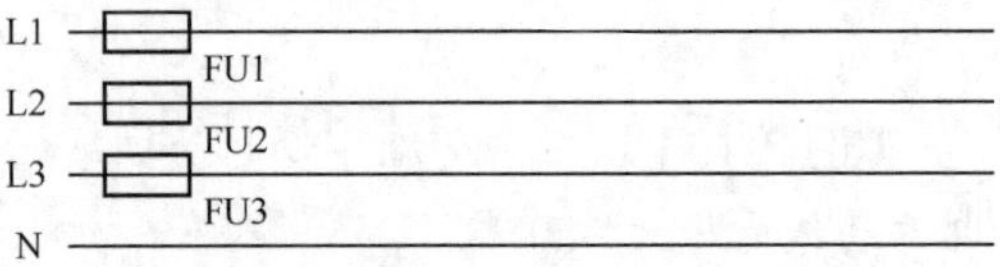

3．计算照明负载线电流及中线电流。

（1）线电压为 380V 的三相四线制电源，其相电压 U_P=＿＿＿＿V。

（2）根据功率和电压的额定值，计算每相 50 盏照明负载的等效电阻 R=＿＿＿＿Ω。

图2-42　三相交流电路接线示意图

（3）根据电源电压以及负载阻值，计算相电流 I_P=＿＿＿＿A。

（4）根据线电流与相电流的关系，计算线电流 I_L=＿＿＿＿A。

（5）由于三相照明负载＿＿＿＿＿＿＿＿，因此中线电流 I_N=＿＿＿＿A。

4．若汽修厂又扩建了一个车间，电路中 L1 相增加相同规格的白炽灯 50 盏，计算如下。

（1）L1 相线电流 I_{L1}=＿＿＿＿A，其余两相线电流 I_{L2}=＿＿＿＿A，I_{L3}=＿＿＿＿A。

（2）通过相量图的分析可知，中线电流 I_N'=＿＿＿＿A。

5．故障分析。

（1）若 L1 相负载短路或断路，正常情况下其余两相能否正常工作？写出相关依据。

① L1 相负载短路时＿＿＿＿＿＿＿＿＿＿＿＿＿＿＿＿＿＿＿＿＿＿＿＿＿＿＿＿＿。

② L1 相负载断路时＿＿＿＿＿＿＿＿＿＿＿＿＿＿＿＿＿＿＿＿＿＿＿＿＿＿＿＿＿。

（2）由于恶劣天气的影响中线断开，上述情况下其余两相能否正常工作？写出相关依据。

① L1 相负载短路时＿＿＿＿＿＿＿＿＿＿＿＿＿＿＿＿＿＿＿＿＿＿＿＿＿＿＿＿＿。

② L1 相负载断路时＿＿＿＿＿＿＿＿＿＿＿＿＿＿＿＿＿＿＿＿＿＿＿＿＿＿＿＿＿。

6．汽修厂引进新设备，有一台额定相电压为 380V、功率因数为 0.8、输入功率约为 7.6kW 的三相交流电动机动力负载也需要接入该电源。

（1）选择合适的连接方式将该动力负载接入电源，写出接入依据。

由于动力负载＿＿＿＿＿＿＿＿＿＿＿＿＿＿＿＿＿，因此采用＿＿＿＿＿＿＿连接方式接入电源。

（2）在图 2-42 中绘制三相交流电动机接线示意图。

（3）计算电动机动力负载的线电流 I_L'=＿＿＿＿A。

7．计算额定状态下整个电路的功率因数（包含 L1 相又增加的 50 盏白炽灯）。

（1）电路总有功功率 $P_总$ =_____kW。

（2）电路总无功功率 $Q_总$ =_____kvar。

（3）电路的视在功率 S =_____kV·A。

（4）电路的功率因数 λ =_____。

8．在考虑配电柜进线电流时，小张认为只需将照明负载和电动机动力负载的线电流相加即可，这种做法是_____（正确，错误）的。根据以上分析，配电柜进线电流应大于_____A。

任务2.3.2　测量星形负载三相交流电路参数

一、任务目的

1．进一步理解对称星形电路中，线电压和相电压、线电流和相电流的关系。

2．观察不对称星形电路的中性点移位现象，了解中线的作用。

二、任务条件

通用电工实验台、万用表。

三、任务内容及步骤

1．任务内容

按照图 2-43 所示实训电路接线，测量负载对称和不对称两种情况下的电压和电流，观察两种情况下，中线断开时的电路现象。

2．任务步骤

（1）将 3 只相同规格的电灯按图 2-43 所示连接。合上开关 S，测量对称星形负载在三相四线制电路（有中线）中的线电压、负载相电压、各线（相）电流和中线电流，将测量数据记入表 2-4。

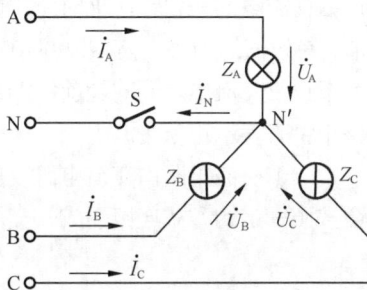

图2-43　三相负载的星形连接

表 2-4　测量对称星形负载在三相四线制电路中的各项指标

分类		线电压/V			负载相电压/V			线（相）电流/A			中线电流/A	中性点移位电压/V
		U_{AB}	U_{BC}	U_{CA}	U_A	U_B	U_C	I_A	I_B	I_C	I_N	$U_{N'N}$
对称负载	有中线											
	无中线											
不对称负载	有中线											
	无中线											

（2）打开开关 S，测量对称星形负载在三相三线制电路（无中线）中的线电压、负载相电压、各线（相）电流和中性点移位电压，将测量数据记入表 2-4。

（3）用一只不同规格的灯泡换下上述实训电路中的 A 相灯泡。合上开关 S，测量不对称星形负载在三相四线制电路（有中线）中的线电压、负载相电压、各线（相）电流和中线电流，将测量数据记入表 2-4。

（4）打开开关 S，测量不对称星形负载在三相三线制电路（无中线）中的线电压、负载相电压、各线（相）电流和中性点移位电压，将测量数据记入表 2-4。

四、分析与讨论

1. 根据实训数据，说明中线在各种负载情况下的作用。
2. 通过实训分析，说明中线上是否能装熔断器或开关。

拓展阅读 节能
___

　　世界能源委员会将节能定义为采取技术上可行、经济上合理、环境和社会可接受的一切措施，来提高能源资源的利用效率。节约资源是我国可持续发展的一项长远发展战略，是我国的基本国策，《中华人民共和国节约能源法》于 1998 年开始实施。

●●● 模块小结 ●●●

　　（1）随时间按正弦规律变化的交流电称为正弦交流电，幅值（或有效值）、角频率、初相是正弦交流电的三要素。平时所说的交流电的大小和交流电压表、电流表的读数等，都是指有效值，有效值约为最大值乘以 0.707。两同频率交流电的初相之差称为相位差，由相位差可判断同频率正弦交流电之间的超前、滞后关系，即相位关系。为了便于分析、计算正弦交流电路，常用相量来表示正弦交流电。

　　（2）交流电路由交流电源及其负载组成，交流负载一般由电阻、电感、电容以及它们的组合按照一定的方式连接而成。交流负载的电压有效值与电流有效值之间满足欧姆定律，即

$$I = \frac{U}{|Z|}$$

其中，$|Z|$——阻抗的模。RLC 串联电路中，$|Z| = \sqrt{R^2 + (X_L - X_C)^2}$。

　　（3）纯电阻电路中，电压和电流相位相同；纯电感电路中，电压超前电流 90°；纯电容电路中，电流超前电压 90°。RLC 串联电路中，电压超前电流 φ，当 $\varphi > 0$ 时，电路呈感性；当 $\varphi < 0$ 时，电路呈容性；当 $\varphi = 0$ 时，电路呈电阻性。电压与电流参考方向一致的情况下，电路端电压与电流同相位的现象称为谐振。

　　（4）电阻元件的有功功率 $P_R = I_R^2 R$，电感元件和电容元件不消耗功率，其有功功率均为 0。RLC 串联电路的有功功率 $P = UI\cos\varphi$；无功功率 $Q = UI\sin\varphi$，它用来表示电路与电源的能量转换情况；视在功率 $S = UI$ 通常用来表示电气设备的容量。功率因数（λ）是有功功率与视在功率的比值，λ 越大，则电源的容量中转换成有功功率的部分越多，电源的利用率越高。提高功率因数的简便方法是用电容元件与感性负载并联。

　　（5）三相交流电路由 3 个幅值相同、频率相同、相位互差 120° 的正弦交流电压按照一定的方式连接起来，作为三相交流电源向负载供电。星形连接的三相电源可以提供相电压和线电压两组电压，并且线电压是相电压的 $\sqrt{3}$ 倍。三相负载的连接方式有两种：星形连接和三角形连接。星形连接时线电流等于相电流，对称负载三角形连接时，线电流是相电流的 $\sqrt{3}$ 倍。星形连接的三相交流电路一般有 4 根引出线，即 3 根端线和 1 根中线，称为三相四线制，各相负载经过中线构成独立回路，其电压均为三相电源的对称相电压，因而负载可以在额定电压下正常工作。当三相负载为对称负载时，中线电流为 0，可以省略，电路成为三相三线制。但当负载不对称时，如果中线断开将引起负载过载损坏，因此中线上不允许接熔断器和开关。三相交流电路的

功率为各相负载功率之和，当负载对称时，无论三相负载采用星形连接还是三角形连接，负载功率计算公式都为

$$P = \sqrt{3}U_{L}I_{L}\cos\varphi$$

●●● 习题 ●●●

1．正弦交流电的有效值为 5A，周期为 20ms，初相为 150°，试写出其解析式，并画出波形图和相量图。

2．已知两个正弦电压 $u_1 = 30\sin(100\pi t + 30°)\text{V}$、$u_2 = 40\sin(100\pi t - 60°)\text{V}$。试回答下列问题：

（1）求它们的有效值、频率、初相及相位差；

（2）画相量图，并求 u_1+u_2 的有效值。

3．有 5A 的直流电流和最大值为 5A 的交流电流通过阻值相等的两个电阻炉，在交流电流的一个周期内哪个电阻炉发热大？为什么？

4．20W 日光灯镇流器工作时的电压为 198V，电流为 0.35A，交流电的频率为 50Hz，求镇流器的电感（忽略镇流器电阻）。

5．一电感元件 $L = 0.1\text{H}$，已知其电压 $u = 10\sqrt{2}\sin(10^4 t + 30°)$ V，求感抗 X_L 和 $\dot{I}_L$，并画出相量图。

6．流过 $50\mu\text{F}$ 电容的电流 $i = 141\sin(1\,000t + 60°)\text{mA}$，求容抗 X_C 和电容两端电压的瞬时值表达式。

7．交流接触器线圈的电阻 $R = 200\Omega$，电感 $L = 7.3\text{H}$，额定电流 $I_N = 0.1\text{A}$，接在 $U = 220\text{V}$、$f = 50\text{Hz}$ 的交流电源上，求流过线圈的电流 I。如果误接在 $U = 220\text{V}$ 的直流电源上，求这时通过线圈的电流 I，并分析其后果。

8．图 2-44 所示电路中，已知电压表 V_1 的读数为 40V，电压表 V_2 的读数为 30V，求电压表 V 的读数。

9．有一电阻炉，其额定电压为 110V，额定功率为 2.2kW，现接在 220V、50Hz 的交流电源上使用。为此选用一个电容与电阻炉串联，以保证电阻炉两端电压仍为 110V，求电容的电容量和耐压值。

10．在 RLC 串联电路中，设 $R = 20\Omega$，$L = 63.5\text{mH}$，$C = 30\mu\text{F}$，外加电压 $U = 220\text{V}$，$f = 50\text{Hz}$。试求：

（1）电路的阻抗；

（2）电路中的电流和各元件的电压有效值；

（3）电路的有功功率、无功功率、视在功率和功率因数。

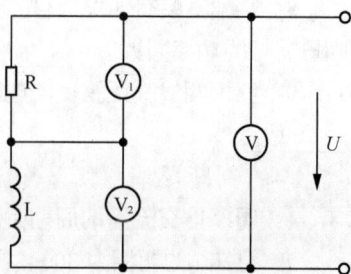
图2-44 习题8图

11．在 RLC 串联电路中，已知 $R = 10\Omega$，$L=250\mu\text{H}$，$C=150\text{pF}$，外加有效值为 1V 的正弦交流电压，求电路的谐振频率、谐振时的电流以及各元件上的电压。

12．在三相交流电源线电压 $U_L = 380\text{V}$ 的电网中，接星形对称三相负载，已知各相负载的电阻 $R = 60\Omega$，感抗 $X_L = 80\Omega$，求相电流 I_P、线电流 I_L 以及电路的有功功率。

13．在三相交流电源线电压 $U_L = 380\text{V}$ 的电网中，接三角形对称三相负载，已知各相负载

的电阻 $R = 60\Omega$，感抗 $X_L = 80\Omega$，求相电流 I_P、线电流 I_L 以及电路的有功功率。

14．图 2-39 所示三相交流电路中，已知电源线电压 $U_L = 380V$，三相负载电阻阻抗分别为 $Z_1 = 11\Omega$，$Z_2 = Z_3 = 22\Omega$。试回答下列问题：

（1）求各负载的相电压、相电流、各线电流和中线电流；

（2）如果 Z_1 断路，对 Z_2 和 Z_3 的工作有无影响？

（3）如果 Z_1 断路，中线也断开，求 Z_2 和 Z_3 的电压，并说明负载能否正常工作。

● ● ● 自测题 ● ● ●

一、填空题

1．已知正弦交流电压 $u = 310\sin(314t - 45°)V$，则幅值 $U_m =$ _____，有效值 $U =$ _____，角频率 $\omega =$ _____，频率 $f =$ _____，周期 $T =$ _____，初相 $\varphi =$ _____。

2．正弦交流电路的三要素是_____、_____、_____。

3．由 ω 与 X_L、X_C 的关系可知，在直流电路中，电感元件相当于_____状态，电容元件相当于_____状态。在交流电路中，频率越高，感抗越_____，容抗越_____。

4．RL 串联电路中，$U_R = 30V$，$U_L = 40V$，则 $U =$ _____，$\cos\varphi =$ _____。

5．RLC 串联电路在关联参考方向下，如果阻抗角 $\varphi > 0$，则电路呈_____性；如果阻抗角 $\varphi < 0$，则电路呈_____性；如果阻抗角 $\varphi = 0$，则电路呈_____性。

6．RLC 串联电路中，当频率 $f = f_0 =$ _____时电路发生谐振，此时电路呈_____性；当 $f > f_0$ 时电路呈_____性；当 $f < f_0$ 时电路呈_____性。

7．一线圈（以 RL 串联电路为其电路模型）接到 36V 直流电源上，测得 $I = 0.6A$；接到工频 220V 电源上，测得 $I = 2.2A$，则线圈电阻 $R =$ _____，感抗 $X_L =$ _____，电感 $L =$ _____。

8．某教室装有 40W 日光灯 8 盏，已知电源电压为 220V，f 为 50Hz，电路总电流为 3.2A，则日光灯的功率因数 $\lambda =$ _____。

9．三相四线制正弦交流电路中，已知电源线电压（U_L）为 380V，则电源相电压（U_P）= _____。

二、判断题

1．周期性交流量的周期 T 越大，表示此交流量循环得越快。　　　　（　　）

2．已知 i 的初相为 30°，则 $-i$ 的初相为 $-30°$。　　　　（　　）

3．初始值为 0 的正弦量，其初相一定为 0°。　　　　（　　）

4．任何交流量的有效值总是最大值的 $1/\sqrt{2}$。　　　　（　　）

5．正弦量的有效值与初相无关。　　　　（　　）

6．只有同频率的正弦量才能用相量加减。　　　　（　　）

7．根据电感元件的电压、电流关系 $X_L = \dfrac{U_L}{I_L}$ 可知，电压越大则感抗越大。　　　　（　　）

8．对正弦交流电路中的电容而言，当频率增加时，容抗减小。　　　　（　　）

9．感抗和容抗的大小都与电源频率成正比。　　　　（　　）

10．正弦交流电路中，电容元件的瞬时功率的平均值就是无功功率。　　　　（　　）

11．线性电感元件中的电流为正弦电流时，其上电压也一定是正弦电压。　　　　（　　）

12．一电感元件中通有正弦交流电，当电流大小不变而频率增加一倍时，电压幅值也将增加一倍。 （　　）

13．RLC 串联的正弦交流电路中，$R = 10\Omega$，$X_L = 20\Omega$，$X_C = 30\Omega$，则 $|Z| = 0$。 （　　）

14．RLC 串联的正弦交流电路中，总电压 $U = 100V$，$R = 10\Omega$，则有功功率 $P = 1\,000W$。 （　　）

15．无功功率的单位是乏（var），视在功率的单位是伏安（V·A）。 （　　）

16．视在功率通常被用来表示电气设备的容量。 （　　）

17．负载的功率因数越高，则电源设备的利用率越高。 （　　）

18．RLC 串联电路呈纯电阻性时，必定发生了谐振。 （　　）

19．三相对称正弦电源在任何瞬间总有 $u_A + u_B + u_C = 0$。 （　　）

20．三相四线制电路中的端线和中线都必须接熔断器。 （　　）

21．三相四线制电路中，若相电压等于 220V，则线电压等于 380V。 （　　）

22．对称三相负载无论采用星形连接还是三角形连接，其有功功率的计算公式都是一致的。 （　　）

23．两相触电比单相触电对人体的伤害更大。 （　　）

24．在电源中性点不接地的低压供电系统中，电气设备均采用接地保护。 （　　）

三、选择题

1．用万用表测量正弦交流信号，所得数值是该正弦量的（　　）。

A．最大值　　　　　　B．有效值　　　　　　C．峰值　　　　　　　　D．平均值

2．电感量 $L = 0.1H$ 的电感元件，在工频下的感抗（X_L）为（　　）。

A．10Ω　　　　　　B．5Ω　　　　　　C．31.4Ω　　　　　D．15.7Ω

3．RC 串联电路的阻抗（$|Z|$）等于（　　）。

A．$R - j\omega C$　　　B．$R + \dfrac{1}{j\omega C}$　　C．$\sqrt{R^2 + (\omega C)^2}$　　D．$\sqrt{R^2 + \left(\dfrac{1}{\omega C}\right)^2}$

4．RLC 串联电路中，$U_R = 30V$、$U_L = 80V$、$U_C = 40V$，则 U 为（　　）。

A．10V　　　　　　　B．50V　　　　　　　C．90V　　　　　　　　D．150V

5．RLC 串联电路中，电路的性质取决于（　　）。

A．电路外加电压的大小　　　　　　　　B．电路的连接形式

C．电路各元件参数和电源频率　　　　　D．电路的功率因数

6．电器铭牌上标注的功率值均是（　　）。

A．有功功率　　　　B．无功功率　　　　C．视在功率　　　　　　D．瞬时功率

7．要提高感性负载电路的功率因数，可以采取的措施是（　　）。

A．并联电容 C　　　B．串联电容 C　　　C．并联电感 L　　　　　D．串联电感 L

8．下列关于三相交流电路的说法中，错误的是（　　）。

A．当负载星形连接时，必须有中线

B．当三相负载为对称负载时，中线电流等于 0

C．当负载星形连接时，线电流等于相电流

D．当负载三角形连接时，线电压等于相电压

四、计算题

1. 写出图 2-45 所示各波形对应的正弦量表达式，已知频率 $f = 50\text{Hz}$。

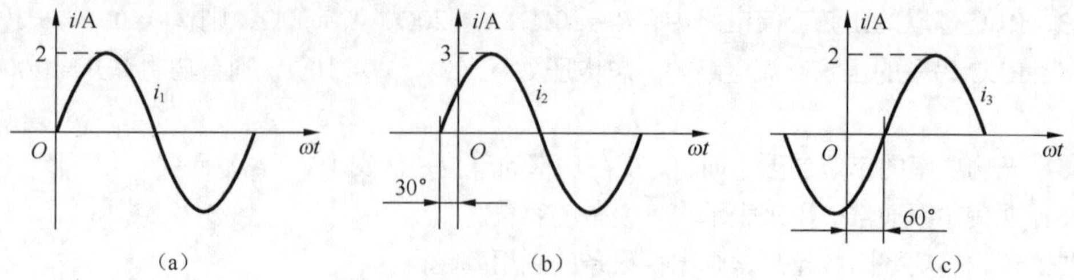

图2-45　波形图

2. 纯电感电路中，电感元件 $L = 0.1\text{H}$，已知 $u_L = 10\sqrt{2}\sin(10^4 t + 30°)\,\text{V}$，电压和电流为关联参考方向，试求感抗 X_L 和电感中的电流 i_L 及相量 $\dot{I}_L$，并画出相量图。

3. 纯电容电路中，电容两端电压 $\dot{U}_C = 10\underline{/30°}\,\text{V}$，电容电流 $\dot{I}_C = 2\underline{/120°}\,\text{mA}$，频率 $f = 10\,000\text{Hz}$，求电容 C。

4. RL 串联电路中，已知电源电压 $u = 14.14\sin\omega t\,\text{V}$，$R = 4\Omega$，$X_L = 4\Omega$，求电感元件两端的电压 u_L。

5. 图 2-30 所示 RLC 串联电路中，已知 $u = 3\,112\sin(1\,000t + 30°)\,\text{V}$，$R = 60\Omega$，$L = 90\text{mH}$，$C = 100\mu\text{F}$。

（1）求总电流 $\dot{I}$、$\dot{U}_R$、$\dot{U}_L$、$\dot{U}_C$，画出相量图；

（2）求功率因数 λ、有功功率 P 和无功功率 Q。

6. 对称三相电阻炉采用三角形连接，每相电阻为 38Ω，接于线电压为 380V 的对称三相电源上，试求负载相电流 I_P、线电流 I_L 和三相有功功率 P。

磁路和铁芯线圈电路

••• **学习导读** •••

电气设备的工作都基于电磁的相互作用，如变压器、交流电动机等。电流能产生磁场，磁场在一定条件下能产生电，二者密不可分。因此在分析电气设备工作过程时，既要分析电路，还要分析磁路。本模块就从磁路入手，引入磁的基本定律，通过分析交流铁芯线圈电路，使读者掌握变压器、电磁铁等电气设备的工作特性。

••• **学习路线** •••

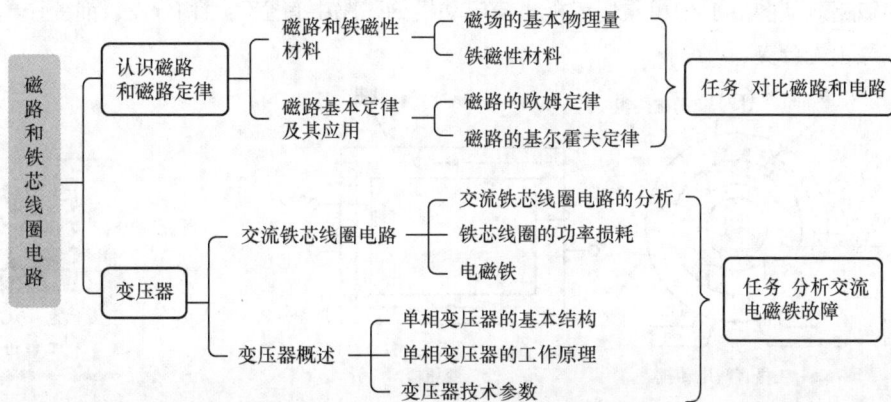

••• **项目 3.1 认识磁路和磁路定律** •••

项目导入

在工程中，电机、变压器、继电器、电磁铁和电磁仪表等电气设备常把线圈绕在由铁磁性材料制成的闭合铁芯上，以便用流经线圈较小的励磁电流来获得较大的磁通。这些电气设备中都存在电路和磁路，那么电路的物理量、电流与磁路的物理量、磁通之间有怎样的关联？铁磁性材料具有什么特点？磁路又遵循怎样的定律呢？电和磁密不可分，磁路定律是否可以和电路定律进行相应的比较呢？

1. 知识目标

（1）了解磁场的4个基本物理量，熟悉铁磁性材料的特性及其应用。

（2）理解磁路欧姆定律和基尔霍夫定律，熟悉磁路定律在汽车中的应用。

2. 能力目标

（1）初步具备应用磁路定律定性分析磁路的能力。

（2）初步具备计算磁路磁通势的能力。

3. 素养目标

（1）培养精益求精的工匠精神。

（2）培养良好的职业素养。

知识学习

3.1.1 磁路和铁磁性材料

磁路就是约束在铁芯及其气隙所限定的范围内的磁通路径。图3-1所示为二极直流电动机、变压器的磁路示意图，虚线表示磁通路径。根据磁力线在磁路中的分布状况，磁路可分为有空气隙磁路和无空气隙磁路；有分支磁路和无分支（即单回路）磁路；截面积相同的磁路和截面积不同的磁路。从图3-1中可看出二极直流电动机的磁路中有空气隙和分支，而变压器的磁路中无空气隙、无分支。

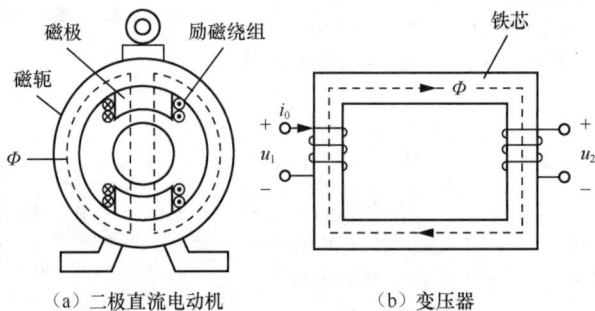

（a）二极直流电动机　　　　（b）变压器

图3-1　磁路示意图

近代电磁现象研究工作进展

为了分析磁场，下面简单介绍有关磁路的基础知识。

一、磁场的基本物理量

磁场的基本物理量包括磁感应强度、磁通、磁导率、磁场强度。

1. 磁感应强度和磁通

磁感应强度（B）是反映磁场性质的参数。它的大小反映磁场强弱，它的方向就是磁场的方向。磁场的强弱和方向可通过磁场对载流导体所作用的电磁力来说明。

载流导体受电磁力作用示意图如图3-2所示。磁场与载流导体垂直，电磁力的方向可用左手定则来确定。

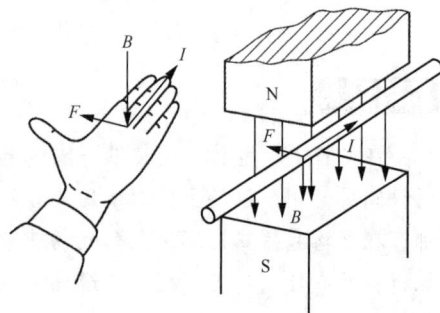

图3-2　载流导体受电磁力作用示意图

电磁力的大小与磁感应强度（B）、电流（I）、垂直于磁场的导体有效长度（L）成正比，即

$$F = BIL \tag{3-1}$$

其中，B——磁感应强度，单位是特斯拉（T），工程上也曾用高斯（Gs）作为单位。两个单位的大小关系：$1Gs = 1 \times 10^{-4}T$。

若在磁场中某一区域，磁力线疏密一致且方向相同，则称该区域为均匀磁场。在均匀磁场内，磁感应强度处处相同，磁场内某点磁力线的方向即磁感应强度的方向。

磁通（Φ）是反映一定区域磁场强弱、方向等状况的物理量。若磁场为均匀磁场，磁力线垂直穿过面积为 S 的截面，磁感应强度（B）和面积（S）的乘积称为该截面的磁通（Φ）。Φ 的大小为

电流的磁效应

$$\Phi = BS \tag{3-2}$$

磁通的单位为韦伯（Wb），过去工程上常用麦克斯韦（Mx）作为单位，两个单位的大小关系：$1Mx = 1 \times 10^{-8}Wb$。

在均匀磁场中，磁力线多少可以反映磁感应强度的大小。磁通的大小常可用垂直穿过某一封闭面的磁力线根数来反映。垂直穿过的磁力线根数越多，就表明磁通越大，磁通越大就表明在一定范围内磁场越强。故磁感应强度（$B=\Phi/S$）又称为磁通密度。

2. 磁导率和磁场强度

磁导率（μ）是用来衡量物质导磁性能的物理量。

图 3-3 所示为直导体通电后周围产生的磁场。导体的长度远远大于图中的半径（r），由试验可知，在导体附近 x 点的磁感应强度（B_x），与导体中的电流（I）、x 点到导体轴线的垂直距离（r）、磁导率（μ）有关，即

$$B_x = \mu \frac{I}{2\pi r} \tag{3-3}$$

图3-3　直导体通电后周围产生的磁场

由式（3-3）可知，磁导率越大，在同样的导体电流和几何位置下磁场越强，磁感应强度越大，说明磁介质的导磁性能越好。

不同的介质，磁导率也不同，例如，真空中的磁导率 $\mu_0 = 4\pi \times 10^{-7}H/m$。一般磁介质的磁导率（$\mu$）与真空磁导率（$\mu_0$）的比值，称为相对磁导率（$\mu_r$），即

$$\mu_r = \frac{\mu}{\mu_0} \tag{3-4}$$

其中，磁导率（μ）的单位为亨/米（H/m）。

根据相对磁导率不同，往往把材料分成两大类，第一类为铁磁性材料，如铁、钴、镍及其合金等，它们的磁导率很高，相对磁导率（μ_r）远远大于 1，可达几百到上万，根据试验可知，硅钢片的最大相对磁导率（μ_{rmax}）为 8 000～10 000，坡莫合金（Ni 元素的质量分数为 78.5%）的 μ_{rmax} 为 20 000～200 000；第二类为非铁磁性材料，其相对磁导率（μ_r）约等于 1，其中有些材料 μ_r 略小于 1，如铜、银等，有些材料 μ_r 略大于 1，如各类气体、非金属材料、铝等。

磁场强度（H）是一个与磁介质无关的物理量。磁场内某点的磁场强度（H）与该点磁感应强度（B）、磁导率（μ）的关系为

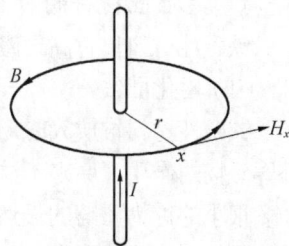

$$H = \frac{B}{\mu} \qquad\qquad (3\text{-}5)$$

其中，H——磁场强度，单位为安/米（A/m）。

磁场强度的方向就是该点磁感应强度的方向。由式（3-5）可知，图3-3所示 x 点的磁场强度（H_x）为

$$H_x = \frac{B_x}{\mu} = \frac{I}{2\pi r} \qquad\qquad (3\text{-}6)$$

由此可见，磁场强度的大小只取决于电流的大小、载流导体的形状及几何位置，而与磁介质无关。即当导体通过一定电流时，磁场内某一点的磁场强度不会因材料的导磁性能不同而不同。

🎓 **提示**

铁磁性材料的磁导率（μ）是一个变量，它随磁场的强弱而变化；而非铁磁性材料的磁导率（μ_0）是一个常量。磁感应强度、磁场强度都是反映磁场的物理量，只是磁场强度与磁介质的磁导率（μ）无关，而磁感应强度的大小与磁介质的磁导率（μ）有关。

❓ **思考题**

导电的金属材料一定是导磁材料吗？试举例说明。

二、铁磁性材料

1. 铁磁性材料的特点

铁磁性材料具有高导磁性、磁饱和性和磁滞性等特点。

（1）磁化曲线——高导磁性和磁饱和性

铁磁性材料被放入磁场强度为 H 的磁场内，会受到强烈的磁化。所谓磁化，就是指由于受外界磁场的作用，原来不显磁性的材料具有了磁性。如图 3-4（a）所示，铁磁性材料内部存在许多很小的称为磁畴的天然磁化区，在其放入磁场前，这些磁畴杂乱地排列着。因为各磁畴的轴线方向不一致，磁效应相互抵消，所以对外就不显示磁性。当铁磁性材料放入磁场后，在外磁场的作用下，磁畴的方向渐渐趋于一致，形成附加磁场，与外磁场叠加，如图 3-4（b）所示，从而使铁磁性材料内的磁感应强度大大增加，也就是磁性物质被强烈磁化了。而非铁磁性材料因为没有磁畴结构，所以不具备磁化的特性。

磁感应强度（B）随外磁场强度（H）的变化关系可以用铁磁性材料的磁化曲线来表征，磁化曲线可由试验测定。图 3-5 所示为 $B = f(H)$ 起始磁化曲线，其中 H 是通过改变励磁电流来改变其数值大小的。

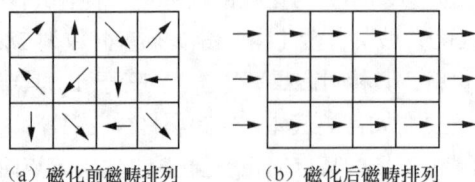

（a）磁化前磁畴排列　　（b）磁化后磁畴排列

图3-4　铁磁性材料的磁化

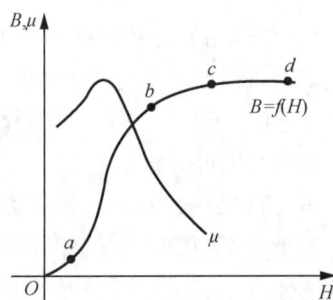

图3-5　$B = f(H)$ 起始磁化曲线

$B = f(H)$ 起始磁化曲线大致可分为 4 段：Oa 段、ab 段、bc 段和 cd 段。在 Oa 段，磁感应强度（B）随磁场强度（H）的增加而增长缓慢。在 ab 段，B 随 H 的增加而迅速增长，斜率即磁导率（μ）较大。在 bc 段，B 值已经很高，其随 H 增加而增长的趋势变缓，也就是说铁芯开始进入饱和状态，这段称为磁化曲线的"膝部"，电动机、变压器等铁芯的 B 值多数在这段中进行选择，以便充分利用铁磁性材料的高导磁性。c 点称为饱和点，该点的 B 值因材料而异，一般为 0.8～1.8T。而在 cd 段，B 随 H 增加得极少，这时铁磁性材料处于饱和状态。

许多电气设备的线圈都绕制在铁磁性材料上，以便用较小的励磁电流（与 H 有关）产生较大的磁场、磁通。在相同的励磁绕组匝数和励磁电流条件下，采用铁芯后可使 B 增大几百倍甚至几千倍。

如图 3-5 所示，铁磁性材料的 B 和 H 的关系是非线性的，由 $B = \mu H$ 可知，其磁导率（μ）是个变量。铁磁性材料未饱和时磁导率较大，而越趋于饱和，磁导率越小。

（2）磁滞回线——磁滞性

铁磁性材料在多次反复交变磁化过程中，铁芯中 B 随 H 的变化关系如图 3-6 所示。

当 H 从 0 增至最大值 H_m 后，再逐渐减小，而 B 的减小并不按原有曲线下降，而是沿着位于其上部的另一条轨迹减小。当 $H = 0$ 时，$B \neq 0$，其大小为 B_r，称为剩余磁感应强度，简称剩磁。只有当 H 反方向变化到 H_c 时，B 才下降到零，此时 H_c 称为矫顽磁力。这种 B 滞后于 H 变化的性质称为铁磁性材料的磁滞性。

如果继续增大反向磁场强度直至 $-H_m$，把反向磁场强度逐渐减小至 0，之后再继续把正向磁场强度逐渐增加到 $+H_m$，如此在 $+H_m$ 和 $-H_m$ 之间进行反复磁化，得到的是图 3-6 所示的一条闭合曲线，这条对称于坐标原点的闭合曲线，称为铁磁性材料的磁滞回线。

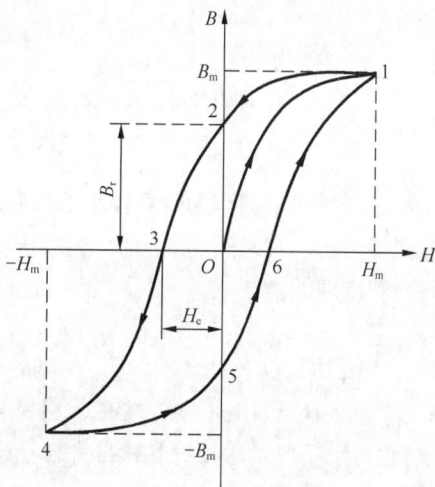

图3-6　磁滞回线

铁磁性材料在反复磁化过程中产生的损耗称为磁滞损耗，它是导致铁磁性材料发热的原因之一，对电动机、变压器等电气设备的运行不利。因此常采用磁滞损耗小的铁磁性材料做它们的铁芯。通过试验可知，不同的铁磁性材料，其磁化曲线和磁滞回线都不一样。通常磁滞回线所围出的面积越小，其铁芯中的磁滞损耗就越小。

同一铁磁性材料在不同的 H_m 值下有不同的磁滞回线，因此用不同的 H_m 值可测出一组不同的磁滞回线。把所有磁滞回线的顶点连接起来而得到的磁化曲线称为铁磁性材料的基本磁化曲线，工程上用于磁路分析与计算的就是基本磁化曲线。

2. 铁磁性材料的分类

按照磁滞回线的形状以及在工程中的用途不同，铁磁性材料可分为三大类，即软磁材料、硬磁材料和矩磁材料。

软磁材料的磁导率高，磁滞回线狭窄、所围面积小，磁滞损耗小。其磁滞回线如图 3-7（a）所示。软磁材料还分为高频和低频两种。低频软磁材料有铸钢、硅钢、坡莫合金等。一般电动机、变压器的铁芯都是用硅钢片叠成的。

硬磁材料的磁滞回线较宽、所围面积大，磁滞损耗大，剩磁和矫顽磁力均较大。其磁滞回线如图 3-7（b）所示。这类材料在磁化后能保持很强的剩磁，适用于制作永久磁铁。常用的硬磁材料有铝镍钴合金、钴钢等。磁电式仪表、电声器材、永磁发电机等设备中所用的磁铁就是硬磁材料制成的。

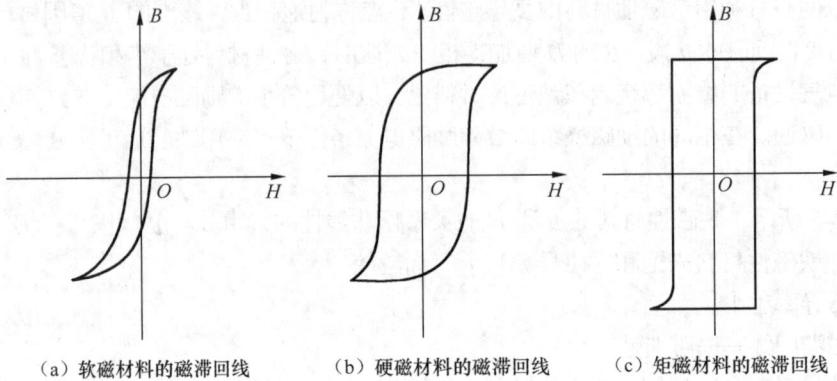

（a）软磁材料的磁滞回线　　　（b）硬磁材料的磁滞回线　　　（c）矩磁材料的磁滞回线

图3-7　铁磁性材料的磁滞回线

矩磁材料的特点为受到较小的外磁场作用时，就能磁化达到饱和状态；外磁场消失后，磁性仍能保持。其磁滞回线形状几乎为矩形，如图 3-7（c）所示。计算机中的存储磁芯就是用矩磁材料制成的。

🎓 **提示**

铁磁性材料具有高导磁性、磁饱和性和磁滞性。电气设备的工作都基于电路与磁路的共同作用，了解铁磁性材料特性有助于我们对电路故障现象进行分析、判断。

❓ **思考题**

铁磁性材料在磁化过程中，外加 H 不断增加时，测得的 B 几乎不变的性质称为_____（磁滞性，高导磁性，磁饱和性）。

3.1.2　磁路基本定律及其应用

一、磁路的欧姆定律

设一段磁路长为 l，截面积为 S，磁力线均匀分布于横截面上，可知

$$H = \frac{B}{\mu} = \frac{\Phi}{\mu S}$$

经变换，得 Φ 为

$$\Phi = H \mu S = \frac{Hl}{\dfrac{l}{\mu S}} = \frac{U_{\mathrm{m}}}{R_{\mathrm{m}}} \tag{3-7}$$

其中，U_{m}——磁位差，单位为安培（A），$U_{\mathrm{m}} = Hl$；

　　　　R_{m}——磁阻，单位为 1/亨（1/H），$R_{\mathrm{m}} = \dfrac{l}{\mu S}$。

　　磁阻与磁路的几何尺寸、磁介质的磁导率有关。不同磁介质下,磁阻值相差很大。由于铁磁性材料的磁导率(μ)很大且不是常数,因此铁磁性材料的磁阻值很小,且随磁路实际情况而变化,是非线性的;空气隙的磁导率(μ_0)很小且是常数,所以空气隙中的磁阻是线性的,且磁阻值很大。例如,在图 3-1(a)所示磁路中,虽然空气隙磁路很短,但是其磁阻值远远大于其他各段铁磁性材料构成磁路的磁阻值。

　　通常把式(3-7)称为磁路的欧姆定律,是磁路进行分析与计算所要遵守的基本定律。

　　磁路的欧姆定律在形式上与电路的欧姆定律非常相似。

提示

　　铁磁性材料的磁阻是非线性的,故磁路的欧姆定律多用于磁路的定性分析。

二、磁路的基尔霍夫定律

1. 基尔霍夫磁通定律

　　如图 3-8 所示,在磁路分支处设一闭合面(S),则穿过此闭合面的磁通应满足磁通连续性原理,即

$$\varPhi_1 = \varPhi_2 + \varPhi_3$$

写成一般形式为

$$\sum \varPhi = 0 \tag{3-8}$$

　　上式表明对于任一闭合面,穿出闭合面的磁通等于穿入闭合面的磁通,也可以表述为穿过某一闭合面的磁通的代数和等于零,它反映了磁通的连续性,实质上反映了磁场中磁力线的闭合性。式(3-8)称为基尔霍夫磁通定律。

2. 基尔霍夫磁位差定律

　　图 3-9 中有闭合磁路 $abca$,一个闭合磁路通常由几段截面积(S)不同或者材料(如空气隙与铁磁性材料)不同的磁路构成,因此要分析磁路,首先必须对磁路进行分段处理。

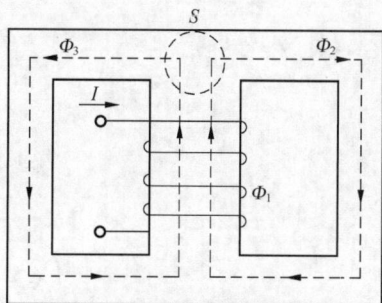

图3-8　基尔霍夫磁通定律

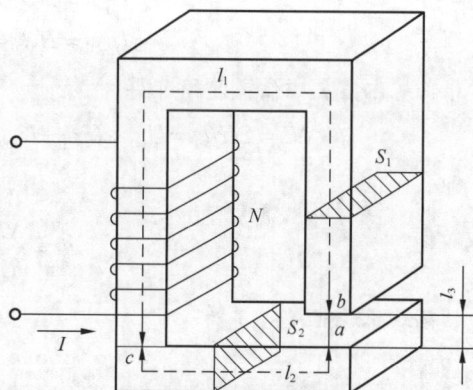

图3-9　基尔霍夫磁位差定律

　　磁路分段的原则是磁路中截面积与材料相同的磁路分为一段。根据截面积和材料的不同,如图 3-9 所示,磁路可分为 3 段:ab 段、bc 段和 ca 段。在每一段里磁感应强度(B)相等,磁场强度(H)也相等。设磁路中磁场均匀,各段的磁场强度分别为 H_1、H_2、H_3,各段长度分别

为 l_1、l_2、l_3，磁场强度方向与各段路径重合，根据试验可得

$$H_1l_1 + H_2l_2 + H_3l_3 = NI$$

一般情况下可以写成

$$\sum(Hl)=\sum(NI)=\sum(F) \tag{3-9}$$

其中，NI——磁动势或磁通势（F），单位为安培（A）；

Hl——磁位差 U_m。

式（3-9）称为基尔霍夫磁位差定律。它表明闭合磁路中各段磁位差的代数和等于各磁动势的代数和。任选磁路绕行方向，当某段的磁力线方向与闭合路径绕行方向一致时，磁位差（Hl）取正，否则取负。电流方向与闭合路径绕行方向满足右手螺旋定则时，磁动势取正，否则取负。

【例3-1】 图3-10所示为无分支磁路，磁路由铁磁性材料和空气隙构成，磁路左右段截面积为 S_1，上下段截面积为 S_2，$S_1 \neq S_2$，磁路中磁通方向为顺时针，试对磁路进行分段，并写出该磁路的磁位差表达式。

解：（1）根据材料、截面积的不同，磁路分为以下3段。

第一段磁路：截面积为 S_1，铁磁性材料。

第二段磁路：截面积为 S_2，材料与第一段磁路的相同。

第三段磁路：截面积为 S_2，非铁磁性材料——空气隙。

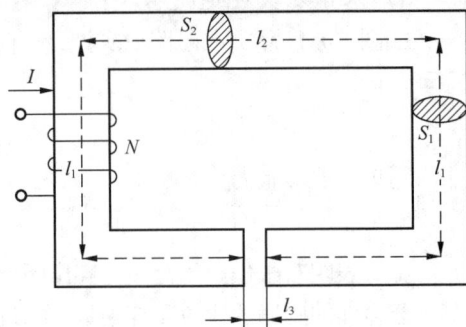

图3-10 无分支磁路

（2）根据磁路欧姆定律写出各段磁路的磁位差表达式，由于无分支磁路中各段的磁通相同，因此可得

$$U_{m1} = 2H_1l_1 = \Phi R_{m1}$$
$$U_{m2} = H_2(2l_2 - l_3) = \Phi R_{m2}$$
$$U_{m3} = H_3l_3 = \Phi R_{m3}$$

根据基尔霍夫磁位差定律可得

$$NI = \sum(Hl) = U_{m1} + U_{m2} + U_{m3} = \Phi(R_{m1} + R_{m2} + R_{m3}) = \Phi R_m$$

即

$$\Phi = \frac{NI}{R_m} = \frac{F}{R_m} \tag{3-10}$$

其中，磁路总磁阻（R_m）为

$$R_m = R_{m1} + R_{m2} + R_{m3} \tag{3-11}$$

由于空气隙中的磁阻（R_{m3}）远远大于铁磁性材料中的磁阻（R_{m1} 与 R_{m2}），因此在工程上求磁路总磁阻时，往往忽略铁磁性材料中的磁阻，这样磁路总磁阻（R_m）就近似等于空气隙中的磁阻（R_{m3}），即

$$R_m = R_{m1} + R_{m2} + R_{m3} \approx R_{m3} \tag{3-12}$$

> **提示**
>
> 由单一电流励磁的闭合单磁路，$\Phi = \dfrac{NI}{R_m}$ 是磁路欧姆定律的另一种表达形式，可方便地用于磁路的定性分析。

【例 3-2】 图 3-11 所示为铸钢铁芯和空气隙构成的磁路，磁路各段长度分别为 $L_0=1\text{cm}$、$L_1=30\text{cm}$、$L_2=10\text{cm}$，截面积分别为 $S_0=S_1=10\text{cm}^2$、$S_2=8\text{cm}^2$。空气隙中的磁感应强度 $B_0=1\text{T}$，试求需多大的磁动势 NI。

解：（1）磁路的磁通

$$\Phi = BS_0 = 1\text{T} \times 10 \times 10^{-4}\,\text{m}^2 = 0.001\,\text{Wb}$$

（2）各段磁路的磁感应强度

$$B_0 = 1\text{T}$$

$$B_1 = \frac{\Phi}{S_1} = \frac{0.001\,\text{Wb}}{10 \times 10^{-4}\,\text{m}^2} = 1\text{T}$$

$$B_2 = \frac{\Phi}{S_2} = \frac{0.001\,\text{Wb}}{8 \times 10^{-4}\,\text{m}^2} = 1.25\text{T}$$

（3）各段磁路的磁场强度

空气隙中的磁场强度（H_0）为

$$H_0 = \frac{B_0}{\mu_0} = \frac{1\text{T}}{4\pi \times 10^{-7}\,\text{H/m}} \approx 7.96 \times 10^5\,\text{A/m}$$

根据图 3-12 所示磁化曲线，可得两段铸钢铁芯材料中的磁场强度（H_1、H_2）为

$$H_1 = 700\text{A/m}, \quad H_2 = 1\,500\text{A/m}$$

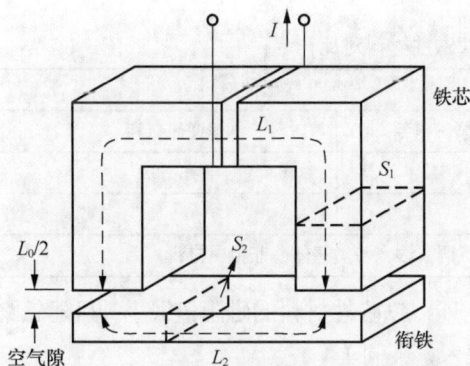

图3-11 铸钢铁芯和空气隙构成的磁路

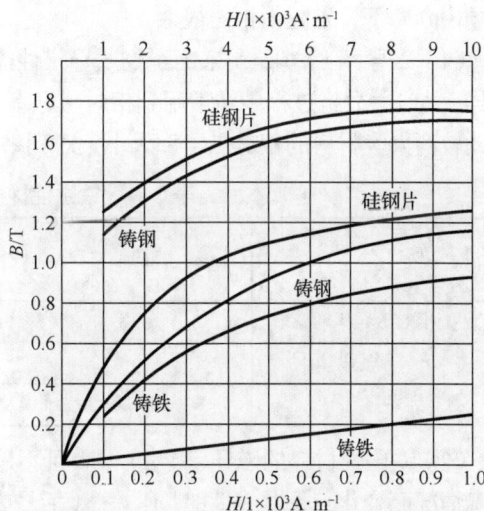

图3-12 几种铁磁性材料磁化曲线

（4）各段磁路的磁压降

$$H_0 L_0 = 7.96 \times 10^5\,\text{A/m} \times 0.01\text{m} = 7\,960\text{A}$$

$$H_1L_1 = 700\text{A}/\text{m} \times 0.3\text{m} = 210\text{A}$$

$$H_2L_2 = 1500\text{A}/\text{m} \times 0.1\text{m} = 150\text{A}$$

（5）磁动势 NI

$$NI = H_0L_0 + H_1L_1 + H_2L_2 = 7\,960\text{A} + 210\text{A} + 150\text{A} = 8\,320\text{A}$$

由此可知，在有空气隙的磁路中，由于空气隙磁阻大，所以 H_0L_0 远大于 H_1L_1 和 H_2L_2，磁动势差不多都消耗在空气隙上。

通过上述分析可知，磁路与电路有许多相似之处。以无分支磁路为例，与单回路的电阻电路相对比，磁阻的串联可对应电阻的串联、磁路的磁通可对应电路的电流等。为便于理解和记忆，在下面的项目实施中将磁路与电路的物理量和有关定律进行对比，如表3-2所示。

项目实施

任务　对比磁路和电路

一、任务目的

1．掌握铁磁性材料的特性。

2．通过对比磁路和电路，加深对磁阻和磁路欧姆定律的理解。

3．通过对比磁路和电路，加深对磁路基尔霍夫定律的理解。

二、任务内容

1．从磁导率入手，分析对比铁磁性材料和非铁磁性材料的磁阻。

2．对比磁路和电路的欧姆定律和基尔霍夫定律。

三、对比

1．磁阻（R_m）大小与磁路的几何尺寸、磁介质的磁导率有关，具体公式为 R_m=_____。不同磁介质下，磁阻值相差很大。

（1）磁导率（μ）是用来衡量物质导磁性能的物理量。不同的介质，磁导率也不同。真空中磁导率为 μ_0；分析过程中经常用到相对磁导率（μ_r），μ_r=_____，不同材料的相对磁导率不同，试比较两大类材料的相对磁导率大小，对列举材料进行分类，并填入表3-1。

表3-1　铁磁性材料和非铁磁性材料对比

材料比较	铁磁性材料	非铁磁性材料	
		顺磁材料	逆磁材料
相对磁导率			
材料分类			
列举材料	铁、钴、镍及其合金，铜，银，各类气体，非金属材料，铝		

（2）铁磁性材料的磁导率（μ）很大且不是常数，所以铁磁性材料的磁阻值很小，且随磁路实际情况而变化，是非线性的。（　　）（括号内填√或×，下同）

（3）空气隙的磁导率（μ_0）是常数，空气隙中的磁阻是线性的，且磁阻值很小。（　　）

（4）铁磁性材料的 B 和 H 的关系是非线性的，故磁导率（μ）是一个变量。（　　）

（5）许多电气设备的线圈都绕制在铁磁性材料上，以便用较小的励磁电流产生较大的磁场。（　　）

2．磁路欧姆定律公式为_____，形式上与电路欧姆定律非常相似。

（1）与电路欧姆定律和电阻进行对比，在表 3-2 中填入磁路欧姆定律公式，同时填入与电流、电压等和电路对应的磁路物理量名称及字母。

表 3-2　磁路与电路对比

磁路	电路	磁路	电路
	电流（I）		电导率（r）
	电压（U）		欧姆定律 $I = U/R$
	电动势（E）		基尔霍夫电流定律 $\sum I = 0$
	电阻 $R = l/(rS)$		基尔霍夫电压定律 $\sum IR = \sum U$

（2）由于铁磁性材料的磁阻是非线性的，故磁路欧姆定律多用于磁路的_____（定性，定量）分析。

3．基尔霍夫磁通定律可以表述为对于任一闭合面，穿出闭合面的磁通_____穿入闭合面的磁通，也可以表述为穿过某一闭合面磁通的代数和等于_____，具体公式为_____，并将其填入表 3-2，它反映了磁通的_____。对比电路定律，基尔霍夫磁通定律与基尔霍夫_____定律相对应。

4．基尔霍夫磁位差定律可表述为闭合磁路中各段_____的代数和等于各_____的代数和，公式为_____，并将其与磁动势填入表 3-2。对比电路定律，基尔霍夫磁位差定律与基尔霍夫_____定律相对应。

（1）一个闭合磁路通常由截面积不同或者材料不同的磁路构成，要对磁路进行分段处理，遵循的原则：磁路中_____与_____相同的磁路分为一段。

（2）在例 3-1 中磁路总磁阻 $R_m = R_{m1} + R_{m2} + R_{m3}$，由于空气隙中的磁阻（$R_{m3}$）远远_____铁磁性材料中的磁阻（$R_{m1}$ 与 R_{m2}），因此在工程上，常忽略_____，认为磁路总磁阻（R_m）近似等于_____。

（3）由单一电流励磁的闭合单磁路，磁路欧姆定律的另一种表达形式为_____，其可方便地用于磁路的定性分析。

如表 3-2 所示，磁路与电路有许多相似之处。但是它们也存在许多不同之处，例如：电路开路，电流为零，但是电源电压依然存在；而磁路有磁通势必然有磁通，即使存在空气隙，磁通依然存在。再例如：无独立电源的电阻电路中，电流为零；而磁路中由于有剩磁的存在，因此即使没有磁通势，仍然可能有磁通。

拓展阅读 汽轮机

汽轮机是火力发电厂的主要设备。我国第一台具有完全知识产权的 3×10^5 kW 汽轮机组诞生于 1983 年，由东方汽轮机厂自主研制而成，是我国大功率发电设备制造国产化的奠基之作。

••• 项目 3.2　变压器 •••

项目导入

　　某企业电镀车间为提高产品质量，购置了一台进口设备。但是在使用过程中设备存在很大问题：工作时噪声异常、过热，发生这种情况会严重影响设备的使用寿命，甚至会烧毁设备。仔细查看设备铭牌后，发现进口设备的额定电压和频率是 220V、60Hz，其用在我国工频 50Hz 的电网上就不能正常工作了，这是为什么呢？

学习目标

　　1．知识目标

　　（1）掌握交流铁芯线圈电路的电磁特性，熟悉电磁铁的工作特性。

　　（2）熟悉单相变压器的基本结构，掌握单相变压器的基本工作原理。

　　2．能力目标

　　（1）初步具备分析交流铁芯线圈电路的能力。

　　（2）初步具备分析电磁铁工作原理的能力。

　　（3）初步具备分析变压器工作原理的能力。

　　3．素养目标

　　（1）培养精益求精的工匠精神。

　　（2）培养锲而不舍的钻研精神。

知识学习

3.2.1　交流铁芯线圈电路

一、交流铁芯线圈电路的分析

　　如图 3-13 所示，交流铁芯线圈在正弦电压作用下，有电流（i）通过，产生交变磁通。其中绝大部分磁通将沿铁芯闭合，这部分沿铁芯闭合的磁通称为主磁通（Φ）；此外，还有极少部分磁通经过空气隙而闭合，这部分磁通称为漏磁通，用 Φ_σ 表示。这两部分磁通将分别在线圈中产生感应电动势，即主磁电动势（e）和漏磁电动势（e_σ）。

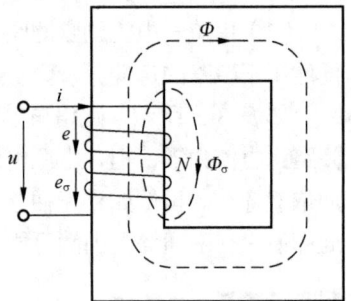

图3-13　交流铁芯线圈电路

　　电压、电流与电动势的参考方向如图 3-13 所示，根据基尔霍夫定律得

$$u = -e - e_\sigma + Ri \qquad (3\text{-}13)$$

其中，R —— 铁芯线圈的电阻。

　　设主磁通正弦交变，即

$$\Phi = \Phi_m \sin \omega t$$

则根据电磁感应定律，主磁电动势为

$$e = -N\frac{d\Phi}{dt} = -N\frac{d(\Phi_m \sin \omega t)}{dt} = -N\omega \Phi_m \cos \omega t$$
$$= 2\pi f N\Phi_m \sin(\omega t - 90°) = E_m \sin(\omega t - 90°) \tag{3-14}$$

主磁电动势的有效值为

$$E = \frac{E_m}{\sqrt{2}} = \frac{2\pi}{\sqrt{2}} f N\Phi_m \approx 4.44 f N\Phi_m \tag{3-15}$$

其中，N——线圈匝数；

f——电源频率；

Φ_m——磁通最大值。

由于铁芯线圈的电阻（R）与铁芯的漏磁电动势（e_σ）数值很小，可以忽略不计，因此得

$$u \approx -e$$

则

$$U \approx E = 4.44 f N\Phi_m \tag{3-16}$$

> **提示**
>
> ● 在交流铁芯线圈电路中，当频率（f）、匝数（N）一定时，主磁通（Φ）正比于电源电压（U）；当电源电压（U）一定时，主磁通（Φ）基本保持恒定。
>
> ● 在交流铁芯线圈电路中，主磁通的大小与磁路无关。磁路的变化（如空气隙大小）直接影响的是励磁电流的大小。
>
> ● $U \approx E = 4.44 f N\Phi_m$ 称为恒磁通公式。

变压器、交流电动机、交流电磁铁等电气设备，它们的线圈都是绕制在铁磁性材料上的。在工作过程中利用磁通的交变来传递或转换能量，恒磁通的概念常常运用于电路的分析中。

二、铁芯线圈的功率损耗

在交流铁芯线圈中有两部分功率损耗，即线圈电阻上的铜耗（p_{Cu}）和铁芯中的铁耗（p_{Fe}）。线圈的功率损耗可写为

$$p = p_{Cu} + p_{Fe}$$

其中，$p_{Cu} = RI^2$，它与电流的平方成正比。

铁耗包含两部分损耗——磁滞损耗（p_h）和涡流损耗（p_e）。

（1）磁滞损耗

磁滞损耗（p_h）是铁磁性材料反复磁化而引起的，磁滞损耗（p_h）的大小与频率（f）、磁感应强度幅值（B_m）有关，即

$$p_h \propto f B_m^2 \tag{3-17}$$

铁磁性材料磁滞回线所包含的面积大小也可以直观地反映磁滞损耗大小，面积越大，损耗越大。

（2）涡流损耗

铁芯既能导磁，也能导电，因此当磁通交变时，在铁芯截面中产生感应电动势，继而产生

旋涡状的感应电流，称为涡流。涡流是电磁感应的一种特殊形式，如图 3-14 所示。

涡流损耗（p_e）的大小与频率（f）、磁感应强度幅值（B_m）、硅钢片厚度（d）和材料的电阻率（ρ）有关，即

$$p_e \propto \frac{f^2 B_m^2 d^2}{\rho} \qquad (3\text{-}18)$$

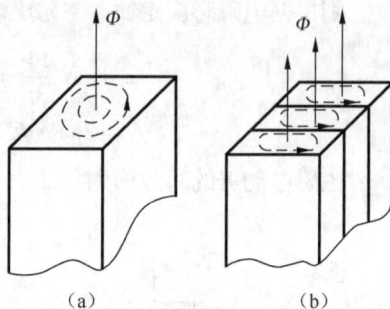

图3-14　涡流

涡流损耗不仅会造成电能的浪费，设备本身也容易遭受损坏。因此变压器等电气设备为减小损耗，通常不用整块的铁芯，而采用厚度薄、电阻率较大、涂有绝缘漆的硅钢片来叠装铁芯。这样做可以将涡流限制在狭窄的薄片之内，而且由于硅钢材料具有较大的电阻率，可使涡流大大减弱。

结合磁滞损耗（p_h）和涡流损耗（p_e）公式，总的来说，已知的电气设备，其铁耗（p_{Fe}）正比于频率的 1.2～1.6 次方、磁感应强度幅值的平方，即

$$p_{Fe} \propto f^{\beta} B_m^2 \qquad (3\text{-}19)$$

一般 $\beta = 1.2$～1.6。

当电源电压和频率一定时，铁耗保持不变，因此工程上称铁耗为不变损耗。

由于 Φ 正比于 B，励磁电流（i）正比于 H，为便于理解，一定条件下，由磁化曲线 $B = f(H)$ 可以得到曲线 $\Phi = f(i)$，如图 3-15 所示。由此可知，当线圈所加电压超过额定电压不多时，理论上磁通会成比例增加，而此时铁芯趋向于深度饱和，磁通增加缓慢，励磁电流却急剧增加。

前面项目导入中提到的案例，国外 220V、60Hz 进口设备用在工频 50Hz 国内电网上时，发生了噪声异常、过热等现象。根据恒磁通公式可知，电压一定，频率从 60Hz 降低至 50Hz 时，势必使磁通增大很多，而铁磁性材料具有饱和性，因此导致磁路深度饱和，励磁电流激增。此时设备的铜耗和铁耗都大大增加，导致设备过热，长时间运行会严重影响设备使用寿命，甚至可能烧毁设备。

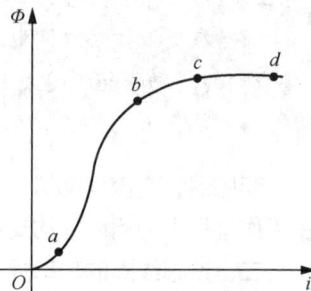

图3-15　$\Phi = f(i)$ 曲线

在设计电动机、变压器等设备时，都希望尽量减小涡流损耗，提高效率。但从另一方面讲，也可以充分利用涡流使铁芯发热的这一特性。例如，汽车上的电涡流缓速器就是利用涡流，使高速行进中汽车的动能转换为由于转盘中的涡流而产生的热能，从而达到使车辆减速的目的。

涡流

💡 提示

由于铁磁性材料具有饱和性，因此即使铁芯线圈上的电压超过额定电压不多，也会导致线圈中的电流大幅度增加，磁路深度饱和，引起铜耗和铁耗大幅度增加，使线圈温度快速上升，绝缘层受到严重的损坏。

三、电磁铁

电磁铁是利用通电的铁芯线圈所产生的强磁场来吸引铁磁性材料（衔铁）动作的电器。它广泛

地应用在继电器、接触器及自动装置中。电磁铁由励磁线圈、铁芯和衔铁组成，其常见的两种结构如图 3-16 所示。图 3-16（a）所示为起重机用电磁铁，图 3-16（b）所示为用于控制和保护电路中的电磁铁。电磁铁工作时，电流通入励磁线圈产生磁场，使铁芯和衔铁都被磁化，衔铁受到电磁力的作用与铁芯吸合，同时衔铁可带动其他机械零件或触点动作，实现各种控制和保护功能。断电时，磁场消失，衔铁在弹簧弹力的作用下被释放。

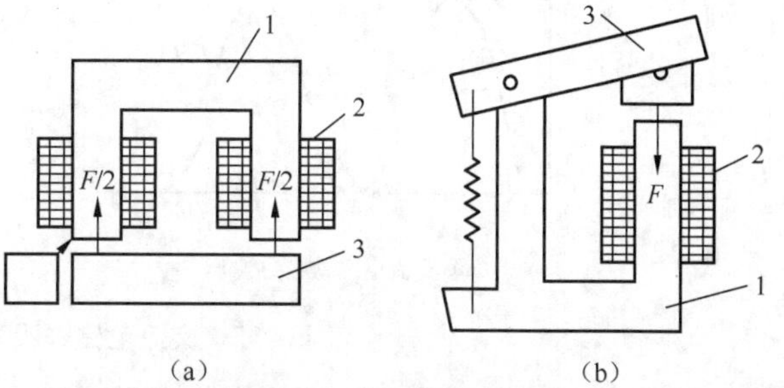

当衔铁作为电磁吸盘的一部分，在加工工件时，则起到固定工件位置的作用，这种电磁吸盘在磨床中常被使用。因此电磁铁在生产上的应用非常广泛。

1—铁芯　2—励磁线圈　3—衔铁

图3-16　电磁铁的结构

根据励磁线圈中所通过的电流不同，电磁铁可分为直流电磁铁和交流电磁铁两大类。

1. 直流电磁铁

直流电磁铁的励磁电流是直流电流。可以证明，直流电磁铁的衔铁所受吸力为

$$F = 4B_0^2 S \times 10^5 \tag{3-20}$$

其中，B_0——空气隙磁感应强度（T）；

　　S——空气隙磁场截面积（m^2）；

　　F——电磁铁的吸力（N）。

直流电磁铁采用直流电励磁，线圈的励磁电流由电源电压和线圈内阻决定。若电源电压和线圈内阻不变，则励磁电流不变，磁动势（NI）也不变。

由磁路欧姆定律（$\Phi = NI/R_m$）可知，励磁电流不变时，在衔铁吸合过程中磁阻逐渐变小，磁通逐渐变大，因此直流电磁铁的吸力（F）也逐渐变大。

2. 交流电磁铁

交流电磁铁采用交流电励磁，空气隙中的磁感应强度随时间而变化，所以交流电磁铁的吸力也随时间而变化。计算时一般只考虑其平均吸力（F_{av}），其为最大吸力（F_m）的一半，计算公式为

$$F_{av} = 2B_m^2 S \times 10^5 \tag{3-21}$$

其中 B_m 是空气隙中的磁感应强度最大值。图 3-17（a）所示为交流电磁铁吸力波形，由于吸力随时间在 0 与最大值之间变化，因此衔铁发生振动而引起噪声。为改善电磁铁工作时的振动和噪声现象，可以在铁芯的局部端面上嵌装一个短路环，又称为分磁环，如图 3-17（b）所示。

短路环将原来铁芯中的磁通（Φ）分成 Φ_1 和 Φ_2 两部分，Φ_1 穿过短路环，在短路环中产生感应电流，感应电流阻碍 Φ_1 的变化，使 Φ_1 和 Φ_2 产生相位差。这样，穿过空气隙的总磁通就不会同时为零，吸力瞬时值也不会为零。

由恒磁通公式可知，当电压有效值和频率不变时，铁芯中磁通的最大值也保持恒定不变。故在衔铁吸合过程中，交流电磁铁吸力（F）的大小基本不变，与磁路无关。但是由于交流电磁铁吸合前后的空气隙不同，导致磁阻不同，因此交流电磁铁在启动（开始吸合）时的电流，

要比工作时（吸合后）的电流大很多。

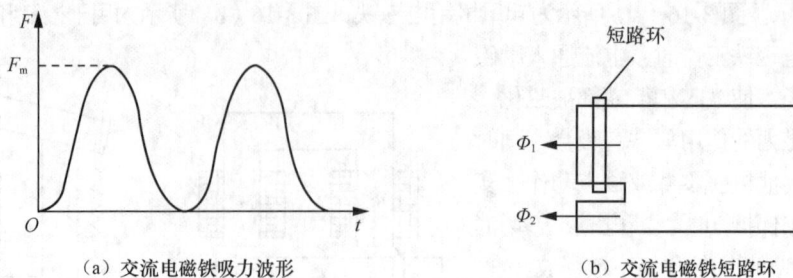

(a) 交流电磁铁吸力波形   (b) 交流电磁铁短路环

图3-17 交流电磁铁吸力波形和短路环

🎓 **提示**

　　U形交流电磁铁的衔铁打开时，其励磁电流是吸合后的10～15倍，而励磁线圈的允许电流值是按衔铁吸合后的电流值设计的。因此，当励磁线圈得电而衔铁由于种种原因不能吸合或频繁操作时，线圈励磁易过热，甚至烧坏，这也是交流电磁铁比直流电磁铁更容易烧坏的原因之一。

　　利用电磁铁磁性强、控制方便等特点，可制成许多控制部件或执行部件应用到汽车上。图3-18所示为汽车电控燃油喷射系统中的喷油器，其电磁铁中的衔铁与针阀是一体的，喷油器就是通过电磁铁的电磁吸力来控制针阀动作，从而控制喷油器的喷油量的。

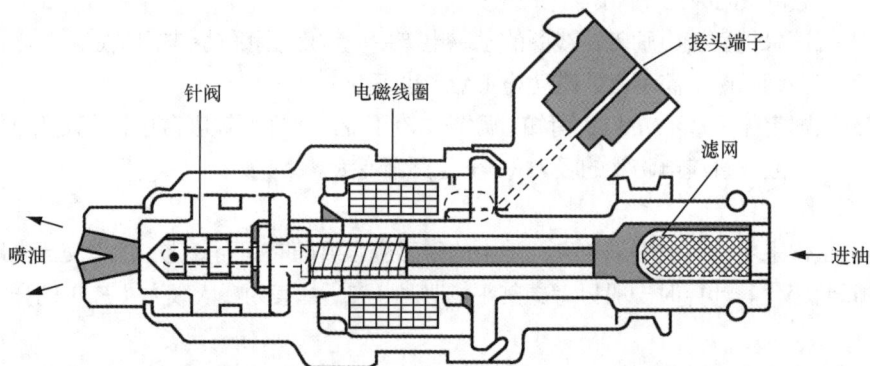

图3-18 汽车电控燃油喷射系统中的喷油器

3.2.2 变压器概述

　　变压器是将一种等级的交流电压变换成频率相同的另一种等级的交流电压的静止电气设备。变压器在电力系统、通信、广播、冶金、焊接、电子实验、电气测量、自动控制等方面有着广泛的应用。例如，在电力系统中，将从发电厂发出的电能输送到用户，通常需要经过很长的输电线，为减小在输电线路上的损耗，常常采用高压输电——将发电机发出的电压用变压器升高后再传输。当电能输送到用户时，考虑到安全用电、降低电器的绝缘等级及成本等因素，再用降压变压器将电压降到配电电压，供各种动力和照明等设备使用。变压器的用途：经济地输电，合理地配电、安全地用电。

　　根据用途和结构的不同，变压器可分为电力变压器、自耦变压器、仪用互感器、电焊变压器等。

虽然变压器的种类很多，但其工作原理是相同的，都通过电磁感应来传递能量或信号。下面主要介绍单相变压器的基本结构、工作原理等。

一、单相变压器的基本结构

单相变压器主要由铁芯和绕组两个基本部分组成。根据铁芯的结构不同，单相变压器可分为芯式变压器和壳式变压器两种。芯式变压器的线圈包围铁芯，壳式变压器的铁芯包围线圈，如图 3-19 所示。一般小功率单相变压器多采用壳式结构，容量较大的单相变压器常采用芯式结构。

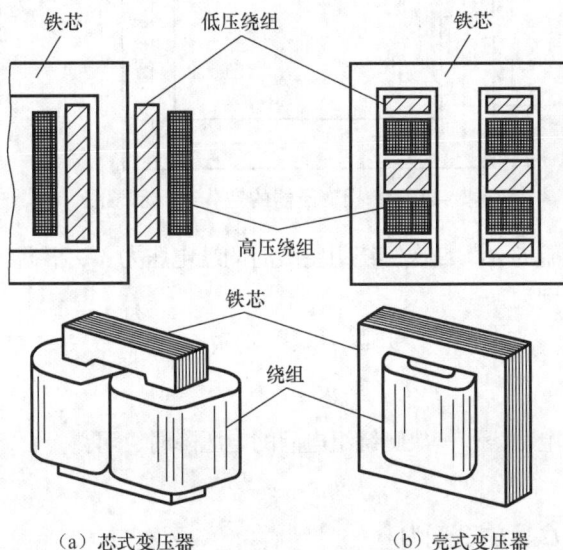

（a）芯式变压器　　　　　　　（b）壳式变压器

图3-19　单相变压器结构

1. 铁芯

铁芯构成变压器的磁路，使绕组之间实现电磁耦合。为了提高铁芯导磁性能，减少铁芯损耗，铁芯通常采用厚度为 0.35～0.5mm 且表面涂有绝缘漆的硅钢片交错叠装而成。

2. 绕组

绕组构成变压器的电路，与电源相连的绕组称为一次侧绕组或初级绕组，与负载相连的绕组称为二次侧绕组或次级绕组。根据两侧绕组匝数的不同，也可将匝数多的称为高压绕组，匝数少的称为低压绕组。

小容量单相变压器的绕组多用高强度漆包线绕制。为了降低绕组和铁芯间的绝缘要求，一般高压绕组同心地套在低压绕组的外面。

二、单相变压器的工作原理

为了便于分析问题，将互相绝缘的两个绕组分别画在两个铁芯柱上。

1. 变压器的空载运行——电压变换

图 3-20 所示为单相变压器的空载运行示意图，其中标注了各物理量的参考方向。一次侧绕组接额定电压为 U_{N1} 的交流电源，二次侧绕组处于开路状态，称为变压器的空载运行。

当一次侧绕组外加正弦电压（u_1）时，绕组中流过空载电流（i_0），空载电流一般很小，仅为一次侧绕组额定电流的2%～10%。空载电流通过匝数为 N_1 的一次侧绕组，产生磁动势（$N_1 i_0$），并在铁芯中产生交变磁通。磁通的绝大部分为沿铁芯闭合的变压器主磁通（ϕ），与一次侧绕组、二次侧绕组同时交链，产生感应电动势 e_1、e_2。在变压器中，通过主磁通进行能量的传递。此外还有极少部分经空气隙而闭合，且仅与一次侧绕组相交链的漏磁通（$\Phi_{\sigma1}$），产生漏磁电动势 $e_{\sigma1}$。由于空气的磁导率（μ_0）很小，故一次侧绕组的漏磁通是极少的。

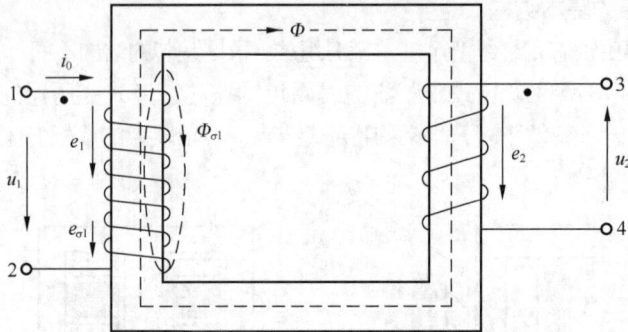

图3-20　单相变压器的空载运行示意图

设一次侧绕组的电阻为 R_1，二次侧绕组空载时的端电压为 u_2，根据 KVL，可写出这两个绕组电路的电压方程，分别为

$$u_1 = -e_1 - e_{\sigma1} + i_0 R_1 \tag{3-22}$$

$$u_2 = e_2 \tag{3-23}$$

在略去很小的漏磁电动势和一次侧绕组电阻的电压降时，可得

$$u_1 \approx -e_1 \tag{3-24}$$

u_1、u_2 有效值大小 U_1、U_2 分别为

$$U_1 \approx E_1 = 4.44 f N_1 \Phi_{\mathrm{m}}$$
$$U_2 = E_2 = 4.44 f N_2 \Phi_{\mathrm{m}}$$
$$\frac{U_1}{U_2} \approx \frac{E_1}{E_2} = \frac{N_1}{N_2} = k \tag{3-25}$$

其中，k——匝数比，也可称为变比。

式（3-25）说明变压器空载时一、二次侧绕组的电压比近似等于它的变比（k）。高压绕组匝数多，低压绕组匝数少。由于一、二次侧绕组匝数不同，从而实现了变压器变换电压的目的。

根据图 3-20 所示感应电动势（e_1、e_2）的参考方向，在任一瞬间，一次侧绕组中的感应电动势（e_1）为正值时，二次侧绕组中的感应电动势（e_2）也为正值；一次侧绕组中的感应电动势（e_1）为负值时，二次侧绕组中的感应电动势（e_2）也为负值。因此可知一、二次侧绕组的1、3端（e_1、e_2 参考方向箭头的起始端）与对应的 2、4 端（e_1、e_2 参考方向箭头的终端）的感应电动势实际极性相同。为了表明端子之间的这种关系，在有磁耦合的不同绕组上，把电动势实际极性始终保持一致的端子称为同名端，也称为同极性端。如图 3-21（a）所示，1、3 端为同名端，用"●"做标记，同理，都不打点的 2、4 端也为同名端；而 1、4 端和 2、3 端称为异名端。

一台制造好的变压器，其同名端已确定，当从外观上无法看清绕组的绕向时，可以采用试验的方法来判别同名端。

提示

● 变压器绕组的同名端与一、二次侧绕组的相对位置以及其在铁芯上的绕向有关，如图 3-21 所示。

● 若一、二次侧绕组的电流都从同名端流入，如图 3-21（a）所示的 1、3 端或图 3-21（b）所示的 1、4 端，则产生的磁通相互增强。用此方法可判别同名端。

2. 变压器的负载运行——电流变换

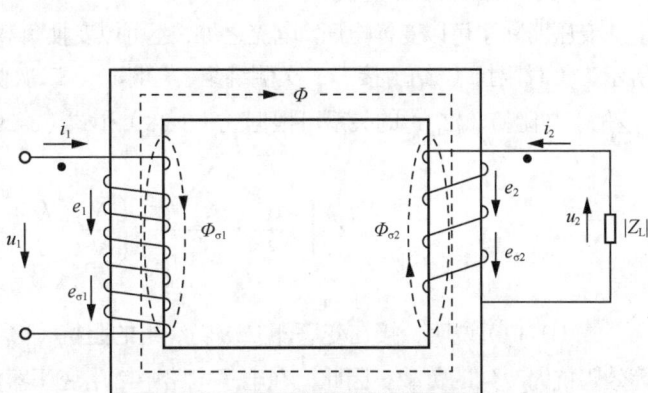

图 3-22 所示为单相变压器的负载运行示意图，其中标注了各物理量的参考方向。一次侧绕组接额定电压为 U_{N1} 的交流电源，二次侧绕组与负载相连。

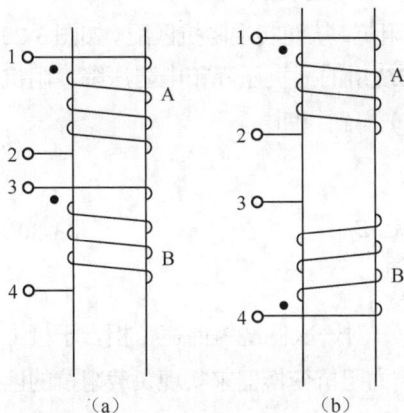

图3-21 变压器绕组的同名端　　图3-22 单相变压器的负载运行示意图

与负载相连时，二次侧绕组流经电流（i_2），产生磁动势（$N_2 i_2$），同时一次侧绕组电流由空载电流（i_0）变为 i_1，磁动势（$N_1 i_1$）作用在磁路上，产生主磁通（Φ）。而根据恒磁通概念，从空载到负载，在电源电压不变的情况下，主磁通基本保持不变，因此磁动势也保持不变。磁动势的平衡关系式为

$$N_1 i_1 + N_2 i_2 = N_1 i_0 \tag{3-26}$$

因为空载电流很小，变压器接近满载时，空载电流远远小于负载电流，因此近似计算时可以忽略空载磁动势，即

$$N_1 i_1 + N_2 i_2 \approx 0 \tag{3-27}$$

电流大小关系为

$$\frac{I_1}{I_2} \approx \frac{N_2}{N_1} = \frac{1}{k} \tag{3-28}$$

式（3-28）反映了变压器变换电流的作用，即一、二次侧绕组电流之比近似等于匝数的反比。

提示

变压器越接近满载运行，$\frac{I_1}{I_2} \approx \frac{N_2}{N_1} = \frac{1}{k}$ 的比值关系越准确。

同样，在忽略一、二次侧绕组的漏抗压降和电阻压降时，一、二次侧绕组的电动势平衡

式为

$$u_1 \approx -e_1$$
$$u_2 \approx e_2$$

同样可得到有效值大小之比为

$$\frac{U_1}{U_2} \approx \frac{E_1}{E_2} = \frac{N_1}{N_2} = k \tag{3-29}$$

式（3-29）说明，与空载运行一样，负载运行时电压比也近似等于绕组匝数比，只是误差相对大一些。

3. 变压器的阻抗变换

变压器除了可以变换电压、电流之外，还可以变换负载阻抗，从而实现阻抗匹配。如图 3-23 所示，负载阻抗（$|Z_L|$）接于二次侧绕组，忽略一、二次侧绕组的漏抗压降和电阻压降，阻抗（$|Z_L'|$）与阻抗（$|Z_L|$）的关系可根据式（3-28）和式（3-29）得到，即

$$\left| Z_L' \right| = \frac{U_1}{I_1} = \frac{\frac{N_1}{N_2}U_2}{\frac{N_2}{N_1}I_2} = \left(\frac{N_1}{N_2}\right)^2 \frac{U_2}{I_2} = k^2 \left| Z_L \right| \tag{3-30}$$

式（3-30）说明，接在变压器二次侧绕组的阻抗（$|Z_L|$），对一次侧绕组而言，相当于接上等效阻抗为 $|Z_L'|$ 的负载。因此，在电子电路中常用变压器作为阻抗变换器来实现负载阻抗的匹配，使负载获得最大的功率，此变压器也称为输出变压器。

提示

变压器变换阻抗时，只改变阻抗模，而不改变阻抗角，即 $|Z_L'| = k^2|Z_L|$。

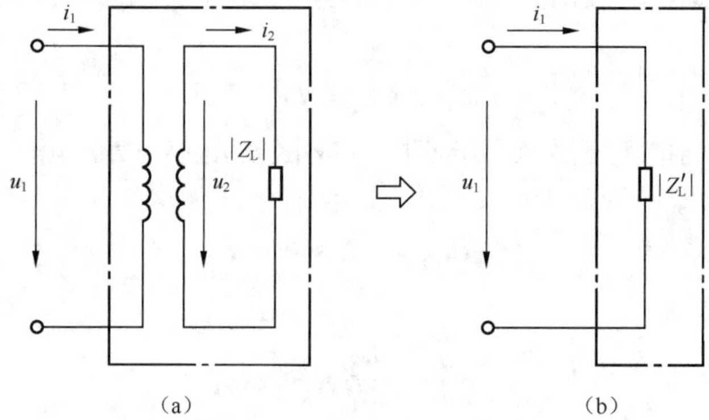

图3-23 变压器的阻抗变换

【例 3-3】 如图 3-24 所示，交流信号源的 U_s=120V，内阻 $R_0 = 800\Omega$，负载电阻 $R_L = 8\Omega$。

（1）若要求从变压器一次侧绕组看进去的等效负载电阻 $R_L' = R_0$，试求变压器的变比和信号源输出的功率。

（2）当将负载直接与信号源连接时，求信号源输出的功率。

解：（1）由于 $R_L' = k^2 R_L = R_0$，因此变压器变比为

$$k = \sqrt{\frac{R_0}{R_L}} = \sqrt{\frac{800}{8}} = 10$$

信号源输出功率为

$$P = \left(\frac{U_S}{R_0 + R_L'}\right)^2 R_L' = \left(\frac{120}{800 + 800}\right)^2 \times 800\text{W} = 4.5\text{W}$$

（2）当将负载直接与信号源连接时

$$P = \left(\frac{U_S}{R_0 + R_L}\right)^2 R_L = \left(\frac{120}{800 + 8}\right)^2 \times 8\text{W} \approx 0.2\text{W}$$

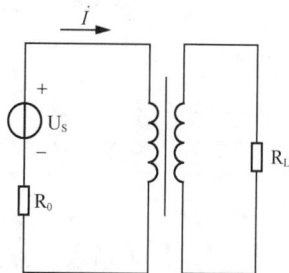

图3-24　例3-3电路

提示

当电源内阻与负载电阻之间满足 $R_0 = k^2 R_L$ 时，即实现阻抗匹配，此时负载获得最大的功率。

4. 变压器的损耗与效率

变压器在传递能量时存在损耗，包括铜耗和铁耗。铜耗（p_{Cu}）为一、二次侧绕组电阻产生的损耗，大小为

$$p_{Cu} = p_{Cu1} + p_{Cu2} = I_1^2 R_1 + I_2^2 R_2 \tag{3-31}$$

它随负载电流的变化而变化，因此铜耗称为可变损耗。

在前面讲到铁芯线圈内容时，已对铁耗（p_{Fe}）进行了详细的分析。铁耗（p_{Fe}）为交变磁通在铁芯中产生的损耗，包括磁滞损耗（p_h）和涡流损耗（p_e）两部分。在一定电源电压下，铁耗为不变损耗。

变压器的效率为输出功率与输入功率之比，用百分比表示，即

$$\eta = \frac{P_2}{P_1} \times 100\% \tag{3-32}$$

变压器效率特性曲线 $\eta = f(P_2)$ 如图 3-25 所示，可以看出，当负载变化到某一数值时，将出现最大效率（η_{max}）。

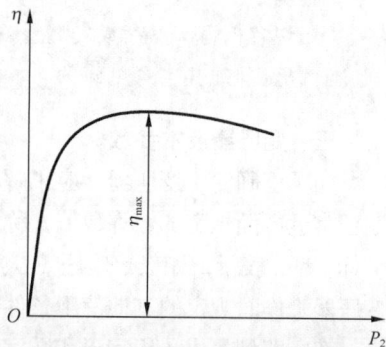

由于变压器是静止的电气设备，工作时无机械损耗，所以效率比较高。中小型电力变压器一般效率为 95% 左右，大型变压器效率可达 98%～99%。

图3-25　变压器效率特性曲线

汽车中的应用

在汽车的汽油发电机中，气缸内的可燃混合气体是由高压电火花点燃的，保证按时产生电火花的全部设备就是发动机的点火系统。点火线圈是汽车点火系统中的组成部件，在汽车点火系统中与其他部件配合，将电源供给的 12V 或 24V 低压直流电转变为 15～20kV 的高压直流电。点火线圈就是汽车中的"变压器"。传统点火线圈的内部结构如图 3-26 所示，主要由铁芯、一次侧绕组与二次侧绕组、外壳及附加电阻等组成。

提示

当变压器的可变损耗等于不变损耗，即铜耗等于铁耗时，对应效率最大，此时所带负载为额定负载的 50%～60%。

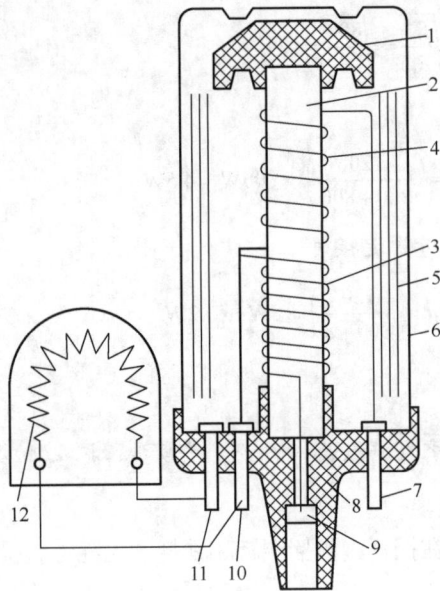

1—绝缘座　2—铁芯　3—二次侧绕组　4——一次侧绕组　5—导磁钢套　6—外壳
7—接线柱（接断路器）　8—胶木盖　9—高压线接头　10—接线柱（接附加电阻及短路开关）
11—接线柱（接电源、附加电阻及短路开关）　12—附加电阻

图3-26　传统点火线圈的内部结构

思考题

一台单相变压器的额定容量 S_N=10kV·A，额定电压为 3 300V/220V，空载电流 I_0 为额定电流的 3%，则其空载电流为 ＿＿＿＿（0.09，1.36，0.5，3）A。

三、变压器技术参数

为了正确使用变压器，应了解和掌握一些变压器技术参数。设备在给定的工作条件下能长期正常运行而规定的容许数值，称为额定值，其通常标注在电器产品的铭牌和说明书上，并用下标"N"表示，如额定电压（U_N）、额定电流（I_N）、额定容量（S_N）等。此外铭牌上还标注变压器工作时规定的其他使用条件，如型号、器身质量、制造编号和制造厂家等数据。

变压器型号由一组字母和数字组合而成，表明一台变压器的结构、额定容量、电压等级、冷却方式等信息，其中数字表示变压器的额定容量和额定电压。例如型号 SL-1000/10，表示三相油浸自冷双绕组铝线、额定容量 1 000kV·A、高压绕组额定电压 10kV 级变压器。

1. 额定电压

额定电压（U_{N1}、U_{N2}）是根据变压器的绝缘强度和允许温升规定的电压值，单位为 V 或 kV。U_{N1} 为一次侧绕组额定电压，U_{N2} 为二次侧绕组额定电压。其中，U_{N2} 指一次侧绕组加上额定电压（U_{N1}）时二次侧绕组的空载电压。

应该注意，三相变压器的额定电压都指其线电压。

2. 额定电流

额定电流（I_{N1}、I_{N2}）是根据变压器允许温升规定的电流值，单位为 A 或 kA。同样应注意，三相变压器中额定电流都指其线电流。使用变压器时，不要超过其额定电流值。变压器长期超负荷运行将缩短其使用寿命。

3．额定容量

额定容量（S_N）是指在额定电压和额定电流情况下，变压器输出的额定视在功率。

单相变压器额定容量为

$$S_N = U_{2N}I_{2N} \tag{3-33}$$

三相变压器额定容量为

$$S_N = \sqrt{3}U_{2N}I_{2N} \tag{3-34}$$

由于变压器效率很高，双绕组变压器一、二次侧绕组额定容量按相等设计。

4．额定频率

我国规定标准工频，即额定频率（f）为50Hz，有些国家和地区如美国则规定为60Hz，使用时应注意。改变使用频率会导致变压器某些电磁参数（如磁通等）发生变化，影响其正常工作。

【例3-4】　有一台单相变压器，$S_N = 10\text{kV} \cdot \text{A}$，$U_{N1}/U_{N2} = 380\text{V}/220\text{V}$。

（1）若在二次侧绕组上接40W、220V的白炽灯，最多可接多少盏？试计算此时变压器一、二次侧绕组工作电流。

（2）若在二次侧绕组上接 $\cos\varphi = 0.46$、$U_N = 220\text{V}$、$P_N = 40\text{W}$ 的日光灯（设每盏日光灯镇流器的功耗为7W），最多可接多少盏？

解：（1）白炽灯可看成纯电阻，$\cos\varphi = 1$，故 $P_N = S_N$。

因此可接白炽灯数量为

$$\frac{10 \times 1\,000\text{V} \cdot \text{A}}{40\text{W}} = 250 \text{ 盏}$$

$$I_1 = \frac{10 \times 1\,000\text{V} \cdot \text{A}}{380\text{V}} \approx 26.3\text{A}$$

$$I_2 = \frac{10 \times 1\,000\text{V} \cdot \text{A}}{220\text{V}} \approx 45.5\text{A}$$

（2）因为

$$P_N = \cos\varphi S_N = 0.46 \times 10 \times 1\,000\text{W} = 4\,600\text{W}$$

故可接日光灯数量为

$$\frac{4\,600}{40+7} \approx 98 \text{ 盏}$$

从以上计算可见，负载的功率因数低，变压器容量就不能很好地被利用。

项目实施

任务　分析交流电磁铁故障

一、任务目的

1．熟悉交流电磁铁和直流电磁铁的基本特性。

2．通过实例深刻理解和掌握恒磁通公式。

3．掌握运用磁路基本定律分析问题的能力。

二、任务内容

一个交流电磁铁通电后，发现衔铁长时间被卡住不能吸合，试分析会产生什么后果，如果是直流电磁铁又如何。请运用交流铁芯线圈电路和磁路相关知识进行分析。

三、分析过程

1. 交流铁芯线圈恒磁通公式分析。

交流铁芯线圈的恒磁通公式为＿＿＿＿＿＿＿＿＿＿＿＿＿＿＿，通过分析可知如下几点。

（1）在交流铁芯线圈电路中，当频率（f）、匝数（N）一定时，主磁通（Φ）＿＿＿＿于电源电压（U）；当电源电压（U）一定时，主磁通（Φ）基本＿＿＿＿。

（2）在交流铁芯线圈电路中，主磁通（Φ）的大小与磁路＿＿＿＿。磁路的变化（如空气隙大小）直接影响＿＿＿＿的大小。

（3）交流电磁铁在衔铁吸合过程中，平均吸力的大小基本＿＿＿＿，与磁路＿＿＿＿。

2. 交流电磁铁吸合过程分析。

（1）交流电磁铁吸合过程中，空气隙逐步＿＿＿＿，磁阻逐步＿＿＿＿。根据单一电流励磁的闭合磁路公式 $NI=$＿＿＿＿可知，交流电磁铁在启动（开始吸合）时的电流，要比工作时（吸合后）的电流＿＿＿＿。

（2）U形交流电磁铁的衔铁打开时，其励磁电流是吸合后的＿＿＿＿倍，而线圈的允许电流值是按衔铁＿＿＿＿的电流值设计的。

（3）根据分析可知，如果线圈得电而衔铁长时间被卡住不能吸合，线圈＿＿＿＿，＿＿＿＿。

3. 如果直流电磁铁衔铁长时间被卡住不能吸合，情况会怎样？

直流电磁铁工作时励磁电流＿＿＿＿，吸合过程磁阻逐步＿＿＿＿，根据磁路公式，其磁通＿＿＿＿，因此衔铁长时间被卡住不能吸合时，电磁铁＿＿＿＿烧坏，与吸合后相比吸力＿＿＿＿。

4. 根据所学知识，对直流电磁铁和交流电磁铁的特点进行比较，完善表3-3。

表3-3　直流电磁铁和交流电磁铁的比较

电磁铁	铁芯结构	吸合过程	吸合后	吸合不好时
直流电磁铁	整块软钢制成，＿＿＿短路环	电流＿＿＿，吸力＿＿＿，磁阻＿＿＿	＿＿＿振动	线圈＿＿＿过热，＿＿＿烧坏
交流电磁铁	硅钢片叠成，＿＿＿短路环	吸力＿＿＿，电流＿＿＿，磁阻＿＿＿	＿＿＿振动	线圈＿＿＿过热，＿＿＿烧坏
填写备注	有，无	不变，变大，变小	有，无	不会，会，可能

拓展阅读　变压器铁芯技术发展

根据材料和工艺的不同，变压器铁芯可分为叠片式铁芯、立体卷铁芯、非晶合金铁芯。

立体卷铁芯由若干根一定形状的硅钢带连续卷绕而成。由于立体卷铁芯无空气隙，卷绕更紧密，材料利用率接近100%，因此与传统叠片式铁芯变压器相比，立体卷铁芯变压器具有节能、节材、噪声小、性能稳定等优点。

●●●　模块小结　●●●

（1）电磁场有4个常用基本物理量，即磁感应强度（B）、磁通（Φ）、磁导率（μ）、磁场强度（H）。磁感应强度是反映磁场性质的参数。它的大小反映磁场强弱，它的方向就是磁场的方向。磁感应强度和垂直于磁场方向的某一面积（S）的乘积称为该截面的磁通（Φ）。若磁场为均匀磁场，则 $\Phi = BS$。磁导率是用来衡量磁介质导磁性能的物理量。不同的介质，磁导率也不同。相对磁导率用 μ_r 表示，即 $\mu_r = \dfrac{\mu}{\mu_0}$。磁场强度也是磁场的一个基本物理量，它与磁介质无关，即 $H = \dfrac{B}{\mu}$。

（2）铁磁性材料具有高导磁性、磁饱和性和磁滞性的特点。按照磁滞回线的形状以及在工程中的用途不同，铁磁性材料可分为三大类，分别为软磁材料、硬磁材料和矩磁材料。

（3）工程上把约束在铁芯及其空气隙所限定范围内的磁通路径称为磁路。分析与计算磁路所要遵循的基本定律为磁路欧姆定律。

$$\Phi = \frac{Hl}{\dfrac{l}{\mu S}} = \frac{U_m}{R_m}$$

铁磁性材料的磁阻是非线性的，磁阻值很小；空气隙中的磁阻是线性的，磁阻值很大。由于铁磁性材料的磁阻是非线性的，所以磁路欧姆定律多用于磁路的定性分析。要分析磁路，首先必须对磁路进行分段处理。分段的原则是磁路中截面积（S）与材料相同的磁路分为一段。

在由单一电流励磁的闭合磁路中，常采用公式 $\Phi = \dfrac{NI}{R_m}$ 进行磁路的定性分析，它是磁路欧姆定律的另一种表达形式，其中 R_m 是闭合磁路总磁阻。

（4）磁路的基尔霍夫磁通定律为 $\sum \Phi = 0$，它反映了磁通的连续性。基尔霍夫磁位差定律为 $\sum (Hl) = \sum (NI) = \sum F$，表明闭合磁路中各段磁位差的代数和等于各磁动势的代数和。

（5）交流铁芯线圈电路的恒磁通公式为

$$U \approx E = 4.44 fN\Phi_m$$

在交流铁芯线圈电路中，当频率（f）、匝数（N）一定时，主磁通（Φ）正比于电源电压（U）；当电源电压（U）一定时，主磁通（Φ）基本保持恒定。在交流铁芯线圈电路中，主磁通的大小与磁路无关。根据磁路欧姆定律，磁通不变，磁路的变化（如空气隙大小）直接影响励磁电流的大小。

铁耗（p_{Fe}）正比于频率的 1.2～1.6 次方、磁感应强度幅值的平方，即

$$p_{Fe} \propto f^\beta B_m^2$$

一般 $\beta = 1.2 \sim 1.6$。

（6）电磁铁是利用通电的铁芯线圈所产生的强磁场来吸引铁磁性材料（衔铁）工作的电器。根据线圈中所通过的电流不同，电磁铁可分直流电磁铁和交流电磁铁两大类。直流电磁铁的励磁电流是直流电流。直流电磁铁的衔铁所受吸力为

$$F = 4B_0^2 S \times 10^5$$

直流电磁铁的吸力（F）的大小与衔铁所处空间位置有关，气隙越小，吸力越大。磁路中的空气隙随衔铁的吸合而减小。

一般计算交流电磁铁时，只考虑其平均吸力，即

$$F_{av} = 2B_m^2 S \times 10^5$$

在衔铁吸合过程中，交流电磁铁平均吸力的大小基本不变。

（7）变压器是将一种等级的交流电压变换成频率相同的另一种等级交流电压的静止电气设备。单相变压器主要由铁芯和绕组两个基本部分组成。为了提高铁芯导磁性能，减少铁芯内的磁滞损耗和涡流损耗，铁芯通常采用厚度为0.35～0.5mm且表面涂有绝缘漆的硅钢片交错叠装而成。与电源相连的绕组称为一次侧绕组或初级绕组，与负载相连的绕组称为二次侧绕组或次级绕组。变压器可变换电压、电流、阻抗。

变换电压

$$\frac{U_1}{U_2} \approx \frac{E_1}{E_2} = \frac{N_1}{N_2} = k$$

变换电流

$$\frac{I_1}{I_2} \approx \frac{N_2}{N_1} = \frac{1}{k}$$

变换阻抗

$$|Z'_L| = k^2 |Z_L|$$

同名端表明端子之间的某种关系，在有磁耦合的不同绕组上，把电动势实际极性始终保持一致的端子称为同名端，也称为同极性端。变压器绕组的同名端与绕组在铁芯柱上的绕向有关。

••• 习题 •••

1．铁磁性材料有哪些特点？
2．什么是铁磁性材料的磁滞性？它是如何形成的？
3．简述磁路欧姆定律，其中磁路磁阻与哪些参数有关？
4．简述磁路的基尔霍夫定律。
5．为什么交流铁芯线圈在超过它的额定电压并不多的情况下工作时，线圈往往会烧坏？
6．直流电磁铁与交流电磁铁有什么不同？试比较。
7．为什么变压器的铁芯要用硅钢片叠成？能否采用整块的铁芯？为什么？
8．额定电压为220V/110V的单相变压器，如果不慎将低压端接到220V电源上行不行？后果怎样？空载电流有何变化？
9．变压器一次侧绕组匝数增加5%时，变压器空载电流将如何变化？如果构成铁芯的硅钢片交错叠装时，存在较大的空气隙，对变压器空载电流有没有影响？

••• 自测题 •••

一、填空题
1．降压变压器的变比_____1（大于，小于，等于），升压变压器的变比_____（大于，小于，等于）1。
2．变压器的铁芯，按其结构形式分为_____和_____两种。为了减少_____，变压器的铁芯一般采用 0.35~0.5mm 厚的_____叠装而成。

3．一台变压器的变比为 1∶15，当它的一次侧绕组接到 220V 的交流电源上时，二次侧绕组输出的电压是_____。

4．描述磁场的 4 个物理量分别为_____、_____、_____以及_____。

5．铁磁性材料具有_____性、_____性和_____性。

6．变压器主要有两种损耗：可变损耗_____和不变损耗_____。

7．磁路分段的原则：_____。

8．交流铁芯线圈电路中，外加电压_____（与主磁电动势大小近似相等，与漏磁电动势大小近似相等，与线圈内电流的变化率成正比）。

9．交流铁芯线圈的铁芯损耗包括_____和_____。两种损耗的大小都与_____和_____有关。

10．交流电磁铁的线圈接到正弦电压源上时，若电压减半、频率减半、匝数不变，线圈的磁通最大值_____（减半，不变）。

二、判断题

1．无分支磁路的线圈接于直流电源上，如果将磁路空气隙增大（指长度增加），则磁通将会减小。 （ ）

2．一段材料的磁阻与它的磁导率成正比。 （ ）

3．空气隙的磁阻远远大于同样长度、同样截面的铁磁性材料的磁阻。 （ ）

4．交流铁芯线圈，已工作在接近磁化曲线的饱和段，如将电压提高一倍，则电流将会大大增加（远远超过一倍）。 （ ）

5．变压器可以实现直流电的电压、电流、阻抗变换。 （ ）

6．从空载到负载运行过程中，变压器主磁通变化很大。 （ ）

7．对于一台已经制造好的变压器，其同名端是客观存在的，与测试方法无关。 （ ）

8．变压器在额定运行时效率最高。 （ ）

9．在直流稳态电路中，变压器通过改变直流电的电压等级来传递直流电。 （ ）

10．由于磁导率不是常数，故铁磁性材料的磁阻是变量。 （ ）

三、选择题

1．变压器的基本工作原理是（ ）。

A．电磁感应 B．电流的磁效应

C．能量平衡 D．电流的热效应

2．一负载电阻 R_L，经变压器接到内阻 $R_0 = 800\Omega$ 的电源上，变压器一、二次侧绕组的额定电流分别为 2A、20A，若使从变压器一次侧绕组看进去的等效负载电阻 $R_L' = R_0$，则 R_L 等于（ ）。

A．0.8Ω B．8Ω C．80Ω D．800Ω

四、简答题

1．描述磁场的物理量有哪几个？说明它们的物理意义、相互关系及单位。

2．非铁磁性材料、铁磁性材料的磁导率各有什么特点？

3．按磁滞回线不同，铁磁性材料可分为哪两类？各有什么用途？

4．磁路欧姆定律的内容是什么？什么叫磁阻？什么叫磁位差？它们的单位各是什么？

5．什么叫铁芯损耗？它包括哪两项？各自产生的原因是什么？直流铁芯中有这种损耗吗？

6．交流铁芯线圈额定电压为 220V，如果误接直流电压 220V，会产生什么后果？相反的情况（即直流误接交流）将如何？

五、分析与计算题

1．交流电磁铁在吸合时，若衔铁长时间被卡住不能吸合，会有什么影响？直流电磁铁发生上述情况时，又会如何？

2．有一单相照明变压器，容量为 10kV·A，电压为 3 300V/220V。现欲在二次侧绕组上接 40W、220V 的白炽灯，如果要变压器在额定情况下运行，这种白炽灯可接多少个？并求一、二次侧绕组的额定电流。

交流电动机及其控制

实现电能与机械能相互转换的电气设备统称为电机。电机能通过电磁感应实现能量转换、能量传递或信号转换等。电机种类很多，按其功能不同可分为电动机、发电机、变压器和控制电动机四大类。电动机是将电能转换成机械能的装置，包括直流电动机和交流电动机，作为拖动各种生产机械的动力装置，电动机是主要的用电设备。发电机是将机械能转换成电能的装置，包括直流发电机和交流发电机。变压器是将一种电压等级的交流电能转换为同频率另一种电压等级交流电能的装置，是静止的电机。控制电动机主要用于信号的变换与传递，在自动控制系统中作为检测、执行元件的特种电动机，它包括交、直流伺服电动机，步进电动机，交、直流测速发电机，等等。本模块主要讲述三相异步电动机的结构、原理、运行和控制电路等内容。

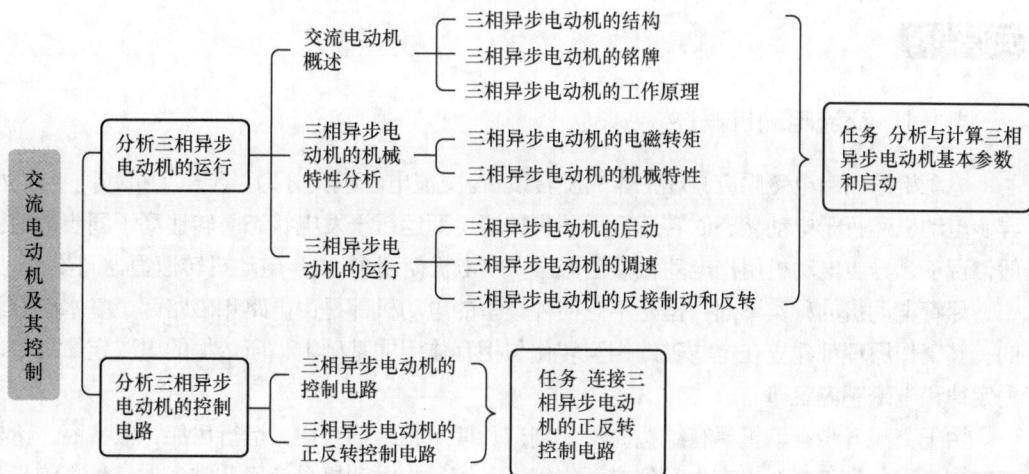

●●● 项目 4.1　分析三相异步电动机的运行　●●●

项目导入

　　小张进车间实习时，看到车间老师傅可以用估算法很快估算出 380V 三相异步电动机的额定电流：额定功率 1kW 大约对应额定电流 2A。小张好奇地去查看车间里各台电动机铭牌上的额定参数，经过数据比较，发现估算法确实很有用。同时他也发现，功率小（如 4kW）的电动机的电流会比估算值稍大，而功率大（如 10kW）的电动机的电流会比估算值稍小，这是为什么呢？

学习目标

1．知识目标
（1）掌握三相异步电动机的基本结构和工作原理。
（2）熟悉三相异步电动机的机械特性。
（3）熟悉三相异步电动机启动、调速、反转原理。

2．能力目标
（1）具备分析三相异步电动机工作原理的能力。
（2）具备分析与计算三相异步电动机额定状态参数的能力。
（3）具备分析与计算三相异步电动机Y-△降压启动的能力。

3．素养目标
（1）培养精益求精的工匠精神。
（2）培养敬业精神和合作能力。

知识学习

4.1.1　交流电动机概述

　　电动机是利用电磁感应原理工作的旋转设备。交流电动机又分为异步电动机和同步电动机。异步电动机运行于电动状态时转速低于同步转速，而运行于发电状态时转速高于同步转速。一般情况下，异步电动机用作电动机（也可作为发电机使用）。同步电动机转速恒为同步转速。

　　尽管电动机的种类不同，但是不论何种类型的电动机都是由电路和磁路两个基本部分组成的。其工作原理都建立在电与磁的相互转化与相互作用的基础上，所依据的电磁定律都是电磁力定律和电磁感应定律。

　　由于交流异步电动机具有结构简单，制造、使用和维护方便，运行可靠，效率高，价格低等特点，因此在工农业生产中得到广泛应用。三相异步电动机是应用非常多的一种交流异步电动机，它的工作电源是三相交流电。根据粗略统计，在全国电动机中有 85% 以上是三相异步电动机。与直流电动机相比，三相异步电动机的调速性能较差，但随着电力电子技术和计算机控制技术的发展，其调速性能几乎可以与直流电动机相媲美。在本节中重点介绍三相异步电动机的结构、铭牌及工作原理。

一、三相异步电动机的结构

三相异步电动机由定子和转子这两大基本部分组成，在定子和转子之间具有一定的空气隙。图 4-1 所示为三相异步电动机的构造。

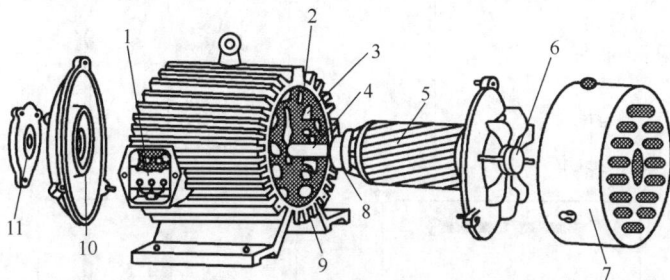

认识三相异步电动机

1—接线盒 2—定子铁芯 3—定子绕组 4—转轴 5—转子 6—风扇
7—罩壳 8—轴承 9—机座 10—端盖 11—轴承盖
图4-1 三相异步电动机的构造

1. 定子部分

定子是用来产生旋转磁场的，在工作时是静止不动的。三相异步电动机定子主要由定子铁芯、定子绕组、机座、端盖等部分组成。

（1）定子铁芯

定子铁芯是电动机磁路的一部分，由 0.5mm 厚且表面涂有绝缘漆的硅钢片叠压而成，如图 4-2（a）所示。定子铁芯圆周内表面沿轴向有均匀分布的直槽，用以嵌放定子绕组。为了增加散热面积，当定子铁芯比较长时，沿轴线方向每隔一定距离有一条通风沟。定子冲片如图 4-2（b）所示。

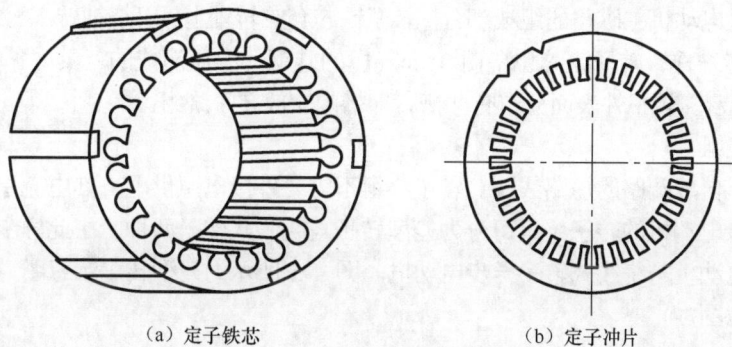

（a）定子铁芯 （b）定子冲片
图4-2 定子铁芯及冲片示意图

（2）定子绕组

定子绕组是三相异步电动机电路的组成部分，定子绕组由结构完全相同、空间相差 120° 电角度的三相绕组组成。每相绕组可以由多个线圈串联组成，各个线圈按照一定的规律分散嵌放在定子铁芯槽内。在空间对称分布的定子绕组通入三相对称电流时，就会产生旋转磁场。

通常电动机定子绕组的 6 个首、末端都引到电动机外壳接线盒的接线柱上，首端分别标为 U1、V1、W1，末端分别标为 U2、V2、W2。根据电源电压的不同，定子绕组可采用星形连接或三角形连接，其连接方式如图 4-3 所示。定子绕组末端 U2、V2、W2 连接在一起为星形连接；端子 U2-V1、V2-W1、W2-U1 两两连接在一起为三角形连接。我国生产的三相异步电动机，凡容量为 4kW 及以上的，其定子绕组一般采用三角形连接。

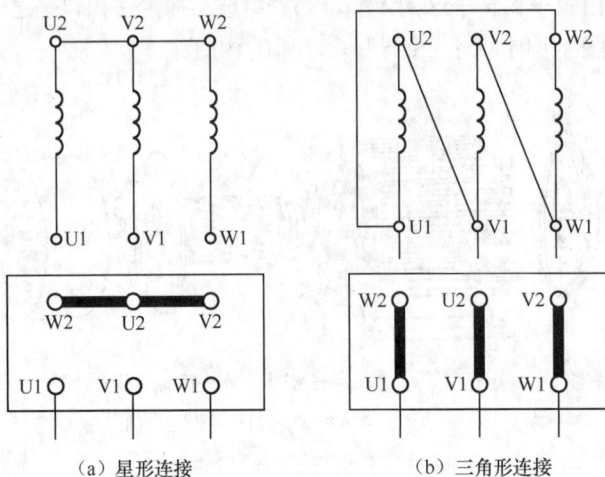

（a）星形连接　　　　　　　　（b）三角形连接

图4-3　定子绕组的连接方式

（3）机座

机座通常由铸铁或铸钢制成，是整个电动机的支撑部分。为了加强散热能力，其外表面有散热筋。

2. 转子部分

转子是电动机的旋转部分，转子导体切割旋转磁场产生感应电动势及感应电流，并形成电磁转矩使电动机旋转。转子由转子铁芯和转子绕组、风扇、转轴等组成。

（1）转子铁芯

转子铁芯是电动机主磁路的组成部分。转子铁芯套在转轴上，可绕轴转动。与定子铁芯一样，转子铁芯也是由 0.5mm 厚的硅钢片叠压而成的，其冲片如图 4-4 所示。转子外表面分布有冲槽，冲槽内安放转子绕组。

拆装三相异步电动机

（2）转子绕组

转子绕组是自成闭路的短路线圈。转子绕组不需要外接电源供电，其电流是由电磁感应作用产生的。异步电动机的转子绕组可分为笼型转子与绕线式转子两种，由此异步电动机可分为笼型转子异步电动机与绕线式转子异步电动机。图 4-5 所示为笼型转子示意图，图 4-6 所示为绕线式转子示意图。

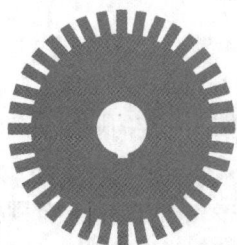

图4-4　转子铁芯冲片

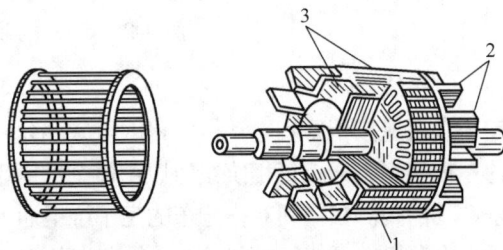

（a）转子绕组　　　　（b）铸铝转子

1—转子铁芯　2—风叶　3—铸铝条

图4-5　笼型转子示意图

① 笼型转子。笼型转子是在转子铁芯的每一个冲槽中插入一根铜条，在铜条两端用铜制短路环焊接起来的。如图 4-5（a）所示，其形状如松鼠笼，故称为笼型转子。现在，中、小型笼型异步电动机的转子材料一般都采用铸铝，利用压力浇铸或离心浇铸的方法将转子冲槽中的导体、短路环以及端部的风扇铸造在一起，与转子铁芯形成一个整体，如图 4-5（b）所示。

笼型转子异步电动机由于构造简单、价格低廉、运行安全和可靠、使用方便，因此成为使用非常广泛的一种电动机。

② 绕线式转子。绕线式转子的绕组与定子绕组一样也是三相绕组，一般采用星形连接，三相引出线分别接到转轴上的 3 个与转轴绝缘的集电环上，通过电刷与外部变阻器相连，如图 4-6 所示。转动变阻器的手柄，可调节串入每相绕组的电阻值，并可使之短路。

绕线式转子的结构比较复杂，价格也比较高。但是由于它的转子绕组内可以串入电阻或某种电子控制电路，因此其具有较好的启动和调速特性，从而可改善电动机的运行性能。绕线式转子一般用于启动和调速特性要求较高的场合，如大型机床和某些起重设备上。

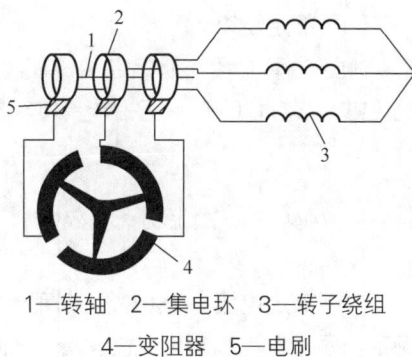

1—转轴 2—集电环 3—转子绕组
4—变阻器 5—电刷
图4-6 绕线式转子示意图

笼型转子与绕线式转子虽然在结构上有所不同，但它们的工作原理是一样的。

中、小型三相异步电动机的定子与转子之间的空气隙一般为 0.2～1.5mm。

汽车中的应用

为汽车电气系统提供主要电源的硅整流发电机由三相同步交流发电机及硅整流器所组成，它利用硅二极管将发电机定子绕组中所感应的三相交流电整流为直流电。三相同步发电机定子结构和三相异步电动机的定子结构相同。转子是交流同步发电机的磁场部分，主要由两块爪形磁极、励磁绕组、转子轴和滑环等组成。当励磁绕组流过直流电，产生轴向磁通时，爪形磁极被磁化，形成成对相互交错的磁极。

二、三相异步电动机的铭牌

电动机铭牌上注明了电动机的主要技术数据。这些主要技术数据是选择、安装、使用和检修电动机的重要依据。按照铭牌上所规定的额定值和工作条件运行，称为额定运行。

（1）型号

三相异步电动机的型号主要包括产品系列号、机座类别等。现以 Y 系列异步电动机为例，说明型号中各字母及数字代表的含义。

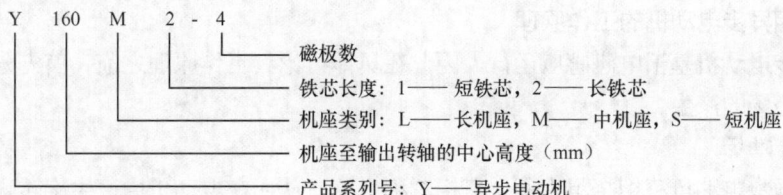

Y 160 M 2 - 4

磁极数
铁芯长度：1——短铁芯，2——长铁芯
机座类别：L——长机座，M——中机座，S——短机座
机座至输出转轴的中心高度（mm）
产品系列号：Y——异步电动机

（2）额定电压

额定电压（U_N）是指接到电动机定子绕组上的线电压。三相异步电动机要求所接的电源电压值上下波动一般不应超过额定电压的±5%。电压过高，电动机容易烧毁；电压过低，电动机难以启动，即使启动电动机也可能因带不动负载而烧坏。

（3）额定电流

额定电流（I_N）是指三相异步电动机在额定电压下，输出额定功率时流经定子绕组的线电流。若超过额定电流过载运行，三相异步电动机就会过热乃至烧毁。

（4）额定功率

额定功率（P_N）是指电动机在额定工作状态下运行时，转轴上输出的机械功率，单位是千瓦（kW）或瓦（W）。三相异步电动机的额定功率为

$$P_N = \sqrt{3}U_N I_N \cos\varphi_N \eta_N \tag{4-1}$$

其中，$\cos\varphi_N$——额定功率因数；

η_N——额定效率。

对于额定电压为 380V 的三相异步电动机，其 $\cos\varphi_N \eta_N$ 大致在 0.8 左右，在工程上可估算出额定功率（P_N）和额定电流（I_N）之间的大小关系：$I_N \approx 2P_N$。其中，P_N 单位是 kW，I_N 单位是 A，即 1kW 对应 2A。例如，可估算出 7.5kW 电动机的 I_N 约为 15A。

（5）额定频率

额定频率（f_N）是指电动机所接的交流电源每秒内周期变化的次数。我国规定标准电源频率为 50Hz。

（6）额定转速

额定转速（n_N）是指三相异步电动机在额定工作状态下运行时每分钟的转数，额定转速一般略小于对应的同步转速（n_1）。如 $n_N = 2\,910$r/min，则 $n_1 = 3\,000$r/min。

（7）绝缘等级

绝缘等级是指三相异步电动机所采用绝缘材料的耐热能力。它表明三相异步电动机允许的最高工作温度，与电动机绝缘材料所能承受的温度有关。A 级绝缘为 105℃，E 级绝缘为 120℃，B 级绝缘为 130℃，F 级绝缘为 155℃，H 级绝缘为 180℃。

选用和安装三相异步电动机

（8）连接方式

三相异步电动机定子绕组的连接方式有星形连接和三角形连接两种。定子绕组只能按规定方式连接，不能任意改变接法，否则会损坏三相异步电动机。若铭牌上写△、额定电压写 380V，表明电动机额定电压为 380V 时应采用三角形连接。若电压写 380V/220V、接法写Y/△，表明电源线电压为 380V 时应采用星形连接；电源线电压为 220V 时应采用三角形连接。我国多数地区低压电线电压为 380V。

三、三相异步电动机的工作原理

三相异步电动机基于电磁感应运行。因此在具体讨论其工作原理之前，首先分析三相异步电动机旋转磁场的产生。

1. 旋转磁场

在三相异步电动机三相绕组中通入三相对称电流，从而在电动机中产生旋转磁场。现以二

极（磁极对数 p=1）异步电动机为例，分析三相绕组中通入对称三相电流产生磁场的情况。三相绕组是 3 个外形、尺寸、匝数等完全相同的绕组，分别为 U1-U2、V1-V2、W1-W2。图 4-7（a）所示为绕组（U1-U2）示意图，另两相绕组的接法相同。同时将它们对称地放置在圆筒状铁芯的内表面，如图 4-7（b）所示，它们在空间上彼此间隔 120° 电角度。

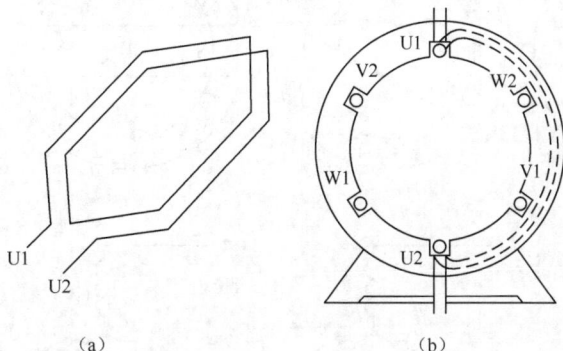

（a）　　　　　　　　　　（b）

图4-7　三相异步电动机的三相绕组

如图 4-8 所示，三相绕组采用星形连接，三相绕组的首端 U1、V1、W1 分别与三相交流电的相线 U、V、W 相连。由于三相绕组对称，故产生对称三相电流，其波形图如图 4-9 所示。

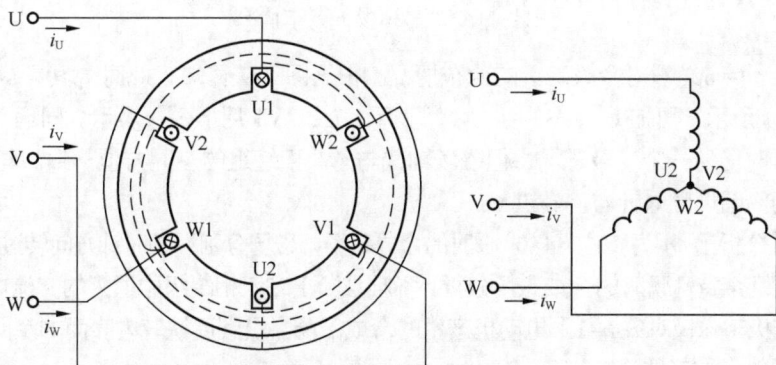

图4-8　三相绕组的星形连接

我们通过图解法对三相绕组通电后建立的合成磁场进行分析。选择 $\omega t = 0°$、$\omega t = 60°$、$\omega t = 90°$、$\omega t = 180°$ 等几个瞬时，根据该瞬时各相电流的实际方向，对三相电流所产生的合成磁场进行分析，并推导出该合成磁场随时间变化的规律。

（1）分析 $\omega t = 0°$ 瞬时合成磁场的分布情况。根据图 4-9 可知，当 $\omega t = 0°$ 时，$i_U = 0$，$i_V < 0$，$i_W > 0$。V 相电流的实际方向与参考方向相反——实际方向为从末端 V2 流向首端 V1。如图 4-10 所示，规定实际电流流入用"⊗"表示，实际电流流出用"⊙"表示。如图 4-10（a）所示，可知 V2、W1 用"⊗"表示，V1、W2 用"⊙"表示。根据三相绕组电流的实际方向，可以用右手螺旋定则判

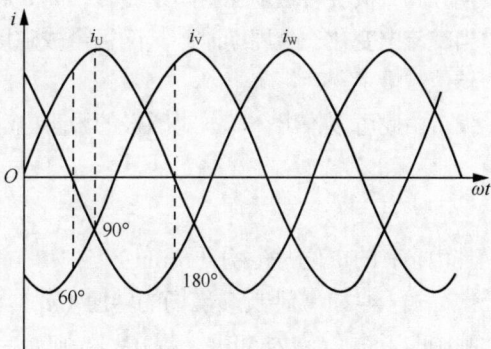

图4-9　对称三相电流波形图

定合成磁场的方向。磁力线方向由铁芯内表面上方穿入、下方穿出，铁芯上部相当于N极，下部相当S极，是一个二极磁场。磁场的轴线与U1-U2绕组的空间方位一致，处于垂直位置。

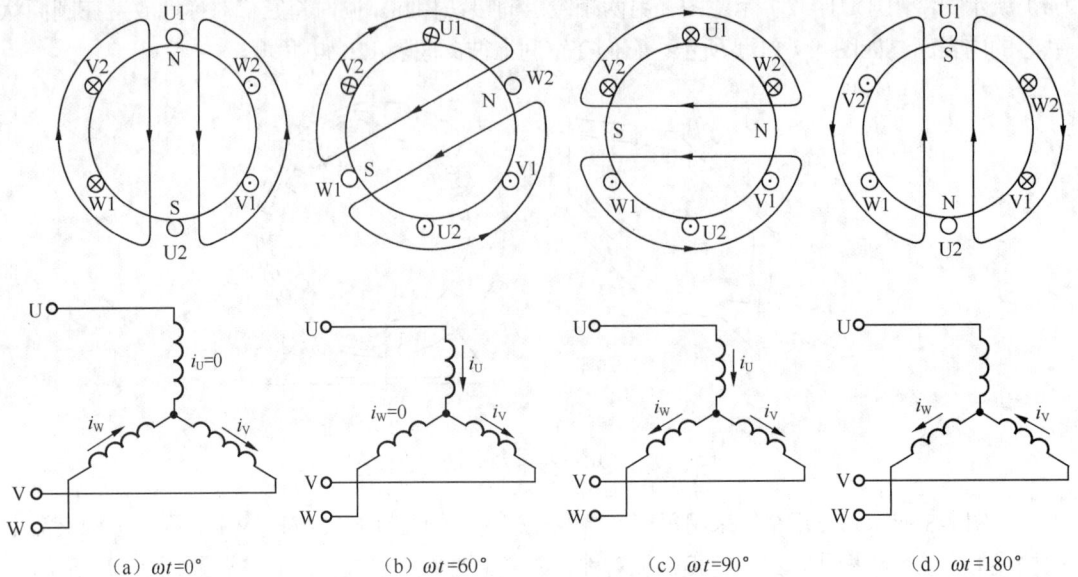

（a）$\omega t=0°$　　　（b）$\omega t=60°$　　　（c）$\omega t=90°$　　　（d）$\omega t=180°$

图4-10　旋转磁场的分布情况

（2）分析 $\omega t=60°$ 瞬时合成磁场的分布情况。根据图4-9可知，此时 $i_U>0$，$i_V<0$，$i_W=0$。如图4-10（b）所示，可知U1、V2用"⊗"表示，U2、V1用"⊙"表示。同理，可判定合成磁场方向。这时仍为一个二极磁场，但磁场轴线与W相绕组的空间方位一致。与 $\omega t=0°$ 的情况比较，磁场沿圆周顺时针方向转过60°。

同理，可分析出 ωt 为90°、180°瞬时的合成磁场，磁场分别沿顺时针方向转过90°、180°。

通过以上几个特殊瞬时的合成磁场分析，不难推断出在三相绕组中通入的交流电变化一个周期时，一对磁极（磁极对数 $p=1$）电动机产生的合成磁场会沿圆周铁芯内表面的空间旋转一周。

通过分析得出如下结论。

① 三相电流通过三相绕组所产生的合成磁场，是随电流的交变而在空间中旋转的磁场，即旋转磁场。

② 旋转磁场的速度又称为同步转速，对于二极电动机（$p=1$），三相电流中电流变化一个周期，其二极旋转磁场在空间中旋转一周。通过同样的分析方法可知，对于四极电动机（$p=2$），当交流电变化一个周期时，其四极合成磁场将在空间中转过半个圆周。与二极旋转磁场比较，转速减慢了一半。

由此可以推出：有 p 对磁极的异步电动机，其旋转磁场的转速（n_1）为

$$n_1=\frac{60f_1}{p} \tag{4-2}$$

其中，n_1 的单位为转/分（r/min）。

式（4-2）说明旋转磁场的转速（n_1）与电源频率（f_1）成正比，与磁极对数（p）成反比。我国的工频（f_1）为50Hz，若 $p=1$，则 $n_1=3\,000$r/min；若 $p=2$，则 $n_1=1\,500$r/min，以此类推，如表4-1所示。当磁极对数一定时，如果改变交流电的频率，则可改变旋转磁场的同步转速，

这也是后文要讲的变频调速的基本原理。

表 4-1   同步转速与磁极对数的对应关系

磁极对数	同步转速/ (r · min⁻¹)
1	3 000
2	1 500
3	1 000
4	750
5	600
6	500

提示

只要有多个绕组，它们在空间有位置差，并通入在时间上有相位差的多相电流，那么它们共同产生的合成磁场就是一个在空间中旋转的磁场。

③ 旋转磁场的旋转方向。旋转磁场的旋转方向是由通入三相绕组的三相电流相序决定的。

在分析二极旋转磁场时，旋转磁场的方向在空间上是 U→V→W，按顺时针方向旋转。反之，若改变三相绕组通电的顺序，如将 V 相、W 相绕组与电源的接线进行对调，则此时 V1-V2 相绕组通以原来的 W 相电流，W1-W2 相绕组通以原来的 V 相电流，即通入三相绕组的电流相序改变为 U→W→V。按上述方法分析，可以判断这时的旋转磁场是按逆时针方向旋转的，即方向为 U→W→V。

提示

电动状态下，电动机旋转方向与旋转磁场方向一致，所以改变三相绕组电流的相序，即对调两根电源线，也能改变电动机的转动方向。

2. 转子转动原理

（1）如图 4-11 所示，当三相异步电动机定子的三相绕组接入三相对称电流后，在空间就会产生旋转磁场。

（2）假设旋转磁场在空气隙中以同步转速（n_1）沿顺时针方向旋转，这时静止的转子与旋转磁场之间就有了相对运动。根据电磁感应定律，转子导体受旋转磁场的磁力线切割，就会在导体中产生感应电动势，根据右手螺旋定则，可判断出转子导体感应电动势的方向。在图 4-11 中已标出顺时针方向旋转磁场以及感应电动势的方向。需要注意的是，此时是旋转磁场在运动，转子导体未运动，用相对运动的观点，导体切割磁力线的方向与旋转磁场的运动方向相反。

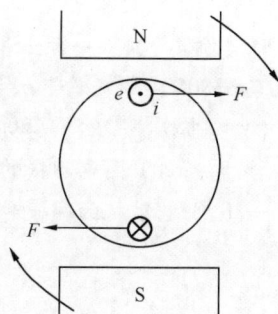

图4-11   转子转动

（3）由于转子绕组是闭合回路，因此在感应电动势的作用下，转子绕组产生感应电流。转子绕组电路是感性电路，若忽略转子绕组中感应电动势和感应电流的相位差，可认为感应电动势和感应电流同相位。

（4）转子绕组感应电流在旋转磁场的作用下产生电磁力（F）。根据左手定则，可以确定电磁力的方向，在图 4-11 中，N 极下的转子导体将受到向右的电磁力，S 极下的导体将受到向左的电磁力。电磁力将产生与旋转磁场方向相同的电磁转矩，转子在电磁转矩的作用下，以转速

n 克服阻力转动起来，转动方向与旋转磁场的旋转方向相同。

转子转速（n）低于旋转磁场的转速（n_1），若转子转速等于旋转磁场的转速，二者之间就没有相对运动了，也就不可能产生电磁力和电磁转矩。所以这种类型的电动机称为异步电动机。又因为其转子导体的电流是由于电磁感应作用产生的，所以又称为感应电动机。

> **提示**
>
> 旋转磁场、感应电动势、感应电流、电磁力、电磁转矩是理解电动机工作原理的 5 个关键词。

> **思考题**
>
> 能否根据电动机的额定转速直接判断同步转速、磁极对数？例如额定转速 n_N=980r/min，则同步转速 n_1 是多少？磁极对数 p 是多少？

3. 转差率

为了衡量异步电动机旋转磁场转速与转子转速的差异程度，引入了转差率的概念。

设旋转磁场相对于静止空间的转速（即同步转速）用 n_1 表示，转子相对于静止空间的转速用 n 表示，则旋转磁场相对于转子的转速差 $\Delta n = n_1 - n$，转速差（Δn）与同步转速（n_1）之比称为异步电动机的转差率，用 s 表示，即

$$s = \frac{n_1 - n}{n_1} = \frac{\Delta n}{n_1} \qquad (4\text{-}3)$$

转差率是分析和表示异步电动机性能的一个重要物理量。

在额定运行状态下，额定转差率（s_N）为 0.015～0.06。由于 s_N 很小，因此意味着在额定运行状态下，电动机的额定转速接近但小于同步转速，所以若已知电动机的额定转速（n_N），就能很快判断出电动机的同步转速、磁极对数以及转差率。例如，额定转速为 975r/min 的电动机，其同步转速为 1 000r/min。

根据式（4-3）可以得到电动机的转速常用公式为

$$n = (1-s)n_1 \qquad (4\text{-}4)$$

【例 4-1】 一台三相异步电动机，额定功率 $P_N = 11$kW，额定频率 $f_N = 50$Hz，额定电压 $U_N = 380$V，额定效率 $\eta_N = 0.89$，额定功率因数 $\cos\varphi_N = 0.77$，额定转速 $n_N = 975$r/min。试求：（1）同步转速；（2）磁极对数；（3）额定电流；（4）额定转差率。

解：（1）因电动机的额定转速接近同步转速，所以同步转速（n_1）为 1 000r/min。

（2）电动机的磁极对数（p）：

$$p = \frac{60f_1}{n_1} = \frac{60 \times 50}{1\,000} = 3$$

（3）额定电流（I_N）：

$$I_N = \frac{P_N}{\sqrt{3}U_N \cos\varphi_N \eta_N} = \frac{11 \times 10^3\,\text{W}}{\sqrt{3} \times 380\text{V} \times 0.77 \times 0.89} \approx 24.4\,\text{A}$$

（4）额定转差率（s_N）：

$$s_N = \frac{n_1 - n_N}{n_1} = \frac{1\,000 - 975}{1\,000} = 0.025$$

4.1.2 三相异步电动机的机械特性分析

一、三相异步电动机的电磁转矩

当三相异步电动机的定子绕组接通三相交流电源时，电动机通过电磁感应将电能转换为机械能。而三相异步电动机转轴上产生的电磁转矩是决定电动机输出机械功率大小的一个性能指标。

异步电动机的电磁转矩是由旋转磁场的每极磁通（Φ）与转子电流（I_2）相互作用产生的。由于转子电路是感性电路，转子电流比转子感应电动势滞后 φ_2，因此电动机转轴上的电磁转矩应与旋转磁场磁通（Φ）和转子电流的有功分量 $I_2\cos\varphi_2$ 成正比。

电磁转矩（T_{em}）表达式为

$$T_{em} = K_T \Phi I_2 \cos\varphi_2 \tag{4-5}$$

其中，K_T——与电动机本身结构有关的常数。

式（4-5）是分析异步电动机转矩特性的重要依据，是电磁转矩的物理表达式。

电磁转矩与转差率之间的关系为 $T_{em} = f(s)$，称为电动机的转矩特性。通过分析可以推得

$$T_{em} = \frac{K_T' U_1^2 R_2}{\dfrac{R_2^2}{s} + sX_{20}^2} \tag{4-6}$$

其中，K_T'、转子电阻（R_2）、转子不动时的感抗（X_{20}）都是常数，且 X_{20} 远大于 R_2。

式（4-6）是电磁转矩的参数表达式。由式（4-6）可知，转差率一定，即转速 n 一定时，电磁转矩与外加电压的平方成正比，即 $T_{em} \propto U_1^2$。因此，电源电压有效值的微小变动，将会引起较大的转矩变化。

二、三相异步电动机的机械特性

当电源电压（U_1）和转子电路参数为定值时，转速（n）和电磁转矩（T_{em}）的关系为 $n = f(T_{em})$，称为三相异步电动机的机械特性。根据式（4-6），将 s 换成 n 作为纵坐标，T_{em} 作为横坐标，就得到三相异步电动机的机械特性曲线，如图4-12所示。若电动机定子绕组外接额定电压，其他参数由电动机固有值决定，此时的机械特性称为电动机的固有机械特性。改变电动机参数（如降低定子电压或转子外串电阻）得到的机械特性，称为电动机的人为机械特性。下面首先从固有机械特性曲线上的3个工作点入手，分析机械特性的特点。

1. 额定工作点

三相异步电动机在额定状态下运行，转速 $n = n_N$，$s = s_N$，转轴上的输出转矩即带动转轴上的额定机械负载的额定转矩 T_N。额定转矩（T_N）与额定功率（P_N）和额定转速（n_N）的关系可表示为

$$T_N = 9\,550 \frac{P_N}{n_N} \tag{4-7}$$

其中，T_N 的单位为 N·m，P_N 的单位为 kW，n_N 的单位为 r/min。

在忽略电动机本身的机械损耗转矩（如轴承摩擦等）的情况下，可以认为电磁转矩（T_{em}）与转轴上输出的额定转矩相等，即

$$T_{em} \approx T_N = 9\,550 \frac{P_N}{n_N}$$

此时电动机匀速稳定运行，工作于图4-12所示的额定工作点（C点）。

121

2. 临界工作点

从图 4-12 中可以看出，曲线的形状以 B 点为界，AB 段与 BC 段的变化趋势是完全不同的，B 点就是临界工作点，并且 B 点对应的电磁转矩为电动机的最大转矩（T_m），B 点对应的转差率（s_m）为临界转差率。

可以证明，产生最大转矩时的临界转差率（s_m）为

$$s_m = \frac{R_2}{X_{20}} \qquad (4\text{-}8)$$

将 s_m 代入式（4-6），即可求得最大转矩（T_m）为

$$T_m = \frac{K'_T U_1^2}{2X_{20}} \qquad (4\text{-}9)$$

根据式（4-8）和式（4-9）可得到如下结论。

（1）T_m 与电源电压（U_1）的平方成正比，即 $T_m \propto U_1^2$。

改变定子电压的人为机械特性曲线如图 4-13 所示。由此可见，对于同一负载转矩（T_2），当电源电压（U_1）下降时，电动机转速也随之下降。若电源电压（U_1）下降过大，使负载转矩（T_2）超过电动机的最大转矩（T_m）时，电动机将停止转动，转速 $n=0$，此时电动机电流马上增大到额定电流的若干倍，电动机将因过热而烧毁，这种现象称为"闷车"或"堵转"。

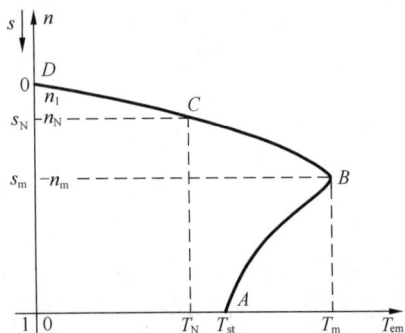

图 4-12　三相异步电动机的机械特性曲线

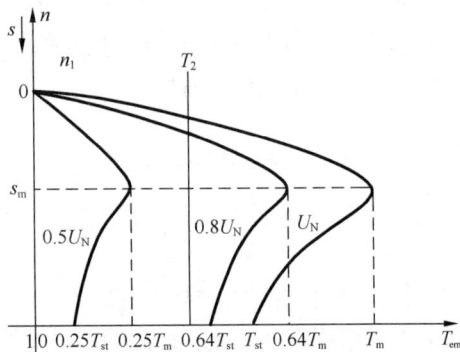

图 4-13　改变定子电压的人为机械特性曲线

（2）最大转矩（T_m）与转子电阻（R_2）无关，但临界转差率（s_m）与转子电阻（R_2）成正比。图 4-14 所示为转子回路外串电阻的人为机械特性曲线，改变 R_2 能使 s_m 随之改变，增加 R_2，曲线便向下移动，s_m 相应变大，n 变小，但是最大转矩（T_m）保持不变。

为了保证电动机在电源电压发生波动时仍能够可靠运行，一般规定最大转矩（T_m）应为额定转矩（T_N）的数倍，倍数用 λ 表示，称为过载系数，即

$$\lambda = \frac{T_m}{T_N} \qquad (4\text{-}10)$$

提示

过载系数（λ）表示电动机允许的短时过载运行能力，是异步电动机的一个重要指标。λ 越大，电动机适应电源电压波动和短时过载的能力就越强。一般笼型异步电动机的 λ 为 1.8～2.5。

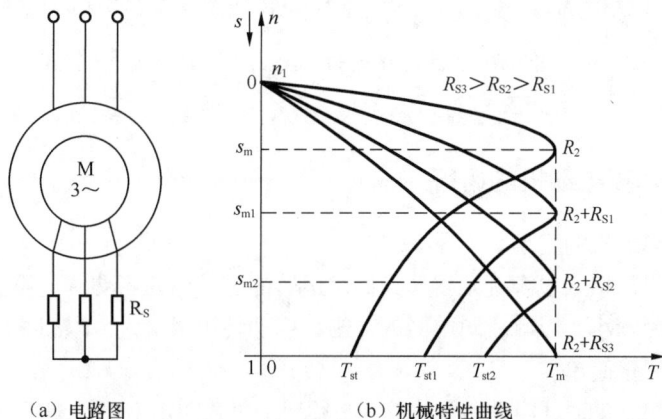

（a）电路图   （b）机械特性曲线

图4-14   转子回路外串电阻的人为机械特性曲线

3. 启动工作点

电动机刚接通电源的瞬间，转速 $n = 0$（$s = 1$），这时的电磁转矩称为启动转矩（T_{st}），对应启动工作点（A 点），如图 4-12 所示。

T_{st} 与电源电压（U_1）的平方成正比。显然，只有在 T_{st} 大于负载转矩（T_2）时，电动机才能启动。T_{st} 越大，电动机带负载启动的能力就越强，启动时间也越短。T_{st} 与 T_N 的比值称为启动转矩倍数，用 K_{st} 表示，即

$$K_{st} = \frac{T_{st}}{T_N} \tag{4-11}$$

一般笼型异步电动机的 K_{st} 为 0.8～2。

由图 4-14 可知，改变转子电阻（R_2），可使启动转矩（T_{st}）增大，这在生产上具有实际的意义。例如，绕线式转子异步电动机启动时，通过在转子电路中串入适当电阻，不仅可以减小转子电流，还可以起增加启动转矩的作用。

4. 稳定工作区与非稳定工作区

三相异步电动机如果从空载到满载时转速变化很小，就称该电动机具有硬机械特性。如图 4-12 所示，机械特性曲线 BD 部分（$0 < s < s_m$）近似为略微下倾的直线（此区域称为稳定工作区），转速变化很小，说明三相异步电动机具有硬机械特性。电动机在稳定工作区工作，当负载发生波动时（负载转矩小于最大转矩），电磁转矩总能自动调整到与负载转矩相平衡的状态，使转子适应负载的增减以稍低或稍高的转速继续稳定运转。

如果电动机在稳定运行中负载转矩增加超过了最大转矩，电动机的运行状态将沿着机械特性曲线的 BD 部分下降，越过 B 点而进入 AB 部分（$s > s_m$，称为非稳定工作区），导致电动机停止运转。因此，最大转矩又称为崩溃转矩。

> 💡 **提示**
>
> 上述负载是不随转速而变化的恒转矩负载，如机床刀架平移机构等，它不能在 $s > s_m$ 区域中稳定运行；但风机类负载，因其转矩与转速的平方成正比，经分析，其可以在 $s > s_m$ 区域中稳定运行。

> **思考题**
> 　根据改变定子电压的人为机械特性曲线进行分析，当定子电压降为 70%U_N 时，最大转矩、启动转矩、临界转差率将如何变化？

4.1.3　三相异步电动机的运行

一、三相异步电动机的启动

三相异步电动机从接入电源开始转动到稳定运转的过程称为启动。一般要求三相异步电动机启动时启动电流尽量小，以减小对电网的冲击；启动转矩尽量大，以加速启动过程，缩短启动时间；启动设备尽量简单。

三相异步电动机启动时，启动转矩（T_{st}）必须大于负载转矩（T_L），转子才能启动并加速旋转，T_{em} 随 n 增大而增大（图 4-12 所示的 AB 段）。转子进一步加速，当 T_{em} 增至最大转矩（T_m）以后就开始减小，即已进入稳定工作区，转速继续增加，T_{em} 一直减小到 $T_{em} = T_L$ 为止，这时电动机便以某一转速等速地稳定运转。

下面主要介绍笼型异步电动机的启动方法。笼型异步电动机的启动分为直接启动和降压启动。

1.　笼型异步电动机直接启动

电动机定子绕组直接接入额定电压电网的启动方法，称为直接启动或者全压启动。

启动开始时，旋转磁场与静止的转子之间有很大的相对转速，转子电路的感应电动势很大。因此转子电流也很大，为额定状态时的 5~8 倍。转子电流很大时，定子电流也相应增大，即启动电流（I_{st}）也很大，一般为额定电流（I_N）的 4~7 倍。

图 4-15 所示为 $I_2 = f(s)$、$\cos\varphi_2 = f(s)$ 的曲线。由此可知笼型异步电动机运行过程中，转子电流（I_2）与转子功率因数（$\cos\varphi_2$）均是转差率（s）的函数，转子启动（$s = 1$）时，转子电流很大，$\cos\varphi_2$ 却很低，一般只有 0.3 左右。同时由于启动电流较大，定子绕组漏磁阻抗压降大，使得定子绕组感应电动势（E_1）减小，导致磁通（ϕ）减小到约为额定状态时的一半。

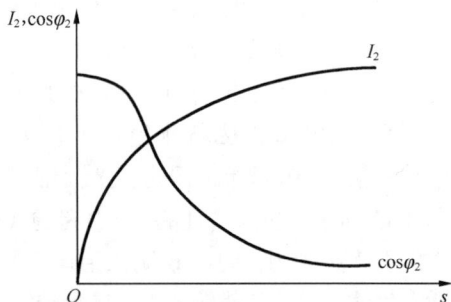

图4-15　$I_2 = f(s)$、$\cos\varphi_2 = f(s)$ 的曲线

可见，虽然启动时转子电流很大，但因为此时功率因数（$\cos\varphi_2$）很低，磁通变小，所以启动转矩并不大。

容量不大的笼型异步电动机转子的转动惯量不大，启动后能较快达到正常转速，启动电流也随之快速降低到正常值。这是直接启动最简单的方式之一。

一般规定，三相异步电动机的功率低于 7.5kW 时允许直接启动；如果功率大于 7.5kW，而供电变压器容量较大，能符合经验公式（4-12）要求的异步电动机也可直接启动。

$$I_{st} / I_N \leqslant \frac{1}{4}\left[3 + \frac{供电变压器容量（kV \cdot A）}{启动电动机容量（kW）}\right] \tag{4-12}$$

其中，I_{st} / I_N——启动电流与额定电流的倍数，简称启动电流倍数，可以用 K_i 表示。例如，设供电变压器容量为 250kV·A，电动机的启动电流倍数 $I_{st} / I_N = 7$，则容量不超过 10kW 的异步电动机都可直接启动。

2．笼型异步电动机降压启动

在启动时将电源电压适当降低，加到电动机定子绕组上，以限制电动机的启动电流，待电动机的转速升高后，再使电动机定子绕组上的电压恢复到额定值，这就是降压启动。常用的降压启动方法有Y-△启动法和自耦变压器启动法。本书主要介绍Y-△启动法。

图 4-16 所示为笼型异步电动机Y-△启动法接线。电路中的开关（SA）是定子绕组星形连接方式或三角形连接方式的转换开关。启动时，将 SA 打到"Y启动"位置，此时三相绕组的尾端 U2、V2、W2 相连，定子绕组采用星形连接；待转速达到相当高时，将 SA 打到"△运行"位置，使 U1-W2、U2-V1、V2-W1 相连，此时三相绕组连接为正常的三角形连接。设电源电压为380V，每相绕组的阻抗为 $|Z|$，则可比较绕组两种连接方式下相应的相/线电压和相/线电流，如表4-2 所示。

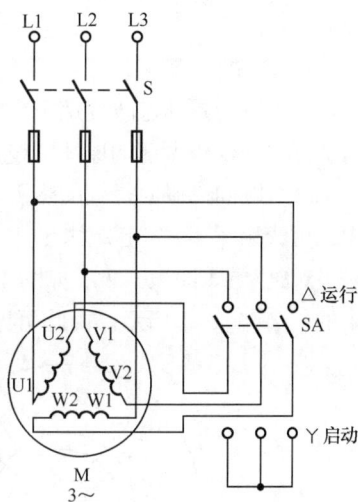

三相异步电动机降压启动控制电路

图4-16　笼型异步电动机
Y-△启动法接线

表 4-2　绕组星形连接和三角形连接时的电压、电流比较

	绕组星形连接（启动）	绕组三角形连接（正常运行）
线电压（U_L）	380V	380V
相电压（U_P）	220V	380V
相电流（I_P）	$I_{PY} = \dfrac{220}{\|Z\|}$	$I_{P\triangle} = \dfrac{380}{\|Z\|}$
线电流（I_L）	$I'_{st} = I_{LY} = \dfrac{220}{\|Z\|}$	$I_{st} = I_{L\triangle} = \sqrt{3}\dfrac{380}{\|Z\|} \approx 3 \times \dfrac{220}{\|Z\|}$

由此可知，当定子绕组采用星形连接降压启动时，线电流 I'_{st} 是定子绕组采用三角形连接直接启动时线电流 I_{st} 的 $\dfrac{1}{3}$。同理，由于 $T_{em} \propto U_1^2$，所以降压启动转矩 T'_{st} 降低为直接启动转矩 T_{st} 的 $\dfrac{1}{3}$。

提示

● Y-△启动法只适用于正常工作时定子绕组为三角形连接的电动机。

● 采用Y-△启动法，减小启动电流的同时，启动转矩按与电源电压平方成正比的比例大为下降。因此，Y-△启动法仅适用于空载或轻载启动。

二、三相异步电动机的调速

由转差率公式［即式（4-3）］和同步转速公式［即式（4-2）］，可得出转子转速（n）为

$$n = n_1(1-s) = \frac{60f_1}{p}(1-s)$$

由此可见，改变 p、f_1、s 三者中的任一物理量，都能改变电动机的转速。下面分别介绍 3 种调速方法。

1. 变极调速

变极调速是通过改变定子绕组的连接方式，从而改变定子磁极对数的。下面以 4 极变 2 极为例，说明变极调速的原理。设定子每相绕组都是由两个"半相绕组"连接组成的，则这两个半相绕组顺向串联时得到的磁极对数为 2（即 $2p = 4$），如图 4-17 所示，磁场方向如图 4-17（a）中的虚线和图 4-17（b）中的"⊗""⊙"所示。若两个半相绕组反向串联或反向并联，得到的磁极对数为 1（即 $2p = 2$），如图 4-18 所示，磁场方向如图 4-18（a）中的虚线和图 4-18（b）、（c）中的"⊗""⊙"所示。由此可见，改变定子每相的一半绕组中电流方向，就可改变磁极对数。

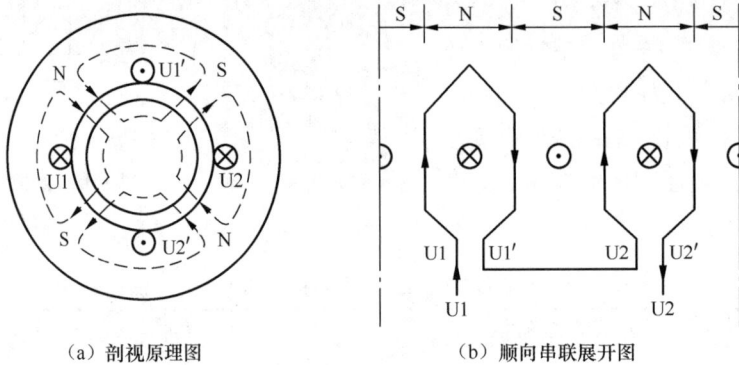

（a）剖视原理图　　　　　　　　（b）顺向串联展开图

图4-17　变极调速原理（$2p = 4$）

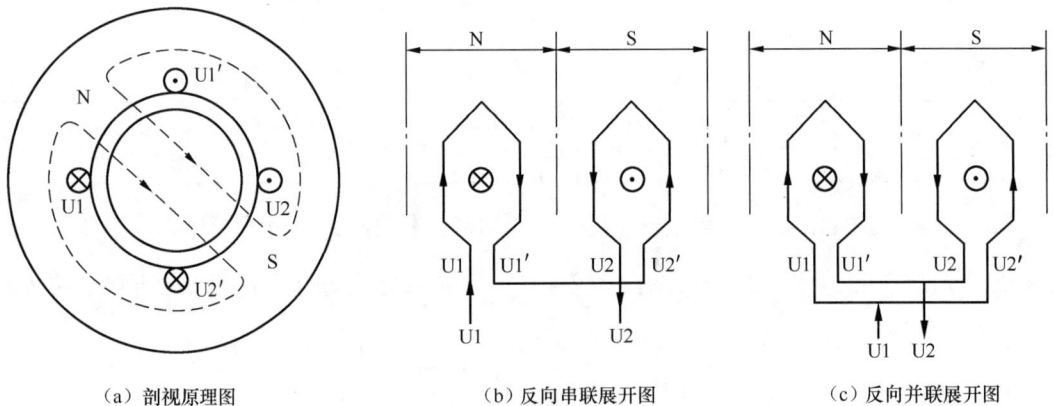

（a）剖视原理图　　　　　（b）反向串联展开图　　　　　（c）反向并联展开图

图4-18　变极调速原理（$2p = 2$）

磁极对数可以改变的电动机，称为多速电动机。多速电动机可制成双速、三速或四速电动机。这种方法只能分级调速，不能均匀调速。这种调速方法比较经济、简便，常用于金属切削机床或其他不要求均匀调速的生产机械上，如某些镗床、磨床、铣床等，能使变速器结构简化。

提示

改变定子磁极对数的同时，必须同时改变转子的磁极对数，电动机才能产生恒定的电磁转矩。由于笼型异步电动机的转子磁极对数能自动跟随定子磁极对数的改变而改变，因此变极调速只适用于笼型异步电动机。

2. 变频调速

根据转速公式，改变异步电动机的供电频率（f_1）就可改变电动机的转速（n_1 和 n），达到调速目的。但 f_1 的升高或降低会影响异步电动机的其他参数，如定子绕组中的输入电流（I_1）和磁通（Φ）等。

三相异步电动机在设计时确定了额定电压、额定电流及相应的额定频率（基频，f_N），Φ 的值设计为接近磁路饱和值。因此以基频为准，在不同的频率范围，采用不同的变频调速方式。

根据恒磁通公式 $U \approx E = 4.44 fN\Phi_m$，在 f_N 以下，常采用定子电压补偿的 U_1/f_1 为常数的恒转矩调速方式，保持 Φ 不变。

在 f_N 以上，常采用 $U_1 = U_{1N}$ 且为常数的恒功率调速方式，$f\Phi_m$ 不变。

变频调速机械特性曲线如图 4-19 所示。变频调速具有优异的性能，归纳如下。

① 调速范围大。

② 平滑性好。连续改变供电频率，可以实现无级调速。

③ 稳定性好。调速时机械特性的硬度基本不变，所以转矩波动时，转速变化不大。

④ 能适应各种不同负载的要求。

⑤ 运行效率高。由于机械特性较硬，运行时转差率小、效率高。

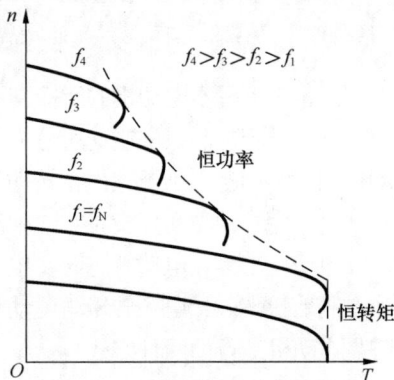

图4-19　变频调速机械特性曲线

此外，还有转差率控制方式的变频调速。只要保持磁通不变，不论定子频率如何变化，转矩的大小总与相对切割速度（Δn）成正比。如果在保持磁通不变的条件下控制 Δn，则可控制电动机的转矩。这种控制方式可以得到较高的调速精度。

我国电网的交流频率一般为 50Hz，用改变供电频率的方法调速，需要使用专门的变频设备。变频电源目前一般应用晶闸管变频装置，可以平滑地调节交流电频率，从而使笼型异步电动机实现无级调速。其缺点是需使用专门的变频设备，价格较高。但随着半导体变流技术的不断发展，工作可靠、性能优异、价格低的变频调速设备将不断出现，变频调速的应用将日益广泛，就会从根本上解决笼型异步电动机的调速问题。

3. 变转差率调速

变转差率（s）调速的具体方法较多，这里只介绍常用于绕线式转子异步电动机的改变转子电路电阻的调速方法。

如图 4-20 所示，当转子电路串接电阻后，由于转子的惯性，转速还来不及变化，转子电动势也未变，电磁转矩（T_{em}）相应减小。工作点由曲线 1 上的 a 点变为曲线 2 上的 a' 点。因为 $T_{em} < T_L$，电动机减速，转差率增加，于是 T_{em} 又随之沿曲线 2 增加；到 $T_{em} = T_L$

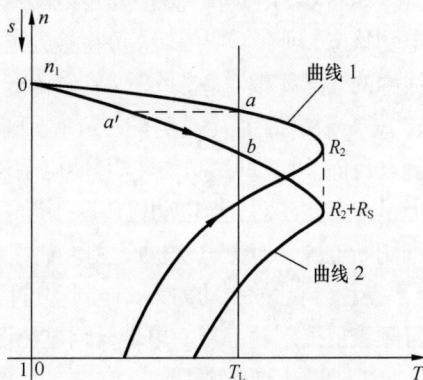

图4-20　转子电路串接电阻调速

时，电动机达到新的平衡状态，以对应较低转速稳定运转，即从 a' 点转移到稳定运行的 b 点。

用这种方法调速，具有一定的平滑性，并且设备简单、方法简便；缺点是变阻器上耗能较多、经济性差。这种调速方法常用于起重机提升设备、矿井运输用的绞车、通风机等。

> **提示**
> 启动变阻器不可用于调速，因为它是按短时间运行设计的，不能长时间通过电流，否则会因过热而损坏。调速时应有专用于调速的调速变阻器。

> **思考题**
> 三相绕线式转子异步电动机提升位能性负载（例如起重机起吊货物）时，在转子电路外串接适当的电阻，有没有可能使电动机速度为零，货物停在半空中？

三、三相异步电动机的反接制动和反转

三相异步电动机的制动可分为机械制动和电气制动两大类。机械制动是利用机械装置使电动机在电源切断之后迅速停止转动的方法；电气制动是通过改变电动机线路或某些参数值，使电动机产生一种与实际旋转方向相反的电磁转矩的方法，此时的电磁转矩即制动转矩。

电动机工作在电动状态时，电磁转矩与电动机旋转方向相同，电磁转矩是拖动转矩；而工作在制动状态时，电磁转矩与电动机旋转方向相反，电磁转矩是制动转矩。电动状态和制动状态是电动机运行的两种方式。

在电力拖动系统中，电动机经常工作在制动状态。例如，许多生产机械工作时，需要快速停止或从高速运行快速下降到低速运行，这就要求电动机进行制动。又例如起重机提升或下放货物（位能性负载）：提升货物时，电动机处于电动状态；而下放货物时，为获得稳定的下放速度，电动机必须工作在制动状态，使电磁转矩（制动转矩）与货物自身重力构成的负载转矩（拖动转矩）达到平衡。三相异步电动机的制动方法有反接制动、能耗制动、回馈制动等。下面简要介绍常用的反接制动。

1. 反接制动

如图 4-21 所示，笼型异步电动机原来正处于电动状态，现在需要停转。可将接到电源的 3 根端线中的任意两根对调，此时，旋转磁场立即反向旋转，转子中的感应电动势随即反向，则感应电流也随之反向，因此产生制动转矩，使电动机迅速停转。但是一定要注意，当电动机转速接近于零时，应立即切断电源，以免电动机产生反转。

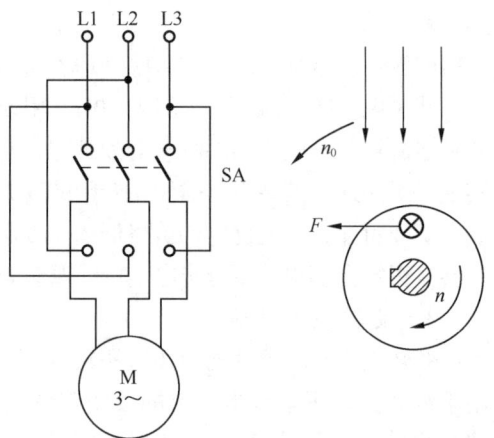

图4-21 反接制动

反接制动的制动力大，但制动过程中冲击强烈，容易损坏传动零件，而且频繁反接制动容易使电动机因过热而损坏。

2. 电动机反转

根据前面所学知识，我们知道任意对调两根电源线，即改变电源相序，

制动控制线路

就可改变旋转磁场方向，从而改变电动机旋转方向。需要注意：若希望改变电动机旋转方向，一般应在停转之后换接。因为如果电动机高速旋转时突然将电源反接，这实际上是反接制动，不但制动冲击强烈，而且电流较大，如无防范措施，容易发生事故。

项目实施

任务　分析与计算三相异步电动机基本参数和启动

一、任务目的

1．掌握三相异步电动机基本参数的计算方法。

2．掌握直接启动、Y-△启动法的分析与计算方法。

二、任务内容

一台三相笼型异步电动机，额定功率 $P_N = 30kW$，额定频率 $f_N = 50Hz$，额定电压 $U_N = 380V$，额定效率 $\eta_N = 92\%$，额定功率因数 $\cos\varphi_N = 0.87$，额定转速 $n_N = 1\,470r/min$，定子绕组采用三角形连接。启动电流倍数 $K_i = I_{st}/I_N = 7$，启动转矩倍数 $K_{st} = T_{st}/T_N = 2$，过载系数 $\lambda = T_m/T_N = 2.2$。

（1）求同步转速（n_1）、磁极对数（p）、额定转差率（s_N）。

（2）求额定电流（I_N）、启动电流（I_{st}）。

（3）求额定转矩（T_N）、启动转矩（T_{st}）、最大转矩（T_m）。

（4）电源容量为 50kV·A 时，电动机能否直接启动？

（5）负载转矩 $T_L = 112N·m$ 时，采用Y-△启动法，电动机能否带负载启动？若负载转矩 $T_L = 150N·m$，又如何？

三、分析与计算过程

（1）求同步转速（n_1）、磁极对数（p）、额定转差率（s_N）。

因电动机的额定转速接近同步转速，所以同步转速（n_1）为＿＿＿＿＿r/min。

电动机的磁极对数：$p=$＿＿＿＿＿。

额定转差率 s_N：＿＿＿＿＿＿＿＿＿＿＿＿＿＿＿＿＿＿＿＿＿＿＿＿＿＿＿。

（2）求额定电流（I_N）、启动电流（I_{st}）。

＿＿＿＿＿＿＿＿＿＿＿＿＿＿＿＿＿＿＿＿＿＿＿＿＿＿＿＿＿＿＿＿＿＿＿＿＿

（3）求额定转矩（T_N）、启动转矩（T_{st}）、最大转矩（T_m）。

＿＿＿＿＿＿＿＿＿＿＿＿＿＿＿＿＿＿＿＿＿＿＿＿＿＿＿＿＿＿＿＿＿＿＿＿＿

（4）电源容量为 50kV·A 时，电源允许电动机直接启动的条件是：

＿＿＿＿＿＿＿＿＿＿＿＿＿＿＿＿＿＿＿＿＿＿＿＿＿＿＿＿＿＿＿＿＿＿＿＿＿

根据计算可知，电动机＿＿＿＿＿（能，不能）直接启动。

（5）负载转矩 $T_L = 112N·m$，采用Y-△启动法，电动机能否带负载启动？若负载转矩 $T_L = 150N·m$，又如何？

＿＿＿＿＿＿＿＿＿＿＿＿＿＿＿＿＿＿＿＿＿＿＿＿＿＿＿＿＿＿＿＿＿＿＿＿＿

负载转矩 $T_L = 112N·m$ 时，电动机＿＿＿＿＿（能，不能）带负载启动。

负载转矩 $T_L = 150N·m$ 时，电动机＿＿＿＿＿（能，不能）带负载启动。

拓展阅读 **变频电动机**

变频电动机是带有变频器的用于特殊场合的电动机，与普通电动机有很多不同之处。在结构设计时，变频电动机主要考虑非正弦波电源对变频电动机的绝缘等级、振动、噪声、冷却方式等方面的影响。绝缘等级，一般为 F 级或更高；对电动机的振动、噪声问题，要充分考虑电动机构件及整体的刚性；冷却方式，主电动机散热风扇采用独立的电动机驱动。在电磁设计时，无须过多考虑变频电动机过载能力和启动性能，而要关注如何改善电动机对非正弦波电源的适应能力。

••• 项目 4.2　分析三相异步电动机的控制电路 •••

项目导入

王同学设计了一个电动机的控制电路，利用两个按钮和接触器实现电动机的启动、停止。按下启动按钮，电动机运转，运转后松开启动按钮，电动机依然保持运转；按下停止按钮，电动机立即停止运转。设计好电路后，调试时发现按下启动按钮，电动机能启动运行，但一松开按钮，电动机就立即停止运转，问题出在哪里呢？

学习目标

1．知识目标
（1）熟悉常用低压电器基本知识。
（2）熟悉三相异步电动机的基本控制电路。
2．能力目标
（1）具备分析三相异步电动机基本控制电路的能力。
（2）具备安装、调试三相异步电动机正反转电路的实践能力。
3．素养目标
（1）培养精益求精的工匠精神。
（2）培养良好的职业素养。

知识学习

4.2.1　三相异步电动机的控制电路

在工业生产过程中，大多数生产机械均采用电动机作为动力源。三相异步电动机作为应用最广的一种电动机，需要对其运行进行自动控制。工业上的生产机械动作是各式各样的，因此满足生产机械动作要求的低压控制电路也是多种多样的，而各种控制电路一般都由一些基本控制环节按照一定要求连接而成。本节首先从基本低压电器入手，分析电动机的启动和停止、正反转等基本控制电路等。

现以三相异步电动机的基本控制电路为例，介绍低压电器的应用。如图 4-22 所示，该电路由刀开关（QS）、熔断器（FU、FU1）、热继电器（FR）、启动按钮（SB2）、停止按钮（SB1）、交流接触器（KM）和三相异步电动机（M）组成。

图 4-22 所示电路可分为主电路和控制电路。主电路是指直接给电动机供电的电路，由三相电源、三相异步电动机、交流接触器主触点、热继电器发热元件等组成。控制电路是指对主电路实施动作控制的电路，主要由单相电源、控制按钮、热继电器触点、交流接触器线圈及辅助触点组成。图 4-22（a）所示为主电路，图 4-22（b）所示为控制电路。

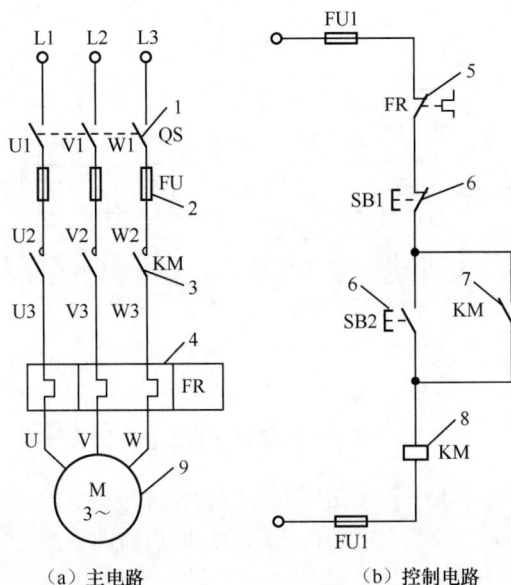

（a）主电路　　　　　　（b）控制电路

1—刀开关　2—熔断器　3—交流接触器主触点　4—热继电器发热元件　5—热继电器触点
6—控制按钮　7—交流接触器辅助触点　8—交流接触器线圈　9—三相异步电动机

图4-22　三相异步电动机的启动、停止电路

1. 低压电器

（1）刀开关

刀开关是一种手动电器，广泛应用于配电设备，用作隔离电源，有时也用于直接启动三相异步电动机。常用的刀开关有 HD 系列与 HS 系列，后者为刀形转换开关。转换开关用于转换电路，从一种连接转换至另一种连接。

（2）熔断器

熔断器是一种用于短路保护的电器。熔断器串接在所保护的电路中，当电路中的电流超出限定值时，会将熔断器的熔体熔断从而分断电路，保护线路中的电气设备。

由于熔体熔断所需要的时间与通过熔体电流的大小有关，为了达到既能有效实现短路保护，又能维持设备正常工作的目的，一般情况下，要求通过熔体的电流等于或小于熔体额定电流的 1.25 倍，这样可以长期不熔断，超过其额定电流的倍数越大，熔体熔断所需的时间越短。

（3）热继电器

热继电器是用来保护电动机免受长期过载危害的继电器。热继电器是利用电流热效应动作的，它的原理示意图如图 4-23（a）所示。

其中热元件是一段电阻不大的电阻丝，接在电动机的主电路中。双金属片由两种具有不同

131

线膨胀系数的金属采用热和压力碾轧而成，也可采用冷结合，下层金属的线膨胀系数大，上层
金属的线膨胀系数小。当主电路中电流超过容许值而使双金属片受热时，双金属片便向上弯曲，
因此脱扣。扣板在弹簧的拉力下将常闭触点断开，而触点是接在电动机的控制电路中的，常闭
触点断开导致控制电路中的交流接触器线圈断电，从而断开电动机的主电路。热继电器的发热
元件、常闭触点图形符号如图4-23（b）所示，虽然二者图形符号不同，但是文字符号相同，都
为FR。

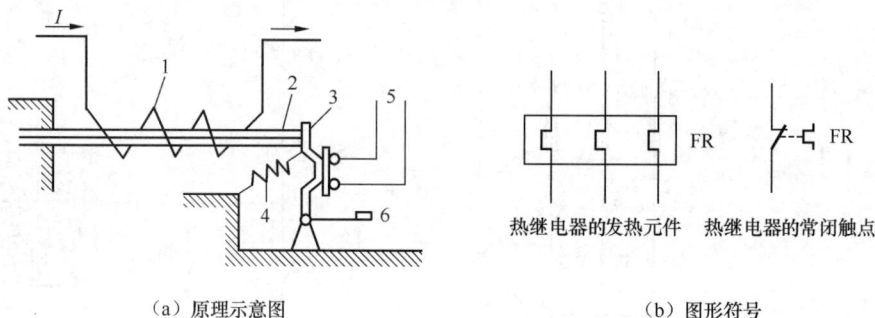

（a）原理示意图   （b）图形符号

1—热元件　2—双金属片　3—扣板　4—弹簧　5—常闭触点　6—复位按钮

图4-23　热继电器原理示意图及图形符号

由于热惯性，热继电器不能进行短路保护。因为发生短路事故时，要求电路立即断开，而
热继电器是不能立即动作的。一般在电动机启动或短时过载时，热继电器不会动作，这可避免
电动机不必要的停转。

热继电器的主要技术数据是整定电流。所谓整定电流，就是热元件通过的电流超过此值的
20%时，热继电器应当在20min内动作。应按照被保护电动机额定电流的$1.1 \sim 1.15$倍选取热元
件的额定电流。

（4）控制按钮

控制按钮是一种手动操作接通或断开小电流控制电路的开关，其结构如图4-24（a）所示。
控制按钮一般由按钮帽、复位弹簧、动触点、常闭静触点、常开静触点等组成。控制按钮按照
静态时静触点分合状态，可分为启动按钮、停止按钮及复合按钮，各按钮图形符号如图4-24（b）、
（c）、（d）所示。

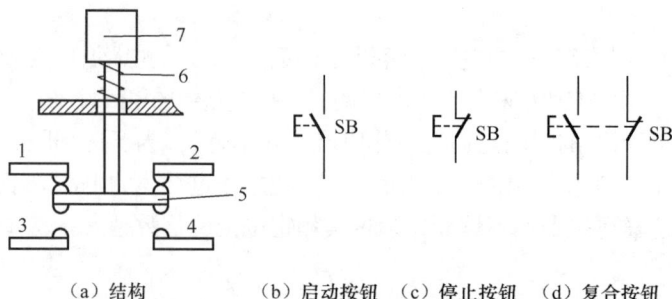

（a）结构　　　（b）启动按钮　（c）停止按钮　（d）复合按钮

1、2—常闭静触点　3、4—常开静触点　5—动触点　6—复位弹簧　7—按钮帽

图4-24　控制按钮结构及图形符号

若用作启动按钮，电路连接常开静触点：未按下按钮帽时，常开静触点断开；按下按钮

帽时常开静触点接通；当松开按钮帽后，按钮在复位弹簧的作用下复位断开。同理可知，用作停止按钮时，电路连接常闭静触点。用作复合按钮时，则常开静触点、常闭静触点都接入电路。

（5）交流接触器

交流接触器是一种自动开关，是电力拖动中最主要的控制电器之一，常用来接通和断开电动机或其他设备的主电路。图 4-25 所示为交流接触器结构及图形符号。交流接触器是利用电磁铁的吸引力动作的。它主要由电磁铁和触点组两部分组成。电磁铁由线圈和铁芯构成，其铁芯分为动铁芯、静铁芯，静铁芯固定不动。交流接触器的动触点与动铁芯直接相连，当动铁芯移动时，拖动动触点相应移动。

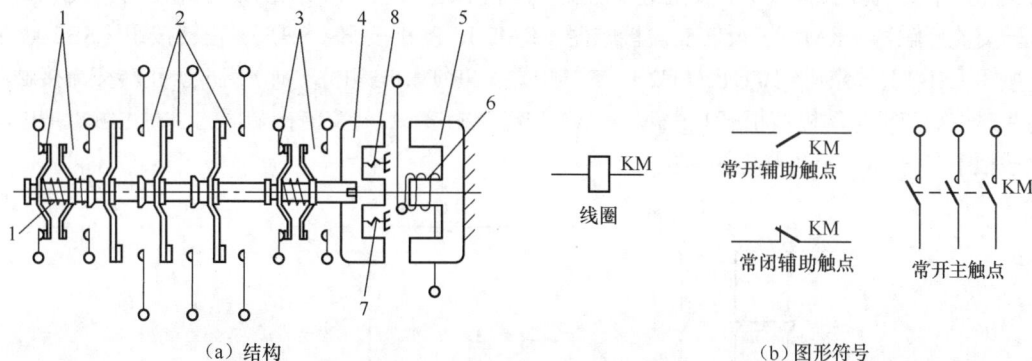

（a）结构　　　　　　　　　　　　　（b）图形符号

1、3—辅助触点　2—主触点　4—动铁芯　5—静铁芯　6—线圈　7、8—弹簧

图4-25　交流接触器结构及图形符号

交流接触器的触点分为主触点和辅助触点。主触点通常为 3 对常开触点，它的接触面积较大，带有灭弧装置，所以允许通过较大的电流，接在电动机的主电路中；辅助触点既有常开触点，又有常闭触点，辅助触点通过电流较小，常接在电动机的控制电路中。

交流接触器线圈通电时，电磁吸力吸引"山"字形动铁芯动作，使常开触点闭合；线圈断电时，在复位弹簧作用下动铁芯恢复到原来位置。

2. 电路分析

图 4-22 所示为三相异步电动机的启动、停止电路。

（1）闭合刀开关，引入电源，按下启动按钮，接通控制电路，交流接触器线圈得电，与启动按钮并联的交流接触器常开辅助触点闭合。同时交流接触器常开主触点闭合，接通主电路，实现电动机启动。

当松开启动按钮时，交流接触器线圈通过自身的常开辅助触点保持通电状态，称为自锁，所以此常开辅助触点称为自锁触点。

（2）需要电动机停转时，可按下停止按钮，交流接触器线圈失电，交流接触器主触点与常开辅助触点都断开，切断电动机的主电路和控制电路，电动机停止转动。

（3）电路保护。熔断器起短路保护作用，热继电器起过载保护作用，同时电路还有欠电压（或失电压）保护。在停电或电压过低时，接触器线圈的电磁吸力消失或不足，使主触点和自锁触点同时断开，电动机停止运转。而当电压恢复正常时，只有再次按下启动按钮，才能使交流接触器辅助触点自锁，电动机重新启动。

　　　提示

　　刀开关一般不能在带负载运行时切断或接通电源，因此在启动或停止时应注意刀开关与启动按钮动作的先后次序：启动时应先合上刀开关，再按启动按钮；断电时则应先按停止按钮，再断开刀开关。

4.2.2　三相异步电动机的正反转控制电路

1. 电路组成

如果要改变三相异步电动机的旋转方向，只需将 3 根电源线中的任意两根对调即可。因此，可利用两个交流接触器和 3 个按钮组成正反转控制电路，如图 4-26 所示。电路由刀开关（QS）、正转交流接触器（KM1）、反转交流接触器（KM2）、停止按钮（SB1）、正转按钮（SB2）、反转按钮（SB3）、熔断器（FU1、FU2）、热继电器（FR）和电动机（M）组成。正转交流接触器的 3 对主触点把电动机按相序 U1→V1→W1 与电源相接；反转交流接触器的 3 对主触点把电动机按相序 U1→W1→V1 与电源相接。

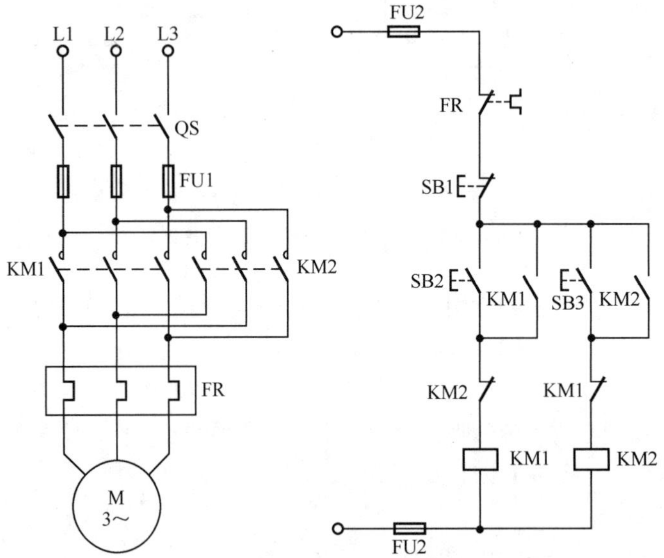

图4-26　三相异步电动机的正反转控制电路

2. 工作原理分析

（1）闭合刀开关，按下正转按钮时，正转交流接触器线圈通电，这时正转交流接触器的常开主触点闭合，交流电动机得电正转，与此同时，与反转交流接触器线圈串联的正转交流接触器的常闭辅助触点断开，切断了反转交流接触器线圈电路。因此，即使按反转按钮，也不会使反转交流接触器线圈通电工作。同理，在反转交流接触器动作后，正转交流接触器线圈电路也不能再工作。

安装单向全压启动控制线路 2 —— 异步电动机正反转控制

两个交流接触器在同一时间内只允许一个处于工作状态，称为电气联锁或互锁，此时这两个交流接触器常闭辅助触点也称为互锁触点。

（2）在正转过程中要求反转时，必须先按下停止按钮，让正转交流接触器线圈断电，互锁触点闭合，然后按下反转按钮，反转交流接触器线圈得电，电动机反转；反之（即在反转过程中要求正转时）亦然。从而实现电动机的"正转-停-反转"控制，这种操作方式适用于大功率电动机及一些频繁正反转的电动机。

🎓 **提示**

当主电路中正转交流接触器的触点发生熔焊现象（即静触点和动触点烧蚀在一起）时，由于相同的机械连接，正转交流接触器的触点在线圈断电时不复位，正转交流接触器的常闭触点仍处于断开状态，因此可防止反转交流接触器通电使主触点闭合而造成电源短路故障。

❓ **思考题**

如果图 4-22 所示电路接成图 4-27 所示那样，会有什么后果（其中熔断器和热继电器常闭触点未画出）？如果图 4-27（a）所示 KM 常开辅助触点被删去，电路会怎样？

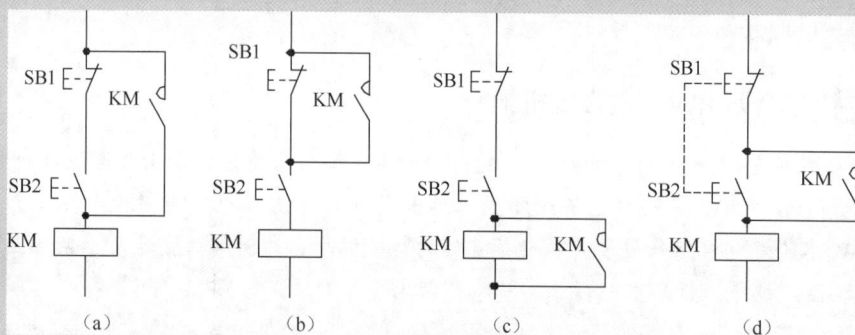

图4-27 思考题电动机控制电路

项目实施

任务 连接三相异步电动机的正反转控制电路

一、任务目的

1. 通过三相异步电动机正反转控制电路的安装接线，掌握由电气原理电路接成实际操作电路的方法。

2. 加深对电气控制系统各种保护、自锁、互锁等环节的理解。

二、任务条件

电工实验台、三相异步电动机、万用表。

三、任务内容及步骤

1. 根据图 4-26，认识相关低压电器的结构、图形符号、连接方式，并按照电路进行接线（电动机定子绕组采用三角形连接）。

2. 开启控制屏电源总开关，按启动按钮，调节调压器输出，使输出线电压为 220V，并按以下步骤进行实训。

（1）按正转按钮，观察并记录电动机的转向和交流接触器的运行情况，并填入表 4-3（下同）。

（2）按反转按钮，观察并记录电动机的转向和交流接触器的运行情况。

（3）按停止按钮，观察并记录电动机的转向和交流接触器的运行情况。

（4）再按反转按钮，观察并记录电动机的转向和交流接触器的运行情况。

表4-3　三相异步电动机正反转控制电路实训记录

步骤	实训操作	电动机转向	正转交流接触器	反转交流接触器
（1）	按正转按钮			
（2）	按正转按钮后，再按反转按钮			
（3）	按停止按钮			
（4）	按停止按钮后，再按反转按钮			

3．按控制屏停止按钮，切断三相交流电源。

四、分析与讨论

在三相异步电动机正反转电路中，为什么必须保证两个交流接触器不能同时工作？采用哪些措施可解决此问题？

拓展阅读　**100万kW水轮发电机组**

2021年6月28日，位于金沙江下游的白鹤滩水电站首次采用完全由我国设计、制造的16台单机容量100万kW水轮发电机组发电，这是目前世界上单机容量最大的水电机组之一。100万kW水轮发电机组采用了多项世界首创的新技术，它的研制难度远大于世界上在建和投运的许多机组，被誉为世界水电行业的"珠穆朗玛峰"。

••• 模块小结 •••

（1）三相异步电动机是将电能转换成机械能的旋转机械，主要由定子和转子构成。

定子在空间静止不动，主要由定子铁芯、定子绕组、机座、端盖等部分组成。定子铁芯为了减小铁芯损耗，采用厚度为0.5mm、片间用绝缘漆绝缘的硅钢片叠压而成。定子绕组由空间相差120°电角度、对称排列的结构完全相同的三相绕组组成。定子绕组可采用星形连接或三角形连接。转子由转子铁芯和转子绕组组成。转子铁芯也是由0.5mm厚的硅钢片叠压而成的。转子绕组有两种结构形式：笼型转子和绕线式转子。

（2）旋转磁场的转速又称为同步转速，同步转速（n_1）与电源频率（f_1）和磁极对数（p）有关。

同步转速 $n_1 = \dfrac{60f_1}{p}$，异步电动机转差率 $s = \dfrac{n_1 - n}{n_1}$。

（3）三相异步电动机的工作原理是定子绕组通入三相电源之后，在电动机定子中产生旋转磁场，转子绕组切割旋转磁场的磁力线，产生感应电动势，并在闭合的转子回路中产生感应电流。产生感应电流的转子在旋转磁场中受作用力，产生电磁转矩，带动转子克服阻力旋转。转子的转向取决于旋转磁场的方向，改变电源的相序就能改变旋转磁场的方向。

（4）三相异步电动机的机械特性表达式为 $n = f(T_{em})$，机械特性曲线分稳定工作区和非稳定工作区。通常电动机正常运行时，工作点在稳定工作区，电动机的转子电阻和电源电压都会影响电动机的机械特性。最大转矩和启动转矩都与电压的平方成正比。

（5）三相异步电动机的额定功率是指转轴上输出的机械功率。额定转矩大小与额定功率和额定转速有关。

（6）笼型异步电动机有直接启动和降压启动两种启动方法。一般规定，三相异步电动机的功率低于 7.5kW 时允许直接启动。如果功率大于 7.5kW，而供电变压器容量较大，能符合下列经验公式要求的三相异步电动机也可直接启动。

$$\frac{I_{st}}{I_N} \le \frac{1}{4}\left[3 + \frac{供电变压器容量（kV·A）}{启动电动机容量（kW）}\right]$$

（7）笼型异步电动机降压启动多采用Y-△启动法。Y-△启动法适用于正常工作时定子绕组为三角形连接的电动机。启动时，启动电流和启动转矩都降到直接启动时的 1/3，因此适用于电动机空载或轻载启动。

（8）三相异步电动机的调速方法有变极调速、变频调速和变转差率调速。目前变频调速已成为主流。

（9）熔断器用于短路保护。热继电器是利用电流热效应工作的，起过载保护作用，以免电动机因过载而损坏。

（10）三相异步电动机的启动、停止电路，利用交流接触器自身的常开辅助触点，实现电气自锁。三相异步电动机的正反转控制电路，由两个交流接触器和 3 个按钮组成，并实现电气互锁。

●●● 习题 ●●●

1．简述三相异步电动机的基本结构，定子铁芯和转子铁芯为什么要用硅钢片叠压而成？

2．一台三相异步电动机铭牌上写"电压 380V/220V，接法Y/△"。定子绕组分别采用星形或三角形连接时，电源电压各为多少？不论何种连接方式，定子绕组相电压都为多少？

3．简述三相异步电动机的工作原理，并思考如何改变它的转向。

4．一台三相异步电动机 $P_N = 60$kW，$n_N = 577$r/min，$\cos\varphi_N = 0.77$，$\eta_N = 88.5\%$，试求在额定线电压为 380V 时的额定电流、同步转速、磁极对数、转差率。

5．一台三相异步电动机的磁极对数 $p = 2$，转差率 $s = 5\%$，电源频率 $f_1 = 50$Hz。试求电动机的转速（n）。

6．笼型异步电动机满足什么条件时，可以直接启动？

7．简述笼型异步电动机直接启动和Y-△启动法的特点。

8．三相异步电动机的调速方法有哪几种？其中哪种是最有发展前景的？

9．简述三相异步电动机变频调速的特点。

10．三相异步电动机在一定负载转矩下运行，如电源电压降低，则电动机的电磁转矩、电流和转速有何变化？

11．三相异步电动机定子绕组接上额定电压后，如果转子被堵住，长时间不能转动，对电动机有何危害？遇到这种情况应当怎么办？

12．一台异步电动机铭牌上写"额定电压 $U_N = 380$V/220V，定子绕组接法Y/△"。

（1）如果使用时将定子绕组接成三角形，并接于 380V 的三相电源上，能否带负载或空载运行？会产生什么后果，为什么？

（2）如果使用时将定子绕组接成星形，并接于220V三相电源上，能否带负载或空载运行？为什么？

13. 三相异步电动机控制电路中，什么是自锁？什么是互锁？

14. 热继电器只能做何种保护？为什么？

15. 用交流接触器控制电动机时，为什么它兼有欠电压或失电压保护作用？

••• 自测题 •••

一、填空题

1. 电机是实现_____和_____之间相互转换的一种机械，电机按其功能可分为_____、_____、_____和_____四大类。

2. 三相异步电动机根据转子结构不同可分为_____和_____两类。

3. 三相异步电动机通电后产生旋转磁场，此旋转磁场的旋转速度为_____（公式），若要改变旋转磁场的转向只需_____。

4. 一台三相异步电动机铭牌上写"电压380V/220V，接法Y/△"，正确的用法：当电源电压为_____时，定子绕组接成星形；当电源电压为_____时，定子绕组接成三角形。定子绕组相电压都为_____。

5. 三相异步电动机定子绕组为_____，才有可能采用Y-△启动法。用Y-△启动法时，启动电流为直接用三角形连接启动时的_____，所以对降低_____很有效。但启动转矩也只有直接用三角形连接启动时的_____，因此只适用于_____启动。

二、判断题

1. 三相异步电动机的额定转差率为0.01～0.09。　　　　　　　　　　　　　（　　）

2. 三相异步电动机转子的转速永远小于旋转磁场的转速。　　　　　　　　（　　）

3. 笼型异步电动机转子磁极对数会自动跟随定子磁极对数的变化而变化。　（　　）

4. 三相异步电动机从空载到负载运行过程中，主磁通基本不变。　　　　　（　　）

5. 对于大容量的电动机，重载启动时通常使用笼型异步电动机。　　　　　（　　）

三、选择题

1. 对于大容量的电动机，重载启动时通常是（　　）。

A．采用绕线式转子异步电动机，转子串电阻方法启动

B．采用Y-△启动法

C．采用全压启动

2. 三相异步电动机运行时，外加电压下降，低于额定值较多，此时（　　）。

A．同一转速下，电磁转矩减少

B．同一转速下，电磁转矩增大

C．临界转差率变小

四、简答题

1. 简述变频调速的特点。

2. 图4-28所示为三相绕线式转子异步电动机转子串接对称电阻时的人为机械特性曲线，

请指出其中的错误之处并改正（以固有机械特性为基准）。

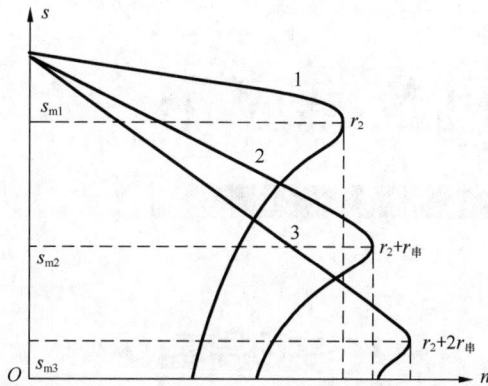

图4-28 绕线式转子异步电动机转子串接对称电阻时的人为机械特性曲线

3．什么叫自锁？试设计一简单带自锁的电动机启动、停止电路。

五、计算题

1．有一台三相异步电动机，其额定频率 $f_N = 50Hz$，额定转速 $n_N = 730r/min$。求该电动机的磁极对数（p）、同步转速（n_1）及额定运行时的转差率（s_N）。

2．在某一供电线路中，一台三相异步电动机正常运行时本应接成星形，结果误接成三角形。其相电压（U_P）、工作磁通（$\varPhi$）、转子电流（I_2）及定子电流（I_1）各将发生什么变化？

05

模块5
直流电动机及其应用

••• 学习导读 •••

　　人们最早发明和应用的电动机是直流电动机，直流电动机目前虽不如交流电动机应用普遍，但其因良好的调速性能而在电力拖动中得到广泛应用。直流电动机的启动转矩比较大，非常适合作为汽车用起动机。虽然直流电动机的构造比较复杂，生产成本和维修、维护技术要求也高，但对调速要求高的生产机械或需要较大启动力矩的生产机械常常采用直流电动机来驱动。汽车中的很多部件都是通过直流电动机来实现功能的。本模块主要讲述直流电动机的运行，同时介绍直流电动机在汽车中的应用。

••• 学习路线 •••

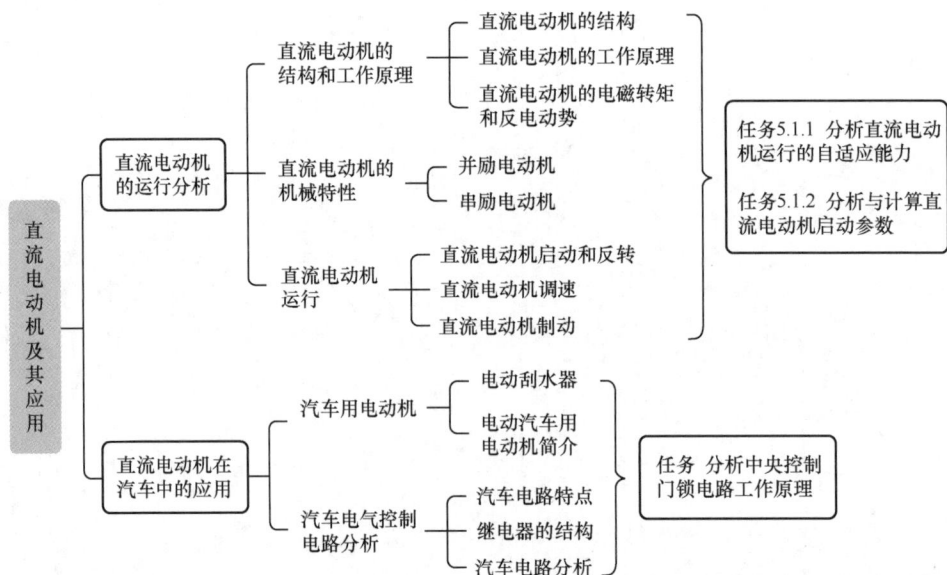

••• 项目 5.1　直流电动机的运行分析 •••

项目导入

三相异步电动机和直流电动机都是将电能转换为机械能的装置。三相异步电动机定子绕组通入三相对称交流电产生旋转磁场，而转子绕组自行闭合，无须外接电源。对比三相异步电动机，想一想直流电动机定子绕组通电后，能得到旋转磁场吗？转子绕组需要外接电源供电吗？请读者带着问题学习本项目。

学习目标

1. **知识目标**

（1）熟悉直流电动机的结构和工作原理。

（2）了解直流电动机的转矩平衡式和励磁方式。

（3）了解直流电动机的启动、反转、调速、制动和机械特性曲线。

2. **能力目标**

（1）学会分析直流电动机自适应能力。

（2）学会分析与计算直流电动机启动参数。

3. **素养目标**

（1）培养精益求精的工匠精神。

（2）培养良好的职业素养。

知识学习

5.1.1　直流电动机的结构和工作原理

直流电动机主要由定子（固定部分）和电枢（旋转部分）两大部分组成。图 5-1 所示为直流电动机结构。下面对一些主要的部件分别进行介绍。

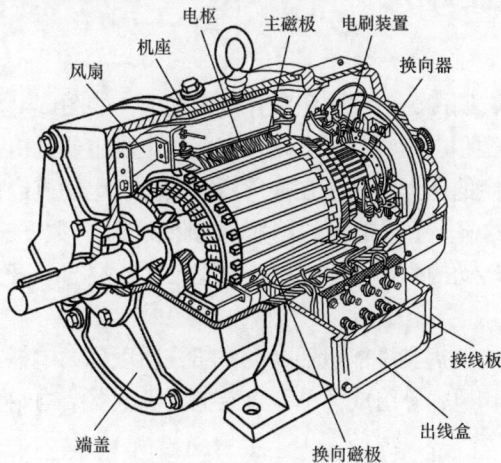

图5-1　直流电动机结构

一、直流电动机的结构

1. 定子

定子主要由主磁极、换向磁极、机座、端盖和电刷装置等部件组成。

（1）主磁极

主磁极的作用是产生主磁场。绝大多数直流电动机的主磁极不是用永久磁铁而是用励磁绕组通以直流电来产生磁场的。主磁极结构如图5-2所示，主磁极主要由定子铁芯和套装在铁芯上的励磁绕组构成。一般定子铁芯采用低碳钢板冲压成一定形状叠装固定而成。

（2）换向磁极

换向磁极装在相邻的主磁极之间，其也是由铁芯和绕组构成的。其作用是消除或减小换向时的火花，保护换向器，使电动机可靠、安全地运行。

（3）机座

机座如图5-3所示，它有两个作用：一是构成主磁路的一部分（又称为磁轭），使得在相同电流下的磁场增强；二是对电动机起支撑和保护作用，起固定定子各部件和支持转子旋转的作用。主磁极和换向磁极固定于磁轭上。

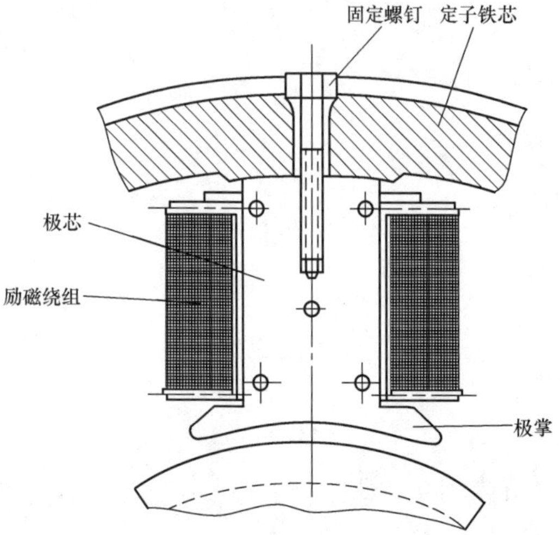

图5-2 主磁极结构

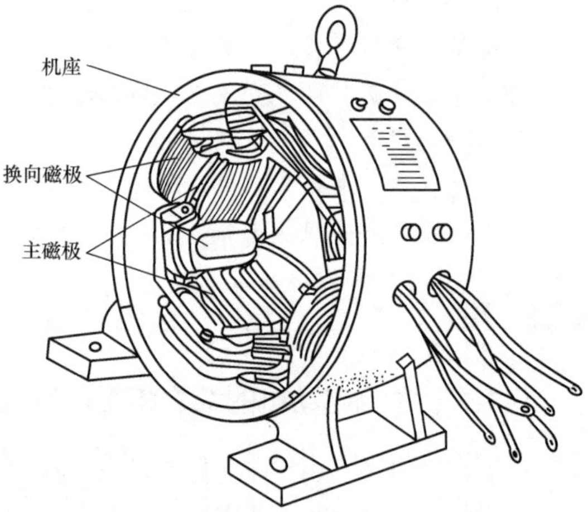

图5-3 机座

（4）电刷装置

电刷装置一般由电刷、刷握、引线和压紧弹簧等构成，如图5-4所示。电刷通过与换向器表面的滑动接触使外部电源和电枢绕组形成闭合回路。电刷主要是由石墨做成的导电块，放在刷握中，压紧弹簧施以一定的压力使其压在换向器表面上。电动机运行时与转动的换向器表面动态接触，并从电刷上焊的铜辫引入电流。电刷的组数即电刷杆数一般与主磁极的磁极数相等，各刷杆装在一圆形的可以转动的刷杆座上，刷杆座固定在一端的端盖上。

2. 电枢

直流电动机的转子是电动机实现能量转换的枢纽，所以称为电枢。电枢主要由电枢铁芯、电枢绕组、换向器、转轴和风扇等组成，小型直流电动机电枢结构如图5-5所示。

（1）电枢铁芯

电枢铁芯既是主磁路的一部分，又要嵌放电枢绕组。为了减小铁芯损耗，电枢铁芯一般由涂有绝缘漆的 0.5mm 厚的硅钢片冲压后叠压而成，硅钢片边缘冲有槽口，叠成圆柱体后外表面形成许多均匀分布的槽，槽内嵌放着电枢绕组。

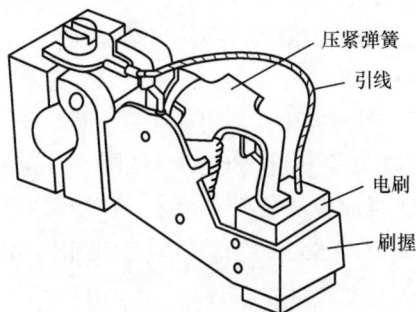

图5-4　电刷装置结构

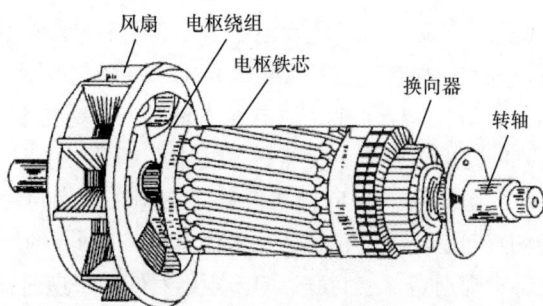

图5-5　小型直流电动机电枢结构

（2）电枢绕组

电枢绕组是产生电磁转矩和感应电动势、实现能量转换的主要部件。它由许多完全相同的线圈按一定的规律连接组成，并连接到换向片上，使电枢绕组本身连成有两个引出端的串并联电路。每个线圈分上下两层放在电枢铁芯的槽内，上下层间及线圈与电枢铁芯间都要妥善绝缘。线圈嵌好后，槽口要用竹制或胶木制的槽楔封好，防止在转动时线圈受离心力的作用发生径向位移或被甩出来。

（3）换向器

换向器又称为整流子，装在电枢转轴的一端，由许多互相绝缘的换向片（梯形铜片）叠成的圆环组成。电枢绕组每个线圈的两端分别接至两个换向片上。在直流电动机中换向器将外部电源的直流电流转换为线圈中的交变电流，以获得方向不变的电磁转矩。如图 5-6 所示，换向器由许多换向片组成，换向片间用云母片绝缘，外表呈圆柱形。换向片和云母片组成的圆筒两端用 V 形云母环和 V 形钢环压紧，以使其成为一个整体并保证其绝缘性能，这样就构成了换向器。

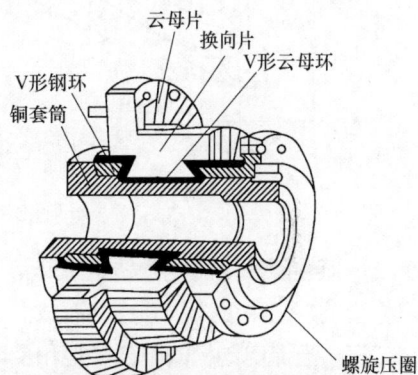

图5-6　换向器结构

3. 直流电动机的励磁方式

汽车中直流电动机的磁场大多是由直流电励磁产生的，励磁方式是指励磁绕组的供电方式。直流电动机有他励、并励、串励和复励 4 种励磁方式。

他励电动机的励磁绕组和电枢绕组由两个无关的直流电源分别供电，两个绕组之间没有任何电路连接。并励电动机励磁绕组与电枢绕组并联，由一个电源供电。串励电动机的励磁绕组与电枢绕组串联，接到同一电源上。复励电动机有两个励磁绕组，一个励磁绕组与电枢绕组构成串联电路，另一个励磁绕组与该串联电路并联，若两个励磁绕组的磁场方向相同，称为积复励；若方向相反，则称为差复励。

二、直流电动机的工作原理

直流电动机由磁路和电路两个基本部分组成。它的工作原理仍以电磁力定律和电磁感应定律为基础。

图 5-7 所示为直流电动机的工作原理。在一对固定的主磁极中放着电枢绕组，该电枢绕组只有一匝线圈 abcd。线圈的两个引出端分别与两个相互绝缘的换向片连接。外加电源通过两只固定的电刷分别与换向片紧密接触，向线圈供给直流电。因为固定电刷 A（正极）总是与 N 极一侧的线圈边接触，固定电刷 B（负极）总是与 S 极一侧的线圈边接触。所以当给电刷加上直流电源时，则有直流电从电刷 A 流入，经过线圈 a→b→c→d，从电刷 B 流出，由电磁力定律可知，在图 5-7（a）中，通电导体 ab 和 cd 受电磁力的作用，其方向由左手定则判定，两段导体受到的力形成转矩，使得转子绕中心的转轴逆时针转动。当转子转过 180°时，如图 5-7（b）所示，电刷 A 和换向片 2 接触，电刷 B 和换向片 1 接触，直流电从电刷 A 流入，在线圈中的流动方向是 d→c→b→a，从电刷 B 流出。此时通电导体 ab 和 cd 受电磁力的作用方向同样可由左手定则判定，它们产生的转矩仍然使转子逆时针转动。

由以上分析可知，虽然转子上所加的电流是直流电流，但由于电刷和换向片的作用，在转子线圈中流过的电流是交变电流，所以其产生的转矩方向是不变的。

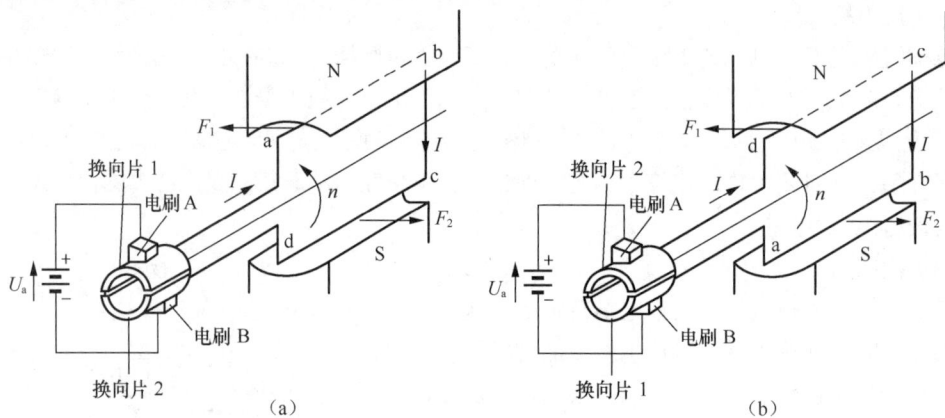

图5-7　直流电动机的工作原理

一匝线圈产生的电磁转矩是非常小的，实际应用中为了得到很大的电磁转矩，直流电动机电枢上的绕组由多个线圈连接而成。

三、直流电动机的电磁转矩和反电动势

1. 电磁转矩

当电枢绕组流经电流时，就会在磁场中受到电磁力，从而产生电磁转矩。电磁转矩（T_{em}）与每极磁通（Φ）和电枢电流（I_a）成正比，即

$$T_{em} = K_T \Phi I_a \qquad (5-1)$$

其中，K_T 是与电动机结构有关的常数，称为转矩常数。由此可知，只要改变每极磁通和电枢电流其中一个物理量的方向，电磁转矩的方向就会随之改变，从而改变电动机转向。

2. 反电动势

直流电动机通电后电枢在电磁转矩的作用下旋转，此时电枢绕组切割磁力线产生感应电动势。根据右手螺旋定则判断可知，感应电动势方向与电枢电流方向是相反的，因此感应电动势又称为反电动势。反电动势（E_a）与每极磁通（Φ）和电动机的转速（n）成正比，即

$$E_a = K_e \Phi n \qquad (5-2)$$

其中，K_e 为电动势常数，由电动机本身的结构所决定。

? 思考题

直流电动机的电枢铁芯由于在直流状态下工作，通过的磁通是不变的，因此完全可以用整块的磁材料构成，不必用硅钢片叠成。（　　）（括号内填入√或×。）

5.1.2 直流电动机的机械特性

直流电动机的固有机械特性是指在直流电动机的电枢电压、励磁电流、电枢电阻为恒值的条件下，即电动机处于稳态运行状态时，电动机的转速 n 与电磁转矩 T_{em} 之间的关系。

一、并励电动机

并励电动机等效电路如图 5-8 所示，电源输出的电流等于电枢电流与励磁电流之和，即

$$I = I_a + I_f \tag{5-3}$$

并励电动机励磁绕组匝数多、电阻大，励磁电流小且与电枢电流无关，而由励磁电路条件决定。

利用 KVL 可得

$$E_a = U - I_a R_a \tag{5-4}$$

所以

$$n = \frac{U - I_a R_a}{K_e \Phi} \tag{5-5}$$

由式（5-1）可得

$$n = \frac{U}{K_e \Phi} - \frac{R_a}{K_e K_T \Phi^2} T_{em} = n_0 - \beta T_{em} \tag{5-6}$$

式（5-6）中，$n_0 = \dfrac{U}{K_e \Phi}$ 是当 $T_{em} = 0$ 时的转速，称为理想空载转速。实际上即使电动机不带负载空载转动，也要克服其空载转矩，即空载时 $T_{em} \neq 0$，所以实际空载转速 n_0 比理想数值要偏低一些。$\beta = \dfrac{R_a}{K_e K_T \Phi^2}$ 一般认为是常数，βT_{em} 表示当负载增加后，电动机的转速相对理想空载转速 n_0 降低的数值。

根据式（5-6）可画出相应的机械特性曲线，如图 5-9 所示。由于电枢电阻 R_a 很小，使得 β 值也很小，因此在 T_{em} 增加时，转速 n 下降不多，一般从空载到满载转速只降低 3%～8%。当负载变化时，转速变化不大的特性称为并励电动机的硬特性。并励电动机适用于负载变化大、转速基本不变的场合。

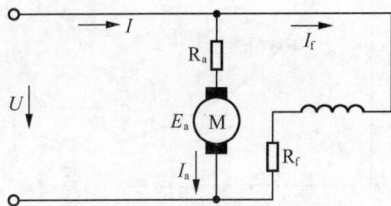

图5-8 并励电动机等效电路

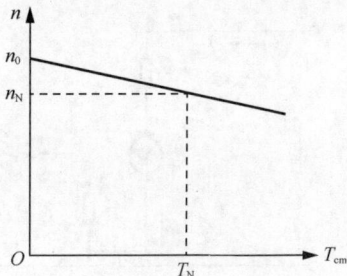

图5-9 并励电动机机械特性曲线

他励电动机与并励电动机在结构上并无本质区别，两者特性基本相同，只是励磁绕组的接法不同。由于并励电动机只需要一个电源，因此被广泛采用。

> **提示**
>
> 当励磁电流很小或没有时，电动机转速非常快，很容易造成"飞车"现象而出现危险，所以并励电动机不允许励磁电流突然断开。为防止发生飞车现象，采取的措施是设置失磁保护。

二、串励电动机

串励电动机等效电路如图5-10所示，其励磁电流等于电枢电流，即

$$I_a = I_f = \frac{U - E_a}{R_a + R_f} \tag{5-7}$$

其中，U 是外加电压，R_a 是电枢绕组的电阻，R_f 是励磁绕组的电阻。于是得

$$U = E_a + (R_a + R_f)I_a \tag{5-8}$$

串励电动机的磁路饱和程度随着励磁电流的改变有显著的变化。为了减少励磁绕组损耗和电压降，励磁绕组通常用较粗的导线绕成，以减小其电阻值。由于励磁电流比较大，励磁绕组在匝数不多的情况下就可以建立足够的主磁通。

根据电路可知

$$E_a = U - I_a(R_a + R_f) \tag{5-9}$$

结合式（5-1）、式（5-2）可得

$$n = \frac{U}{K_e \Phi} - \frac{R_a + R_f}{K_e K_T \Phi^2} T_{em} \tag{5-10}$$

通过分析可得出如下结论。

（1）当负载不大时，磁路未饱和，主磁通和电枢电流成正比，故电磁转矩和电枢电流的平方成正比。随着负载转矩增加，电枢电流也随之增加，从而使磁通增加，由式（5-10）可知，会引起转速急剧下降。

（2）当负载比较大时，由于磁路饱和，随着负载转矩增加，磁通增加减慢，直至磁通基本不变，因此转速随负载转矩增加而下降的速率减慢。

图5-11所示为串励电动机的机械特性曲线。串励电动机随负载转矩变化，其转速呈急剧变化的特性称为软特性。

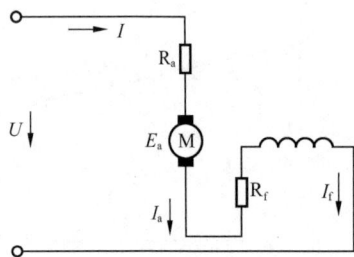

图5-10 串励电动机等效电路

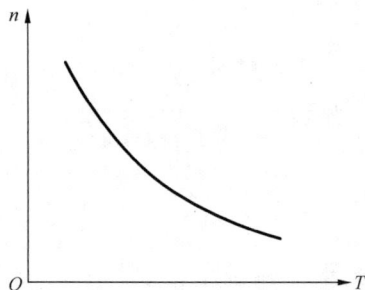

图5-11 串励电动机的机械特性曲线

串励电动机适用于拖动在较大范围内变化和要求有较大启动转矩的生产机械,如牵引机械、起重设备的拖动等。当负载转矩很大时,转速下降得很多,以保证安全运行;当负载转矩较小时,转速升高,以提高生产效率。

安全起见,不能让电动机在空载或低于 25% 额定负载的情况下运行。因为这时电枢电流比较小,磁通较小,转速会过高,以致超出转子机械强度所允许的限度,这是很危险的,所以也是绝不允许的。为了防止发生上述情况,串励电动机不应采用皮带传动,以防皮带滑脱或断裂时造成电动机空载而产生飞车现象。

汽车中的应用

汽车用的起动机是串励电动机。在起动机启动发动机的瞬间,转速为零,反电动势为零,电枢电流达到最大值,电磁转矩也相应达到最大值,足以克服发动机的阻转矩,使发动机启动变得很容易。为了避免出现飞车现象,它与发动机飞轮之间用齿轮啮合。

复励电动机的机械特性同时具有并励电动机和串励电动机的特点,因此它的应用范围较广,既适用于负载转矩变化大、需要较软机械特性的生产设备中,也适用于要求在空载和轻载的情况下能运行的生产机械中。本书不展开讨论。

思考题

除了需要励磁电流激励磁场的电动机,还有一种电动机称为永磁直流电动机(有刷电动机),它的主磁极直接由不同极性的永久磁体组成。它的机械特性与哪一种励磁方式的电动机类似?

5.1.3 直流电动机运行

电动机运行包括其启动、反转、调速以及制动等。下面主要以并励电动机为例,分析直流电动机运行。

一、直流电动机启动和反转

1. 直流电动机的启动

电动机在启动的瞬间转速 $n = 0$,所以此时 $E_a = 0$,此时电枢电流称为启动电流(I_{st}),根据式(5-4)可知

$$I_{st} = \frac{U}{R_a} \tag{5-11}$$

由于电枢电阻(R_a)很小,因此启动电流可达额定值的 10~20 倍,这么大的电流将会损坏换向器和电枢绕组,并使供电线路的电压下降。一般只有容量小的小型直流电动机才能在额定电压下直接启动,这是因为小型直流电动机的电枢电阻值并不小,且其转动惯量小,启动时转速上升快、升速时间短;而容量稍大的直流电动机必须设法减小启动电流。

因此,由式(5-11)可知,为了减小启动电流,对于容量稍大的直流电动机,启动时可降低加在电枢绕组上的电压即降压启动,或在电枢电路中串联启动变阻器。

(1)降压启动

降压启动方法只适用于他励电动机。这种方法要求有一个电压可变的直流电源(如可控硅电源)专供电枢使用。启动时降低电枢电压,待启动后,随着转速的升高逐步升高电枢电压,直到转速达到额定值。

（2）串联启动变阻器

图 5-12 所示为并励电动机串变阻器启动原理电路，其中 R 为电动机启动用的变阻器（称为启动变阻器）。启动时，应将串接在电枢电路中的启动变阻器置于电阻值最大的位置，以限制启动电流。只要启动转矩大于负载转矩，电动机便加速旋转，为了保持一定的加速净转矩，将启动电阻器电阻值逐级减小，直到电动机转速上升至稳定值，这时再把启动电阻器全部切除。为保证足够的启动转矩，且启动时

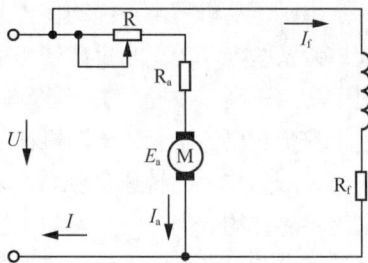

图5-12　并励电动机串变阻器
启动原理电路

间不致过长，启动电流也不能限制得过小。启动电阻通常以限制启动电流为额定电流的 1.5～2.5 倍为最佳。否则虽然限制了启动电流，但是由于其数值太小，导致启动时间过长，一方面满足不了生产需求，另一方面会使电流的热效应增加，容易烧坏线圈。

提示

　容量大的直流电动机如果直接启动，将使启动电流过大，容易烧坏线圈绕组。但是降压启动时不能把电流限制得过小，否则启动时间太长，同样容易烧坏线圈。

【例 5-1】　一台他励电动机，额定电压 $U_N = 220V$，额定电流 $I_N = 50A$，电枢电阻 $R_a = 0.25\Omega$，试求：

（1）电动机直接启动时的电流及其与额定电流的比值；

（2）若限制启动电流为 2 倍额定电流，应在电枢电路中串入多大的启动电阻。

解：（1）直接启动时

$$I_{st} = \frac{U_N}{R_a} = \frac{220V}{0.25\Omega} = 880A$$

与额定电流的比值为

$$\frac{I_{st}}{I_N} = \frac{880A}{50A} = 17.6$$

（2）电动机允许的启动电流

$$I'_{st} = 2I_N = 100A$$

应串入的启动电阻

$$R = \frac{U_N}{I'_{st}} - R_a = \frac{220V}{100A} - 0.25\Omega = 1.95\Omega$$

2. 直流电动机的反转

电动机在电动状态下运行时，其旋转方向是由电磁转矩方向决定的。而电磁转矩的方向由两个因素决定，即电枢电流方向和励磁电流方向。因此，改变电枢电流或励磁电流方向都能使电磁转矩方向改变，从而实现电动机反转。具体方法有以下两种：

（1）改变电枢绕组电压极性，即改变电枢电流方向；

（2）改变励磁绕组电压极性，即改变励磁电流方向。

需要注意的是，改接励磁绕组接线时，励磁电流有可能中断，从而引发飞车现象。这种实现反转的方法在实际中一般很少采用。

🤔 **思考题**
串励电动机改变电源电压极性，能改变转动方向吗?

二、直流电动机调速

由直流电动机的机械特性方程即式（5-6）可知，当转矩 T_{em} 一定时，影响电动机转速高低的主要因素是电枢电阻 R_a、每极磁通 Φ 和电源电压 U。所以电动机的转速可以用以下 3 种方法调节。

1. 改变电枢电路的电阻调速

图 5-13 所示为并励电动机电枢电路串联电阻调速原理，该电阻称为调速电阻（R_e），它与启动电阻 R_a 作用不同，R_a 是长期使用的，R_e 是短期使用的。图 5-14 所示的 R_1、R_2 对应曲线为电枢电路串联电阻得到的人为机械特性曲线。

此时并励电动机的转速为

$$n = \frac{U}{K_e \Phi} - \frac{R_a + R_e}{K_e K_T \Phi^2} T$$

由此可知：在电枢电路中串入调速电阻后，在相同的负载下，电动机的转速降低。改变电枢电路的电阻调速物理过程如下。

当使调速电阻 R_e 增加时，在最初的瞬间，电动机的转速因惯性作用仍维持原来的数值，所以反电动势保持不变，但是电枢电流 I_a 因 R_e 的增大而减小。励磁电流 I_f 没有改变，磁通 Φ 也保持不变。电枢电流的减小将引起电磁转矩 T_{em} 的减小，此时机械负载转矩 T 不变，电磁转矩小于负载转矩，电动机转速下降，反电动势将随着转速的下降成正比例减小，使电枢电流重新增大，从而使电磁转矩开始增加，直到与负载转矩相等为止。此时电动机转速不再继续下降，而在比原来稍微低的转速下稳定运行。

改变电枢电路的电阻调速物理过程可用图 5-14 所示的机械特性曲线上的箭头来表示：电动机原处在 a 点以转速 n_N 稳定运行，增加电阻 R_e 后电动机的工作点经 $a \rightarrow b \rightarrow c \rightarrow d \rightarrow e$ 转换，最后电动机在新的工作点 e 以转速 n_2 稳定运行，当然 $n_2 < n_N$。其中 R_1 和 R_2 为 R_e 的不同数值。

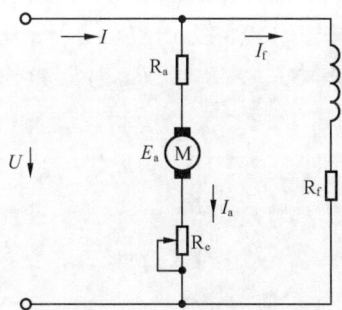

图5-13　并励电动机电枢电路串联电阻调速原理

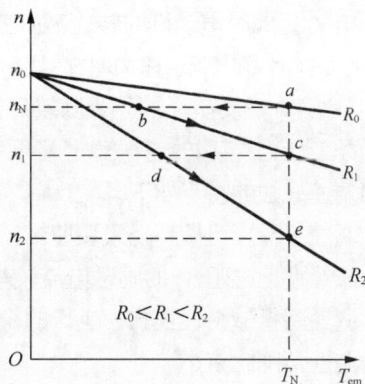

图5-14　改变电枢电路的电阻调速物理过程

这种调速方法的特点如下。

（1）只能在额定转速 n_N 以下进行调节，简称下调。

（2）由于流经调速电阻 R_e 的电流为电枢电流，其数值较大，故 R_e 上的能量损耗大，不经济。

（3）使电动机的机械特性变软。当负载变动时，电动机的速度变化较大，这对要求稳速的负载来说是不利的。

（4）电枢电流不受影响，数值保持不变，属于恒转矩调速。

（5）调控方法简单、容易实现。

2. 改变励磁电路的电阻调速

励磁电路串联电阻调速原理如图 5-15 所示，调节 R_e 就可调节励磁电流的大小。当 R_e 增大时，励磁电流 I_f 减小，磁通 Φ 减小。由直流电动机的机械特性可知：电动机的空载转速 n_0 和转速降 Δn 都将增大，但是 n_0 的增大要比 Δn 增大的幅度大，这样转速 n 要增加。也就是说，当负载不变时，增大励磁回路电阻，电动机转速增加。图 5-16 所示的 R_{C1}、R_{C2} 对应曲线为励磁回路串联电阻得到的人为机械特性曲线。

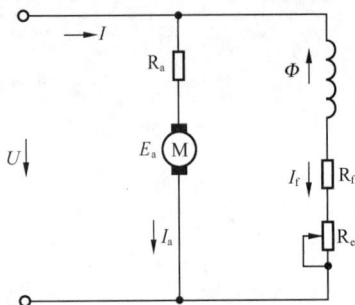

图5-15　励磁电路串联电阻调速原理

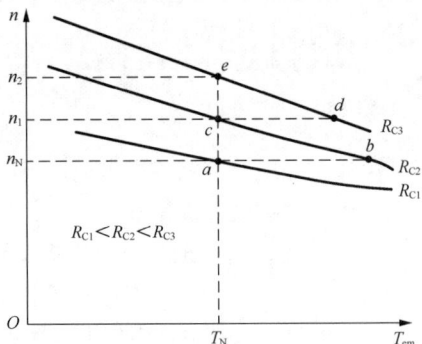

图5-16　改变励磁电路的电阻调速物理过程

改变励磁电路的电阻调速物理过程：当增大励磁电路中的电阻 R_e 时，励磁电流 I_f 就减小，从而磁通 Φ 也随之减小。在 I_f 开始减小的瞬间，电动机的转速还没来得及变化，因此反电动势 E_a 将随着磁通的减小而减小，E_a 减小使电枢电流 I_a 增大，但 I_a 的增大程度比磁通 Φ 的减少程度大，从而使电磁转矩 T_{em} 增大。这时由于电磁转矩大于负载转矩 T_L，所以电动机加速。转速的升高使反电动势 E_a 逐渐增大，于是电枢电流与电磁转矩 T_{em} 随之下降，直到电磁转矩重新等于负载转矩 T_L。此时电动机的转速不再上升，而以比原来稍高的转速继续稳定运行。

改变励磁电路的电阻调速物理过程也可以在机械特性曲线上表示出来，如图 5-16 所示。电动机原在 a 点以转速 n_N 稳定运行，增大励磁调节电阻 R_e，电动机工作点将经 $a \to b \to c \to d \to e$ 转换，最后在新的工作点 e 下以转速 n_2 稳定运行，当然 $n_2 > n_N$。其中 R_{C1}、R_{C2}、R_{C3} 为 R_e 的不同数值。

这种调速方法的特点如下。

（1）调速平滑，可做到无级调速。

（2）流经调速电阻 R_e 的励磁电流较小，故功率损耗小，比较经济。

（3）调速后机械特性较软，运行的稳定性差。

（4）调速范围比较小。

（5）只能在额定转速 n_N 以上调速，简称上调，也称为弱磁调速。

3. 降压调速

直流电动机常由单独的可调整流装置供电。对于他励电动机，目前用得较多的可调直流电源是晶闸管整流（SCR）装置。调节电源电压就可均匀调速。因为加在电枢上的电压不能超过额定值 U_N，所以只能采用这种调速方法在额定转速 n_N 以下进行均匀调速。

这种调速方法具有调速范围广、平滑性好等优点，但需要专用的直流调压电源。

👨‍🎓 **提示**

实际应用中，常将上述方法中的两种方法结合起来，从而获得平滑、范围大的调速。

❓ **思考题**

他励电动机电枢电压小于额定值 U_N，试画出降压调速的人为机械特性曲线。

三、直流电动机制动

直流电动机制动包括能耗制动、反接制动和回馈制动。下面主要介绍反接制动。

反接制动就是将电枢绕组的电压极性反接，产生制动转矩的制动方法。反接制动控制电路如图5-17所示，将双刀双掷开关 K 从 1 合向 2 时，电枢绕组中的电流会发生改变，但此时励磁绕组中的电流方向不变，也就是磁场方向不变。由左手定则可知电枢受到与原来方向相反的电磁转矩，在该电磁转矩下电枢做减速运动，直到转速为零。但如果此时不将电动机断电，电动机又会以相反的方向旋转，所以在实际操作中一定要注意断电。

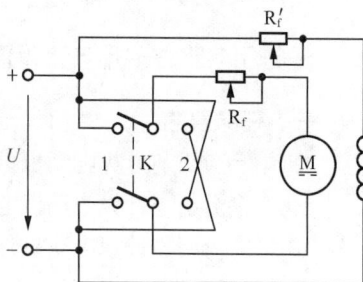

图5-17 反接制动控制电路

项目实施

任务5.1.1 分析直流电动机运行的自适应能力

一、任务目的

1．熟悉并励电动机的机械特性。

2．熟悉直流电动机电压平衡式和转矩平衡式。

3．学会分析并励电动机的自动适应负载变化的能力。

二、任务内容

某并励电动机带负载 T_L 运行，稳定工作在额定工作点 A，如图5-18 所示，现在由于某些外在的扰动，负载稍变大，变为 T'_L（$T'_L > T_L$）。试分析电动机将如何运行，如果外在的扰动消失，能否回到原来的工作点继续运行（忽略空载转矩）。

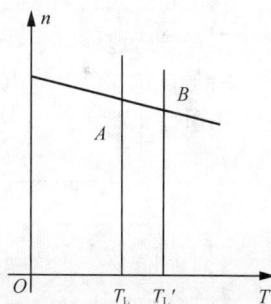

图5-18 任务5.1.1机械特性曲线

三、分析过程

1．并励电动机工作在额定工作点 A 时，对应 A 点的电磁转矩 T_{em}=_____。当负载转矩变大，负载转矩 $T'_L > T_L$，则电动机_____（加速，减速）运行。

（1）根据反电动势公式 E_a=_____可知，E_a_____（变大，变小）。

（2）根据电压平衡式 U=_____可知，电枢电流 I_a_____（变大，变小）。

（3）根据电磁转矩 T_{em}=_____可知，T_{em}_____（变大，变小），直至 T_{em}_____（>，<，=）T'_L，电动机以低于 A 点的速度在 B 点继续稳定运行，达到新的平衡。

其变化过程可用箭头（↑或↓）表示如下：

负载变大 $T'_L > T_L$ →n_____→E_a_____→I_a_____→T_{em}_____→T_{em}=T'_L。

2．如果外在的扰动消失，负载转矩变为原来的 T_L，此刻 B 点 $T_{em} > T_L$，则电动机_____

（加速，减速）运行。反电动势公式 E_a _____（变大，变小），电枢电流 I_a _____（变大，变小），继而使电磁转矩 T_{em} _____（变大，变小），直至 T_{em} _____（>，<，=）T_L'，电动机以高于 B 点的速度在 A 点继续稳定运行，回到原有的工作状态。其变化过程可用箭头（↑或↓）表示如下：

负载变小 $T_L < T_L' \rightarrow n$ _____ $\rightarrow E_a$ _____ $\rightarrow I_a$ _____ $\rightarrow T_{em}$ _____ $\rightarrow T_{em} = T_L$。

3. 电动机稳定运行，当负载发生波动时，通过电动机转速、反电动势、电枢电流的变化，电磁转矩总能自动调整，使电磁转矩 _____ 负载转矩，使转子以稍低或稍高的转速继续稳定运转，我们称之为电动机的 _____ 能力。这也是电动机区别于其他动力机械之处。

任务5.1.2 分析与计算直流电动机启动参数

一、任务目的

1. 学会分析与计算电动机直接启动时的参数。

2. 学会分析与计算电动机电枢电路串联电阻启动时的参数。

3. 学会分析与计算电动机降压启动时的参数。

二、任务内容

一台他励电动机，额定功率 P_N = 29kW，额定电压 U_N = 440V，额定电流 I_N = 76A，电枢电阻 R_a = 0.38Ω，n_N = 1 000r/min，拖动额定大小的恒转矩负载运行，忽略空载转矩。试求：

（1）直接启动时的电流及其与额定电流的比值；

（2）额定转矩 T_N；

（3）若限制启动电流为2倍额定电流，试计算应在电枢电路中串联的电阻值及启动转矩；

（4）若限制启动电流为2倍额定电流，电枢电压应降至多少，启动转矩是多少。

三、分析过程

（1）直接启动时的电流及其与额定电流的比值。

由电压平衡式可知，电动机在启动时，$n=0$，$E_a=0$，所以：

$I_{st}=$ _____

$I_{st}/I_N=$ _____

（2）额定转矩 T_N。

$T_N=$ _____

（3）若限制启动电流为2倍额定电流，应在电枢电路中串联的电阻值及启动转矩是多少？

_____

（4）若限制启动电流为2倍额定电流，电枢电压应降至多少，启动转矩是多少？

_____

拓展阅读 **无刷电动机**

无刷电动机由电动机主体和驱动器组成，采用半导体开关器件来实现电子换向，替代了传统的接触式换向器和电刷。无刷电动机具有直流有刷电动机的特性，同时也是频率变化的装置。它具有可靠性高、无换向火花、机械噪声低、运行可靠、维修简便等优点。它的转速由数字变频控制，可控性强，从每分钟几转至几万转，都能很容易实现。

••• 项目 5.2 直流电动机在汽车中的应用 •••

项目导入

汽车是由众多零部件构成的，其中十分重要的一个部件就是电动机，电动机在汽车中有着十分广泛的应用。电动车窗是如何实现升降的？如何实现中央控制门锁的开关锁功能？本项目从起动机用电动机和刮水器电动机高、低速控制入手，了解汽车中电动机的应用，从了解汽车电路特点入手，进一步学习汽车电气电路的分析。

学习目标

1. **知识目标**
(1) 了解刮水器的电控原理。
(2) 熟悉汽车电气电路工作原理。

2. **能力目标**
(1) 学会分析双速刮水器工作原理。
(2) 学会分析汽车门窗电路和中央控制门锁电路。

3. **素养目标**
(1) 培养严谨的科学精神。
(2) 培养敬业精神和合作能力。

知识学习

5.2.1 汽车用电动机

汽车用电动机主要位于汽车的发动机、底盘和车身三大部位。例如，启动发动机所用的电动机、刮水器电动机、电动门窗电动机、水箱风扇电动机、空调出风电动机、电子转向电动机、前照灯随动转向电动机、后视镜自动收缩电动机、天窗电动机等。据统计，普通汽车通常有 15～28 台电动机。

一、电动刮水器

为了提高汽车在雨天和雪天行驶时驾驶员的能见度，专门设置了风窗玻璃刮水器。刮水器有真空式、气动式和电动式 3 种。其中电动刮水器应用较广，下面以电动刮水器为例进行说明。

电动刮水器由电动机和一套传动机构组成，如图 5-19 所示。它由微型直流电动机驱动，带动蜗轮蜗杆减速机构，使与蜗轮轴相连的摇臂带着两侧拉杆做往复运动。拉杆则通过摆杆带着左、右刮水架做往复摆动，安装在刮水架上的橡胶刮水片便刷去风窗玻璃上的雨水、雪和灰尘等。刮水电动机为了满足刮水器的要求，要实现在高、低速挡位工作，采用三刷电动机。所以刮水电动机一般有高、低两种工作速度。

电动刮水器的使用

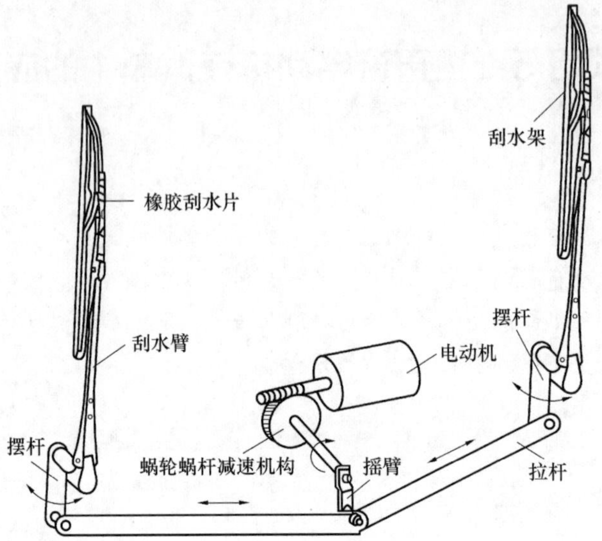

图5-19　电动刮水器结构

永磁式三刷电动机利用 3 个电刷来改变正、负电刷之间串联的线圈数以实现变速。如图 5-20（a）所示，电枢绕组由 6 个线圈①～⑥组成。如图 5-20（b）所示，3 个电刷中电刷 B_3 为高、低速公用电刷，B_1 用于低速，B_2 用于高速，B_2 与 B_1 相差 60°。电枢绕组内的所有线圈中同时产生反电动势（E_a），由于每个线圈的匝数和结构都相同，所以产生的反电动势都相同。

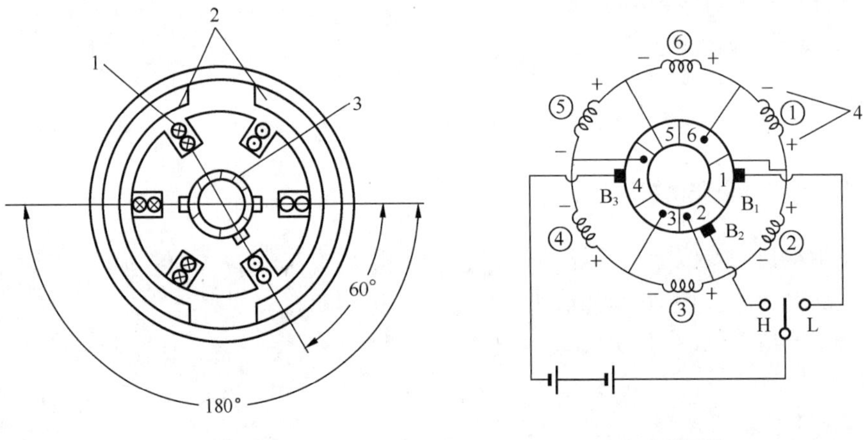

（a）结构原理　　　　　　　　　　　（b）电路原理

1—电枢绕组　2—永久磁铁　3—换向器　4—反电动势

图5-20　永磁式三刷电动机的工作原理

当直流电动机工作时，反电动势大小与电动机转速成正比。稳定运行时，外加电压（U）近似等于反电动势（忽略电枢绕组压降）。

当开关拨向"L"时，电路如图 5-21（a）所示，电源电压（U）加在 B_1 和 B_3 之间，在 B_1 和 B_3 之间有两条并联支路，一条是由线圈①、⑥、⑤串联起来的支路；另一条是由线圈②、③、④串联起来的支路，即在 B_1 和 B_3 之间有两条支路，各 3 个线圈。这两条支路线圈产生的全部反电动势与电源电压平衡后，电动机便稳定旋转。因为由 3 个线圈串联的反电动势与电源电压平衡，所以转速较低。

当开关拨向"H"时，电源电压加在 B_2 和 B_3 之间，如图 5-21（b）所示。电枢绕组一条由 4 个线圈②、①、⑥、⑤串联，另一条由两个线圈③、④串联。其中线圈②的反电动势与线圈①、⑥、⑤的反电动势方向相反，互相抵消后，变为只有两个线圈的反电动势与电源电压平衡，因此只有转速升高使反电动势增大，才能得到新的平衡，故此时转速较高。由此可见，两电刷间的有效导体数减少时，电动机的转速就会升高，这就是永磁式三刷电动机变速的原理。

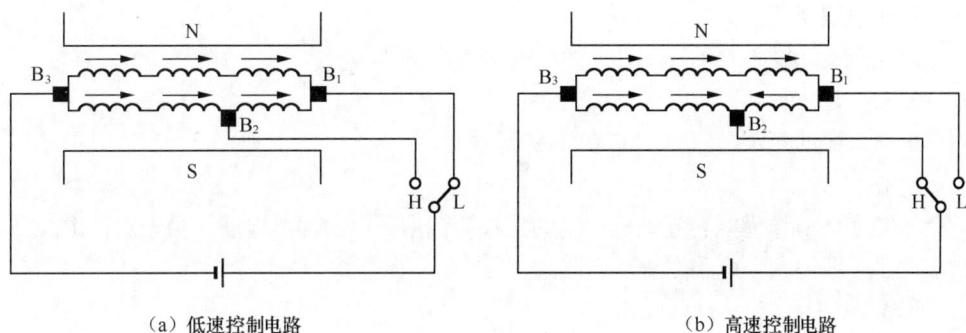

（a）低速控制电路　　　　　　　　　　　　　　（b）高速控制电路

图5-21　永磁式三刷电动机的变速控制

二、电动汽车用电动机简介

1881 年电动汽车就出现了，在 20 世纪 20 年代达到了鼎盛时期。在燃油汽车出现后，电动汽车在整车质量、动力性能、续航里程、机动性和灵活性方面都越来越落后于燃油汽车，所以其发展受到了严重的阻碍。

随着全球温室效应与能源问题逐渐受到重视，各种高性能蓄电池和高效率电机不断地被研制出来，人们又把目光转向了零污染或超低污染的电动汽车。从 20 世纪 70 年代起，新一代电动汽车脱颖而出，出现了各种高性能的电动汽车。

电动汽车对电机的要求如下：

（1）在市区行驶时需频繁启动、停车、加速、减速等，要求电动汽车电机有很好的转矩控制动态性能；

（2）在市区与郊区两种工况下，要求电动汽车电机既能工作在恒转矩区，又能工作在恒功率区，在恒转矩区运行应满足启动和爬坡的要求，在恒功率区运行应满足高速行驶的要求；

（3）为尽可能延长续航里程，要求电动汽车电机能够在大范围内保持高效率运行，并尽可能地提高其功率密度，实现小型轻量化；

（4）由于运行环境复杂，要求电动汽车电机具有较高的可靠性；

（5）瞬时功率高，有一定的过载能力，一般要求电动汽车电机有 4～5 倍的过载能力，以满足加速和爬坡需求；

（6）考虑到乘客的舒适性，要求电动汽车电机低噪声，为了便于普及，还要求低成本。

无刷直流电机

与传统燃油汽车的核心三大部件——发动机、变速器、底盘不同，新能源汽车的核心是三电系统——电池、电机、电控。高功率密度、高效率、宽调速的车辆牵引电机及其控制系统是电动汽车的关键技术之一。电动汽车电机最早采用的是控制性能优良的有刷电机，随着电机、电力电子、自动控制等技术的不断发展，永磁同步电机、三相感应电机、无刷电机和开关磁阻电机等得到广泛应用，在汽车的动力系统中逐步取代了有刷电机。例如目前国内大多数电动汽车多采用功耗较低但制造成本较高的永磁同步电机，如比亚迪、北汽新能源、吉利帝豪等；蔚来 ES6 性能版中采用了三相感应电机与永磁同步电机组合的方式，使其不仅拥有更长的续航里程，还兼顾了高性能。特斯拉公司采用的电机是三相感应电机。

5.2.2 汽车电气控制电路分析

一、汽车电路特点

汽车电路示例如图 1-13 所示，其特点可归纳为以下几点。

1. 低压

汽车电气系统的额定电压有 12V 和 24V 两种。

2. 直流

现代汽车发动机是靠电力起动机启动的，起动机由蓄电池提供电能，由于对蓄电池充电必须用直流电源，所以汽车电路为直流电路。

3. 单线搭铁

为了减少汽车电气系统所用导线的数量，使线路清晰、接线方便，在汽车电路中广泛采用单线搭铁。单线搭铁是指汽车上所有电气设备的正极均采用导线相互连接，而所有电气设备的负极则直接或间接通过导线与车架或车身金属部分连接，即搭铁。任何一个电路中的电流都从电源的正极流出，经导线流入用电设备后，再由电气设备自身或负极导线搭铁，通过车架或车身流回电源负极而形成回路。

4. 并联连接

汽车上所需电压相等的各个用电设备均采用并联连接，由图 1-13 可知所有照明灯都是并联的。汽车上的两个电源（蓄电池和发电机）都是正极接正极、负极接负极、并联连接的。

5. 负极搭铁

采用单线时蓄电池的一个电极需接至车架或车身上，俗称"搭铁"。蓄电池的负极接车架或车身上称为负极搭铁，蓄电池的正极接车架或车身上称为正极搭铁。负极搭铁对车架或车身金属的化学腐蚀较轻，对无线电干扰小。我国标准规定汽车线路统一采用负极搭铁。

此外，电路中一般设有保护装置，如熔断器、易熔丝等，以防止因短路或搭铁而烧坏线束，引发汽车着火。汽车线路有颜色和编号特征，汽车所有低压导线都选用不同颜色的单色线或双色线，并在每根导线上编号，以便于维修和排除故障。

二、继电器的结构

继电器是具有隔离功能的自动开关元件，广泛应用于各种控制电路中，是最重要的控制元件之一。它可以用较小的电流来控制较大的电流，从而实现对电路的控制。继电器的输入信号可以是电压、电流等电量，也可以是热、速度、油压等非电量，而输出则都是触点动作，使输出量发生预定的变化。继电器的电磁系统和触点都较小，因此它的动作迅速、反应灵敏。汽车控制电路继电器常用的有电磁式继电器和干簧式继电器，其中，电磁式继电器又可分为接柱式继电器和插接式继电器。

1. 电磁式继电器

电磁式继电器通常用来传递信号和同时控制多个电路，也可直接用来控制电气执行元件。它由铁芯线圈（电磁铁）和可与电磁铁联动的触点组成。图 5-22 所示为常用电磁式继电器的图形符号。在选用继电器时，主要考虑电压等级和触点（常开触点和常闭触点）数量。

图 5-23 所示为几种常见插接式继电器的外形，图 5-24 所示为几种常见插接式继电器的内部结构及插座插脚布置。

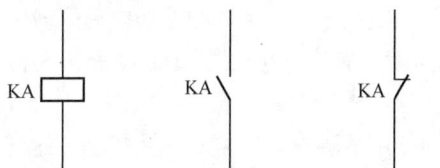

(a) 继电器线圈　　(b) 常开触点　　(c) 常闭触点

图5-22　常用电磁式继电器的图形符号

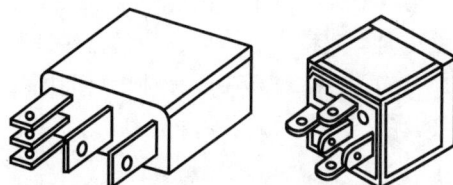

图5-23　几种常见插接式继电器的外形

图 5-24（b）、（d）所示的续流二极管和泄放电阻都起保护继电器的作用。

(a) 常开型

(b) 常开型（带续流二极管）

(c) 混合型

(d) 混合型（带泄放电阻）

图5-24　几种常见插接式继电器的内部结构及插座插脚布置

图 5-25 所示为继电器控制显示和报警电路。继电器的线圈和触点的图形符号不同，但都用相同字母表示，分别接在不同电路中，一般将二者圈在一个虚线框里。若按下按钮则继电器线圈得电，产生的电磁力就会使继电器触点动作。如图 5-25（a）所示，按下按钮，由电源、按钮、继电器线圈构成的控制电路产生电流，继电器线圈得电。继电器触点闭合，从而接通右边报警电路，此时显示灯点亮，同时电铃报警。当松开按钮后，控制电路断电，继电器线圈产生的电磁力消失，继电器触点在弹簧力的作用下回归原位，报警电路断开，显示灯熄灭，电铃报警结束，如图 5-25（b）所示。

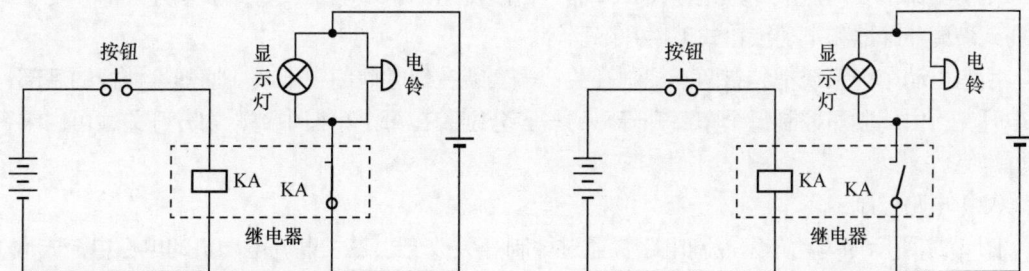

(a) 按下按钮接通电源

(b) 松开按钮断开电源

图5-25　继电器控制显示与报警电路

2. 干簧式继电器

图 5-26 所示为干簧式继电器外形、图形符号及工作原理。干簧管又称为干式舌簧管，是一

157

种在玻璃管内封装两个或 3 个由既导磁又导电的材料做成的簧片所组成的开关元件，玻璃管内充有惰性气体（如氮气、氦气等）。玻璃管内平行封装的簧片端部重叠并留有一定间隙，其重叠部位就构成干簧管的开关触点，如图 5-26（a）所示。当绕在干簧管上的线圈通电后形成磁场使簧片磁化时，或者永磁体靠近干簧管时，簧片的触点就会感应出极性相反的 N 极和 S 极，如图 5-26（c）所示。磁极由于极性相反而相互吸引，当吸引的磁力超过簧片的抗力时，分开的触点便会吸合；当磁力减小到一定值时，在簧片抗力的作用下触点又恢复到初始状态，这样起开关的作用。

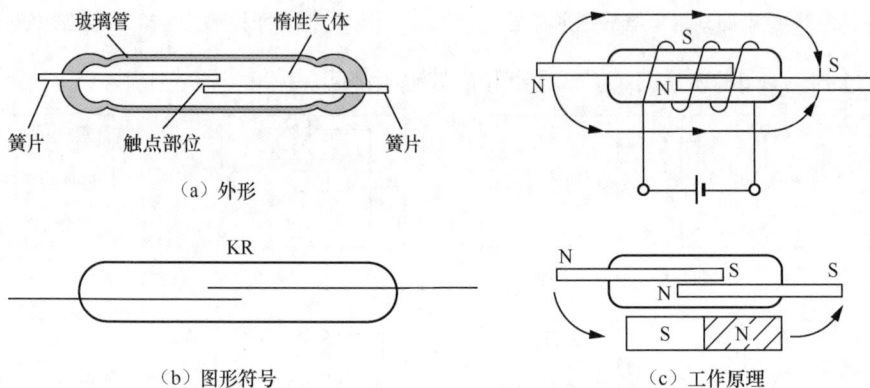

图5-26 干簧式继电器外形、图形符号及工作原理

干簧式继电器是一种小型继电器元件，它具有动作速度快、工作稳定、机电寿命长及体积小等特点，多用于信号采集，其在自动化、运动技术测量、通信技术等方面得到了广泛应用。

三、汽车电路分析

1. 电动车窗

采用电动车窗玻璃升降器在驾驶室用开关就能自动升降车窗玻璃，即使在行车过程中也能安全方便地开、关车窗。

（1）基本结构

电动车窗系统由车窗、车窗升降器、直流电动机、开关等装置组成。

电动车窗主要的组成部分是车窗升降器，目前使用的有电动交叉臂式玻璃升降器、电动钢丝绳式玻璃升降器和电动齿轮式玻璃升降器等。

所有电动车窗系统都装有两套控制开关，一套装在驾驶侧门中部或变速器换挡杆的后部，为总开关，由驾驶员控制每个车窗升降；另一套分别装在每个车窗中部，为分开关，可由乘客进行操纵。

（2）电路控制

图 5-27 所示为电动车窗控制电路，通过控制开关改变永磁式直流电动机的电枢电流方向，从而改变电动机的旋转方向，实现驱动车窗玻璃上升或下降，即由永磁式直流电动机正反转驱动车窗玻璃升降。电动车窗电源由点火开关和主继电器控制。电动机本身不采用搭铁构成回路，而是通过控制开关进行搭铁。

控制开关都是双向的，向上拉开关就可以使车窗上升，向下按开关就可以使车窗下降。一旦手移开，控制开关在弹簧的作用下恢复原状。

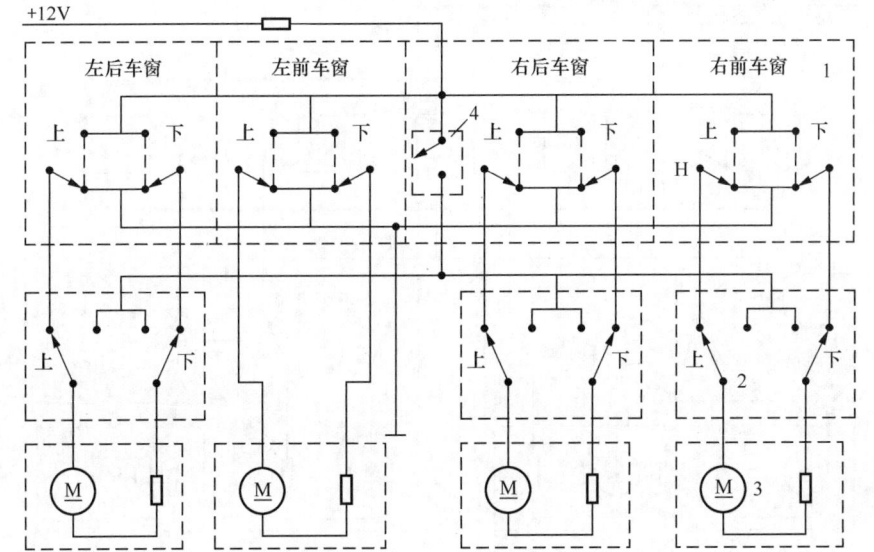

1—驾驶员主控开关组件 2—右前车窗开关 3—右前车窗电动机 4—窗锁控制开关

图5-27 电动车窗控制电路

具体工作过程如下。

（1）点火开关闭合

当汽车发动后，电流流经蓄电池→点火开关→熔断器→车窗控制开关。这样蓄电池就给电动车窗控制回路提供电流，同时车窗电源指示灯亮。

（2）窗锁控制开关

当驾驶员断开窗锁控制开关时就切断了其他 3 个车窗的电路，其他 3 个车窗控制开关因断电而无法操作。

（3）窗锁控制开关断开，驾驶员对其他车窗进行控制

当窗锁控制开关断开，其他 3 个车窗因断电而被锁住时，只有驾驶员才能控制 4 个车窗升降。下面分析驾驶员控制右前车窗升降的原理。

驾驶员想使右前车窗上升，首先拉起右前车窗开关，电流通过拉起的右前车窗开关形成回路，该回路为粗线所绘，如图 5-28 所示。电流路径用字母表示为 A→B→C→D→E→F→G→H→I→J→K→M→N，右前车窗电动机电枢电流的方向是从上到下，电流通过搭铁形成回路，永磁式电动机便按照一个方向旋转，此时车窗开始上升。当上升到上止点时如果右前车窗开关仍然被拉起，因电动机无法转动而使电流产生热量，控制装置会切断电路，以保护电动机不会因过热而烧坏，一旦右前车窗开关回归原位，控制装置又自动接通电路，以便下次能够正常工作。

（4）窗锁控制开关闭合，乘客对其他车窗进行控制

当窗锁控制开关闭合时，不但驾驶员可控制每个车窗的升降，坐在车窗旁的乘客也可以控制车窗的升降。如果乘客想使右前车窗下降，只需按下右前车窗开关，此时电路如图 5-29 所示。

电流通过按下的右前车窗开关形成回路，电流路径如图 5-29 中粗线所示，用字母表示为 A→B→C→D→E→F→G→H→I→J→K，右前车窗电动机电枢电流的方向是从下到上，电流通过搭铁形成回路，永磁式电动机便按照一个方向旋转，此时车窗开始下降。

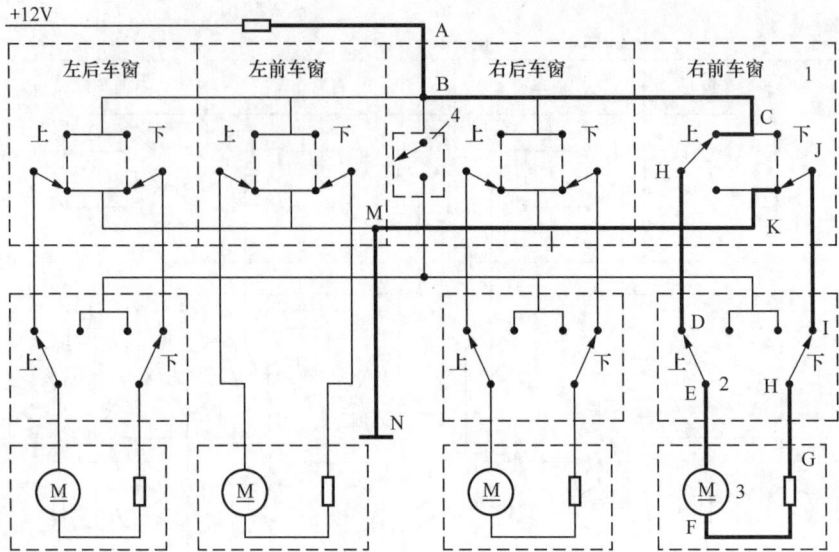

1—驾驶员主控开关组件　2—右前车窗开关　3—右前车窗电动机　4—窗锁控制开关

图5-28　驾驶员控制右前车窗上升控制电路

1—驾驶员主控开关组件　2—右前车窗开关　3—右前车窗电动机　4—窗锁控制开关

图5-29　乘客控制右前车窗下降控制电路

现在的汽车电动车窗更加智能化，如果按下或拉起车窗控制开关超过2s，即使松开，车窗控制开关也会持续得电，使车窗持续下降或上升，直到极限位置。

汽车点火开关控制电路

闪光器电路

电动座椅

2. 中央控制门锁

中央控制门锁具有钥匙联动锁门和开门功能，通过右前或左前门上的钥匙可以同时关闭或打开所有车锁。它由电气部分和机械部分组成，电气部分包括中央门锁控制器、门锁开关和车门锁电动机（执行器）等，机械部分包括门锁、钥匙、拉杆和拉钮等。其特点主要如下。

（1）将驾驶员侧车门锁扣拉起时，其他几个车门及行李舱门锁扣也能同时打开。用钥匙开门，可同时打开其他车门和行李舱门。

（2）将驾驶员侧车门锁扣按下时，其他几个车门及行李舱门都能自动锁定。如果用钥匙锁门，也可实现同样操作。

（3）在车室内个别车门需打开时，可分别拉开各自的锁扣。

（4）配合防盗系统，可实现防盗。

中央控制门锁的电动机一般采用永磁式电动机，由门锁开关控制组合继电器来改变电动机的电流方向，从而使电动机的连接杆上下运动，控制锁块的开启和关闭，其结构如图 5-30 所示。

在下面的项目实施中，对中央控制门锁电路进行展开分析。

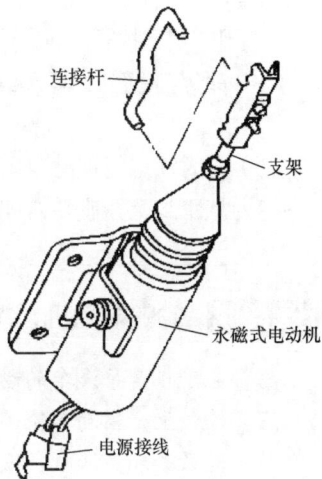

图5-30 中央控制门锁结构

项目实施

任务 分析中央控制门锁电路工作原理

一、任务目的

1. 熟悉汽车继电器电路的分析方法。

2. 理解继电器的作用，熟悉主电路和控制电路的关系。

二、任务内容

图 5-31 所示为中央控制门锁电路，其中有 5 个永磁式直流电动机，从左到右分别控制左前门、右前门、行李舱门、左后门和右后门。

1. 假设当前处于锁住状态，若用车钥匙执行左前门开锁指令，试分析其开锁过程，并指出其电路的电流路径。

2. 假设当前处于开锁状态，若用车钥匙执行左前门关锁指令，试分析其关锁过程，并指出其电路的电流路径。

三、分析过程

1. 用车钥匙执行左前门开锁指令，左前门锁开关 S_1 向右打到开锁位置。

（1）开锁门锁继电器 B 线圈_____，接通控制电路，控制电路的电流路径：

蓄电池正极→熔断器→左前门锁开关 S_1（1-2-3，下同）→_____→搭铁。

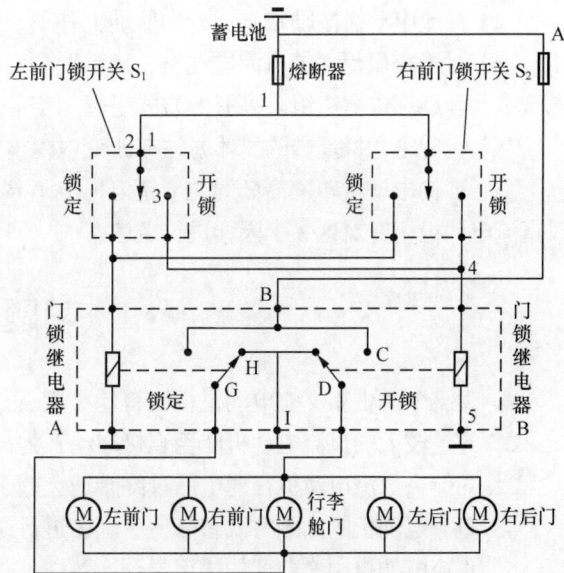

图5-31 中央控制门锁电路

（2）同时开锁门锁继电器 B 的触点_____，接通主电路，接通 5 个电动机，电流方向均为从上到下，旋转方向一致，从而执行开锁命令。主电路的电流路径：

　　蓄电池正极→熔断器（A-B）→_____→5 个电动机→搭铁（G-H-I）。

　　2．用车钥匙执行左前门关锁指令，左前门锁开关 S₁ 向左打到锁定位置。

（1）锁定门锁继电器 A 线圈_____，接通_____电路，其电流路径：

_____

（2）同时锁定门锁继电器 A 的触点_____，接通_____电路，接通 5 个电动机，电流方向均为从下到上，旋转方向一致，从而执行锁定命令。其电流路径：

_____

拓展阅读　轮毂电动机：车轮上的"引擎"

　　轮毂电动机是将汽车的动力、传动和制动装置都整合到轮毂内的一种电动机装置。其直接植入汽车轮毂里，驱动车轮，从而省去了减速器、传动轴、差速器等 80% 的传动部件，极大地提升了传动效率和灵活性，减少了用电量和蓄电池容量，整车质量也大大减轻，使车辆结构更简单，还可实现多种复杂的驱动方式。轮毂电动机被称为车轮上的"引擎"，它是汽车驱动模式的颠覆性变革的产物，代表了汽车产业的发展方向，同时极大地促进了电动汽车在智能化、动力传动、续航里程等领域的全面突破。

●●● 模块小结 ●●●

（1）直流电动机主要由定子（固定）和电枢（旋转）两大部分组成，它的工作原理仍以电磁力定律和电磁感应定律为基础。为了使电枢绕组能够持续朝一个方向旋转，就必须有电刷和换向装置，所以在直流电动机中要有电刷和换向装置来保证电枢绕组受力方向始终一致。

（2）直流电动机按励磁方式分为他励、并励、串励和复励 4 种。

（3）对于容量稍大的直流电动机，启动时要对启动电流加以限制，以防止在启动过程中因电流过大而烧坏电枢绕组。采取的方式是降压启动和串联启动变阻器两种方式。

（4）实现电动机反转的具体方法有改变电枢电压极性和改变励磁电压极性。

（5）影响电动机转速高低的主要是电枢电阻 R_a、主磁通 Φ、电源电压 U 这 3 个因素，所以直流电动机可针对这 3 个因素进行调速。

●●● 习题 ●●●

1．直流电动机和交流电动机相比有什么优点？

2．容量较大的直流电动机能否直接启动？为什么？

3．为什么直流电动机在通电后最终转速会趋于平衡而不会越来越快？

4．直流电动机的励磁方式有哪些？画图进行说明。

5．直流电动机中换向器的作用是什么？

6．为什么串励电动机不能空载或轻载运行？

7．在直流电动机正常运行时，如果负载突然增大会出现什么现象？

8．电动刮水器如何实现高速和低速运行？

9．什么是直流电动机的软特性？什么是硬特性？

10．如图 5-29 所示，乘客如何控制左后车窗下降？

●●● 自测题 ●●●

一、填空题

1．直流电动机由＿＿＿＿和＿＿＿＿两大部分组成，它的工作原理以＿＿＿＿和＿＿＿＿为基础。

2．直流电动机中的电磁转矩方向与转子的旋转方向＿＿＿＿，产生的反电动势与电枢电流方向＿＿＿＿。

3．直流电动机按照励磁方式的不同可分为＿＿＿＿、＿＿＿＿、＿＿＿＿和＿＿＿＿ 4 种。

4．改变直流电动机旋转方向的方法有＿＿＿＿和＿＿＿＿两种。

5．对于容量较大的直流电动机，采取的启动方法有＿＿＿＿和＿＿＿＿两种。

6．直流电动机的调速方法有＿＿＿＿、＿＿＿＿和＿＿＿＿ 3 种。

7．直流电动机的制动包括＿＿＿＿、＿＿＿＿和＿＿＿＿ 3 种。

8．汽车电气系统的额定电压有＿＿＿＿和＿＿＿＿两种。

二、判断题

1．改变电源的极性不能改变串励电动机的转向。　　　　　　　　　　　　　（　　）

2．串励电动机的启动性能比他励电动机的好。　　　　　　　　　　　　　　（　　）

3．换向磁极的作用是消除或减小换向时的火花，保护换向器。　　　　　　　（　　）

4．直流电动机的最高转速受电动机的机械强度、换向的限制。　　　　　　　（　　）

5．串励电动机在使用时不应采用容易脱落的皮带传动，以防出现飞车现象。　（　　）

6．直流电动机中换向器的作用：将外部的直流电转换为电枢绕组中的交流电，以保持转矩方向不变。　　　　　　　　　　　　　　　　　　　　　　　　　　　　　　（　　）

7．直流电动机的电枢铁芯由于在直流状态下工作，通过的磁通是不变的，因此完全可以用整块磁材料构成，不必用硅钢片叠成。　　　　　　　　　　　　　　　　　　（　　）

8．直流发电机额定功率 $P_N=U_NI_N$，直流电动机额定功率 $P_N=U_NI_N\eta_N$。　　（　　）

三、简答题

1．画图说明串励和并励电动机的机械特性曲线，并说明串励电动机在使用时应注意的问题。

2．如图 5-28 所示，驾驶员如何控制右后车窗上升？

3．如图 5-31 所示，如何实现右前门开锁？

06

模块6
常用半导体器件及其应用

••• 学习导读 •••

随着汽车工业的"步伐"日益加快，汽车制造商若想在竞争激烈的现代汽车市场中脱颖而出，就必须结合现代汽车的发展需求与市场需求，利用现代化科技提升汽车的整体性能。电子技术在汽车各个系统中的应用比重日益提高，使得汽车逐渐从传统汽车产品转变、发展为机电一体化产品，汽车的电子化程度已成为衡量汽车先进水平高低的重要标志。本模块从常用半导体器件出发，分析二极管电路、三极管电路，集成运算放大器及其应用，以及直流稳压电源等。

••• 学习路线 •••

```
                          ┌─ 半导体的基本知识 ─┬─ 半导体的基本特性
              ┌─ 二极管    │                  └─ PN结及其单向导电性      ┌─ 任务6.1.1 分析与计算二
              │  电路分析 ─┤                  ┌─ 二极管的基本结构        │         极管电路
              │            └─ 半导体二极管 ───┤─ 二极管的伏安特性        ├─ 任务6.1.2 识别与检测二
              │                              ├─ 二极管的使用常识        └─         极管
              │                              └─ 特殊二极管
              │
              │                              ┌─ 三极管的结构
              │            ┌─ 半导体三极管 ──┤─ 三极管的电流放大作用
              │  三极管    │                 ├─ 三极管的特性曲线         ┌─ 任务 分析三极管的
              ├─ 电路分析 ─┤                 └─ 三极管的使用常识         └─      工作状态
              │            ├─ 三极管基本放大电路 ─┬─ 共发射极放大电路
  常用半导     │            │                     └─ 射极输出器
  体器件及 ────┤            └─ 三极管开关电路
  其应用       │
              │                              ┌─ 集成运算放大器
              │                              │  外形与基本结构
              │            ┌─ 集成运算放大器 ┤─ 主要性能指标
              │  集成运算放大器              │  汽车电子电路中            ┌─ 任务6.3.1 分析汽车进气
              ├─ 及其应用 ─┤                 └─ 常用的集成运算放大器      │         压力
              │            ├─ 集成运算放大器的理 ┬─ 集成运算放大器的理想化条件  ├─ 任务6.3.2 分析汽车蓄电
              │            │  想化条件及传输特性 └─ 集成运算放大器的传输特性  └─         池低压报警电路
              │            └─ 集成运算放大器的典型应用 ┬─ 信号运算
              │                                        └─ 信号比较
              │
              │            ┌─ 整流与滤波电路 ─┬─ 整流电路
              └─ 直流稳压电源│                 └─ 电容滤波电路            ┌─ 任务 分析三端
                           └─ 常见的直流稳压电路 ┬─ 稳压管并联稳压电路    └─      稳压器电路
                                                └─ 串联型稳压电路与集成稳压器
```

••• 项目 6.1　二极管电路分析 •••

项目导入

半导体是在 20 世纪 50 年代初发展起来的器件，由于具有体积小、质量轻、使用寿命长、输入功率小、功率转换效率高等优点而被广泛应用于家电、计算机、工业控制及汽车等众多领域。半导体器件种类繁多，其中二极管是最常用的器件之一。本项目从半导体的基本特性入手，分析二极管电路，例如二极管在电路中是否导通，判断二极管状态后又如何进行电路计算等。

学习目标

1. 知识目标
（1）了解半导体的基本特性。
（2）掌握二极管的结构特点和工作特性。

2. 能力目标
（1）能够使用万用表正确判断二极管的好坏及极性。
（2）能够看懂二极管应用电路。

3. 素养目标
（1）培养严谨的科学精神。
（2）培养精益求精的工匠精神。

知识学习

6.1.1　半导体的基本知识

导电能力介于导体和绝缘体之间的物体称为半导体。常用的半导体有硅、锗、硒、砷化镓以及大多数金属氧化物和硫化物等。

一、半导体的基本特性
半导体之所以得到广泛的应用，是因为它具有独特的导电性能。

1. 杂敏特性
杂敏特性是半导体最显著的特性之一。试验表明，在纯净的半导体中掺入百万分之一的杂质，就可以使半导体的导电能力显著提高。因此，人们用控制掺杂的方法，制造不同类型的半导体器件，如二极管、三极管以及各种集成电路等。

> **提示**
> 纯净的半导体具有稳定的共价键结构，导电能力很弱。通过掺杂可使导电能力提高。掺杂的形式有两种，即 N 型掺杂和 P 型掺杂，相应的半导体称为 N 型半导体和 P 型半导体。

半导体中参与导电的粒子有两种：带正电荷的空穴和带负电荷的自由电子，它们统称为载流子。N 型半导体中，自由电子的浓度高于空穴的浓度；P 型半导体中，空穴的浓度高于自由电子的浓度。浓度高的称为多数载流子，浓度低的称为少数载流子。因此，在 N 型半导体中，自由电子是多数载流子，空穴是少数载流子；在 P 型半导体中，空穴是多数载流子，自由电子是少数载流子。

2. 热敏特性

温度可明显地改变半导体的电导率。利用这一特性，半导体可制成自动检测系统中的热敏元件，如在汽车油箱和水箱中进行温度检测的热敏电阻等。但另一方面，热敏特性使半导体的热稳定性下降，因此，在半导体构成的电路中常需采取温度补偿及稳定参数等措施。

3. 光敏特性

光照不仅可改变半导体的电导率，还可以产生电动势。利用这一特性，半导体可制成光敏电阻、光敏三极管、光电池等。光敏电阻可用于汽车前照灯的自动变光器电路，光电池已在空间技术中得到广泛应用，为人类利用太阳能提供了广阔的前景。

> **思考题**
>
> 在半导体中，参与导电的不仅有_____，还有_____，这是半导体区别于导体导电的重要特征。

二、PN 结及其单向导电性

采用特定的制造工艺，使一块半导体的两边分别为 P 型半导体和 N 型半导体，在它们的交界面形成的薄层就称为 PN 结。PN 结是制造各种半导体器件的基础。

就物理本质而言，PN 结是 P 型半导体和 N 型半导体中的多数载流子相互扩散后在交界面形成的空间电荷区，因此在 PN 结上施加不同极性的电压时，其导电性能有很大的差异。

PN 结形成

1. 外加正向电压

在 PN 结上外加正向电压，即 P 区接电源正极、N 区接电源负极，称为 PN 结正向偏置（简称正偏）。此时外加正向电压（U_F），有利于双方的多数载流子向对方流动，形成较大的正向电流（I_F），U_F 越大，I_F 也越大，PN 结呈低阻导通状态，相当于开关闭合。为防止 PN 结中流过的电流过大，回路中需串入限流电阻（R）。

2. 外加反向电压

在 PN 结上外加反向电压，即 P 区接电源负极、N 区接电源正极，称为 PN 结反向偏置（简称反偏）。此时外加反向电压（U_R），阻碍双方的多数载流子向对方流动，

PN 结正向偏置   PN 结反向偏置

仅有利于低浓度的少数载流子向对方流动，形成极小的反向电流（I_R），PN 结呈高阻截止状态，相当于开关断开。

总之，PN 结正偏时呈导通状态，反偏时呈截止状态，这就是 PN 结的单向导电性。

> **提示**
>
> 由于半导体内的少数载流子主要由热运动产生，其浓度随温度升高而增加，因此温度升高时，PN 结的反向电流增加很快，这是半导体器件温度稳定性较差的主要原因。

6.1.2 半导体二极管

PN 结加上管壳封装后就成为二极管，单向导电性是二极管基本的特性。

一、二极管的基本结构

常用二极管外形以及二极管的结构分别如图 6-1（a）、（b）所示。图 6-1（b）中，由 P 型半导体引出的是正极（又称为阳极），由 N 型半导体引出的是负极（又称为阴极）。实际应用中，为了避免二极管极性接错，常常在管壳表面以色点、色环（通常为白色）或者二极管的符号来表示其极性。图 6-1（c）所示为二极管的图形符号，正向导通时，电流从正极流向负极。

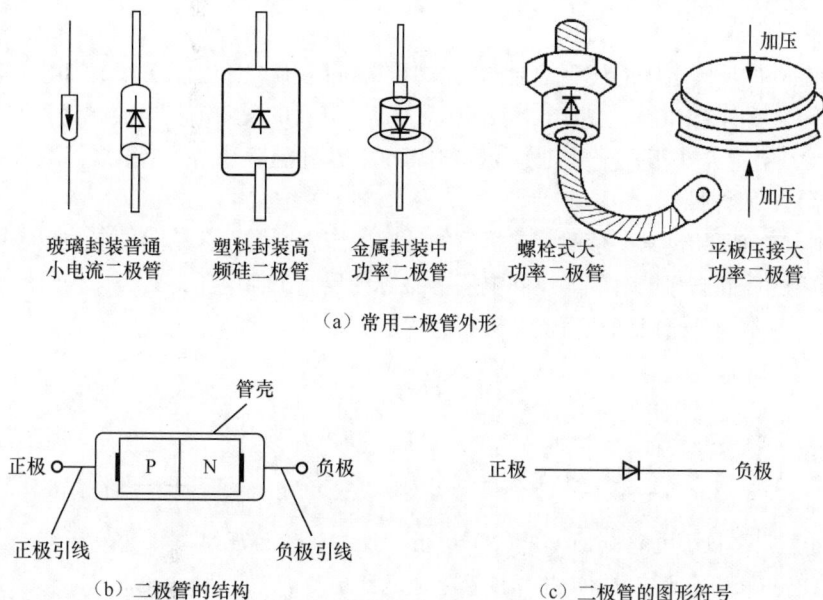

玻璃封装普通 小电流二极管　　塑料封装高 频硅二极管　　金属封装中 功率二极管　　螺栓式大 功率二极管　　平板压接大 功率二极管

（a）常用二极管外形

（b）二极管的结构　　　　　　　（c）二极管的图形符号

图6-1　二极管

二、二极管的伏安特性

加于二极管两端的电压与通过二极管的电流之间的关系称为二极管的伏安特性，伏安特性曲线如图 6-2 所示。伏安特性曲线一般可用试验方法测出，也可在产品说明书和有关手册中查到。

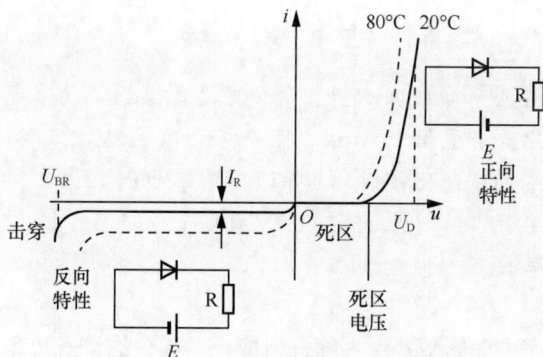

二极管的伏安特性

图6-2　二极管的伏安特性曲线

1. 正向特性

正向特性起始部分的正向电流几乎为零，当外加正向电压超过某一值（这个电压值被称为死区电压）后，电流随电压增加而迅速上升，二极管导通。这时，二极管两端的压降（U_D）基本不变。温度升高时，正向特性曲线左移，U_D 随温度升高而降低。

> **提示**
>
> 二极管按照材料可以分为硅二极管（简称硅管）和锗二极管（简称锗管）两种类型。硅管的死区电压为 0.5V，导通压降为 0.6～0.7V；锗管的死区电压为 0.1V，导通压降为 0.2～0.3V。

2. 反向特性

二极管在外加反向电压的作用下会形成很小的反向电流。该电流在一定的电压范围内维持不变，故又称为反向饱和电流，常用 I_R 表示。常温下，硅管的反向饱和电流比锗管的小得多（硅管 $I_R < 0.1\mu A$，锗管 I_R 小于几十微安）。温度升高时，I_R 随温度升高按指数规律增大。

3. 反向击穿特性

当外加反向电压超过某一值时，二极管的反向电流急剧增大，单向导电性被破坏，这种现象称为二极管的反向击穿，对应的反向电压 U_{BR} 称为反向击穿电压。各类二极管的反向击穿电压大小不等，通常为几十伏到几百伏，最高可达千伏。

> **思考题**
>
> 温度升高时，二极管正向导通压降_____（增大，减小），反向击穿电压_____（增大，减小），反向电流_____（增大，减小）。

【**例 6-1**】 二极管电路如图 6-3（a）所示，设二极管为理想二极管，试判断二极管是导通还是截止，并求输出电压 U_O。若二极管导通压降为 0.7V，则输出电压 U_O 又为多少？

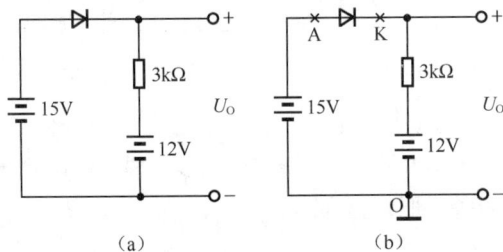

图6-3 例6-1电路

解：将二极管从正极 A 和负极 K 断开，并设电源负极 O 点为零电位点，如图 6-3（b）所示。由于电路断路，因此 A 点电位 $V_A=15V$，K 点电位 $V_K=12V$，$V_A > V_K$，二极管正偏导通。

理想二极管是二极管的理想化模型，其导通压降等于 0，因此，$U_O=15V$。

二极管导通压降为 0.7V 时，$U_O=15V - 0.7V=14.3V$。

三、二极管的使用常识

1. 二极管的型号

国家标准规定，国产半导体型号由 5 部分组成，各部分的符号及意义如表 6-1 所示。

> **思考题**
>
> 2CZ54A 管是一种_____型_____材料的_____二极管，常温下的死区电压约为_____ V，导通后的正向压降约为_____ V。

表 6-1　国产半导体器件型号组成部分的符号及意义

第一部分		第二部分		第三部分				第四部分	第五部分
用数字表示器件电极数目		用汉语拼音表示器件的材料和极性		用汉语拼音表示器件的类型				用数字表示器件序号	用汉语拼音表示规格号
符号	意义	符号	意义	符号	意义	符号	意义		
2	二极管	A	N 型，锗材料	P	普通管	D	低频大功率管（$f < 3\text{MHz}$，$P_c \geqslant 1\text{W}$）		
		B	P 型，锗材料	V	微波管				
		C	N 型，硅材料	W	稳压管				
		D	P 型，硅材料	C	参量管	A	高频大功率管（$f \geqslant 3\text{MHz}$，$P_c \geqslant 1\text{W}$）		
3	三极管	A	PNP 型，锗材料	Z	整流管				
		B	NPN 型，锗材料	L	整流堆				
		C	PNP 型，硅材料	S	隧道管	T	半导体闸流管		
		D	NPN 型，硅材料	N	阻尼管	Y	体效应器件		
		E	化合物材料	U	光电器件	B	雪崩管		
				K	开关管	J	阶跃恢复管		
				X	低频小功率管（$f < 3\text{MHz}$，$P_c < 1\text{W}$）	CS	场效应器件		
						BT	半导体特殊器件		
						FH	复合管		
				G	高频小功率管（$f \geqslant 3\text{MHz}$，$P_c < 1\text{W}$）	PIN	PIN 型管		
						JG	激光管		

2. 二极管的主要参数

（1）最大整流电流

最大整流电流（I_F）指二极管长期工作时允许通过的最大正向平均电流值。实际应用时，通过二极管的正向平均电流值不得超过此值，否则将使二极管过热而损坏。

（2）最高反向工作电压

最高反向工作电压（U_{RM}）指允许加在二极管两端的反向电压的峰值。使用时，加在二极管两端的反向电压峰值不能超过 U_{RM}，否则有被反向击穿的危险。

（3）最大反向电流

最大反向电流（I_{RM}）指二极管在最高反向工作电压（U_{RM}）下的反向电流。I_{RM} 越小，说明二极管的单向导电性越好。

（4）最高工作频率

当工作频率超过最高工作频率（f_M）时，二极管的单向导电性变差，甚至会失去单向导电性。

3. 二极管的引脚和质量识别

如前文所述，二极管的引脚极性一般可通过管壳上的标记或符号予以识别。对于常用 1N 系列的塑料、玻璃封装二极管，靠近色环的引脚为负极；对于发光二极管，引脚引线较长的为正极；对于标记不清、极性不明的二极

二极管的引脚识别及性能测试

管，可以用万用表测量二极管的正向电阻和反向电阻加以判断。具体做法如图6-4（a）、（b）所示，将指针式万用表的×100或×1k电阻挡短接调零后，分别正接和反接二极管的两个引脚，正常情况下会得到一大一小两个电阻值，分别为二极管的反向电阻和正向电阻。由于指针式万用表置于电阻挡时，黑表笔接表内电池的正极，因此在测得正向电阻时，黑表笔所接引脚为二极管正极，红表笔所接引脚为二极管负极（如果使用的是数字式万用表的电阻挡，结论与此相反）。此外，一般的数字式万用表（如DT890A等）都有专门的二极管测试挡，当二极管的正、负极分别与数字式万用表的红、黑表笔相接时，二极管正向导通，数字式万用表显示二极管的正向导通电压；若将二极管反接，则数字式万用表显示"1"。当二极管内部短路时，无论二极管正接还是反接，数字式万用表均显示"0"；而当二极管内部断开时，无论二极管正接还是反接，数字式万用表均显示"1"。使用数字式万用表识别二极管如图6-5（a）、（b）所示。

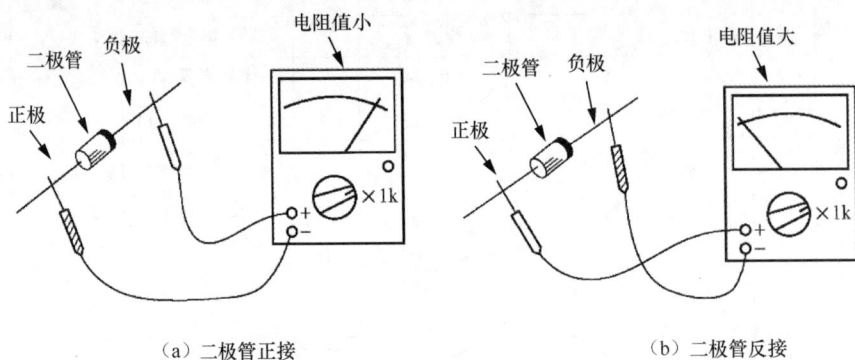

（a）二极管正接　　　　　　　　　　　　　　　　（b）二极管反接

图6-4　使用指针式万用表识别二极管极性

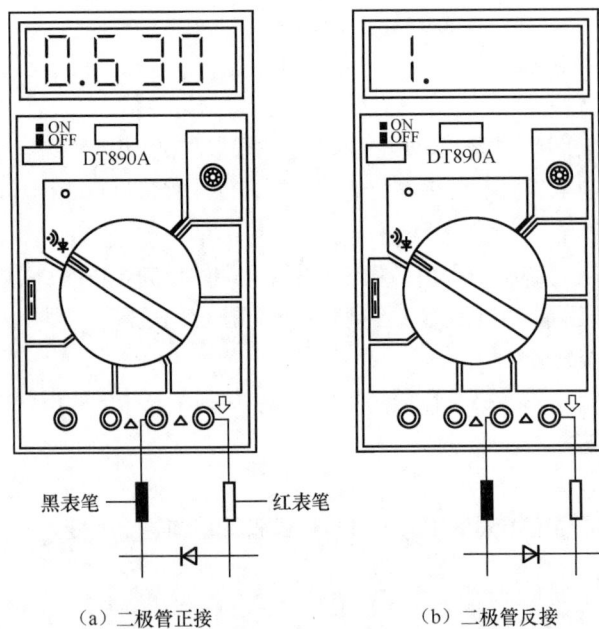

（a）二极管正接　　　　　　　　　　　　　　　　（b）二极管反接

图6-5　使用数字式万用表识别二极管极性

二极管的质量也可以通过正向电阻和反向电阻予以判断，正向电阻越小、反向电阻越大的二极管质量越好。当正向电阻和反向电阻均为0或均为无穷大时，表明内部为短路或断路，二极管已经损坏。

思考题

如图 6-6 所示，二极管的 A 端是_____（正极，负极），B 端是_____（正极，负极）。用指针式万用表检测该二极管性能时，若观察到万用表表头偏转现象如表 6-2 所示，则二极管的性能是正常、短路还是开路？

图6-6　二极管

表 6-2　二极管性能检测

表笔		表头偏转现象		
红表笔	黑表笔	现象 1	现象 2	现象 3
接引脚 A	接引脚 B			
接引脚 B	接引脚 A			
二极管性能				

四、特殊二极管

1. 稳压管

稳压管是一种特殊工艺制成的硅管，其伏安特性与普通二极管类似，只是稳压管的反向击穿区伏安特性曲线很陡，如图 6-7（a）所示。稳压管图形符号如图 6-7（b）所示。

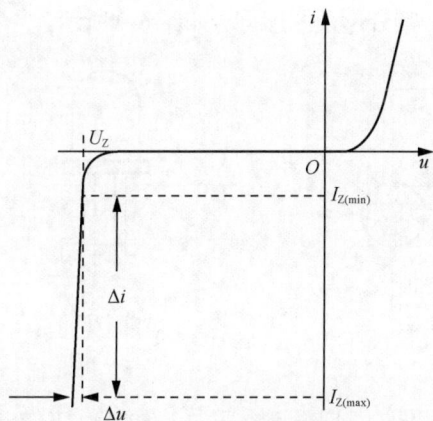

（a）伏安特性曲线　　　　（b）图形符号

图6-7　稳压管

根据反向特性曲线可知，当反向电压达到击穿电压（U_Z）时，反向电流突然增大，稳压管被反向击穿，但这种击穿不是破坏性的，只要在电路中串联一个合适的限流电阻，就能使稳压管工作在反向击穿状态而不会遭到永久性破坏，这种击穿称为电击穿。电击穿状态下，通过稳压管的电流可在较大的范围内变化，而稳压管两端的反向电压几乎不变。利用这一特性，可使稳压管在电路中起稳压作用。

> 🎓 **提示**
>
> 稳压管只有在反偏，即正极接低电位、负极接高电位时，才能发挥稳压作用。还需注意的是，稳压管一般只应用于低电压、小电流的场合，一些高电压或大电流的场合不能选用稳压管稳压。

稳压管的主要参数有以下两个。

（1）稳定电压

稳定电压（U_Z）是指稳压管正常工作时管子两端的电压。由于制造的分散性，对同一型号的稳压管来说，其稳定电压也略有不同。例如，2CW19 稳压管的稳定电压为 11.5～14V，如果把一只 2CW19 稳压管接到电路中，其稳定电压可能为 12V，换一只相同型号的稳压管，则稳定电压可能为 13V。

（2）稳定电流

稳定电流（I_Z）是指稳压管工作在稳压状态时流过的反向电流。工作电流小于最小稳定电流 $I_{Z(min)}$时，稳压管将失去稳压作用；工作电流大于最大稳定电流 $I_{Z(max)}$时，稳压管将因过电流造成热击穿而损坏。

在汽车的仪表电路和部分电子控制电路中，一些需要精确电压值的地方常利用稳压管来获取所需电压。图 6-8 所示为汽车仪表稳压电路，利用稳压管可为汽车仪表提供稳定的工作电压。由此可见，稳压管与汽车仪表并联，当电源电压发生变化时，将引起不同大小的电流流过限流电阻和稳压管，从而改变电阻上的电压，使稳压管始终维持其稳压值不变，即仪表工作电压保持稳定。

2. 发光二极管

发光二极管（LED）是一种通以电流就能发光的半导体器件。根据材料的不同，发光二极管可发出红、黄、绿、蓝等颜色的光，其外形及图形符号如图 6-9 所示。

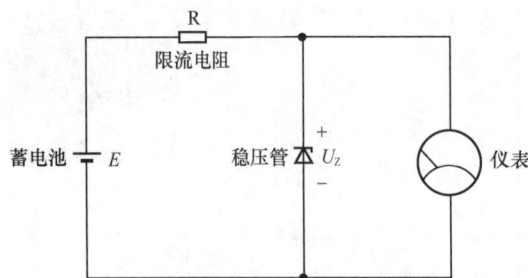

图6-8　汽车仪表稳压电路

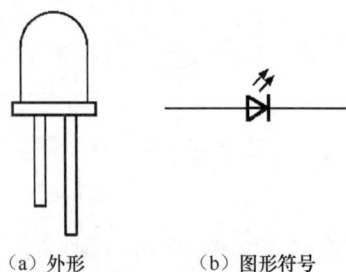

（a）外形　　　　（b）图形符号

图6-9　发光二极管

发光二极管具有体积小、工作电压低（正向导通电压为 1～2V）、工作电流小（几毫安到几十毫安，典型工作电流为 10mA 左右）、使用寿命长等优点，从而得到广泛应用。在汽车电路中，发光二极管随处可见，主要应用于仪表板上作为指示信号灯或报警信号灯，如液体液面过低，制动蹄片过薄，制动灯、尾灯、前照灯等烧坏时，相应的发光二极管就会接通发光，发出报警指示。

发光二极管工作时应保持正偏，即正极（长引脚）接高电位，负极（短引脚）接低电位，并且一定要串联一个限流电阻。由于发光二极管正向工作电流一般为 10mA，正向导通电压一般为 2V，因此如果将发光二极管直接接在汽车电源上，串联的限流电阻值为

$$R = \frac{12V - 2V}{10mA} = 1k\Omega$$

3. 光电二极管

利用半导体的光敏特性制成的二极管称为光电（敏）二极管，它可以把光的强弱变化转换成电信号，以便控制其他器件。例如，汽车自动空调系统的日照强度传感器就是一个光电二极管检测装置，其结构及等效电路如图 6-10 所示。

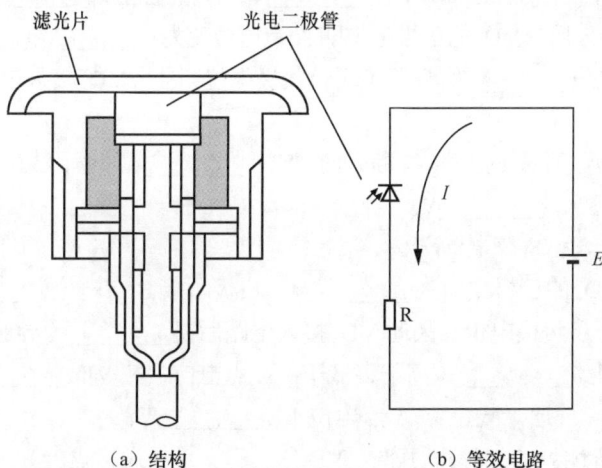

（a）结构　　（b）等效电路

图6-10　日照强度传感器结构及其等效电路

光电二极管工作在反偏状态时，它的管壳上有一个玻璃窗口，以便接受光照。由于光电二极管处于反偏状态，因此在无光照时，电路中只有很小的反向电流，一般小于 1μA；有光照时，由于半导体具有光敏特性，光生载流子在外电路反偏电压作用下，形成较大的反向电流，即光电流。光电流与光照强度成正比，通过电路外接负载，就可将光照强弱变化转换成电信号，从而实现光电转换。

思考题
稳压管是工作在_____状态下的特殊二极管，在实际应用中，需在外电路中串联_____以保护稳压管。

项目实施

任务6.1.1　分析与计算二极管电路

一、任务目的

1. 学会分析与计算二极管电路参数。

2．掌握二极管的应用电路分析方法。

二、任务内容

二极管工作电路和参数如图 6-11 所示，分析各二极管的状态并求 U_O 的值。设二极管为正向导通电压是 0 的理想二极管。

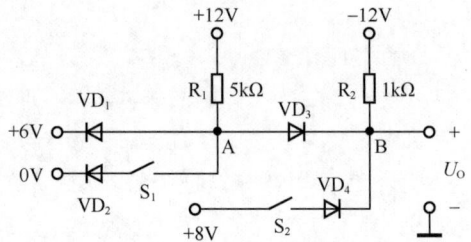

图6-11 二极管工作电路和参数

三、电路分析

1．开关 S_1 和 S_2 均断开

（1）将 VD_1 和 VD_3 均从电路中断开，则 A 点电位 $V_A=$＿＿＿＿＿＿V，B 点电位 $V_B=$＿＿＿＿＿＿V，即 VD_3 正极电位＿＿＿＿＿＿（高于，低于）负极电位，因此 VD_3 接入电路后将＿＿＿＿＿＿（导通，截止）。

（2）VD_3 导通后，在 R_1、VD_3、R_2 以及两个电源组成的串联电路中，总电阻 $R=$＿＿＿＿＿＿Ω，电流 $I=$＿＿＿＿＿＿A，电阻 R_1 上的压降 $U_1=$＿＿＿＿＿＿V，A 点电位 $V_A=$＿＿＿＿＿＿V。

（3）由于 VD_3 接入后，VD_1 的正极电位即 A 点电位变为＿＿＿＿＿＿V，而 VD_1 的负极电位为＿＿＿＿＿＿V，其正极电位＿＿＿＿＿＿（高于，低于）负极电位，因此 VD_1 接入电路后将＿＿＿＿＿＿（导通，截止）。

（4）根据以上分析，开关 S_1 和 S_2 均断开时，VD_1＿＿＿＿＿＿（导通，截止），VD_3＿＿＿＿＿＿（导通，截止），输出电压 $U_O=$＿＿＿＿＿＿V。

2．将开关 S_2 闭合，S_1 保持断开

开关 S_2 闭合，VD_4 的正极电位为＿＿＿＿＿＿V，负极所接 B 点电位为＿＿＿＿＿＿V，正极电位＿＿＿＿＿＿（高于，低于）负极电位。因此 VD_4 接入电路后将＿＿＿＿＿＿（导通，截止），B 点电位变为＿＿＿＿＿＿V，该电位＿＿＿＿＿＿（高于，低于）A 点电位，使 VD_3＿＿＿＿＿＿（导通，截止），进而使 VD_1＿＿＿＿＿＿（导通，截止），A 点电位 $V_A=$＿＿＿＿＿＿V。

因此，将开关 S_2 闭合、S_1 保持断开时，VD_1＿＿＿＿＿＿（导通，截止），VD_4＿＿＿＿＿＿（导通，截止），VD_3＿＿＿＿＿＿（导通，截止），输出电压 $U_O=$＿＿＿＿＿＿V。

3．S_2 闭合后将开关 S_1 闭合

S_1 闭合后，VD_2 的正极接 A 点，其电位为 $V_A=$＿＿＿＿＿＿V，负极电位为＿＿＿＿＿＿V，正极电位＿＿＿＿＿＿（高于，低于）负极电位，VD_2＿＿＿＿＿＿（导通，截止），A 点电位变为＿＿＿＿＿＿V，使 VD_1＿＿＿＿＿＿（导通，截止）。此时，VD_3 保持＿＿＿＿＿＿（导通，截止），输出电压 $U_O=$＿＿＿＿＿＿V。

任务6.1.2 识别与检测二极管

一、任务目的

1．了解二极管的型号命名以及查阅产品手册的方法。

2．学会使用万用表检测二极管。

3．加深对二极管特性和参数的理解。

二、任务条件

指针式万用表（MF-47）、数字式万用表（DT-930）、不同型号二极管若干。

三、任务内容及步骤

1．用指针式万用表判别二极管的极性和性能，填入表 6-3。

2．分别用指针式万用表×100、×1k 电阻挡测量二极管的正向电阻，填入表 6-4。

表 6-3　用指针式万用表检测二极管

型号	正向电阻	反向电阻	性能好坏	型号	正向电阻	反向电阻	性能好坏

表 6-4　用指针式万用表不同电阻挡测量正向电阻

型号	电阻挡量程		型号	电阻挡量程	
	×100	×1k		×100	×1k

3．用数字式万用表检测二极管。

（1）将数字式万用表旋向"—▷|—"挡，按下电源开关。

（2）二极管分别正接（红表笔接正极、黑表笔接负极）和反接（红表笔接负极、黑表笔接正极），观察显示值，并填入表 6-5。

表 6-5　用数字式万用表检测二极管

型号	二极管正接	二极管反接	性能好坏

四、分析与讨论

1．用指针式万用表×100 和×1k 电阻挡测量二极管的正向电阻时，测量结果不同的原因是什么？

2．用指针式万用表和数字式万用表检测二极管时的注意事项有哪些？

拓展阅读　太阳能电站

太阳能是地球的清洁能源和可再生能源，太阳能电站利用太阳能电池组件将光能转换为电能。其中，太阳能电池板是太阳能发电系统中的核心部分，其作用是将太阳的辐射能转换为电能，或送往蓄电池中存储起来，或推动负载工作。

••• 项目 6.2　三极管电路分析 •••

项目导入

三极管是电子设备中最基本的器件之一，它用于放大电路中将微弱的电信号转换成较强的电信号，以控制较大功率的负载。例如，传感器检测到的信号往往只有 mV 或 μV 数量级，三极管的放大电路能够将传感器输出的微弱信号进行放大，然后传输到汽车 ECU 中。在模块 1 的切诺基汽车发动机热敏电阻式冷却液温度传感器与 ECU 的连接电路中，则将三极管作为电子开关使用。

学习目标

1. 知识目标
（1）掌握三极管的结构特点和工作特性。
（2）掌握单管共射放大电路的基本特性及分析方法。
（3）了解三极管在汽车电路中的应用。

2. 能力目标
（1）能够使用万用表正确判断三极管的好坏及极性。
（2）能够看懂三极管应用电路。
（3）能够分析与计算三极管应用电路的静态参数和动态参数。

3. 素养目标
（1）培养良好的职业素养。
（2）培养安全意识。

知识学习

6.2.1 半导体三极管

半导体三极管也称为双极型晶体管，简称晶体管或三极管，是一种重要的半导体器件。三极管的种类很多，按照材料可以分为硅管和锗管；按照结构可以分为 NPN 型和 PNP 型两种；按照功率可以分为大、中、小功率管等。

一、三极管的结构

三极管的结构如图 6-12 所示。由此可见，三极管内部有 3 个区，分别称为发射区、基区和集电区。由 3 个区各引出一个电极，分别称为发射极（e）、基极（b）和集电极（c）。

发射区和基区之间的 PN 结称为发射结，集电区和基区之间的 PN 结称为集电结。三极管在内部结构上具有发射区掺杂浓度高、基区很薄且浓度低、集电结面积大的特点，这些特点是保证三极管实现电流放大作用的内部条件。三极管的图形符号如图 6-13 所示，其中箭头方向表示发射结正偏时发射极电流的实际方向，箭头向外的是 NPN 型，箭头向里的是 PNP 型。

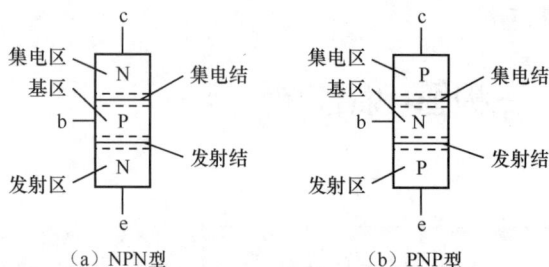

（a）NPN型　　　　　　（b）PNP型　　　　　　（a）NPN型　　　　（b）PNP型
图6-12　三极管的结构　　　　　　　　图6-13　三极管的图形符号

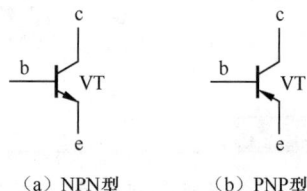

图 6-14 所示为几种三极管的外形及引脚排列。三极管一般有 3 个引脚，但也有特殊情况，例如，大功率管一般以管壳兼作集电极，如图 6-14（d）所示。此外，工作频率较高的小功率管，除了发射极、基极、集电极外，管壳还有供屏蔽接地用的引线，用 d 表示。

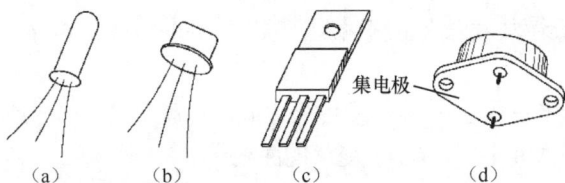

图6-14　几种三极管的外形及引脚排列

二、三极管的电流放大作用

三极管具有电流放大作用的外部条件是发射结正偏、集电结反偏。这个条件也可以用三极管 3 个电极的电位关系来表示，对于 NPN 型三极管必须满足 $V_C > V_B > V_E$；对于 PNP 型三极管必须满足 $V_E > V_B > V_C$。

根据这一条件，可构成 NPN 型三极管电流放大作用实验电路，如图 6-15 所示。在这个电路中，由基极电源（U_{BB}）、基极偏置电阻（R_b）和三极管发射结组成的回路是输入回路；由集电极电源（U_{CC}）、集电极电阻（R_c）和三极管集电极、发射极组成的回路是输出回路。由于发射极是两个回路的公共端，故称为共发射极电路。共发射极电路是实际应用中常见的电路之一。

由实验测试数据可以得出以下几点。

① 无论电阻值 R_b 和 R_c 为何值，总有

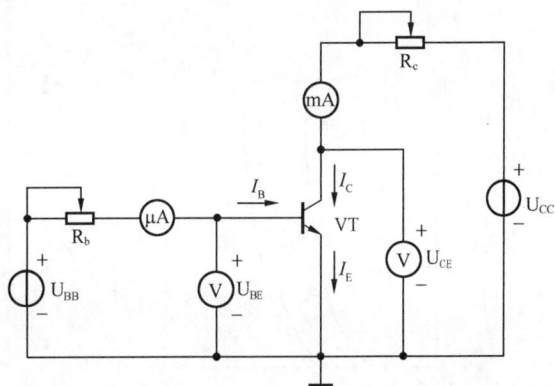

图6-15　NPN型三极管电流放大作用实验电路

$$I_E = I_B + I_C \qquad (6-1)$$

即发射极电流为基极电流与集电极电流之和。

② 基极偏置电阻值（R_b）改变时，三极管各极电流将随之改变，但在一定的范围内，集电极电流（I_C）与基极电流（I_B）的比值几乎保持不变。

③ 当基极电流有微小的变化时，集电极电流将发生较大的变化，即三极管具有电流放大作用。集电极电流变化量与基极电流变化量的比值称为交流电放大系数，用字母 β 表示，即

$$\beta = \frac{\Delta I_C}{\Delta I_B} \qquad (6-2)$$

④ 当基极开路（$I_B = 0$）时，集电极将有一个小于 $1\mu A$ 的电流流向发射极，这个电流被称为穿透电流，用 I_{CEO} 表示。I_{CEO} 随温度升高而增大，是衡量三极管温度稳定性的重要参数，其值越小，三极管的工作越稳定。

思考题

三极管基极电流为 $20\mu A$，集电极电流为 $2mA$，则发射极电流为 _____ mA；若基极电流增大至 $25\mu A$，集电极电流相应增大为 $2.6mA$，则 $\beta=$ _____ 。

三、三极管的特性曲线

三极管的特性曲线全面反映了三极管各极电流与电压之间的关系，是分析三极管各种电路的重要依据。特性曲线可以用三极管特性图示仪测得，也可以通过实验测得。图 6-15 所示实验

电路测得的 NPN 型三极管共发射极电路输入、输出特性曲线如图 6-16 所示。

1. 输入特性曲线

输入特性曲线是指当三极管集电极-发射极之间的电压（U_{CE}）一定时，输入回路中基极电流（I_B）随基极-发射极之间电压（U_{BE}）变化的曲线。

图 6-16（a）所示为实测的 NPN 型三极管输入特性曲线。由此可见，曲线形状与二极管的正向特性曲线相似，硅管输入特性的死区电压约为 0.5V，正常工作时管压降（U_{BE}）为 0.6～0.8V，通常取 0.7V，称为导通电压（U_{ON}）；锗管输入特性的死区电压约为 0.1V，正常工作时管压降（U_{BE}）为 0.2～0.3V，导通电压常取 0.2V。

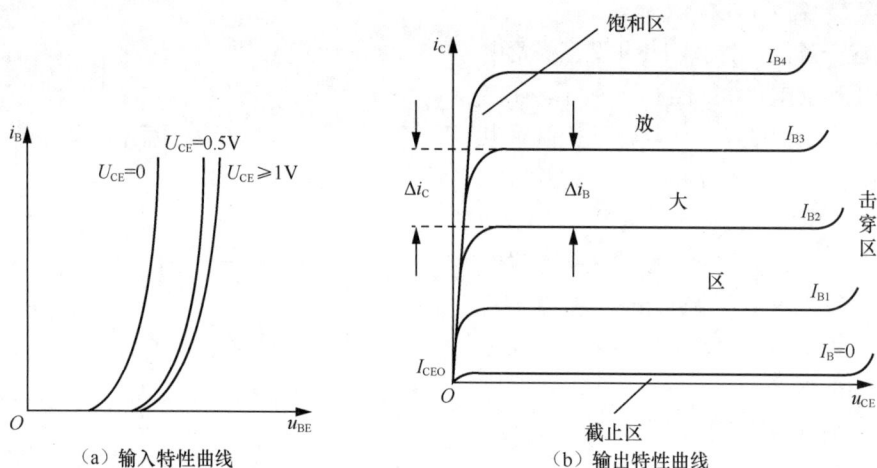

三极管输入特性曲线

图6-16　NPN型三极管共发射极电路输入、输出特性曲线

提示

三极管的输入特性与 U_{CE} 有关。当 U_{CE} 增大时，输入特性曲线右移。实际应用中 U_{CE} 一般大于 1V。

2. 输出特性曲线

输出特性曲线是指三极管基极电流（I_B）为常数时，集电极电流（I_C）随集电极-发射极之间电压（U_{CE}）变化的曲线。由图 6-16（b）可见，输出特性曲线大致分成截止区、放大区和饱和区 3 个区域，这 3 个区域对应三极管的 3 种工作状态。

三极管输出特性曲线

（1）截止区。$I_B=0$ 的输出特性曲线以下的区域称为截止区。当 $I_B=0$ 时，$I_C=I_{CEO}\approx 0$，三极管的集电极和发射极之间接近开路，相当于开关断开，此时三极管处于截止状态。为了使 NPN 型三极管更可靠地截止，常使 $U_{BE}<0$，故三极管处于截止状态时，其发射结和集电结都反偏。

（2）放大区。$I_B=0$ 的输出特性曲线上方，各输出特性曲线近似水平的区域称为放大区，此时三极管处于放大状态，具有电流放大能力，$I_C=\beta I_B$。三极管处于放大状态的条件是发射结正偏、集电结反偏。

（3）饱和区。输出特性曲线近似直线上升（包括弯曲处）的区域称为饱和区，此时三极管处于饱和导通状态。饱和时的 U_{CE} 值称为饱和压降，用 U_{CES} 表示。U_{CES} 值很小（一般小功率管

的 U_{CES} < 0.3V),三极管的集电极和发射极之间接近短路,相当于开关的接通状态。因此,在分析汽车电路时,如果遇到三极管饱和的情况,可认为集电极和发射极电位相等。三极管饱和时,其发射结和集电结均为正偏。

提示

三极管工作在放大区时,具有电流放大作用,常用来构成各种放大电路;三极管工作在截止区和饱和区时,相当于开关的断开和接通,具有开关作用,常用于开关控制和数字电路。

思考题

PNP 型硅管处于放大状态时,3 个电极电位中,_____极的电位最高,_____极的电位最低,_____极和_____极之间的电位差约等于 0.7V。

【例 6-2】 测得某放大电路中三极管各引脚的电位分别为①号引脚 $V_1 = -4V$、②号引脚 $V_2 = -1.2V$、③号引脚 $V_3 = -1.5V$,试判断三极管的管型、材料并区分引脚。

解: 三极管处于放大状态时,发射结正偏,集电结反偏,NPN 型三极管引脚之间满足 $V_C > V_B > V_E$ 的关系,PNP 型三极管引脚之间满足 $V_C < V_B < V_E$ 的关系,且发射极、基极引脚间电位差等于 0.6~0.8V(硅管)或 0.2~0.3V(锗管)。

由于 $V_1 < V_3 < V_2$,且 $U_{23} = V_2 - V_3 = 0.3V$,因此可判断出该三极管为 PNP 型锗管,①号引脚为集电极,②号引脚为发射极,③号引脚为基极。

四、三极管的使用常识

1. 三极管的主要参数

三极管的性能参数是工程上选用三极管的依据,其主要参数有:电流放大系数 β、极间反向电流以及极限参数等。电流放大系数 β 反映三极管的电流放大能力;极间反向电流则是衡量三极管质量的重要参数;极限参数是三极管正常工作时,允许加在各极上的最高工作电压、最大工作电流以及集电极上允许耗散的最大功率。使用三极管时,超过这些极限值,将使三极管性能变差,甚至损坏三极管。根据集电极最大允许电流 I_{CM}、集电极最大允许功耗 P_{CM} 以及基极开路时集电极-发射极间的反向击穿电压 $U_{(BR)CEO}$ 可以确定出三极管的安全工作区。三极管工作时必须保证在安全工作区内,并具有一定的裕量。

2. 三极管的检测方法

如图 6-12 所示,三极管内部有两个 PN 结,因此可以利用指针式万用表的电阻挡测量 PN 结的正向电阻、反向电阻来确定三极管的引脚、管型,并判断三极管性能的优劣。另外,目前指针式万用表上均设有测量三极管的插孔,只要把万用表功能置于 h_{FE} 位置,就可以很方便地测出三极管的 β 值,并可判别其管型以及引脚名称。数字式万用表一般都有三极管测量挡,在已知基极及管型后,根据三极管正确连接时 β 值较大的特点,可以区分出发射极和集电极。

三极管的测试

3. 三极管的选用

选用三极管时一般应考虑几个因素:频率、集电极电流、电流放大系数、反向击穿电压、饱和压降、耗散功率以及稳定性等。

首先,应根据电路工作频率确定选用低频管还是高频管,应使三极管的特征频率为电路工作频率的 3~10 倍。其次,三极管实际工作时的最大集电极电流、耗散功率以及电源电压应落在安全工作区内。另外，三极管 β 值的选取也并非越大越好，β 值太大容易引起自激振荡，并且工作性能也不够稳定，受温度影响较大，因此三极管的 β 值多为 40～100。穿透电流 I_{CEO} 显然越小越好，I_{CEO} 越小，三极管的温度稳定性越好。普通硅管的温度稳定性优于锗管，但饱和压降比锗管大，因此在温度变化大的环境中应选用硅管，而要求导通电压低或电源电压较低时应选用锗管。

> **提示**
>
> 温度对三极管的性能影响很大，三极管最怕过电压和过热。实际应用中，若遇到发动机预热后电子模块不工作的情况，可以用一根手头发试试电子组件是否发热。

> **思考题**
>
> 用指针式万用表×1k 的电阻挡测量一只能正常放大的三极管，若用黑表笔接触一只引脚，红表笔分别接触另外两只引脚，指针的偏转角度都比较大，则该三极管是（　　）。
>
> A．PNP 型　　　　　B．NPN 型　　　　　C．条件不足，无法确定

6.2.2 三极管基本放大电路

由一个三极管构成的放大电路称为单管放大电路，根据输入、输出回路公共端所接的电极不同，有共发射极、共集电极和共基极 3 种基本放大电路形式。单管放大电路的电压放大倍数通常只有几十，所以实际应用中常将多个单管放大电路串联起来，以获得足够大的电压放大倍数。

一、共发射极放大电路

共发射极放大电路简称共射电路，如图 6-17 所示。电路中，输入端（AA′）外接需要放大的信号源，输出端（BB′）外接负载。发射极为输入信号（u_i）和输出信号（u_o）的公共端。公共端通常称为"地"（实际上并非真正接到地），其电位为 0，是电路中其他各点电位的参考点，用"⊥"表示。

1．电路的组成及各元件的作用

（1）三极管。三极管（VT）是 NPN 型管，具有放大功能，是放大电路的核心。

（2）直流电源。直流电源使三极管工作在放大状态，V_{CC} 一般为几伏到几十伏。

（3）基极偏置电阻。基极偏置电阻（R_b）使发射结正偏，并为基极提供合适的基极电流，R_b 一般为几十千欧到几百千欧。

（4）集电极负载电阻。集电极负载电阻（R_c）将集电极电流的变化转换成集电极-发射极之间电压的变化，以实现电压放大，R_c 一般为几千欧到几十千欧。

（5）耦合电容。耦合电容（C_1、C_2）又称为隔直电容，起通交流、隔直流的作用。其一般为几微法到几十微法的电解电容，在连接电路时，应注意电容的极性，不能接错。

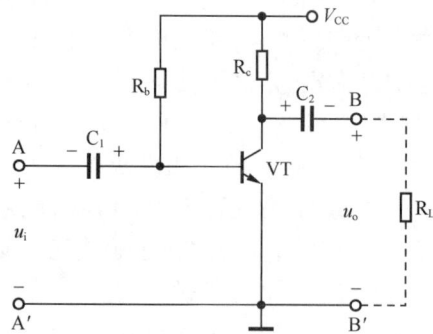

图6-17　共射电路

2. 静态工作点设置

为使三极管放大电路能够不失真地实现信号放大，必须合理设置静态工作点，即直流状态下的基极电流（I_{BQ}）、集电极电流（I_{CQ}）和集电极-发射极之间电压（U_{CEQ}）的值。

静态时，放大电路中没有交流输入信号，只有直流电压（V_{CC}）作用，三极管各极电流和极间电压都是直流值，电容相当于开路，其等效电路称为直流通路。图 6-18 所示为单管共射电路的直流通路，可求得其静态 I_{BQ} 为

$$I_{BQ} = \frac{V_{CC} - U_{BEQ}}{R_b} \qquad (6\text{-}3)$$

三极管处于放大状态时，发射结正偏，这时 U_{BEQ} 基本不变，硅管约为 0.7V，锗管约为 0.3V。由于 U_{BEQ} 一般比 V_{CC} 小得多，因此常用以下关系式进行估算，即

$$I_{BQ} \approx \frac{V_{CC}}{R_b} \qquad (6\text{-}4)$$

三极管具有电流放大能力，因此有

$$I_{CQ} = \beta I_{BQ} \qquad (6\text{-}5)$$

$$U_{CEQ} = V_{CC} - I_{CQ}R_c \qquad (6\text{-}6)$$

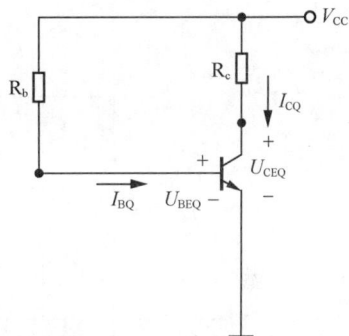

图6-18 单管共射电路的直流通路

【例 6-3】 如图 6-17 所示，已知 $V_{CC} = 20$V，$R_c = 6.2$kΩ，$R_b = 510$kΩ，三极管为 3DG100，$\beta = 45$。试求该放大电路的静态工作点。

解：
$$I_{BQ} \approx \frac{V_{CC}}{R_b} = \frac{20\text{V}}{510\text{k}\Omega} \approx 0.04\text{mA}$$

$$I_{CQ} = \beta I_{BQ} = 45 \times 0.04\text{mA} = 1.8\text{mA}$$

$$U_{CEQ} = V_{CC} - I_{CQ}R_c = 20\text{V} - 1.8\text{mA} \times 6.2\text{k}\Omega \approx 8.8\text{V}$$

思考题
单管共射电路中，增大基极偏置电阻（R_b）将使 I_{BQ}_____（增大，减小），U_{CEQ}_____（增大，减小）。

提示
共射电路的静态工作点是由 R_b 决定的。因此，通过调节 R_b 可以使放大电路获得合适的静态工作点。

直观起见，还可以通过作图的方法（图解法）在三极管输出特性曲线上确定静态工作点的位置。用图解法求图 6-17 所示共射电路静态工作点的步骤如下。

① 估算基极电流（I_{BQ}）。

$$I_{BQ} \approx \frac{V_{CC}}{R_b} = \frac{20\text{V}}{510\text{k}\Omega} \approx 40\mu\text{A}$$

② 画直流负载线。直流负载线是共射电路输出回路的直流伏安关系曲线。为方便分析问题，画出图 6-18 所示直流通路的输出回路，如图 6-19（a）

共发射极放大电路直流通路

图解法确定共发射极放大电路静态工作点

所示，其中点画线左侧三极管的 I_C 和 U_{CE} 的关系由其输出特性曲线决定；点画线右侧为三极管外部电路，其 I_C 和 U_{CE} 的关系满足 $U_{CE} = V_{CC} - I_C R_c$，用截距法在输出特性曲线的坐标平面上画出的相应直线，就是直流负载线。显然，直流负载线在 u_{CE} 轴上的截距为 V_{CC}，在 i_C 轴上的截距为 V_{CC}/R_c，其斜率则取决于集电极负载电阻（R_c），故称为直流负载线。例 6-3 中，$V_{CC} = 20V$（图 6-19 中 M 点），$V_{CC}/R_c \approx 3.2mA$（图 6-19 中 N 点），连接 M、N 两点所得直流负载线如图 6-19（b）所示。

　　③ 求静态工作点。直流负载线和三极管的输出特性都反映了 I_C 和 U_{CE} 的关系，其交点就是共射电路的静态工作点。上述已求得基极电流 $I_{BQ} \approx 40\ \mu A$，这条输出特性曲线与直流负载线的交点就是图 6-19（b）所示静态工作点 Q。Q 点对应的值就是 U_{CEQ} 和 I_{CQ}。由此可见，$U_{CEQ} = 8.8V$，$I_{CQ} = 1.8mA$，与估算的结果一致。

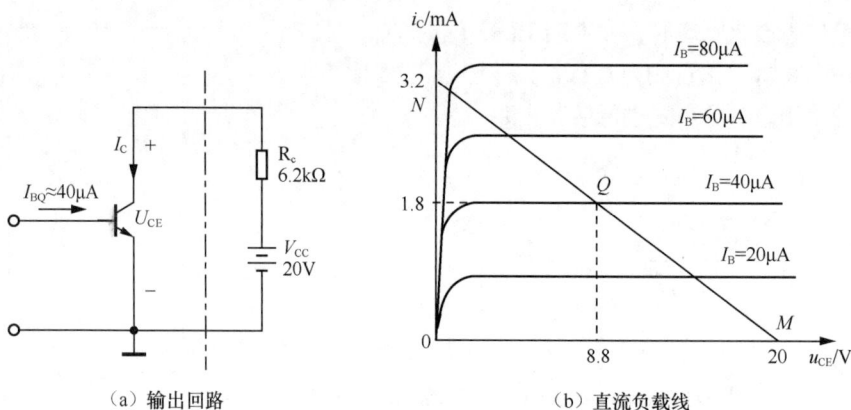

（a）输出回路　　　　　　　（b）直流负载线

图6-19　用图解法确定静态工作点

3. 动态分析

　　放大电路在有输入信号时（$u_i \neq 0$）的工作状态称为动态。动态时，在直流电压（V_{CC}）和输入交流电压信号（u_i）的共同作用下，电路中的电流和电压是由直流分量和交流分量叠加而成的脉动直流信号，其波形如图 6-20 所示。

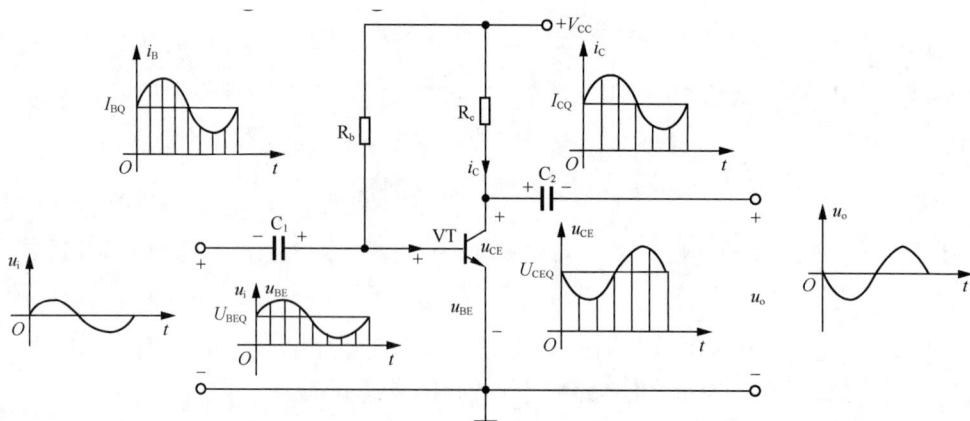

图6-20　动态时的波形

🎓 提示

　　由于放大电路交、直流共存，因此名称、符号较多。为了便于分析，将放大电路中规定的电流和电压符号列入表 6-6 中。

表6-6　放大电路中电流和电压的符号

名称	直流量（静态值）	交流量		总电流或总电压	关系式
		瞬时值	有效值		
基极电流	I_B	i_b	I_b	i_B	$i_B = I_B + i_b$
集电极电流	I_C	i_c	I_c	i_C	$i_C = I_C + i_c$
基极-发射极电压	U_{BE}	u_{be}	U_{be}	u_{BE}	$u_{BE} = U_{BE} + u_{be}$
集电极-发射极电压	U_{CE}	u_{ce}	U_{ce}	u_{CE}	$u_{CE} = U_{CE} + u_{ce}$

4. 放大电路非线性失真

实践表明，若静态工作点 Q 设置不当，在放大电路中将会出现输出电压（u_o）和输入电压（u_i）波形不一致的现象，即非线性失真。

（1）饱和失真。如图 6-21 所示，静态工作点设置在 Q_1 时，集电极静态电流（I_{CQ1}）接近饱和区。当 i_{B1} 按正弦规律变化时，三极管在正半周进入饱和区工作，造成 i_{C1} 的正半周和输出电压 u_{o1} 的负半周出现平顶畸变。这种由于三极管进入饱和区工作而引起的失真称为饱和失真。通过增大基极偏置电阻（R_b），减小 I_{BQ1}，可将静态工作点适当下移，消除饱和失真。

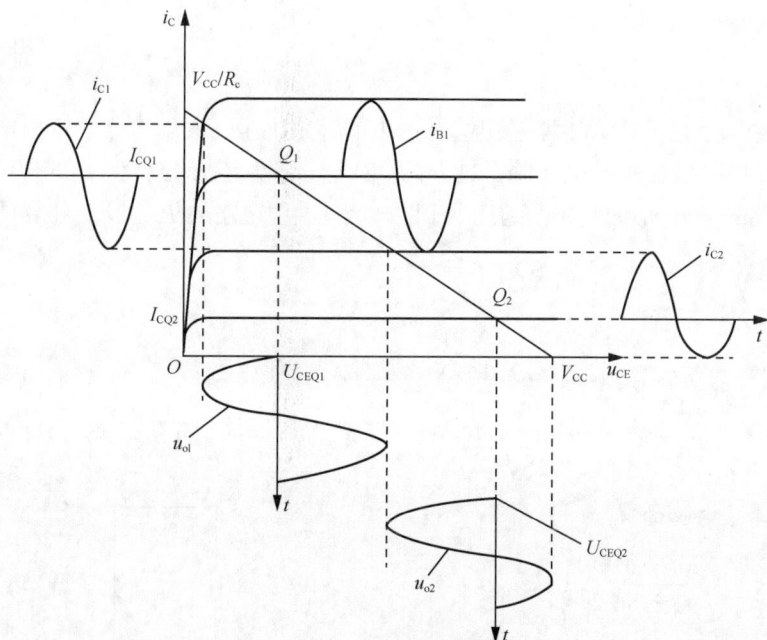

图6-21　非线性失真

（2）截止失真。如图 6-21 所示，静态工作点设置在 Q_2 时，集电极电流（I_{CQ2}）接近截止区。此时 i_{C2} 的负半周和输出电压 u_{o2} 的正半周出现平顶畸变。这种由于三极管进入截止区工作而引起的失真称为截止失真。通过减小基极偏置电阻（R_b），增大 I_{BQ2}，可将静态工作点适当上移，消除截止失真。

5. 性能指标分析

电压放大倍数、输入电阻和输出电阻是放大电路的 3 个主要性能指标。

（1）电压放大倍数（A_u）。A_u 是衡量放大电路放大能力的重要指标，共射电路的 A_u 为

$$A_u = \frac{U_o}{U_i} = -\beta \frac{R'_L}{r_{be}} \qquad (6\text{-}7)$$

其中，R'_L——交流负载等效电阻，$R'_L = R_c /\!/ R_L$；

$\quad\quad r_{be}$——三极管的输入电阻，当低频小功率管的静态工作电流 $I_C = 1\sim2\text{mA}$ 时，r_{be} 约为 $1\text{k}\Omega$。

共射电路的 A_u 一般较大，通常为几十倍到几百倍。式（6-7）中，负号表示输出电压与输入电压相位相反。

A_u 也可以用分贝（dB）表示，称为增益，其换算关系是

$$A_u(\text{dB}) = 20\lg|A_u| \qquad (6\text{-}8)$$

思考题

某放大电路中 $A_u = 100$，则其增益为＿＿＿＿＿dB。

（2）输入电阻（R_i）。R_i 是从放大电路输入端看进去的等效电阻。R_i 越大，放大电路的实际输入电压就越接近所接信号源电压。

共射电路的 R_i 为

$$R_i \approx r_{be} \qquad (6\text{-}9)$$

R_i 一般为几百欧到几千欧。

（3）输出电阻（R_o）。R_o 是从放大电路输出端看进去的等效电阻。共射电路的输出电阻 $R_o \approx R_c$。显然，R_o 越小，电路接负载后 A_u 下降得越少，输出电压越稳定，即放大电路的带负载能力越强。由于共射电路的 R_c 一般为几千欧到几十千欧，因此共射电路的 R_o 较大，电路的带负载能力较差。

思考题

电路的带负载能力是指＿＿＿＿＿＿＿＿＿＿＿＿＿＿＿＿＿＿＿＿＿＿＿＿＿。

【例6-4】 在图 6-17 所示共射电路中，已知 $R_L = 6\text{k}\Omega$，若输入信号有效值 $U_i = 10\text{mV}$，则输出电压的幅值有多大？

解： 根据式（6-7），该电路的 A_u 为

$$A_u = -\beta \frac{R'_L}{r_{be}} \approx -45\frac{6.2/\!/6}{1} \approx -137$$

输出电压的幅值为

$$U_{om} = \sqrt{2}U_o = \sqrt{2}|A_u|U_i = \sqrt{2} \times 137 \times 10\text{mV} \approx 1.94\text{V}$$

二、射极输出器

如图 6-22 所示，交流信号从基极输入、发射极输出，集电极是输入、输出回路的公共端，故称为共集电极放大电路。由于信号从发射极输出，所以又称为射极输出器。

射极输出器又称为射极跟随器，这是由于射极输出

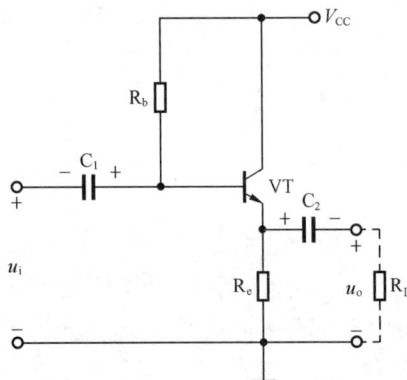

图6-22 射极输出器（共射电路）

器的输出电压与输入电压数值相近、相位相同，即输出信号总是跟随输入信号变化，这也是射

极输出器显著的特点。

此外，射极输出器还具有输入电阻大（可达几十千欧到几百千欧）、输出电阻小（一般为几欧到几百欧）的特点，因此在多级放大电路、电子测量仪器以及集成电路中得到广泛的应用。

> **提示**
>
> 射极输出器没有电压放大能力，但其输入电阻大、输出电阻小，因此多用作多级放大电路中的输入级和输出级，而共射电路通常用于电压放大级。

6.2.3 三极管开关电路

图 6-23 所示为继电器控制原理电路，当开关 S 闭合时，继电器线圈 KA 中有电流流过，继电器常开触点闭合；当开关 S 断开时，继电器线圈失电，其常开触点断开。实际电路中，开关是由三极管组成的电子开关，通过输入信号 U_i 控制三极管处于饱和导通或截止两种状态，从而起开关的作用。

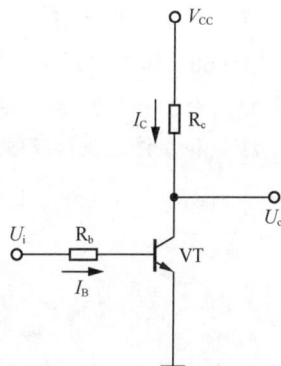

NPN 型三极管开关电路如图 6-24 所示。

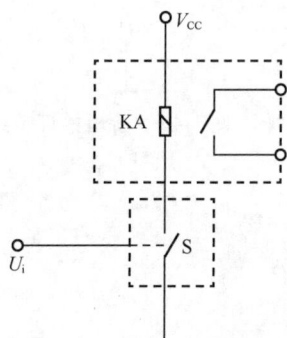

图6-23 继电器控制原理电路   图6-24 NPN型三极管开关电路

当输入电压 $U_i = 0$ 时，三极管的 $U_{BE} = 0$。由三极管的输入特性可知，这时基极电流 $I_B = 0$，三极管处于截止状态。从输出特性上可以看到，此时 $I_C \approx 0$，电阻 R_c 上没有压降，开关电路的输出电压为接近电源电压 V_{CC} 的高电压。

当 U_i 增大并使基极、集电极之间导通时，有基极电流 I_B 产生，同时有相应的集电极电流 I_C 流过电阻 R_c 和三极管的输出回路，三极管进入放大区。此时

$$I_B \approx \frac{U_i}{R_b} \qquad (6\text{-}10)$$

$$U_o = V_{CC} - I_C R_c = V_{CC} - \beta I_B R_c \qquad (6\text{-}11)$$

U_i 继续增大，电阻 R_c 上的压降随之增大。当 R_c 上的压降接近 V_{CC} 时，三极管上的压降将接近于 0，三极管深度饱和，开关电路处于导通状态，输出电压为接近于 0 的低电压。

当三极管的饱和导通压降为 U_{CES} 时，根据式（6-11），可求出三极管进入饱和状态所需的基极饱和电流为

$$I_{BS} = \frac{V_{CC} - U_{CES}}{\beta R_c} \qquad (6\text{-}12)$$

其中，I_{BS}——基极饱和电流。

为使三极管处于饱和工作状态，开关电路输出低电压，必须保证 $I_B > I_{BS}$。需要注意的是，由于三极管饱和区内的 β 值比放大区内的 β 值小很多，而元器件手册上往往只给出放大区内的 β 值，因此将手册上给出的 β 值代入式（6-12）计算出的 I_{BS} 比实际需要的 I_{BS} 要小。

总之，只要合理选择电路参数，保证 U_i 为低电压时 U_{BE} 小于导通电压 U_{ON}，三极管处于截止状态；U_i 为高电压时 $I_B > I_{BS}$，三极管处于饱和状态，则三极管的集电极、发射极之间就相当于一个受 U_i 控制的开关。三极管截止时相当于开关断开，在电路的输出端输出高电压；三极管饱和导通时相当于开关接通，在电路的输出端输出低电压。

图 6-25 所示为提醒关灯装置电路，它在点火开关断开而前照灯或停车灯仍然亮着的情况下，会使蜂鸣器发声以提醒驾驶员关灯。当点火开关断开时，三极管 VT 基极接地，此时若灯开关未断开，发射极经二极管 VD_1 或 VD_2 接电源，则三极管导通，蜂鸣器发声；当点火开关接通时，三极管 VT 因基极电位提高而截止，蜂鸣器不发出声音。

【例 6-5】 如图 6-24 所示，已知 $V_{CC}=12V$，$R_c=10k\Omega$，$R_b=100k\Omega$，$\beta = 60$，输入电压 $U_i = 3V$，三极管 $U_{BE}=0.7V$，试判断三极管是否饱和，并求出 I_C 和 U_o 的值。

解： 根据饱和条件 $I_B > I_{BS}$ 解题。

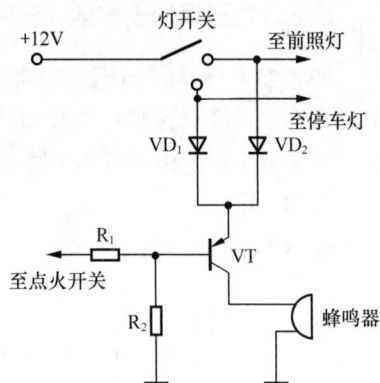

图6-25　提醒关灯装置电路

当三极管饱和时，$I_C = I_{CS} \approx \dfrac{V_{CC}}{R_c} = \dfrac{12V}{10k\Omega} = 1.2\,mA$

$$I_{BS} = \frac{I_{CS}}{\beta} = \frac{1.2\,mA}{60} = 0.02\,mA$$

根据已知条件，$I_B = \dfrac{U_i - U_{BE}}{R_b} = \dfrac{3V - 0.7V}{100k\Omega} = 0.023\,mA$

由于 $I_B > I_{BS}$，所以三极管饱和。

$$U_o = U_{CES} \approx 0.3\,V$$

项目实施

任务　分析三极管的工作状态

一、任务目的

1．学会分析与计算三极管电路参数。

2．掌握三极管的状态分析方法。

二、任务内容

如图 6-26 所示，三极管 $\beta = 50$，$U_{BE} = 0.7V$，$U_{CES} = 0.3V$。试分析三极管工作状态。

三、分析过程

1．开关 S 接通 A

（1）分别写出基极电流 I_B 和集电极电流 I_C 与电源电压 V_{CC}

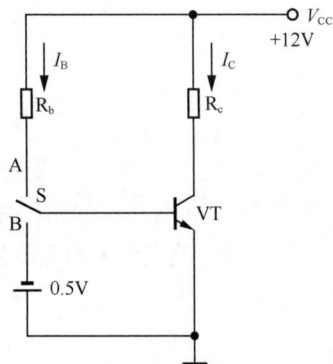

图6-26　电路

之间的关系式：

I_B=＿＿＿＿＿＿＿＿＿＿＿＿＿＿＿＿，I_C=＿＿＿＿＿＿＿＿＿＿＿＿＿＿＿＿＿。

（2）已知 U_{CES}=0.3V，若 R_c=3kΩ，计算集电极饱和电流 I_{CS}=＿＿＿＿＿mA。

（3）已知 β = 50，根据集电极电流 I_C 与基极电流 I_B 之间的关系，即＿＿＿＿，计算基极饱和电流 I_{BS}=＿＿＿＿mA。

（4）若 R_b=51kΩ，根据电源电压以及 U_{BE} 的值，计算基极电流 I_B=＿＿＿＿mA。

（5）根据以上分析结果，当 R_b=51kΩ、R_c=3kΩ 时，基极电流 I_B＿＿＿＿（大于，小于）基极饱和电流 I_{BS}，三极管处于＿＿＿＿（饱和，放大，截止）状态。

（6）若 R_b=330kΩ，重新计算基极电流 I_B=＿＿＿＿mA，此时基极电流 I_B＿＿＿＿（大于，小于）基极饱和电流 I_{BS}，三极管处于＿＿＿＿（饱和，放大，截止）状态。

（7）R_b=330kΩ、R_c=3kΩ 时，集电极电流 I_C=＿＿＿＿mA，集电极和发射极之间的电压 U_{CE}=＿＿＿＿V。

2. 开关 S 接通 B

此时，三极管基极电位 V_B=＿＿＿＿V，发射结＿＿＿＿（正偏，反偏），三极管处于＿＿＿＿（饱和，放大，截止）状态。

拓展阅读 **汽车安全**

与传统燃油汽车不同，电动汽车采用的是电驱动系统。由于电驱动系统及其部件往往工作在高压、大功率条件下，其电气安全便成为人们关注的焦点，这也是电动汽车安全问题的主要来源。汽车安全性能监测被认为是电动汽车发展的重要内容之一，将电子监测技术与控制技术相结合所形成的全方位汽车监测体系以及风险预测体系，能对汽车工作环境进行合理分析与预报，不仅能保证汽车的正常运行，还能提高汽车的安全性能。

••• 项目 6.3 集成运算放大器及其应用 •••

项目导入

在混合动力汽车等迅速发展的大环境下，智能化传感器、激光雷达、毫米波雷达、机器视觉、人机交互以及人工智能的广泛应用正推动汽车电子产业向"无人驾驶时代"迈进。汽车电子发展离不开集成电路生态体系，其中集成运算放大器简称集成运放，它最初作为电子模拟计算机的基本运算单元，完成加减、积分、微分、乘除等数学运算，因此得名。现在，集成运放已广泛应用于信号处理、信号测量及波形产生等方面。

学习目标

1. **知识目标**

（1）掌握集成运放的传输特性。

（2）掌握集成运算放大电路的分析方法。

（3）了解集成运放在汽车电路中的应用。

2．能力目标

（1）能够看懂集成运放应用电路。

（2）能够分析与计算集成运放线性应用电路的参数。

（3）能够分析集成运放非线性应用电路的工作原理。

3．素养目标

（1）培养严谨的科学精神。

（2）培养精益求精的工匠精神。

知识学习

6.3.1　集成运算放大器

集成运放由高增益直接耦合放大电路以及其他电路环节构成，具有开环增益高、输入阻抗大、输出阻抗小、体积小、功耗低、工作可靠、通用性强、使用方便且灵活等特点。

一、集成运算放大器外形与基本结构

集成运放的外形如图 6-27 所示。

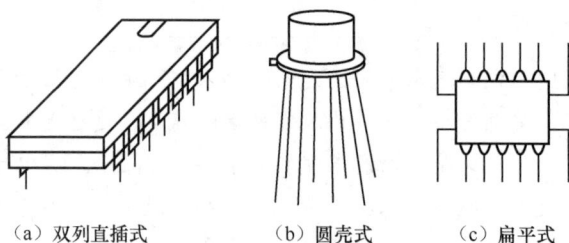

（a）双列直插式　　　　（b）圆壳式　　　　（c）扁平式

图6-27　集成运放的外形

集成运放的图形符号如图 6-28 所示。它有两个输入端和一个输出端，两个输入端分别为同相输入端和反相输入端。同相输入端标有符号"+"，表示输出电压（u_o）与该端输入电压（u_P）相位相同；反相输入端标有符号"-"，表示输出电压（u_o）与该端输入电压（u_N）相位相反。

集成运放一般由输入级、中间级、输出级以及偏置电路 4 个部分组成，如图 6-29 所示。

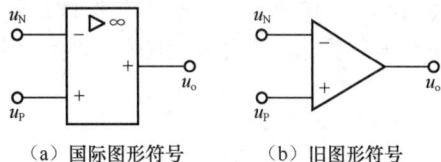

（a）国际图形符号　　（b）旧图形符号

图6-28　集成运放的图形符号

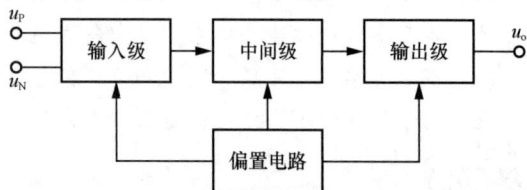

图6-29　集成运放的组成

1．输入级

集成运放的输入级通常采用差动输入放大电路，该电路输入电阻大，并且能有效抑制零点漂移。

> **提示**
>
> 零点漂移简称零漂，是当放大电路输入信号为零时，在输出端出现的无规则输出电压。温度变化是产生零漂的主要原因，利用对称的差动输入放大电路，可以使电路中的零漂相互抵消，即零漂得到抑制。

差动输入放大电路组成

2. 中间级

中间级主要进行电压放大，要求有较高的电压放大倍数，一般由共射电路构成。

3. 输出级

输出级与负载相连，应具有较大的输出电压、较高的输出功率和较低的输出电阻，并具有过载保护作用。因此，一般采用射极输出器或互补功率放大电路。

4. 偏置电路

偏置电路为各级提供合适的静态工作点。

二、主要性能指标

要合理选择和正确使用集成运放，就必须熟悉其性能。衡量集成运放性能优劣的主要依据是其各种性能指标。

1. 开环差模电压放大倍数

开环差模电压放大倍数（A_{od}）是集成运放在开环（没有反馈电路）时的输出电压与输入差模信号（有效输入信号）电压之比。A_{od} 越高，所构成的运算电路越稳定，运算精度也越高。一般集成运放的 A_{od} 为 80～140dB，如型号为 μA741 的通用型集成运放的 A_{od} 为 108dB。

2. 共模抑制比

共模抑制比（K_{CMR}）是全面衡量差动输入放大电路的重要指标。共模抑制比越大，说明电路对差模信号的放大能力越强，对零漂等共模信号的抑制能力也越强。

3. 输入电阻和输出电阻

输入电阻（R_{id}）是集成运放两输入端的动态电阻，一般为兆欧级。输出电阻（R_o）是集成运放开环工作时，从输出端向里看进去的等效电阻。R_o 越小，集成运放带负载能力越强。

总之，集成运放具有开环电压放大倍数高、输入电阻高、带负载能力强、漂移小、可靠性高、体积小等优点，已成为一种通用器件，在各个技术领域中得到广泛应用。

> **思考题**
>
> A_{od} 为 108dB 的集成运放开环输出电压是输入信号电压的 108 倍。（　　）（括号内填入√或×）

三、汽车电子电路中常用的集成运算放大器

汽车电子电路中常用的集成运放有 LM741、LM324 和 LM339 等。

1. LM741

LM741 双电源单集成运放采用 8 个引脚的双列直插式封装，其引脚排列如图 6-30 所示。其中，2 脚是集成运放的反相输入端；3 脚是同相输入端；6 脚是输出端；1 脚、5 脚是放大交流信号时的电路调零端，汽车中不用；8 脚是空脚；7 脚接正电源；4 脚接负电源，在汽车中用作比较器时搭铁。

2. LM324

LM324 双电源 4 集成运放采用 14 个引脚的双列直插式封装。LM324 内部有 4 个独立的集成运放，其引脚排列如图 6-31 所示。4 脚接正电源；11 脚接负电源，在汽车中用作比较器时搭铁。

3. LM339

LM339 单电源 4 集成运放采用 14 个引脚的双列直插式封装。LM339 在汽车中专门用作比较器，其内部有 4 个可以独立使用的比较器，引脚排列如图 6-32 所示。使用时只需接单电源，3 脚接正电源，12 脚搭铁。

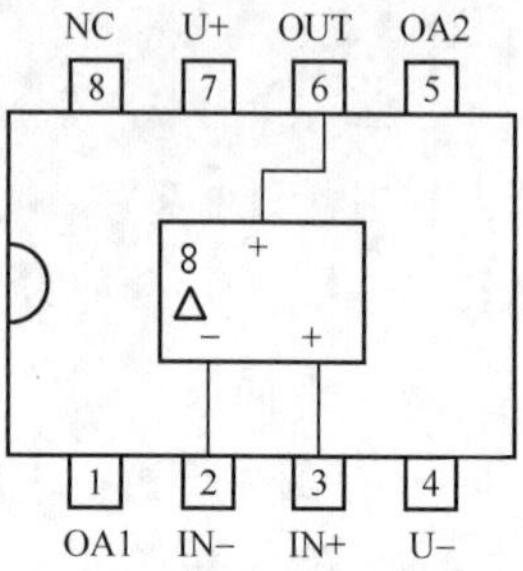

图6-30 LM741引脚排列

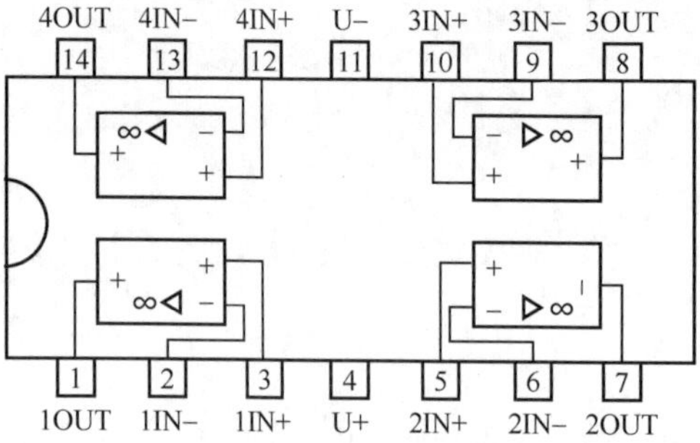

图 6-31 LM324 引脚排列

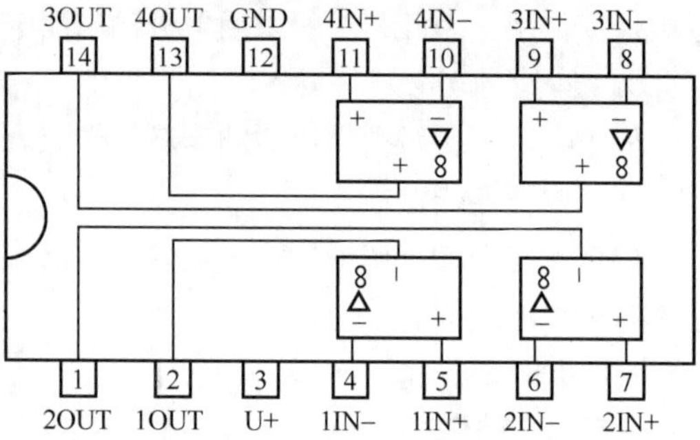

图 6-32 LM339 引脚排列

6.3.2 集成运算放大器的理想化条件及传输特性

在分析集成运放组成的各种电路时，将实际的集成运放作为理想运放来处理，并分清其工作状态是十分重要的。

一、集成运算放大器的理想化条件

理想的集成运放应满足以下各项性能指标。

① 开环电压放大倍数 $A_{od} \to \infty$。

② 输入电阻 $R_{id} \to \infty$。

③ 输出电阻 $R_o \to 0$。

④ 共模抑制比 $K_{CMR} \to \infty$。

> **提示**
> 尽管真正的理想运放并不存在，但由于实际集成运放的各项性能指标与理想运放非常接近，因此在实际操作中往往都将实际运放理想化，以使分析过程简化。

二、集成运算放大器的传输特性

传输特性是表示集成运放输出电压与输入电压之间关系的特性曲线，如图 6-33 中曲线 1 所示。其中，BC 段为线性区，在此范围内输出电压（u_o）与两输入端电位差（即净输入电压）成正比，即

$$u_o = A_{od}(u_P - u_N) \tag{6-13}$$

一般集成运放的开环电压放大倍数 A_{od} 值很大，即使输入 mV 级以下的电压，也足以使输出电压饱和而进入非线性区，即图 6-33 所示的 AB 和 CD 段，其饱和值 $+U_{om}$ 和 $-U_{om}$ 接近正、负

电源电压值。

集成运放的线性区很小，理想运放的传输特性曲线如图 6-33 中的曲线 2 所示，此时 BC 段与 u_o 轴完全重合。实际应用中，为扩大线性区，集成运算放大电路大都接成负反馈电路（将集成运放的输出通过反馈元件反送到输入端）。

集成运放在线性区的分析要领有如下两条。

① 同相输入端电位等于反相输入端电位。这是由于集成运放开环电压放大倍数 $A_{od} \to \infty$，根据式（6-13）有

$$u_P - u_N = 0$$

即 $u_P = u_N$。但同相输入端和反相输入端并没有真正短路，因此称为"虚短"。

图6-33 集成运放的传输特性曲线

② 同相输入端电流和反相输入端电流为 0。这是由于集成运放输入电阻 $R_{id} \to \infty$，因此可认为两个输入端电流为 0，即 $i_P = i_N = 0$。但两个输入端并没有真正断开，因此称为"虚断"。

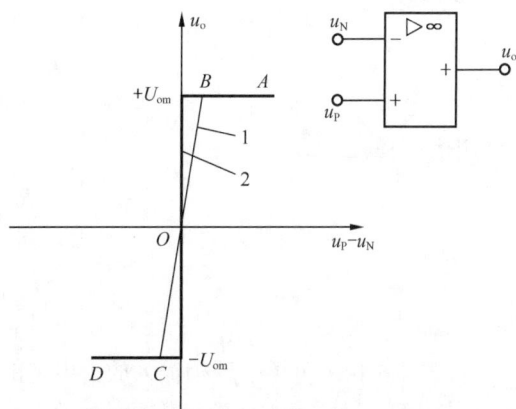

思考题

集成运放无论是工作在线性区还是非线性区都具有"虚短"的特性。（　　）（括号内填入 √或×）

提示

分析集成运算放大电路时，应首先分清集成运放的工作状态，再抓住不同状态下的分析要领对电路进行分析。

6.3.3　集成运算放大器的典型应用

集成运放的典型应用包括线性应用和非线性应用两个方面，线性应用主要是指由集成运放组成的各种信号运算电路，非线性应用主要是指各种电压比较电路。

一、信号运算

由集成运放和外接电阻、电容等元件构成的比例、加减、积分与微分等运算电路称为基本运算电路。在分析基本运算电路的输入、输出关系时，将集成运放看作理想运放，再根据"虚短"和"虚断"的特点进行分析较为方便。

1. 反相输入放大电路

如图 6-34 所示，输入信号（u_i）从集成运放的反相输入端输入，输出电压（u_o）与 u_i 反相，故称为反相输入放大电路，又称为反相比例运算电路。

根据集成运放工作在线性区的两条分析要领可知：

① $i_P = i_N = 0$，因此 $i_1 = i_F$；

② $u_N = u_P = 0$，即集成运放两输入端的电位均为零，但由于反相输入端并没有真正接地，因此称为"虚地"。

由图 6-34 可以看出

反相输入放大电路

$$i_1 = \frac{u_i - u_N}{R_1} = \frac{u_i}{R_1}$$

$$i_F = \frac{u_N - u_o}{R_F} = -\frac{u_o}{R_F}$$

根据 $i_1 = i_F$，有

$$u_o = -\frac{R_F}{R_1} u_i = A_{uf} u_i \qquad (6\text{-}14)$$

$$A_{uf} = -\frac{R_F}{R_1} \qquad (6\text{-}15)$$

由式（6-14）可见，反相输入放大电路的输出电压（u_o）与输入电压（u_i）为比例运算关系，其比例系数称为电压放大倍数（A_{uf}）。A_{uf} 仅取决于外接电阻（R_F 与 R_1）的比值，而与集成运放本身的参数无关，从而保证了运算的精度和稳定性。式（6-14）中的负号表示 u_o 与 u_i 反相。

当 $R_1 = R_F$ 时，$A_{uf} = -1$，$u_o = -u_i$，这种反相输入放大电路称为反相器。

? 思考题

图 6-34 所示电路中，$R_1 = 100\Omega$，$R_F = 1k\Omega$，$u_i = 10mV$，则 $A_{uf} =$ _____，$u_o =$ _____ mV。

2. 同相输入放大电路

如果输入信号（u_i）从同相输入端引入集成运放，就是同相输入放大电路，又称为同相比例运算放大电路，如图 6-35 所示。

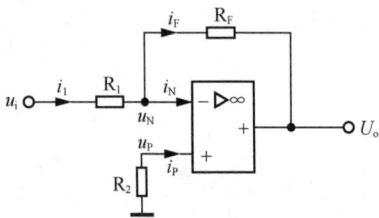

图6-34 反相输入放大电路   图6-35 同相输入放大电路

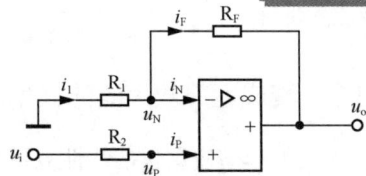

根据"虚短"和"虚断"的概念可知

$$u_P = u_N = u_i; \quad i_P = i_N = 0, \quad i_1 = i_F$$

由图 6-35 可列出以下关系式

$$i_1 = \frac{0 - u_N}{R_1} = -\frac{u_i}{R_1}$$

$$i_F = \frac{u_N - u_o}{R_F} = \frac{u_i - u_o}{R_F}$$

根据 $i_1 = i_F$，有

$$u_o = \left(1 + \frac{R_F}{R_1}\right) u_i = A_{uf} u_i \qquad (6\text{-}16)$$

$$A_{\mathrm{uf}} = 1 + \frac{R_{\mathrm{F}}}{R_1} \tag{6-17}$$

电压放大倍数（A_{uf}）为正值，表示 u_{o} 与 u_{i} 同相。当 R_1 断开或 R_{F} 短路时，$A_{\mathrm{uf}} = 1$，$u_{\mathrm{o}} = u_{\mathrm{i}}$，称为电压跟随器。

？ 思考题

图 6-35 所示电路中，$R_1 = 100\Omega$，$R_{\mathrm{F}} = 5.1\mathrm{k}\Omega$，$u_{\mathrm{i}} = 1\mathrm{mV}$，则 $A_{\mathrm{uf}} = $ _____，$u_{\mathrm{o}} = $ _____ mV。

3. 差动输入放大电路

如果集成运放的两个输入端都有输入信号，就是差动输入放大电路，如图 6-36 所示。

由于集成运放工作在线性区，因此输出电压（u_{o}）等于两个输入电压（u_{i1} 和 u_{i2}）分别作用时产生的输出电压（u_{o1} 和 u_{o2}）的叠加。

根据分析，差动输入放大电路输出电压为

$$u_{\mathrm{o}} = u_{\mathrm{o1}} + u_{\mathrm{o2}} = -\frac{R_{\mathrm{F}}}{R_1} (u_{\mathrm{i1}} - u_{\mathrm{i2}}) \tag{6-18}$$

式（6-18）表明，输出电压与输入电压的差值成正比，故称为差动输入放大电路，也称为减法运算电路，其电压放大倍数为

$$A_{\mathrm{uf}} = \frac{u_{\mathrm{o}}}{u_{\mathrm{i1}} - u_{\mathrm{i2}}} = -\frac{R_{\mathrm{F}}}{R_1} \tag{6-19}$$

差动输入放大电路

4. 反相加法电路

当多个输入信号同时作用于集成运放的反相输入端时，就构成反相加法电路，如图 6-37 所示。

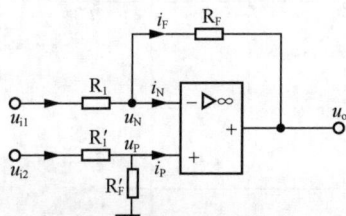

图6-36　差动输入放大电路

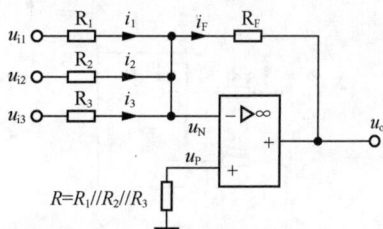

图6-37　反相加法电路

反相加法电路与图 6-34 所示的反相输入放大电路相比，只在反相输入端增加了两个输入支路，因此有 $i_1 + i_2 + i_3 = i_{\mathrm{F}}$，$u_{\mathrm{P}} = u_{\mathrm{N}} = 0$。

当 $R_1 = R_2 = R_3 = R$ 时，由图 6-37 可得

$$u_{\mathrm{o}} = -\frac{R_{\mathrm{F}}}{R} (u_{\mathrm{i1}} + u_{\mathrm{i2}} + u_{\mathrm{i3}}) \tag{6-20}$$

即输出电压与输入电压之和成正比，完成加法运算。

集成运放的线性应用除构成上述电路外，还可以构成积分电路、微分电路等，读者可自行查阅有关资料。

二、信号比较

集成运放不仅可以对信号进行运算，还可以对信号进行处理，包括信号的滤波、比较与选择、采样与保持等。其中，单值电压比较器就是一种典型的集成运放非线性应用电路。

图 6-38（a）所示为单值电压比较器电路。其中集成运放的同相输入端接参考电压（U_{REF}），反相输入端接输入电压（u_i）。根据集成运放的电压传输特性，当 $u_i > U_{REF}$ 时，输出电压 $u_o = -U_{om}$；当 $u_i < U_{REF}$ 时，输出电压 $u_o = U_{om}$，如图 6-38（b）所示。

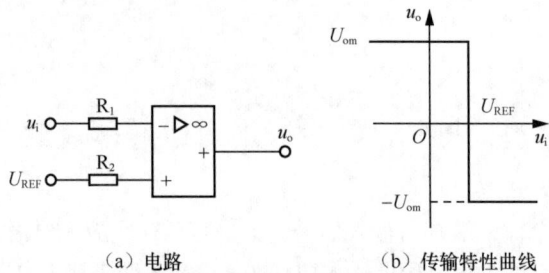

（a）电路　　　　　　（b）传输特性曲线

图6-38　单值电压比较器电路及其传输特性曲线

提示

单值电压比较器电路简单、灵敏，但抗干扰的能力较差。当输入端在参考电压附近有干扰时，就会出现输出多次翻转的现象，这一点在使用时应加以注意。

思考题

如图 6-39（a）所示，集成运放的同相输入端接地时，参考电压 $U_{REF} = 0$，这时的电压比较器称为过零比较器。请在图 6-39（b）中绘制出输入信号（u_i）为正弦波时的输出电压波形。

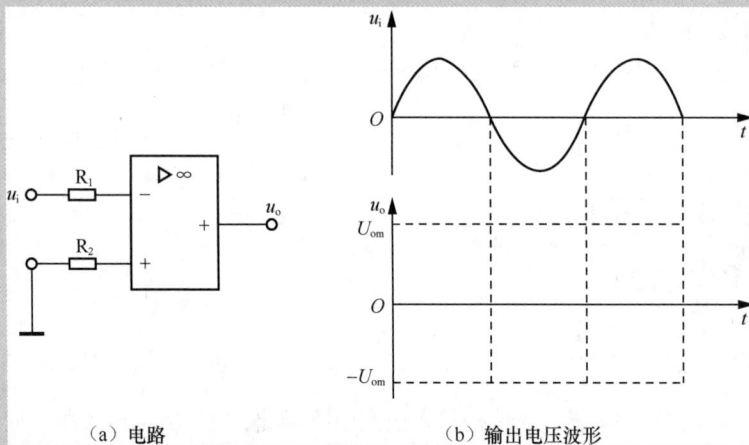

（a）电路　　　　　　　　　　（b）输出电压波形

图6-39　过零比较器

项目实施

任务6.3.1　分析汽车进气压力

一、任务目的

1. 了解集成运放在汽车电路中的线性应用。

2. 学会汽车电子电路的分析方法。

二、任务内容

汽车电喷发动机中的压阻式进气压力测量放大电路如图 6-40 所示,试分析输出信号电压与进气压力之间的关系。

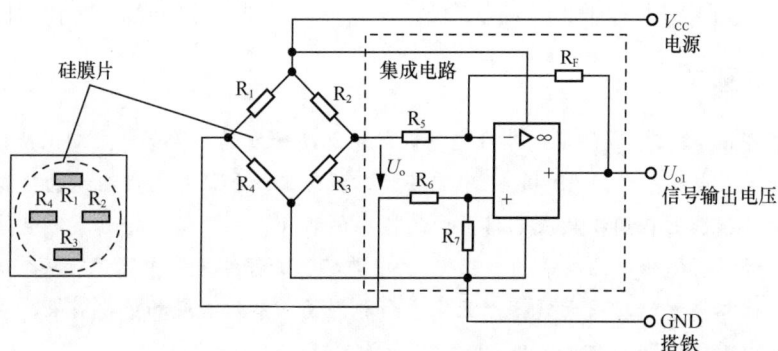

图 6-40 压阻式进气压力测量放大电路

三、电路分析

1. 电路中,$R_1 \sim R_4$ 是 4 只阻值相等的_____传感器,当进气压力作用于硅膜片使其产生机械应变时,传感器的_____发生变化,且变化量与压力成正比(压阻式进气压力传感器结构与工作原理特性见模块 1)。

2. 测量由 $R_1 \sim R_4$ 组成的电桥电路和集成运算放大电路。

(1)电桥的作用是_____,其输出电压与传感器变化量之间的关系式是 $U_o=$_____。

(2)集成运算放大电路的作用是_____,该放大电路是一个_____(同相输入,反相输入,差动输入)放大电路。取 $R_5=R_6$、$R_F=R_7$,信号输出电压 $U_{o1}=$_____。

3. 根据以上分析,信号输出电压与传感器变化量之间的关系式是 $U_{o1}=$_____,U_{o1} 与传感器变化量成正比,即与进气压力成正比。

任务6.3.2 分析汽车蓄电池低压报警电路

一、任务目的

1. 了解集成运放在汽车电路中的非线性应用。
2. 学会汽车电子电路的分析方法。

二、任务内容

如图 6-41 所示,蓄电池电压过低报警电路由集成运放(LM741)、稳压管、发光二极管及一些电阻等组成。

三、电路分析

电路中,集成运放工作于_____(线性区,非线性区),用作电压比较器。电阻 R_2 与稳压管组成电压基准电路,向电压比较器提供_____V的基准电压。R_1、R_3 组成分压电路,中间点作为电

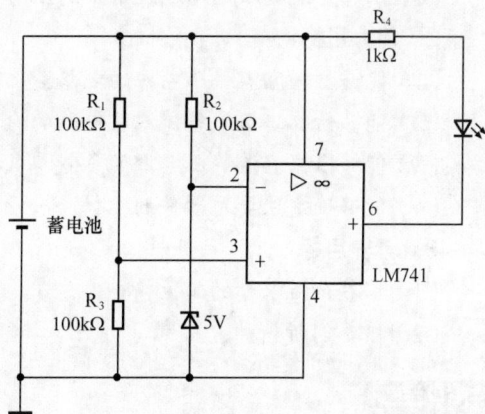

图6-41 蓄电池电压过低报警电路

195

压检测点。当蓄电池电压高于_____V时，集成运放同相输入端电位高于基准电压，电压比较器输出电压_____（接近电源电压，等于0），发光二极管_____（发光，不发光），指示电压正常；当蓄电池电压低于基准电压时，集成运放同相输入端电位低于基准电压，电压比较器输出电压_____（接近电源电压，等于0），发光二极管_____（发光，不发光），指示电压过低。

拓展阅读　中国芯

　　"中国芯"是指在中国注册的集成电路设计企业所研发的、具有自主知识产权的、占据一定市场份额的集成电路芯片或IP核。"中国芯"工程是工业和信息化部组织的集成电路技术创新和产品创新工程，旨在组织集成电路产业的技术创新和产品创新，推进集成电路产业的技术创新、产品创新以及创新产品成果的产业化。"中国芯"工程结束了中国无"芯"历史，在我国集成电路产业核心技术研发及大规模产业化方面取得了一系列进展和重要成果，实现了"中国制造"迈向"中国创造"的重大突破。

●●● 项目6.4　直流稳压电源 ●●●

项目导入

　　在模块1中我们已经了解，汽油车电路采用直流电源供电，其中一个电源是三相同步发电机，其发出的三相交流电通过电路转换成汽车中使用的直流电。另外我们也知道，电动汽车动力电池充电的电能来源是供电电网中的交流电，这些交流电同样需要通过电路进行交/直流电变换后才能对电池充电。那么如何通过电路将交流电转换成汽车中使用的直流电呢？

学习目标

1. 知识目标
（1）了解直流稳压电源的电路组成及各部分的作用。
（2）掌握二极管整流滤波电路的工作原理。
（3）了解三端稳压器的工作特性及应用。
（4）了解直流稳压电路在汽车中的应用。
2. 能力目标
（1）能够看懂直流稳压电源的电路。
（2）能够估算二极管整流滤波电路的输出电压。
（3）能够根据直流稳压电源的负载需求搭建电路。
（4）能够确定主要元器件的参数。
3. 素养目标
（1）培养精益求精的工匠精神。
（2）培养创新精神。

知识学习

　　直流稳压电源的基本功能是为电子电路提供稳定且合适的直流电。常用的直流稳压电源由电源变压器、整流电路、滤波电路以及稳压电路等组成，如图 6-42 所示。其中，电源变压器（又称为整流变压器）的作用是改变来自电网的交流电压，为整流电路提供所需的交流输入电压；整流电路的作用则是将交流电压变换为单方向的脉动直流电压；滤波电路的作用则是减少整流后直流电的脉动成分；稳压电路的作用是使输出直流电压保持恒定。

小功率直流稳压电源的组成

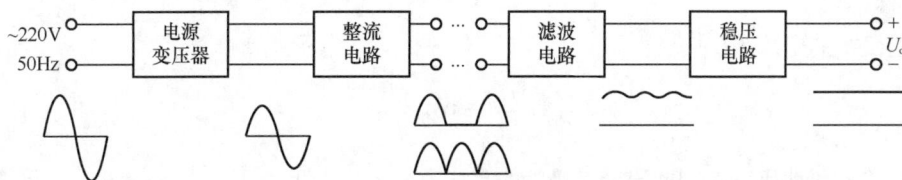

图6-42 直流稳压电源组成

6.4.1 整流与滤波电路

如前文所述，二极管具有单向导电性，利用这一特性即可组成整流电路将交流电压变换为单方向的脉动直流电压。但整流后的脉动直流电压中含有较多的谐波成分，因此还需要通过滤波电路将谐波成分滤除，使之成为适合电子电路使用的平滑直流电压。

一、整流电路

整流电路利用二极管的单向导电性将交流电变换为脉动直流电。根据输出脉动直流电的波形，整流电路可分为半波整流电路和全波整流电路；根据输入交流电的相数，可分为单相整流电路与三相整流电路等。

1. 单相半波整流电路

单相半波整流电路由整流变压器（T_r）、整流二极管以及负载电阻（R_L）组成，如图 6-43（a）所示。

单相半波整流电路

设电源变压器次级电压 $u_2 = \sqrt{2}\,U_2 \sin\omega t$，其参考方向如图 6-43（a）所示。

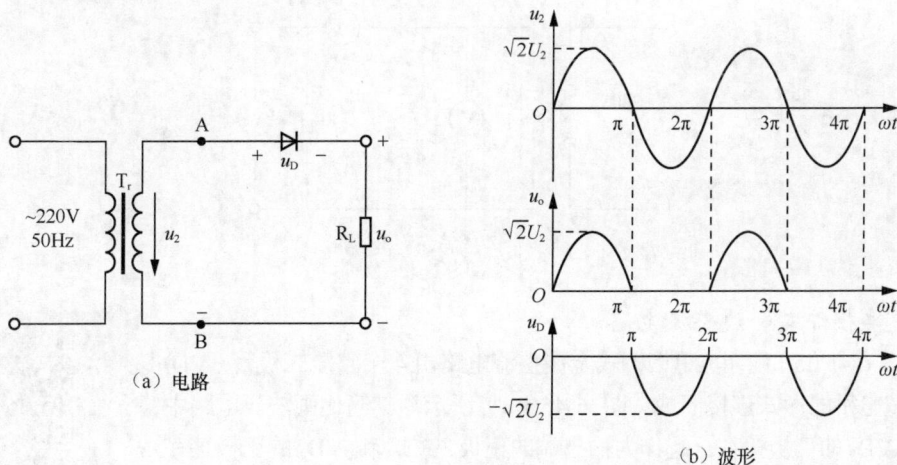

（a）电路　　　　　　　　（b）波形

图6-43 单相半波整流电路

当 u_2 的波形为正半周时，电路中 A 端为正，B 端为负，二极管正向导通，忽略二极管的正向导通压降，负载电压 $u_o = u_2$；当 u_2 为负半周时，A 端为负，B 端为正，二极管反向截止，电路中电流为 0，负载电压 $u_o = 0$，u_2 全部加在二极管两端。各电压波形如图 6-43（b）所示，由此可知，输出电压（u_o）仅为电源电压（u_2）的正半波，所以称为半波整流。

半波整流时，负载上脉动直流电压的平均值（U_o）约为输入交流电压有效值的 45%，即

$$U_o = 0.45 U_2 \tag{6-21}$$

通过负载的电流（I_o）为

$$I_o = \frac{U_o}{R_L} = 0.45 \frac{U_2}{R_L} \tag{6-22}$$

二极管与负载串联，因此流经二极管的平均电流（I_F）为

$$I_F = I_o = 0.45 \frac{U_2}{R_L} \tag{6-23}$$

此外，由图 6-43（b）可知，二极管反向截止时，管子两端承受的最高反向电压就是 U_2 的最大值，即

$$U_{RM} = \sqrt{2} U_2 \tag{6-24}$$

🎓 **提示**

在选择二极管时，所选管子的最大整流电流和最高反向工作电压应大于式（6-23）和式（6-24）的计算值。

单相半波整流电路的优点是结构简单，缺点是输出电压脉动大、利用率低，一般用于电流较小、脉动要求不高的场合。

❓ **思考题**

图 6-44 所示电路中，交流电压表 V_2 的读数为 20V，直流电压表 V_1 的读数为 _____ V，直流电流表 A 的读数为 _____ mA。

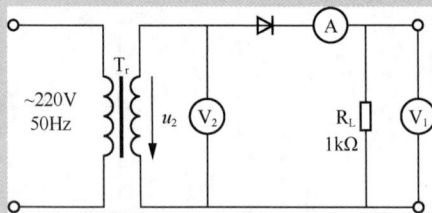

图6-44　思考题电路

2. 单相桥式全波整流电路

如图 6-45（a）所示，单相桥式全波整流电路由 4 个整流二极管（$VD_1 \sim VD_4$）按电桥的形式连接而成，图 6-45（b）所示为其简化画法。电路中，VD_1 和 VD_2 的负极接在一起作为输出端的正极，VD_3 和 VD_4 的正极接在一起作为输出端的负极。

单相桥式全波整流电路

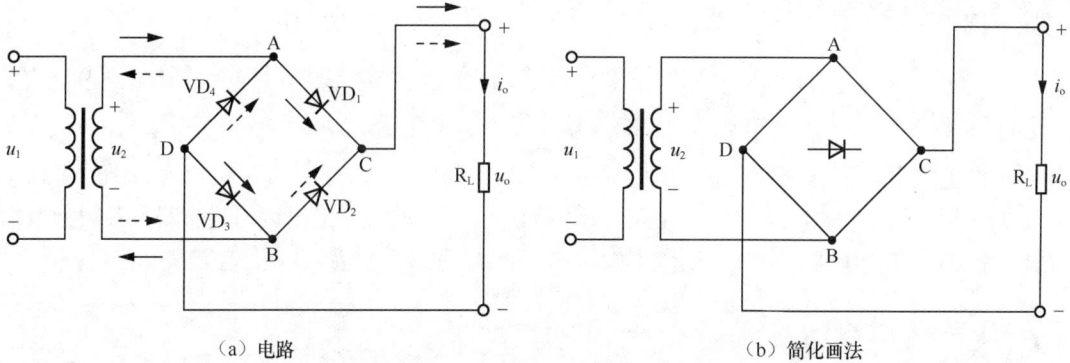

（a）电路　　　　　　（b）简化画法

图6-45　单相桥式全波整流电路

电路中，当 u_2 的波形为正半周时，A 点电位高于 B 点电位，VD_1、VD_3 正向导通，VD_2、VD_4 反向截止。电流的流向为 A→VD_1→R_L→VD_3→B，如图6-45（a）中实线箭头所示；当 u_2 的波形为负半周时，VD_2、VD_4 导通，VD_1、VD_3 截止，电流的流向为 B→VD_2→R_L→VD_4→A，如图 6-45（a）中虚线箭头所示。由此可见，VD_1、VD_3 与 VD_2、VD_4 轮流导通半个周期，但在整个周期内，负载（R_L）上均有电流流过，并且始终保持同一个方向，故称为全波整流。其电压、电流波形如图 6-46 所示。

由此可见，单相桥式全波整流电路输出电压的平均值应为单相半波整流电路的两倍，因此有

$$U_o = 0.9U_2 \quad (6-25)$$

$$I_o = \frac{U_o}{R_L} = 0.9\frac{U_2}{R_L} \quad (6-26)$$

I_o 是由 VD_1、VD_3 和 VD_2、VD_4 各轮流导通半个周期所提供的，所以流过每个整流二极管的平均电流应为负载电流的一半，即

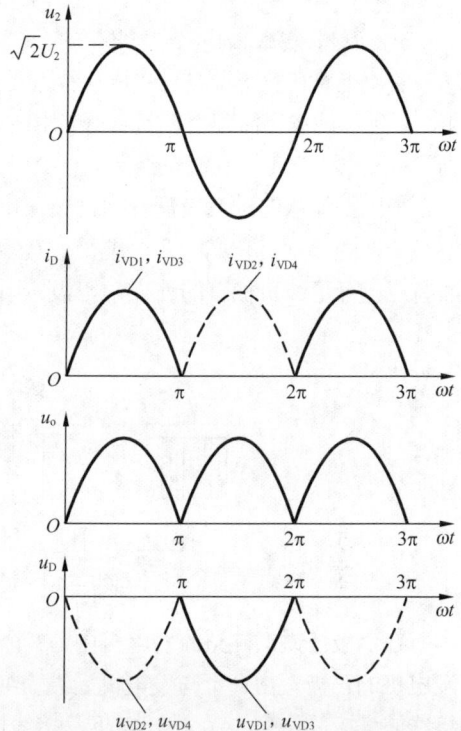

图6-46　单相桥式全波整流电路波形

$$I_F = \frac{I_o}{2} = 0.45\frac{U_2}{R_L} \quad (6-27)$$

单相桥式全波整流电路中，每个二极管承受的最高反向电压与单相半波整流电路的类似，为变压器次级电压 U_2 的最大值，即

$$U_{RM} = \sqrt{2}U_2 \quad (6-28)$$

为了使用方便，实际应用中常将单相桥式全波整流电路的 4 个整流二极管制作成整体封装起来，称为桥堆（整流桥）。桥堆有 4 个引脚，标注 "～" 的两个引脚外接交流电源，标注 "+" 和 "–" 的两个引脚分别为整流输出电压的正、负极，使用时接负载即可。

> 💡 **提示**
>
> 　　单相桥式全波整流电路的连接方式以及与电源变压器和负载的连接，必须按照图6-45所示方式进行，任何一个二极管反接均可造成变压器短路烧坏。

　　全波整流电路不但减少了输出电压的脉动程度，而且提高了变压器的利用率，因此得到了广泛的应用。其中，桥式全波整流电路应用极为广泛，目前市面上出售的整流器大多数为单相桥式整流器。在使用中，应注意引脚不能接错，否则可能发生短路，烧坏整流器。

> ❓ **思考题**
>
> 　　图6-45所示电路中，$U_2=9V$，$R_L=1k\Omega$，则：
>
> 　　$U_o=$_____V，$I_o=$_____mA，$I_F=$_____mA，$U_{RM}=$_____V。

3. 车用整流电路

　　整流电路在汽车发电机中也有着重要应用。汽车上装有蓄电池，但蓄电池存储的电能非常有限，远远不能满足汽车上不断增多的用电设备需求。因此，发电机是汽车电气设备的主要电源。为了将发电机产生的交流电整流成直流电，汽车上普遍采用由6只硅二极管组成的车用整流器。

　　车用整流器的硅二极管分为正极管和负极管两种类型，其外形和图形符号如图6-47所示，引线和外壳分别是它们的两个电极。其中，正极管的外壳为负极，引线为正极，在管壳底上一般有红色标记；负极管的外壳为正极，引线为负极，在管壳底上一般有黑色标记。

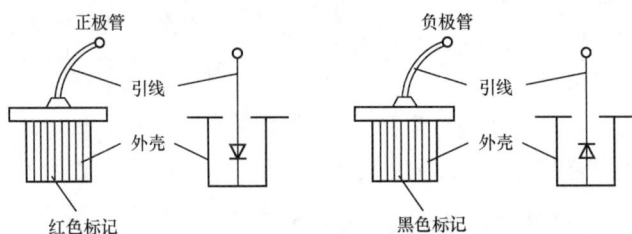

图6-47　硅二极管的外形和图形符号

　　在负极搭铁的硅整流发电机中，3个正极管的外壳压装在散热板的3个座孔内，共同组成发电机的正极，由一个与发电机后端盖绝缘的整流板固定螺栓通至机壳外，作为发电机的火线接线柱"B"（"+""A"或"电枢"接线柱）。3个负极管的外壳压装在发电机后端盖的3个孔内，和发电机外壳一起成为发电机的负极。汽车发电机整流二极管安装如图6-48所示。

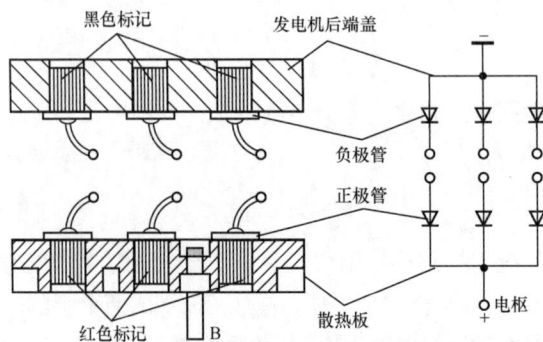

图6-48　汽车发电机整流二极管安装

3 个正极管和 3 个负极管构成的整流电路称为三相桥式整流电路，它将发电机的交流电整流成 12V 的直流电。汽车发电机整流电路及其整流波形如图 6-49 所示。

如图 6-49（a）所示，整流板上的 3 个正极管 VD_1、VD_2、VD_3 的正极分别接在发电机三相绕组的首端 U1、V1、W1 上。VD_1、VD_2、VD_3 分别在三相交流电的正半周导通，哪相电压最高，该相绕组的正极管先导通，其余正极管截止；后端盖上 3 个负极管 VD_4、VD_5、VD_6 的负极分别接在发电机三相绕组的 U1、V1、W1 上。VD_4、VD_5、VD_6 分别在三相交流电的负半周导通，哪相电压最低，该相绕组的负极管先导通，其余负极管截止。例如，在 0～t_1 时间内，由图 6-49（b）所示可见，W 相电压最高，V 相电压最低，因此正极管 VD_3 导通，负极管 VD_5 导通，如图 6-49（c）所示。进一步分析可知，无论在哪一个时刻，都有两个管子（正、负极管各一个）同时导通，它们总是将发电机的线电压加在用电设备（R）两端，使用电设备两端得到比较平稳的脉动直流电压，该电压一个周期内有 6 个波纹，如图 6-49（d）所示。

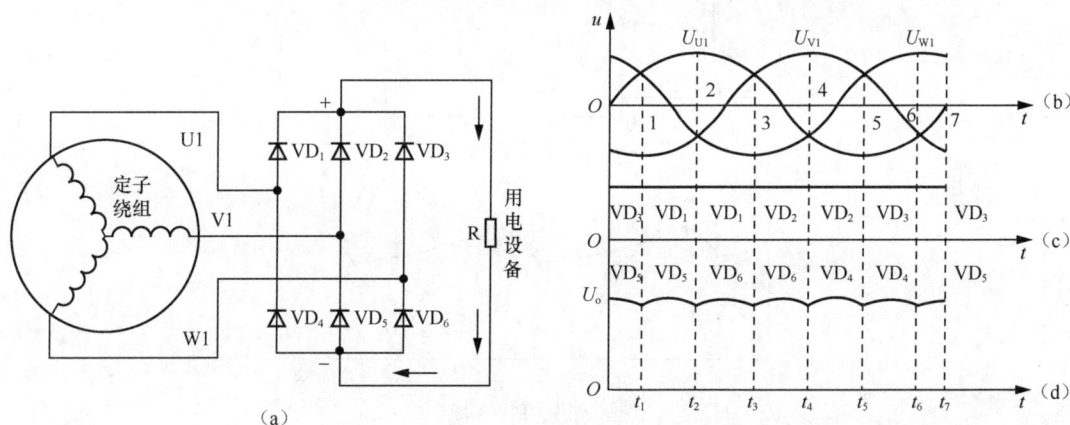

图6-49 汽车发电机整流电路及其整流波形

通过计算可得输出电压的平均值为

$$U_o = 2.34U_P \qquad (6\text{-}29)$$

其中，U_P——三相交流发电机电源相电压的有效值。

用电设备的平均电流为

$$I_o = \frac{U_o}{R} = 2.34\frac{U_P}{R} \qquad (6\text{-}30)$$

由于在一个周期内，每个二极管只有 1/3 时间导通，因此流过每个二极管的平均电流为用电设备平均电流的 1/3，二极管承受的最大反向电压则为三相电源线电压的幅值，即 $\sqrt{2}U_L$。

需要说明的是，有些汽车交流发电机为了达到提高发电功率、提高电压调节精度等目的，采用的整流方式有 8 管电路、9 管电路和 11 管电路等。

二、电容滤波电路

整流电路输出的脉动直流电压含有多种频率的交流成分，为减少交流成分对负载的影响，还应在负载与整流电路之间接入滤波电路。滤波电路能滤除交流成分，使输出电压变得平稳，通常由电容、电感元件等组成。下面介绍电容滤波电路，其余滤波电路读者可查阅相关资料。

电容滤波电路

电容滤波电路如图 6-50（a）所示，由此可见，滤波电容（C）与负载（R_L）并联。

如图 6-50（b）所示，虚线为变压器次级电压 u_2 经桥式整流后输出电压的波形。当 u_2 为正半周上升时，VD_1、VD_3 导通，u_2 一方面经 VD_1、VD_3 对滤波电容充电，另一方面向负载提供电流，忽略二极管的正向导通电压，有 $u_o = u_C \approx u_2$。随着 u_2 的增大，负载电压逐渐上升，直至接近 u_2 的最大值，如图 6-50（b）所示 b 点。当 u_2 从 b 点开始下降时，$u_2 < u_C$，VD_1、VD_3 受反偏作用而截止，滤波电容向负载放电。由于放电时间常数一般较大，因此电容电压 u_C 缓慢下降。与此同时，u_2 按照正弦规律变化，当 u_2 的电压值大于 u_C 时，如图 6-50（b）所示 d 点，VD_2、VD_4 导通，滤波电容再次被充电，输出电压也随之增大，以后电容重复上述充、放电过程，得到图 6-50（b）所示的输出电压波形。可见，接入电容滤波电路后，负载上的电压不仅变得平滑，脉动程度大为减小，而且输出电压的平均值也增大了。

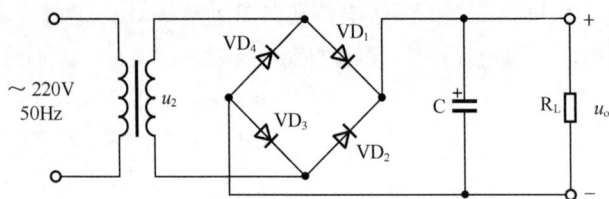

（a）电路

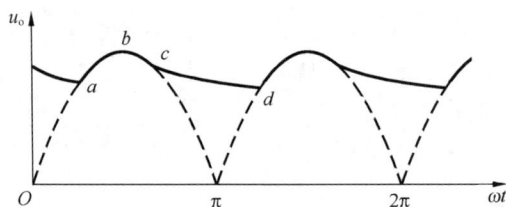

（b）输出电压波形图

图6-50 电容滤波电路

根据以上分析可以看出，电容放电越慢，输出电压越平滑，其平均值 U_o 越大。工程上，为了获得良好的滤波效果，一般取

$$R_L C \geqslant (3 \sim 5)\frac{T}{2} \qquad (6\text{-}31)$$

其中，T —— 交流电源的周期。

此时输出电压的平均值 U_o 近似为

$$U_o \approx 1.2 U_2 \qquad (6\text{-}32)$$

当负载开路时，输出电压为

$$U_o = \sqrt{2} U_2 \qquad (6\text{-}33)$$

选择滤波电容时，其电容量可以由式（6-31）确定，耐压值则应大于其实际工作时所承受的最大电压，一般取 $(1.5 \sim 2)U_2$。

> 提示
>
> 电容滤波电路的优点是可以得到脉动很小的直流电压，缺点是输出电压受负载变化影响较大，所以电容滤波电路只适用于负载电流变化较小的场合。

思考题

图 6-50 所示电路中，U_2=9V，则 U_o=_____V；若负载断开，则 U_o=_____V。

6.4.2 常见的直流稳压电路

整流、滤波后所得的直流电压虽然脉动较小，但电网电压的波动或负载的变动均会使输出电压不稳定。由于电子设备大多要求有稳定的电源电压，因此需要在滤波电路与负载之间连接稳压电路。常见的稳压电路有稳压管并联稳压电路、串联型稳压电路以及集成稳压器等。

一、稳压管并联稳压电路

稳压管并联稳压电路如图 6-51 所示，稳压管与限流电阻（R）组成稳压电路，负载（R_L）与稳压管并联，输出电压（U_o）就是稳压管的稳定电压（U_Z）。

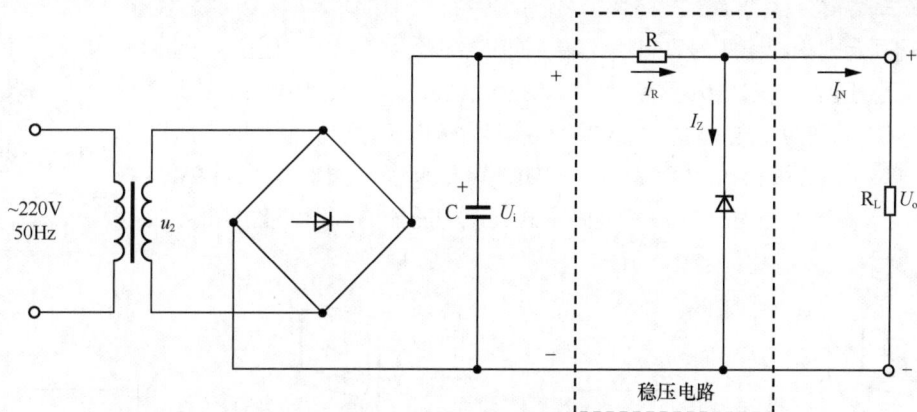

图6-51 稳压管并联稳压电路

当电网电压波动引起 u_2 增大时，电路的稳压过程如下：

$$U_2 \uparrow \to U_i \uparrow \to U_o\,(=U_i-I_R R)\,\uparrow \to I_Z \uparrow \to I_R\,(=I_Z+I_o)\,\uparrow$$
$$U_o \downarrow \longleftarrow I_R R \uparrow \longleftarrow$$

反之，当 U_2 下降时也可维持输出电压（U_o）的稳定。

并联型稳压管的优点是电路结构简单，负载电流变化较小时稳压效果好；缺点是输出电压只能等于稳压管的稳定电压，允许电流的变化幅度也受稳压管稳定电流的限制，因此只适用于功率较小和负载电流变化不大的场合。

思考题

图 6-51 所示电路中，已知 U_2=10V。整流、滤波后的输出电压 U_i=_____V。

1. 当电网电压波动使 U_2 减小时（负载不变），I_R 将（ ），I_Z 将（ ），I_o 将（ ），U_o 将（ ）。 A. 增大　　B. 减小　　C. 基本不变

2. 若电阻 R 短路，则（ ）。 A. U_o 不变　　B. 电容 C 被击穿　　C. 稳压管被烧坏

二、串联型稳压电路与集成稳压器

串联型稳压电路由调整管、取样电路、基准电压电路以及比较放大电路等组成，如图 6-52 所示。

串联型稳压电路中，调整管为双极型三极管，它与负载串联，因此称为串联型稳压电路。取样电路将输出电压取回一部分与基准电压进行比较，所得的误差电压经放大后加至调整管的基极，通过基极电位控制调整管的管压降，以达到稳定输出电压（U_o）的目的。

利用半导体工艺将上述串联型稳压电路做在同一块芯片上，就成为集成稳压器。集成稳压器不仅体积小、价格低、使用方便，而且工作可靠、稳定精度高。集成稳压器的类型很多，按输出电压是否可调，可分为固定和可调两种形式；按引出端子数，可分为三端固定式、三端可调式、四端可调式和多端可调式等。下面就以常用的 W7800 系列和 W7900 系列为例来介绍三端固定式集成稳压器。

图6-52 串联型稳压电路

1. 三端固定式集成稳压器

三端固定式集成稳压器只有输入端、输出端和公共端 3 个引出端，因此称为三端稳压器，其输出电压有 5V、6V、9V、12V、15V、18V、24V 共 7 挡。W7800 系列为正电压输出，W7900 系列为负电压输出。输出的电压挡用 W78（W79）后的两位数字表示，例如，W7809 表示输出电压为+9V，W7915 表示输出电压为−15V。三端固定式集成稳压器的外形和图形符号如图 6-53 所示。

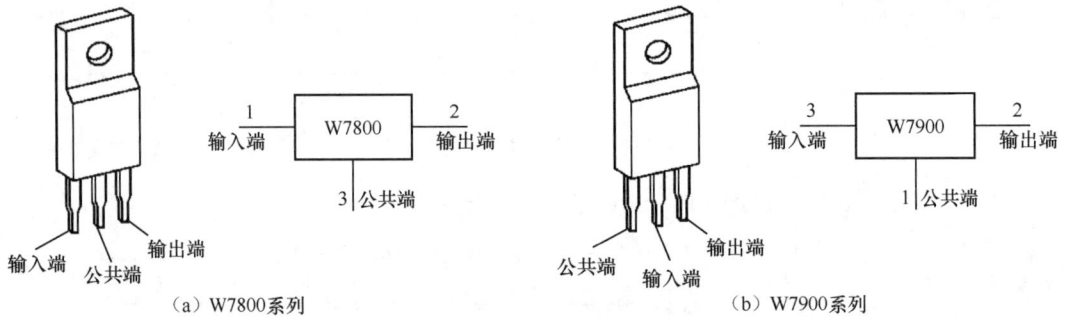

三端固定式集成稳压器的外形与引脚

（a）W7800系列　　　　　　　　　　（b）W7900系列

图6-53 三端固定式集成稳压器的外形和图形符号

2. 应用电路

三端固定式集成稳压器的基本应用电路如图 6-54 所示，图 6-54（a）所示为固定正电压输出电路，图 6-54（b）所示为固定负电压输出电路。

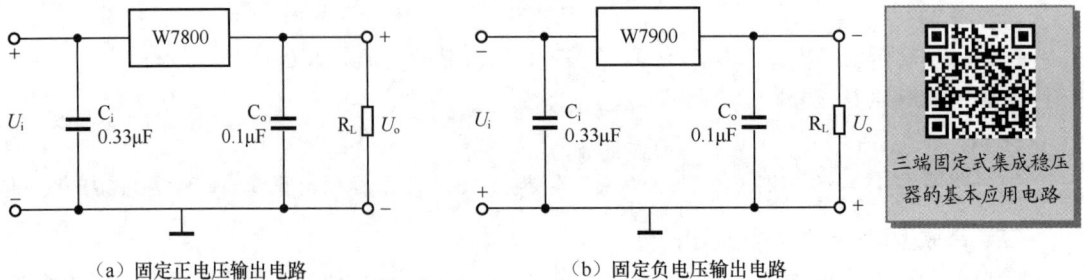

（a）固定正电压输出电路　　　　　（b）固定负电压输出电路

三端固定式集成稳压器的基本应用电路

图6-54 三端固定式集成稳压器的基本应用电路

　　由此可见，经过整流、滤波后的直流电压（U_i）加在稳压器的输入端和公共端之间，在输出端和公共端之间便可得到稳定的直流电压（U_o）。输入端电容 C_i 的作用是防止自激振荡，一般取值为 0.33μF；输出端电容 C_o 的作用是改善输出特性，其典型取值约为 0.1μF。

🎓 **提示**

　　为了使稳压器正常工作，输入电压（U_i）至少比输出电压（U_o）高 2～3V，并且在使用中要注意输入端与输出端不能接错，否则可能会使稳压器中的调整管由于承受过高的反向电压而击穿。另外，W7800 系列、W7900 系列稳压器的功耗较大，所以应安装散热片，否则稳压器内部的保护电路会由于过热而限制输出电压，使稳压器停止工作。

❓ **思考题**

　　图 6-54（a）所示电路中，欲输出 12V 电压时，输入电压（U_i）至少为＿＿＿＿V。若负载 R_L＝15Ω，则负载电流为＿＿＿＿A。查阅有关手册，选择稳压器型号为＿＿＿＿。

项目实施

任务　分析三端稳压器电路

一、任务目的

1. 了解三端稳压器电路的组成以及各元件的作用。
2. 了解三端稳压器电路的元器件参数确定方法。
3. 掌握三端稳压器电路的分析方法。

二、任务内容

分析图 6-55 所示输出固定电压的稳压器电路。

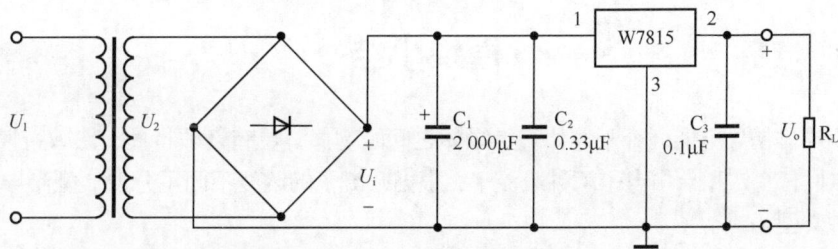

（a）电路

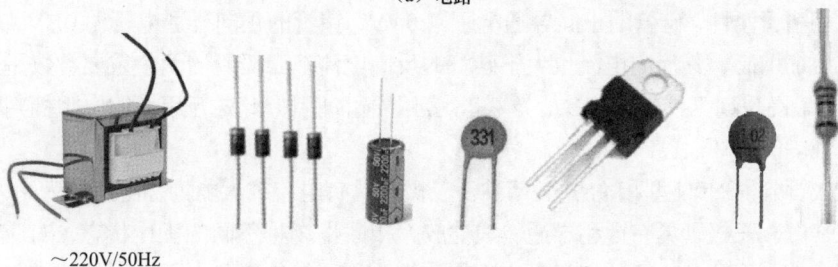

～220V/50Hz

（b）实物

图6-55　输出固定电压的稳压器电路

三、电路分析

1. 电路中，三端稳压器的型号是_____，这是一个输出_____（正，负）电压的三端稳压器。

2. 输出电压 U_o=_____V。

3. 考虑稳压器的$(U_i - U_o)_{min}$ = 2～3V，以及输入端电容滤波锯齿波电压峰值ΔU = 2～3V，三端稳压器的输入电压 U_i 的取值应为_____ V。

4. 变压器二次电压有效值 U_2 取值应为_____ V。

5. 电路中电容 C_1 作用是_____，这是一个_____材料的电容，耐压值应取_____ V 以上。

6. 电容 C_2 的作用是_____，电容 C_3 的作用是_____。

7. 图 6-55（a）所示电路中的整流电路采用了简化画法，在桥臂上画出 4 只整流二极管的具体电路。

8. 在图 6-55（b）中的三端稳压器引脚上标注引脚编号。

9. 将图 6-55（b）所示元器件进行连线。

拓展阅读　**电动汽车动力电池的充电**

目前，电动汽车动力电池的充电方式有常规充电（慢充）和快速充电（应急）两种。常规充电是指采用普通交流电源为车辆充电，是电动汽车常用的充电方式，充电时电流和功率都较低，充电时间长，对电池的寿命和电网冲击影响小，需配置具有交直流转换功能的充电机。快速充电则是通过直流充电桩以较大的电流为车辆充电，充电电压高、电流大，通常可达到常规充电电流的数倍甚至十几倍，充电时间相对较短，但会降低动力电池的循环使用寿命，在车辆集中充电时对电网有一定的冲击影响。由于动力电池只能接受直流电源充电，因此无论是常规充电的充电机还是直流充电桩，其实质都是一种直流稳压电源。

●●● 模块小结 ●●●

（1）半导体是导电能力介于导体和绝缘体之间的物体，具有杂敏特性、热敏特性和光敏特性。半导体具有空穴和自由电子两种载流子，根据载流子的浓度不同可分为 P 型半导体和 N 型半导体两种类型。

（2）PN 结具有单向导电性，即正偏时导通、反偏时截止。一个二极管就是一个 PN 结，二极管有硅管和锗管两种，硅管的正向导通电压为 0.7V，锗管的正向导通电压为 0.3V，但锗管对温度的变化更加敏感，其反向电流也大于硅管的反向电流。二极管的两个重要参数是最大整流电流（I_F）和最高反向工作电压（U_{RM}）。实际应用中可利用指针式万用表的电阻挡判断二极管的极性以及性能的好坏。

（3）三极管分为 NPN 型和 PNP 型两种。三极管具有电流放大能力，电流放大系数（β）是其重要参数之一。三极管具有饱和导通、线性放大和截止 3 种不同的工作状态，对应其输出特性的饱和区、放大区和截止区。三极管实现电流放大作用的外部条件是发射结正偏、集电结反偏。实际应用中，应使三极管工作在由 I_{CM}、P_{CM} 以及 $U_{(BR)CEO}$ 确定的安全工作区内。

（4）共发射极放大电路简称共射电路，它和射极输出器都属于三极管的基本放大电路。放大电路在输入信号为 0 时的工作状态称为静态，静态分析是为了合理设置静态工作点，使电路工作在放大状态，防止放大电路在放大交流输入信号时产生饱和或截止失真。放大电路在有输入信号时的工作状态称为动态，电压放大倍数、输入电阻和输出电阻是放大电路的 3 个主要性能指标。从性能指标的角度看，具有较大的电压放大倍数是共射电路的优点，而射极输出器因具有较大的输入电阻和较小的输出电阻而得到广泛应用。

（5）集成运算放大器简称集成运放，是由输入级、中间级和输出级等组成的高增益多级放大电路。集成运放具有开环电压放大倍数高、输入电阻高、带负载能力强、漂移小、可靠性高、体积小等优点，已成为一种通用器件，广泛应用于信号处理、信号测量以及波形产生等方面。在分析集成运放组成的各种电路时，通常将实际的集成运放作为理想运放来处理。集成运放的应用分为线性应用和非线性应用两个方面，前者主要用于信号运算，后者则主要用于信号比较。"虚短"和"虚断"是分析集成运放线性应用的两个重要依据。

（6）直流稳压电源由电源变压器、整流电路、滤波电路以及稳压电路等组成。电源变压器为整流电路提供所需的交流输入电压；整流电路将交流电压变换为单方向的脉动直流电压，常见的整流电路是单相桥式整流电路；滤波电路的作用是减少整流后直流电的脉动成分，电容和电感都具有滤波作用；稳压电路使输出直流电压保持恒定，三端固定式集成稳压器是常用的稳压电路元件。

●●● 习题 ●●●

1．如何用万用表判别二极管的好坏？

2．在使用万用表测二极管的正向电阻时，用×1 挡测出的电阻小，用×100 挡测出的电阻大，为什么？在测反向电阻时，为使表笔与二极管引脚接触良好，用两手捏紧，发现测量值较小，似乎二极管不合格，但其用在电路中却能正常工作，为什么？

3．电路如图 6-56 所示，试确定二极管是正偏还是反偏。设二极管正偏时的正向压降为 0.7V，估算 V_A、V_B、V_C、V_D 的值。

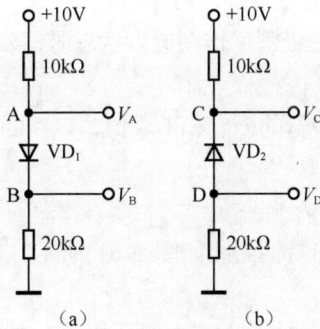

图6-56　习题3图

4．判断图 6-57 所示两个电路中二极管是导通还是截止，并求出 AB 两端电压 U_{AB}（设二极管均为理想二极管）。

5．工作在放大电路中的两个三极管，其电流分别如图 6-58（a）、（b）所示，试分别在其中标出引脚 e、b、c，写明是 NPN 型还是 PNP 型，并分别估算它们的 β 值。

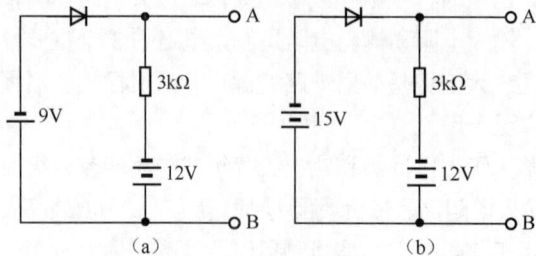

图6-57 习题4图

图6-58 习题5图

6．已知三极管工作在放大区中，并测得各电极对地电位如图 6-59 所示。试在其中画出各三极管的电路符号，并说明是锗管还是硅管。

7．图 6-60 所示为汽车内浮子舌簧管开关式液位传感器应用电路。嵌在浮子内的永久磁铁随着液位浮动，当液位低于规定值时，浮子位于虚线位置，报警灯发光报警。求限流电阻的电阻值。

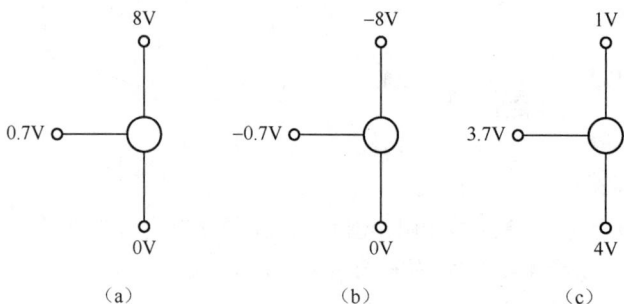

图6-59 习题6图

图6-60 习题7图

8．有两个三极管，其中一个三极管 $\beta = 100$、$I_{CEO} = 150\mu A$，而另一个三极管 $\beta = 60$、$I_{CEO} = 15\mu A$，其他参数均相同，你会选用哪一个，为什么？

9．NPN 型三极管和 PNP 型三极管工作在放大状态时，发射结和集电结应如何偏置？各电极电位关系如何？

10．用万用表测得某两个三极管的 U_{BE} 和 U_{CE} 值，试判断它们处于什么状态。

（1）$U_{BE} = 2V$，$U_{CE} = -4V$。

（2）$U_{BE} = -0.3V$，$U_{CE} = -0.1V$。

11．放大电路和三极管的输出特性曲线如图 6-61 所示。$V_{CC} = 12V$，$R_b = 160k\Omega$，I_{BQ} 可按 V_{CC}/R_b 估算。

（1）已知 $R_c = 2k\Omega$，在图 6-61（b）中画直流负载线，确定静态工作点（Q_1）。

（2）当 R_c 增大到 $6k\Omega$ 时，新的静态工作点（Q_2）将移到何处？在图 6-61（b）中标出 Q_2 的位置。

12．放大电路如图 6-62 所示，试回答下列问题。

（1）基极串联电位器（R_P）的作用是什么？

（2）若要求增大 I_C，则 R_P 怎样变化？若要求减小 U_{CE}，则 R_P 又怎样变化？

（3）输入电压（u_i）为正弦波时，用示波器测得输出电压（u_o）的波形负半周削平。请问这是什么失真？如何消除？

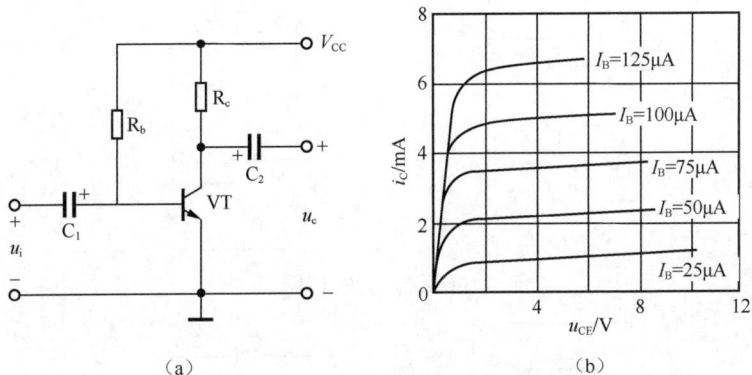

（a）　　　　　　　　（b）

图6-61　习题11图

13．如图 6-62 所示，电路的输入电压为 100mV，不失真输出电压为 5V。

（1）求电压放大倍数。

（2）当输出端接上负载 R_L 时，输出电压有何变化？

14．放大电路不带负载 R_L 时，测得输出端开路电压为 3V，接上负载 $R_L = 5.1kΩ$ 时，测得输出电压为 1.5V，求放大电路输出电阻（R_o）。

15．共射放大电路如图 6-63 所示，已知 NPN 型硅管的 $\beta = 80$。试估算静态工作点，并求电压放大倍数（A_u）、输入电阻（R_i）和输出电阻（R_o）。

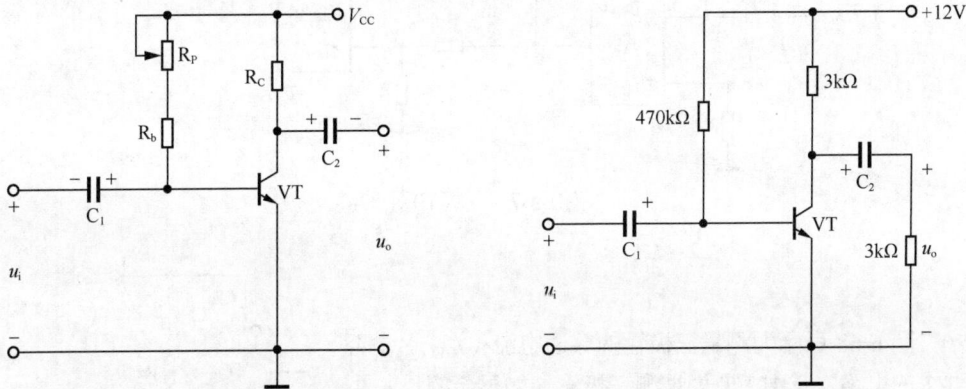

图6-62　习题12、习题13图

图6-63　习题15图

16．图 6-64 所示为集成运放测量电流电路，共有 3 个不同的量程。输出端的电压表满量程为 5V，用电压表的读数指示被测电流（I_x）。试求各量程对应的电阻值（R_1、R_2 和 R_3）。

17．试求图 6-65 所示电路的输出电压 u_o 与输入电压 u_i 的关系。

18．在图 6-66 所示电路中，已知 $R_3 = 2R_1$，$u_i = -1V$。试求输出电压（u_{o1} 和 u_o）。

19．如图 6-67 所示，已知 $u_{i1} = 0.1V$，$u_{i2} = 0.2V$，$R_1 = 50kΩ$，

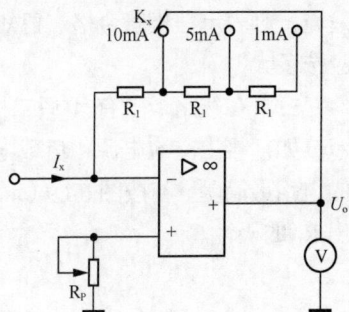

图6-64　习题16图

$R_2 = 100\text{k}\Omega$，$R_3 = 33\text{k}\Omega$，$R_4 = R_5 = 100\text{k}\Omega$，$R_6 = R_7 = 50\text{k}\Omega$。求 u_{o1} 和 u_o 的值。

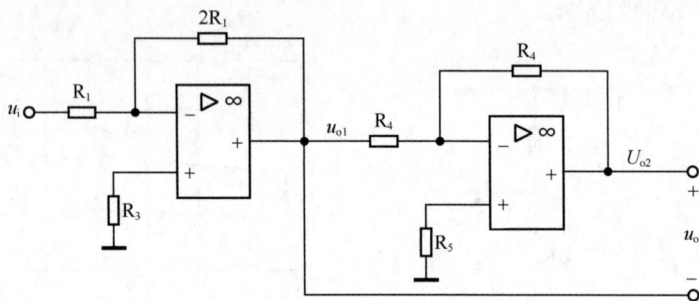

图6-65　习题17图

图6-66　习题18图

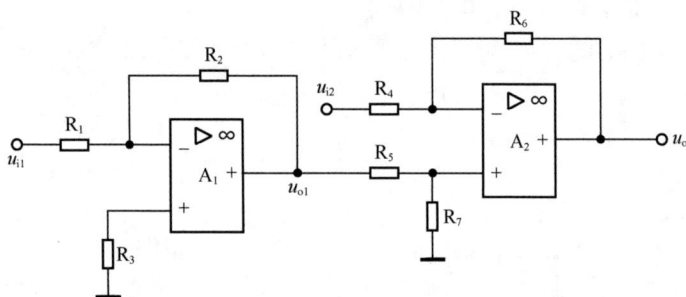

图6-67　习题19图

20．图 6-68 所示为测量三极管的穿透电流（I_{CEO}）是否符合要求的电路。其中 VT 为被测三极管，如果希望 I_{CEO} 小于 20μA，集成运放的输出电压等于 U_{om}，能驱动发光二极管发光，则表示三极管合格。已知 $V_{CC} = 15\text{V}$，试问电阻（R）应选多大？

21．在线路板上有 4 只二极管的排列如图 6-69（b）所示，如何接上交流电源和负载电阻实现桥式整流，要求画出的电路最简明。若按图 6-69（a）所示连成电路，试在其上标出 R_L 的极性。

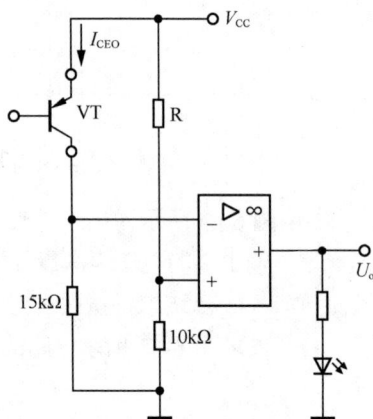

图6-68　习题20图

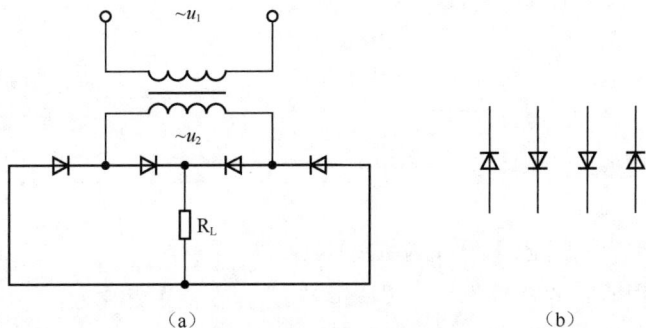

图6-69 习题21图

自测题

一、填空题

1．半导体是一种导电能力介于_____与_____之间的物质。

2．当外界温度、光照等发生变化时，半导体的_____能力会发生很大变化。

3．在半导体中，参与导电的载流子有_____和_____两种。

4．N 型半导体主要靠_____导电，P 型半导体主要靠_____导电。

5．PN 结正偏是将 P 区接电源的_____极，N 区接电源的_____极。

6．PN 结加正向电压时_____，加反向电压时_____，这种特性称为 PN 结的_____。

7．二极管的主要特性是_____，使用时应考虑的两个主要参数是_____和_____。

8．在常温下，硅管的死区电压约为_____V，导通压降约为_____V；锗管的死区电压约为_____V，导通压降约为_____V。

9．当加在二极管两端的反向电压过高时，二极管会被_____。

10．用指针式万用表的两表笔分别接触二极管的两端，当测得的电阻值较小时，黑表笔所接触的一端是二极管的_____极。

11．三极管是由两个 PN 结构成的一种半导体器件，从结构上看可以分为_____和_____两大类型。

12．PNP 型三极管处于放大状态时，3 个电极中_____极电位最高，_____极电位最低。

13．汽车中常用的集成运放 LM324 为_____电源集成运放，内部有_____个独立的运放，用作比较器时，引脚 4 接_____。

14．图 6-70 所示为单管交流放大电路，在线性放大状态下调整参数，试分析电路状态和性能变化（在相应的空格内填写：增大，减小，基本不变）。

（1）若 R_b 减小，则静态工作点 I_{CQ} 将_____，U_{CEQ} 将_____，电压放大倍数（A_u）将_____。

（2）若 R_c 减小，则静态工作点 U_{CEQ} 将_____，

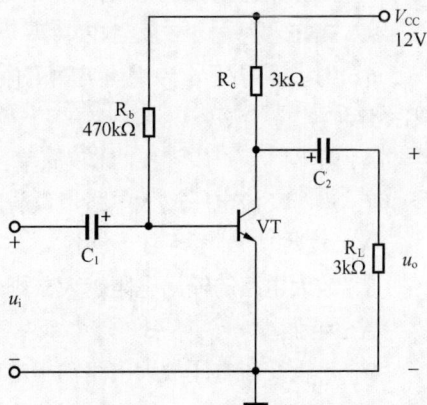

图6-70 单管交流放大电路

电压放大倍数（A_u）将_____，输出电阻（R_o）将_____。

（3）若负载电阻 R_L 减小，则电压放大倍数（A_u）将_____，输出电阻（R_o）将_____。

15．在集成运放的两个工作区中：当集成运放工作在_____时，集成运放两输入端具有"虚短"和"虚断"的特点；集成运放工作在_____时，输出为正向或负向饱和电压。

16．常用的小功率直流稳压电源系统由_____、_____、_____和_____4 部分组成。

17．用稳压管组成稳压电路，稳压管必须与负载电阻_____。

18．三端集成稳压器 W7805 的输出电压是_____V，W7905 的输出电压是_____V。为使三端集成稳压器正常工作，必须使输出电压比输入电压高_____V。

19．硅稳压管是工作在_____状态下的硅管，在实际工作中，为了保护稳压管，需在外电路上串接_____。

20．光电二极管又称为_____二极管，是 PN 结工作在_____偏置状态下的二极管，它的反向电流会随光照强度的增加而_____。

21．发光二极管的 PN 结工作在_____偏置状态时会发光。发光二极管在汽车电子设备中主要用作_____。

二、选择题

1．空穴（　　），N 型半导体（　　）。

A．带正电　　　　B．带负电　　　　C．呈电中性　　　　D．可能带正电，可能带负电

2．当温度升高时，二极管的正向压降（　　），反向击穿电压（　　），反向电流（　　）。

A．增大　　　　B．减小　　　　C．不变

3．当用万用表测得二极管的正、反向电阻均接近无穷大，则该二极管（　　）；当测得二极管的正、反向电阻均接近零，则该二极管（　　）。

A．正常　　　　B．内部短路　　　　C．内部断路

4．当三极管的两个 PN 结都反偏时，三极管处于（　　）；当三极管的两个 PN 结都正偏时，三极管处于（　　）。

A．截止状态　　　　B．饱和状态　　　　C．放大状态

5．用万用表×1k 电阻挡测量一只能正常放大电信号的三极管，若用黑表笔接触一只引脚，红表笔分别接触另两只引脚时测得的电阻都较小，则该三极管是（　　）。

A．PNP 型　　　　B．NPN 型　　　　C．无法确定

6．为了测得图 6-59 所示电路的输出电阻，有位同学用万用表的电阻挡去测输出端对地电阻，这种测量方法（　　）。

A．正确　　　　B．比较简单、误差较大　　　　C．错误

7．单管交流电压放大电路带负载后，电压放大倍数（　　）。

A．增大　　　　B．减小　　　　C．不变

8．放大电路的输出电阻越大，则带负载能力（　　）。

A．越强　　　　B．越小　　　　C．无影响

9．单管交流电压放大电路输出电压正半周削波，这种失真称为（　　）。

A．饱和失真　　　　B．截止失真

10．在单相桥式整流电路中，若有一只整流管接反，则（　　）。

A．输出电压约为原来的两倍   B．变为半波直流

C．整流管被烧坏   D．输出无影响

三、填表题

1．在放大电路中测得各三极管电极电位如图 6-71 所示，试判断各管的引脚、类型及材料，并将判断结果在表 6-7 中用"√"标出。

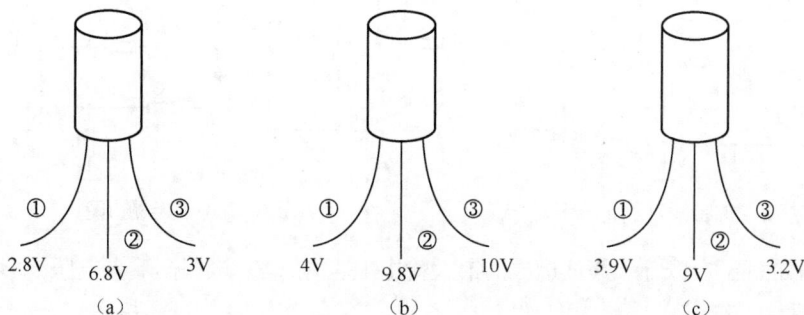

图6-71 三极管电极电位

表 6-7 各三极管的引脚、类型及材料

图 6-71	基极			发射极			类型		材料	
	①	②	③	①	②	③	NPN 型	PNP 型	硅	锗
（a）										
（b）										
（c）										

2．查阅电子元器件手册，将常用三极管的极限参数记录在表 6-8 中。

表 6-8 常用三极管的极限参数

型号		类型	材料	P_{CM} /mW	I_{CM} /mA	$U_{(BR)CEO}$ /V
低频小功率管	3AX51C					
	3BX31C					
高频小功率管	3DG100A					
	3DG130B					

四、综合题

1．已知三极管的型号为 3DG100A，结合表 6-8 回答下列问题。

（1）能否工作在 $U_{CE} = 30V$、$I_C = 25mA$ 的状态？为什么？

（2）能否工作在 $U_{CE} = 30V$、$I_C = 3mA$ 的状态？为什么？

（3）能否工作在 $U_{CE} = 10V$、$I_C = 15mA$ 的状态？为什么？

2．基本共射放大电路如图 6-72 所示，三极管 VT 为 NPN 型硅管，$\beta = 100$。

（1）估算静态工作点（I_{BQ}、I_{CQ} 和 U_{CEQ}）。

（2）求电压放大倍数（A_u）、输入电阻（R_i）和输出电阻（R_o）。

3．求图 6-73 所示电路的输出电压值，并指出 A₁、A₂ 各组成什么电路。已知 $u_{i1} = 0.1V$，$u_{i2} = 0.3V$，$R_1 = 50k\Omega$，$R_2 = 100k\Omega$，$R_3 = 33k\Omega$，$R_4 = R_5 = 100k\Omega$，$R_6 = R_7 = 50k\Omega$。

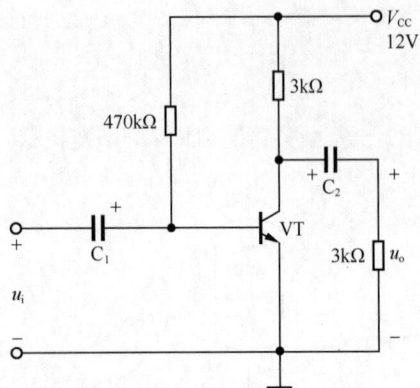

图6-72　综合题2图

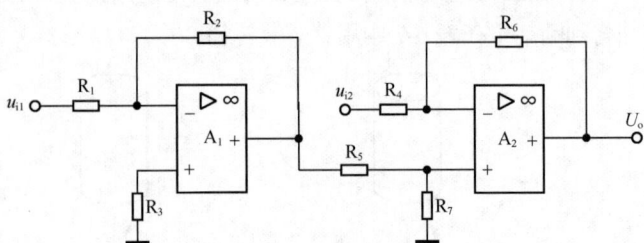

图6-73　综合题3图

4．电路如图6-74所示，集成运放的最大输出电压为±6V，试根据输入电压波形对应画出输出电压 u_{o1} 和 u_{o2} 的波形。

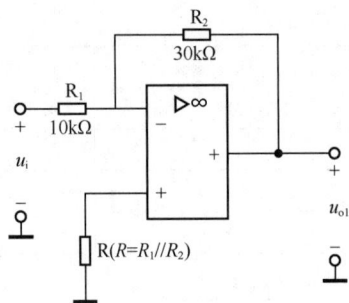

（a）

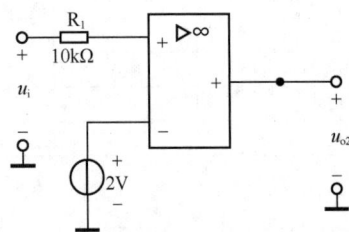

（b）

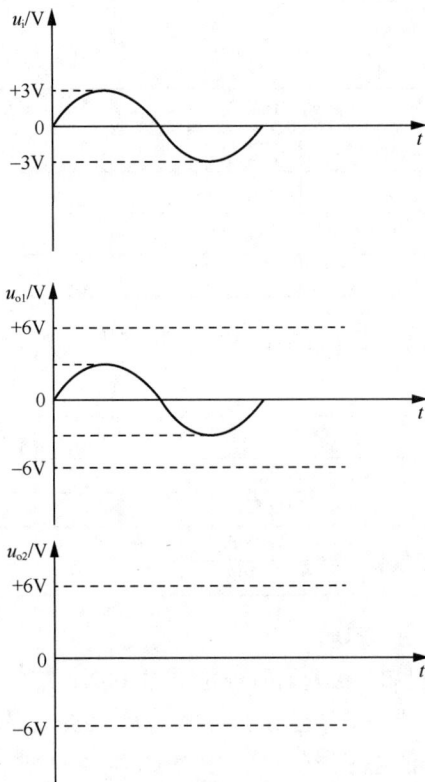

图6-74　综合题4图

5．在图6-75所示桥式整流电容滤波电路中，已知 $R_L = 50\Omega$，$C = 1\,000\mu F$。

（1）用交流电压表测得 $U_2 = 20V$，用直流电压表测得 R_L 两端电压 U_o：①$U_o = 28V$；②$U_o = 18V$；③$U_o = 24V$；④$U_o = 9V$。试分析这些结果分别为电路处于何种情况下测得的。

（2）当电路中的任一个二极管出现情况：①短路；②断路；③接反。试分析这些情况下分别会出现什么情况或危害。

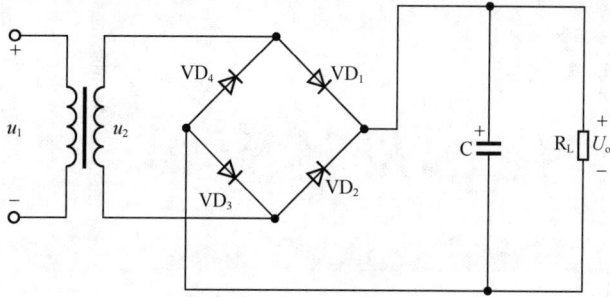

图6–75　综合题5图

6．电路如图 6-76 所示。

（1）合理连线，构成 5V 的直流电源。

（2）已知三端稳压器$(U_i - U_o)_{min} = 3V$，输入端电容滤波锯齿波电压峰值 $\Delta U = 2\sim 3V$，变压器二次电压 U_2 应取多大？

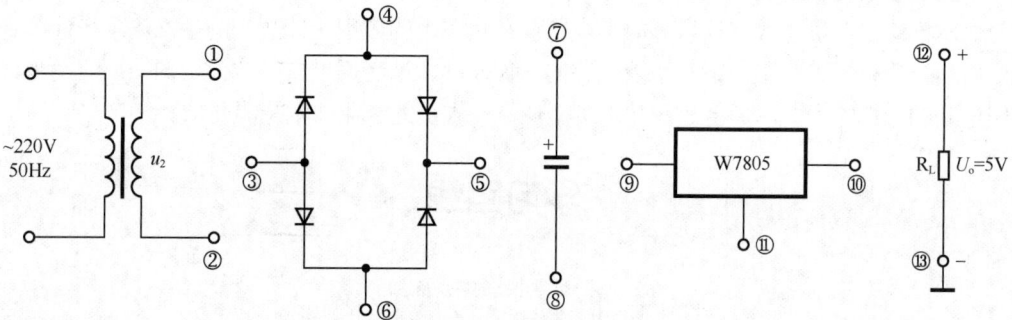

图6–76　综合题6图

07

▷ 模块7 ◁
数字电子技术及其应用

··· 学习导读 ···

　　数字电子技术的发展和在汽车上的应用，推动了汽车电子控制技术的发展。汽车上拥有几十个独立的电子控制系统，各控制系统中的 ECU 均包含数字电子电路，其输出的信号均为数字信号。本模块主要讲述数字信号、数字电路及在汽车上的应用，计数制的基本概念和计数制之间的转换，逻辑运算电路、组合逻辑电路的工作原理，读者通过学习本模块的知识应初步具备逻辑电路的分析能力，以契合汽车技术类岗位从业人员的专业技术技能要求。

··· 学习路线 ···

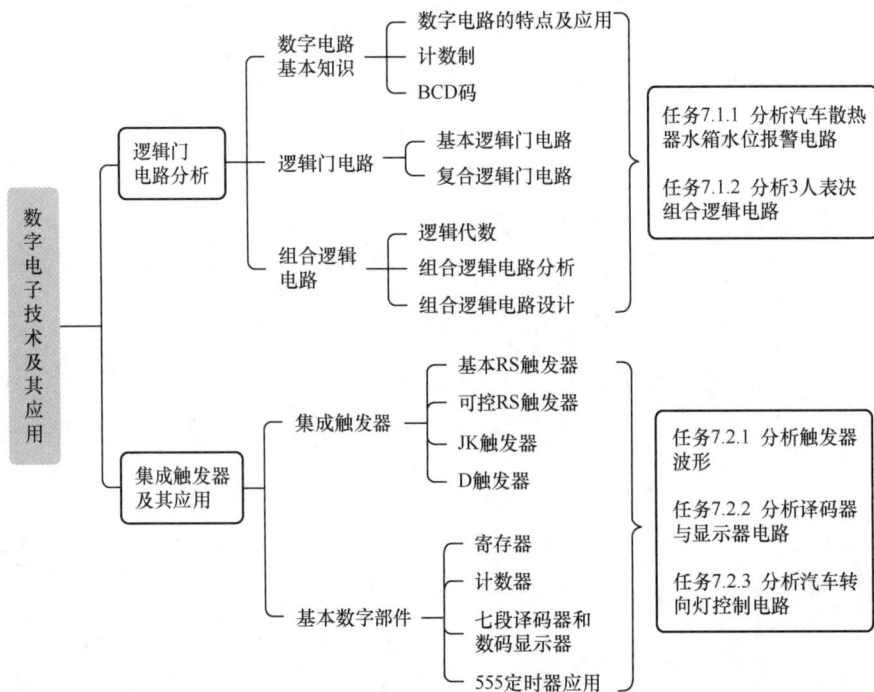

项目 7.1　逻辑门电路分析

项目导入

在电子控制系统中，输入值将根据一定的逻辑关系确定输出值，输入与输出之间的逻辑关系可以由数字电路确定，也可以由软件确定。汽车自动变速器的挡位信息，就是通过汽车的车速、节气门的开度、换挡杆的挡位等输入信号，根据一定的逻辑关系确定的。发动机喷油器的判缸信号，是由发动机转速传感器和凸轮轴位置传感器等信号根据一定的逻辑关系确定的。那么，在数字电路中，可以通过哪些电路来描述输入与输出之间的逻辑关系呢？逻辑电路的输入和输出信号分别是什么类型的呢？

学习目标

1. 知识目标
（1）掌握数字电路的特点、计数制与码制的概念以及在汽车中的应用。
（2）掌握基本逻辑门电路的逻辑功能，了解逻辑门电路在汽车中的应用。
（3）掌握逻辑代数运算法则和定律。
（4）掌握组合逻辑电路分析的方法和步骤。
2. 能力目标
（1）具备分析各种逻辑门电路的能力。
（2）初步具备运用逻辑代数运算法则和定律对逻辑函数进行化简的能力。
（3）初步具备分析组合逻辑电路的能力。
3. 素养目标
（1）培养严谨的科学精神和职业素养。
（2）提升逻辑思维能力和问题分析能力。

知识学习

7.1.1　数字电路基本知识

电路中的信号可分为模拟信号和数字信号两类，模拟信号是指在时间和数值上都连续变化的电信号，如汽车冷却液温度传感器输出的电压信号，如图 7-1（a）所示；数字信号是指在时间和数值上都不连续变化的离散脉冲信号，如图 7-1（b）所示，如汽车发动机转速信号、汽车发动机喷油器的驱动喷油信号。电子技术中电子电路分为两大类，其中传输和处理模拟信号的电路称为模拟电路，如放大电路、稳压电路都属于模拟电路；传输和处理数字信号的电路称为数字电路，如后续要学习的逻辑门电路、触发器、寄存器等都属于数字电路。模拟电路和数字电路的功能不同，分析问题的方法也不相同。

一、数字电路的特点及应用

1. 数字信号和数字电路
数字电路中数字信号只有两种状态，可用"0"或"1"两种取值，即逻辑 0 和逻辑 1。其可以表示电平的高低、脉冲的有无等，只要能区分出两个相反的状态即可，逻辑 0 和逻辑 1 表示彼此相关又互相对立的两种状态，例如，开与关、高电平与低电平、灯亮与灯不亮、是与非等。数字电路重点研究输入信号和输出信号之间的逻辑关系，而表达电路逻辑功能的主要方法有逻辑变量的真值表、逻辑函数式、逻辑电路、时序图、卡诺图等。

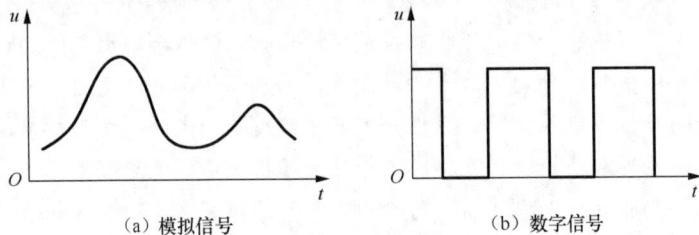

（a）模拟信号　　　　　　　（b）数字信号

图7-1　模拟信号和数字信号

2. 数字电路的特点

与模拟电路相比，数字电路具有以下特点。

（1）工作稳定、可靠，抗干扰能力强。模拟电路中各元件参数都有一定的温度系数，易受环境影响。而在数字电路中，半导体器件大多工作在开关状态，如三极管的饱和区和截止区，对应的只有两个电平信号，即 0 和 1，受环境影响小。

（2）数字电路具有算术运算和逻辑运算功能。由于数字电路以二进制逻辑代数为数学基础，不仅可以完成算术运算功能，还可以完成逻辑运算及逻辑判断功能，例如，与、或、非、判断、比较、处理等功能。分析数字电路的主要工具是逻辑代数，所以数字电路又称为逻辑电路。

（3）电路结构简单、集成度高。数字电路中没有模拟电路中的各种大电感、大电容等元件，基本单元电路结构比较简单，对元件的精度要求不高，允许有一定的误差。大部分数字电路都可以采用集成电路来系列化生产。集成度高、体积小、功耗低是数字电路突出的优点。

（4）数字电路精度高。可以很容易地通过增加二进制位数提高数字电路的处理精度。在模拟电路中，元器件精度要达到 1×10^{-3} 已不容易，而数字电路 17 位字长就可以达到 1×10^{-5} 的精度。理论上，数字电路的精度不受限制。

此外随着集成电路技术的高速发展，数字电路的集成度越来越高，集成电路块的功能随着小规模集成电路（SSI）、中规模集成电路（MSI）、大规模集成电路（LSI）、超大规模集成电路（VLSI）的发展也从元件级、器件级、部件级、板卡级上升到系统级。电路的设计和组成只需采用一些标准的集成电路单元连接而成。对于非标准的特殊电路还可以使用可编程序逻辑阵列电路，通过编程的方法实现任意逻辑功能。

3. 数字电路在汽车中的应用

图 7-2 所示为汽车发动机转速检测电路，每当带齿的信号盘的一个齿转过相应的固定位置时，电磁脉冲传感器便对外发出电脉冲信号。其经过整形和放大处理后，成为标准的数字信号，根据单位时间内数字信号的个数，通过程序就可以计算出发动机的转速。再通过显示程序和显示设备在汽车仪表盘上把发动机的转速用数字的形式显示出来。

汽车发动机 ECU 主要由输入回路、单片机、输出回路组成，图 7-3 所示为 ECU 内部结构。输入回路由模/数（A/D）转换器和数字输入缓冲器组成，数字输入缓冲器电路主要包括整形电路、波形变换电路、限幅电路和滤波电路等。输入回路的作用就是将汽车中各式传感器的输入信号转换成计算机能够接收的数字信号。其中模/数转换器外接一些模拟信号，将其转换为数字信号，如图7-3（a）所示。汽车中热线式、热膜式空气流量传感器信号等都属于模拟信号。汽车的霍尔式传感器（发动机转速、活塞上止点位置、汽车速度）信号、点火开关、空挡启动开关、触点开关式传感器（节气门位置传感器）信号等均为脉冲信号或数字信号（高、低电平），因此通过输入回路处理后，可直接传输到计算机中进行运算处理。

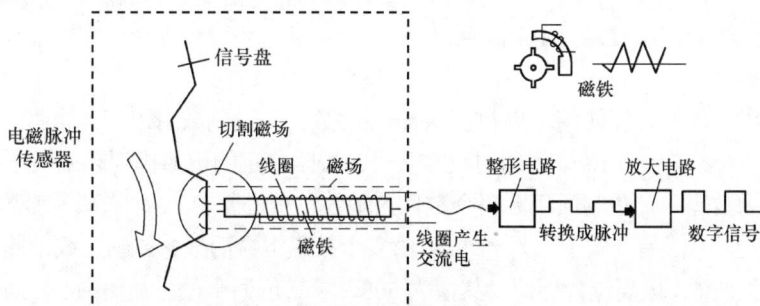

图7-2　汽车发动机转速检测电路

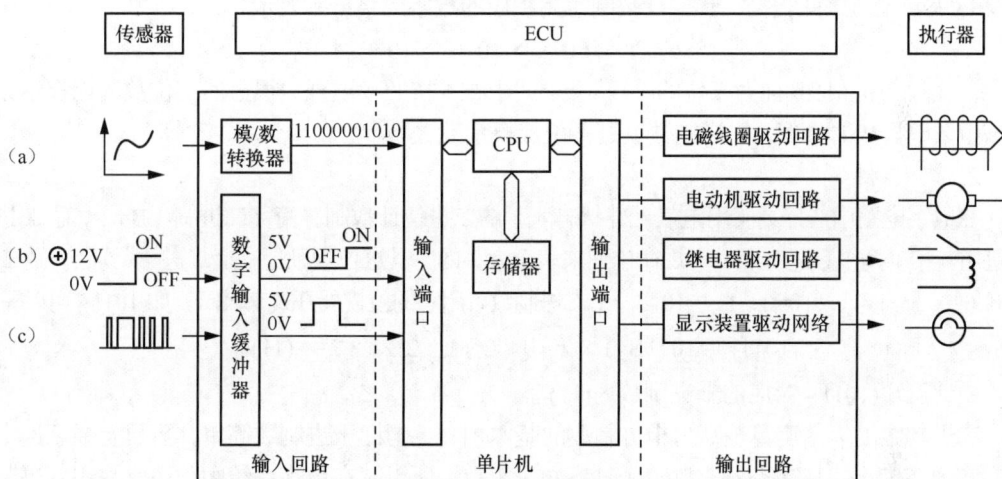

图7-3　ECU内部结构

数字输入缓冲器的作用是对部分计算机不能接收的数字信号进行预处理（如整形或滤波等）后送入计算机。例如，点火开关、空挡启动开关等输出的开关信号为电源（12～14V）信号，如图7-3（b）所示，而计算机电源信号为5V信号，因此需要数字输入缓冲器限幅电路将其转换为5V信号；触点开关式传感器输出的数字信号含干扰信号，如图7-3（c）所示，这些干扰信号必须经数字输入缓冲器的滤波电路被除去。

数字电路在科研、生产、军事以及人们的日常生活等各方面都得到了越来越广泛的应用，例如，以数字电路为基础的电子计算机、数字式仪表、数字逻辑系统等，尤其在汽车中，越来越多的传感器都采取数字处理方式。

🎓 提示

　　数字电路中，高电平或有信号用"1"表示，低电平或无信号用"0"表示，这称为正逻辑。反之，若高电平或有信号用"0"表示，低电平或无信号用"1"表示，则称为负逻辑。无特殊声明时，一律采用正逻辑。

二、计数制

计数制就是进位计数制，数字电路中常用的计数制有十进制、二进制、八进制、十六进制，表达方式常用后缀 D、B、O 和 H 来区别。

1. 十进制

日常生活中，人们习惯使用十进制（Decimal）数，十进制数有以下两个特点。

（1）采用 0,1,2,…,9 共 10 个不同的数字符号，按照一定的规律排列起来表示数的大小。这些数字符号称为数码。计数制所用数码个数称为基数，十进制有 10 个数码，基数为 10。

（2）"逢十进一""借一做十"。一个数可由多个数码组合而成，数码在数中的位置不同，其值也不同，例如 536，最高位为百位，其值为 500；第二位为十位，其值为 30；最低位为个位，其值为 6。536 这个数可以展开，其中数字括号外右下角的 10 表示其为十进制，或直接在数字后写 D 来表示。以此类推，其他计数制也用相应的数字或字母来表示。

$$(536)_{10} = 536D = 5 \times 10^2 + 3 \times 10^1 + 6 \times 10^0$$

其中，10^2、10^1 和 10^0 称为该位的"权"，上式中 536 按照权展开。很显然某位数的加权系数就是该位数码与权的乘积，十进制数就是各位加权系数之和。

2. 二进制

在数字电路中选择易于用电气元件状态表示的二进位计数制，简称二进制（Binary）。二进制数是用 0 和 1 两个数码按照一定规律排列来表示大小的，其进位规则是"逢二进一""借一做二"，即 0+0=0，0+1=1，1+0=0，1+1=10。一个二进制数可用它的位权展开式来表示。如 $(1011)_2$ 可以写为

$$(1011)_2 = 1011B = 1 \times 2^3 + 0 \times 2^2 + 1 \times 2^1 + 1 \times 2^0 = (11)_{10} \qquad (7-1)$$

由此可知 $(1011)_2$ 对应的十进制数为 $(11)_{10}$。

二进制数的算术运算规则与十进制数的基本相同，但比十进制数简单，且具有易于用电路状态实现等优点，其缺点是位数较多时不便于读写。所以，在数字系统中，还常采用八进制和十六进制等计数制。

3. 八进制和十六进制

八进制数（Octal）的基数为 8，共有 0～7 共 8 个数码，"逢八进一""借一做八"。在数字系统中用 3 位二进制数码代表 1 位八进制数的数码。十六进制（Hexadecimal）的基数为 16，用 0～9、A、B、C、D、E、F 共 16 个数码分别表示一个十六进制数，其进位规则是"逢十六进一""借一做十六"，通常用一个十六进制数表示 4 个二进制数。4 种计数制对比如表 7-1 所示。

表 7-1　4 种计数制对比

二进制数	十进制数	十六进制数	八进制数	二进制数	十进制数	十六进制数	八进制数
0	0	0	0	1000	8	8	10
1	1	1	1	1001	9	9	11
10	2	2	2	1010	10	A	12
11	3	3	3	1011	11	B	13
100	4	4	4	1100	12	C	14
101	5	5	5	1101	13	D	15
110	6	6	6	1110	14	E	16
111	7	7	7	1111	15	F	17

4. 计数制转换

一个数从一种计数制表示形式转换成等值的另一种计数制表示形式称为计数制转换，其实质为权值转换。相互转换的原则是转换前后两个有理数的整数部分和小数部分必须分别相等。

由于人们习惯使用的是十进制数，而在数字系统和计算机中采用的是二进制数，因此经常要进行二进制数和十进制数的相互转换。

（1）二进制数转换为十进制数

按照式（7-1）的二进制数按权展开，然后相加，就可得到等值的十进制数。这个方法对于其他计数制转换为十进制都是适用的，只要将基数 2 改为其他计数制相应的基数就可以了。

（2）十进制数转换为二进制数

十进制整数转换为二进制数的常用方法是"除二取余法"，即将十进制数连续除以 2，并依次记下余数，一直除到商为 0 为止。以最后所得的余数为最高位，依次从后向前排，即转换后对应的二进制数。

十进制小数部分转换为二进制数的常用方法是"乘二取整法"，即将十进制数连续乘以 2，并依次记下乘积的整数部分，乘积的小数部分继续乘以 2 直到为 0 或达到指定精度为止。再自上而下取乘积的整数部分，即可得到相应的二进制数。

【例 7-1】 将十进制数 79 转换为二进制数，即 $(79)_{10}=($ $)_2$。

解：

$$
\begin{array}{r}
2\,\underline{\big|\,79} \\
2\,\underline{\big|\,39} \quad 余\ 1 \\
2\,\underline{\big|\,19} \quad 余\ 1 \\
2\,\underline{\big|\,9} \quad 余\ 1 \\
2\,\underline{\big|\,4} \quad 余\ 1 \\
2\,\underline{\big|\,2} \quad 余\ 0 \\
2\,\underline{\big|\,1} \quad 余\ 0 \\
0 \quad 余\ 1
\end{array}
$$

（最低位 ↑ 最高位）

所以 $(79)_{10} = (1001111)_2$。

【例 7-2】 将十进制数 0.125 转换为二进制数，即 $(0.125)_{10}=($ $)_2$。

解： $(0.125)_{10}$ 反复乘以 2 取整数。

（1）0.125 × 2=0.25，取整数部分为 0，为最高位。

（2）0.25 × 2=0.5，取整数部分为 0。

（3）0.5 × 2=1，取整数部分为 1，小数部分为 0，为最低位。

得

$$(0.125)_{10}=(0.001)_2$$

由此可知，若要将某个十进制数，如 $(79.125)_{10}$ 转换成二进制数，可将十进制的整数部分和小数部分分别转换成对应的二进制数后，再相加即可。

$$(79.125)_{10}=(1001111.001)_2$$

其他计数制之间的相互转换请参阅《计算机基础》等相关图书。

三、BCD 码

用若干位二进制数码的组合表示各种数字、符号或某个信息量的过程，称为编码。用 4 位二进制数表示一位十进制数的过程，称为二进制编码的十进制（BCD）码。我们知道 4 位二进制数共有 16 种不同的组合，这样就有多种方法来表示十进制数 0～9，为了表述方便，常用的有 8421BCD 码，如表 7-2 所示。

表 7-2 8421BCD 码

十进制数	8421BCD 码	十进制数	8421BCD 码
0	0000	5	0101
1	0001	6	0110
2	0010	7	0111
3	0011	8	1000
4	0100	9	1001

【例 7-3】 将十进制数 $(56)_{10}$、$(24.79)_{10}$ 转换为 8421BCD 码。

解：

$$(56)_{10}=(01010110)_{8421BCD}$$

$$(24.79)_{10}=(00100100.01111001)_{8421BCD}$$

需要注意 8421BCD 码和二进制数的不同，例如

$$(28)_{10}=(00101000)_{8421BCD}=(11100)_2$$

提示

数字电路中常用的计数制有十进制、二进制、八进制、十六进制，而在数字系统和计算机中采用的是二进制。二进制数运算简单又具有易于用电路状态实现等优点，其缺点是位数较多时不便于读写。所以，在数字系统中，还常采用十六进制和八进制等计数制。

思考题

将十进制数 0.35 转换为二进制数，即 $(0.35)_{10}=($ $)_2$。

7.1.2 逻辑门电路

"逻辑"一般是指事物的前因和后果之间的关系，即条件与结果的关系，也称为逻辑关系。用电路的输入信号表示条件，输出信号反映结果，那么电路的输入与输出之间存在一定的逻辑关系，能实现一定逻辑关系的电路称为逻辑电路。

一、基本逻辑门电路

任何一个具体的逻辑因果关系都可以用一个确定的逻辑关系来表达，有了逻辑关系就可以方便地研究各种复杂的逻辑问题。逻辑门电路是数字电路中基本的逻辑元件，应用十分广泛。所谓门就是一种开关，它能按照一定条件来控制信号通过与否。门电路可以由晶体管等分立元件组成，也可以用集成电路实现，称为集成门电路。

数字电路中基本的逻辑关系有 3 种，即"与""或""非"。反映这些基本逻辑关系的运算为"与"运算、"或"运算和"非"运算。其他的逻辑运算都可以通过这 3 种基本运算来实现。实现这 3 种逻辑关系的基本电路分别为与门电路、或门电路和非门电路。

在数字电路中信号可通过高、低两种电平表示，称为逻辑电平，这与逻辑状态相对应，至于高、低电平的具体数值，则由数字电路的类型来决定。这样就可以将高、低电平问题转化为逻辑问题。

1. 逻辑与和与门电路

（1）逻辑与

图 7-4 所示为逻辑与电路，开关 A、B 的状态（闭合或断开）决定灯 Y 的状态（亮或灭）。只有当开关 A 与 B 都闭合时，灯 Y 才能亮。由此可总结出规律：当决定某事物的各个条件必须完全具备（开关 A 与 B 都闭合）时，结果（灯 Y 亮）才会发生，这些条件缺一不可，这种条件和结果的关系就是逻辑"与"关系。

为便于分析，首先设定各逻辑变量的数值含义：设开关 A 和 B 的状态——闭合为 1，断开为 0；灯泡 Y 的状态——灯亮为 1，灯灭为 0。把开关 A 和 B 的状态组合与灯 Y 的对应状态列表，即可得到与逻辑真值表，如表 7-3 所示。

表 7-3 与逻辑真值表

输入		输出
A	B	Y
0	0	0
0	1	0
1	0	0
1	1	1

与逻辑真值表反映了逻辑变量 A、B 与逻辑函数 Y 之间的逻辑与关系，表示为

$$Y = A \cdot B \tag{7-2}$$

其中"·"表示"与"运算。为了方便，也可写成 $Y = AB$。由于"与"运算和普通代数乘法相类似，故"与"运算又称为逻辑乘。对于多个变量的逻辑与可写成

$$Y = A \cdot B \cdot C \cdots$$

（2）二极管与门电路

图 7-5（a）所示为二极管与门电路，该电路由具有两个输入端的二极管组成，其中 A 和 B 为输入端，Y 为输出端。与门的逻辑符号如图 7-5（b）所示。

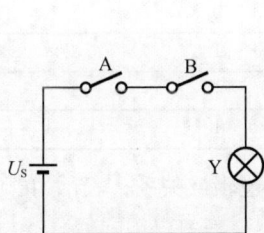

图7-4 逻辑与电路

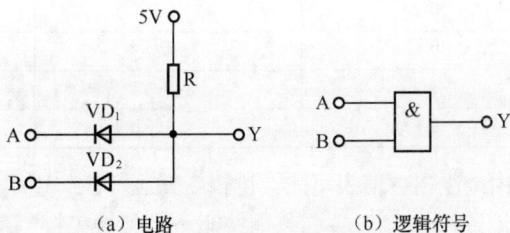

图7-5 二极管与门电路和逻辑符号

（a）电路　　　（b）逻辑符号

设电路输入高电平为 5V，低电平为 0V，二极管正向压降忽略不计，下同。

根据两个输入端信号的不同，可以有 4 种不同的组合，分以下 3 种情况来讨论。

① 输入端 A 和 B 同时处于低电平 0V 时，两个二极管 VD_1 和 VD_2 均导通，由于二极管的钳位作用，输出端被钳制在低电平 0V，Y 端输出低电平 0V，即 $Y = 0$。

与运算的逻辑关系

② 输入端 A 为低电平，输入端 B 为高电平，则低电平输入的二极管 VD_1 优先导通，Y 端输出低电平 0V，即 Y = 0，二极管 VD_2 处于反向截止状态。反之，如输入端 A 为高电平，输入端 B 为低电平，采用同样的分析方法可知 Y = 0。

③ 输入端 A 和 B 同时输入高电平 5V 时，两个二极管都处于截止状态，此时因电路不通而使 Y 端输出高电平 5V，即 Y = 1。

由以上分析可知：当所有输入都是高电平时，输出才是高电平，否则输出就是低电平。它符合与逻辑关系，如表 7-3 所示。

与门的输入端可以有多个，但功能是一样的。

🎓 **提示**

与门的逻辑功能概括为：全 1 为 1，有 0 则 0，即

$$0 \cdot 0 = 0, \quad 0 \cdot 1 = 0, \quad 1 \cdot 0 = 0, \quad 1 \cdot 1 = 1$$

❓ **思考题**

只有当输入的信号均为＿＿＿＿＿＿时，"与"运算后的输出才是高电平。

---

2. 逻辑或和或门电路

（1）逻辑或

图 7-6 所示逻辑或电路，只要开关 A 或 B 有一个处于闭合状态，灯 Y 就能亮。由此可知：决定某事物的所有条件中只要有一个或一个以上的条件具备时，结果就会发生。这种条件和结果的关系就是逻辑"或"关系。

表 7-4 所示为或逻辑真值表，反映电路中输入状态（开关闭合或断开）和输出状态（灯亮或灭）之间的关系。

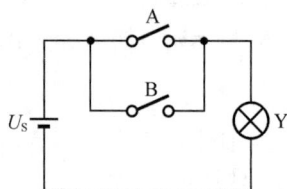

图7-6 逻辑或电路

表 7-4 或逻辑真值表

输入		输出
A	B	Y
0	0	0
0	1	1
1	0	1
1	1	1

由或逻辑真值表可知，逻辑变量 A、B 与逻辑函数 Y 之间满足逻辑或关系，表示为

$$Y = A + B \tag{7-3}$$

这里"+"表示"或"运算，与普通数学加法运算相似，所以逻辑或又称为逻辑"加"。对于多个变量的逻辑与可写成

$$Y = A + B + C + \cdots$$

（2）二极管或门电路

图 7-7（a）所示为二极管或门电路，该电路是由具有两个输入端的二极管组成的，其中 A 和 B 为输入端，Y 为输出端。二极管或门的逻辑符号如图 7-7（b）所示。

与分析二极管与门电路的工作原理相同，该电路也可分以下 3 种情况来讨论。

① 输入端 A 和 B 同时处于低电平 0V 时，两个二极管均不导通，该电路中无电流流过，所以 Y 端输出低电平 0V，即 Y = 0。

② 输入端 A 输入高电平 5V，另一个输入端 B 为低电平，则二极管 VD₁ 导通，这样就使输出端 Y 钳位在高电平 5V，从而使二极管 VD₂ 处于反向截止状态，所以此时输出端 Y 为高电平，即 Y = 1。反之，如输入端 B 为高电平，输入端 A 为低电平，采用同样的分析方法可知 Y = 1。

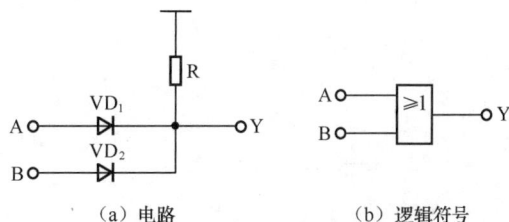

(a) 电路　　　(b) 逻辑符号

图7-7　二极管或门电路和逻辑符号

③ 输入端 A 和 B 同时输入高电平 5V 时，两个二极管都处于导通状态，此时输出端 Y 输出高电平 5V，即 Y = 1。

由以上分析可知：只要有一个输入是高电平时，输出就是高电平；只有输入全是低电平时，输出才是低电平。它符合或逻辑关系，如表 7-4 所示。或门的输入端可以有多个，但功能是一样的。

或运算的逻辑关系

提示

或门逻辑功能概括为：有 1 为 1，全 0 则 0。即 0+0=0, 0+1=1, 1+0=1, 1+1=1。

需要注意逻辑加和代数加的不同。代数加：1+1=10。

思考题

只要有一个输入是高电平，"或"运算后的输出就是_____。

3. 逻辑非和非门电路

（1）逻辑非

图 7-8 所示为逻辑非电路，当开关 A 断开时灯 Y 亮，当开关 A 闭合时灯 Y 因短路而熄灭。由此可知该电路的结果与条件是相反的，即在某一条件下得到与条件相反的结果，这种条件和结果的关系为逻辑"非"关系。因此灯 Y 和开关 A 之间为逻辑非关系，可表示为

$$Y = \overline{A} \qquad (7\text{-}4)$$

A 变量上方的"—"号表示"非"运算，非逻辑真值表如表 7-5 所示。

表 7-5　非逻辑真值表

输入	输出
A	Y
0	1
1	0

（2）三极管非门电路

图 7-9（a）所示为三极管非门电路，三极管工作在饱和或截止状态。三极管非门的逻辑符号如图 7-9（b）所示。

通过分析可知：当输入端 A 为低电平 0V 时，三极管 VT 处于截止状态，输出端 Y 为高电平 5V，即 Y = 1；当输入端 A 为高电平 5V 时，三极管 VT 处于饱和导通状态，这里忽略三极管 VT 的饱和压降，输出端 Y 为低电平（实际电位大于 0V，

非运算的逻辑关系

但与 0V 比较接近），即 Y = 0 。

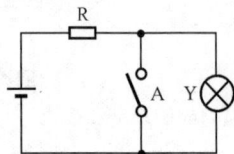

图7-8　逻辑非电路

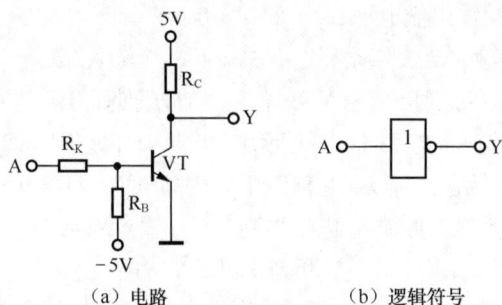

（a）电路　　　　　　　（b）逻辑符号

图7-9　三极管非门电路和逻辑符号

非门的特点是只有一个输入端和一个输出端，并且输入和输出的状态始终相反，故非门电路也称为反相器。

提示

非门电路的逻辑符号输出有个圆圈，画图的时候一定要注意。$\overline{1}=0$，$\overline{0}=1$。

二、复合逻辑门电路

在数字电路中，利用基本门电路可以组成与非门、或非门和与或非门等电路。这些复合逻辑门电路具有复合能力，工作速度和可靠性都得到了很大的提高，随着集成电路的不断发展，复合逻辑门电路也算比较基本的逻辑门电路。

1. 与非门电路

把与门和非门串联起来就组成了与非门电路，其串联方式和逻辑符号如图 7-10 所示。

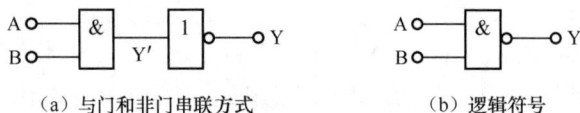

（a）与门和非门串联方式　　　（b）逻辑符号

图7-10　与非门电路和逻辑符号

由此可知 $Y' = A \cdot B$，而 $Y = \overline{Y'}$，所以与非门的逻辑表达式为

$$Y = \overline{A \cdot B} \tag{7-5}$$

与非门的关系就是在与门的输出条件下再求非，所以其逻辑功能可概括为有 0 出 1、全 1 为 0，其逻辑真值表如表 7-6 所示。

表 7-6　与非逻辑真值表

输入		输出
A	B	Y
0	0	1
0	1	1
1	0	1
1	1	0

2. 或非门电路

把或门和非门串联起来就组成了或非门电路，其串联方式和逻辑符号如图 7-11 所示。

由此可知 $Y' = A + B$，而 $Y = \overline{Y'}$，所以或非门的逻辑表达式为

$$Y = \overline{A + B} \tag{7-6}$$

或非门的关系就是在或门的输出条件下再求非，所以其逻辑功能可概括为全 0 为 1、有 1 出 0，其逻辑真值表如表 7-7 所示。

其他逻辑运算

表 7-7　或非逻辑真值表

输入		输出
A	B	Y
0	0	1
0	1	0
1	0	0
1	1	0

3. 异或门

$Y = A\overline{B} + \overline{A}B$ 的逻辑运算称为异或运算，记作

$$Y = A \oplus B \tag{7-7}$$

异或门逻辑符号如图 7-12 所示。由逻辑表达式可得出异或逻辑真值表，如表 7-8 所示。

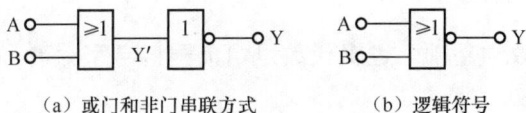

（a）或门和非门串联方式　　（b）逻辑符号

图7-11　或非门电路和逻辑符号

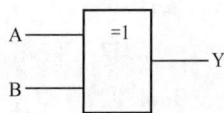

图7-12　异或门逻辑符号

表 7-8　异或逻辑真值表

输入		输出
A	B	Y
0	0	0
0	1	1
1	0	1
1	1	0

异或门逻辑功能可概括为两个输入信号相异（一个为 0，一个为 1），输出为 1；两个输入信号相同（全为 0 或全为 1），输出为 0。简要地说就是相异出 1、相同出 0。

（a）

【例 7-4】 如图 7-13（a）所示，输入信号波形如图 7-13（b）所示，试画出 Y_1 和 Y_2 的输出波形。

解：可知，$Y_1 = AB$，$Y_2 = Y_1 + C = AB + C$，根据与逻辑和或逻辑的特性，画出 Y_1 和 Y_2 输出波形，如图 7-13（b）所示。其中与门可输入 $(A,B) = (1,1)$ 组合，输出为 1，其余组合输出为 0；或门可输入 $(Y_1,C) = (0,0)$ 组合，输出为 0，其余组合输出为 1。

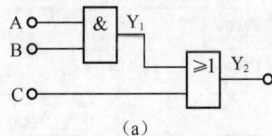

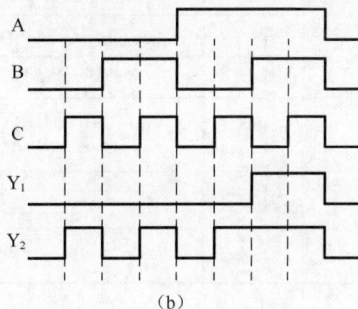

（b）

图7-13　例7-4电路及波形

思考题

两个输入信号 A、B 分别为 0、1，经过"异或"运算后输出为_____；两个输入信号 A、B 均为 0 或均为 1，经过"异或"运算后输出为_____。

7.1.3 组合逻辑电路

组合逻辑电路可以表示输入信号与输出信号之间的对应关系，汽车的电控系统将各类传感器、开关信号等输入 ECU，通过一定的逻辑关系，获得对应的输出信号。其逻辑关系可以通过逻辑电路实现。

逻辑电路按其功能不同可分为两大类：一类称为组合逻辑电路，简称组合电路；另一类称为时序逻辑电路，简称时序电路。从结构上看，组合逻辑电路仅由若干逻辑门组成，也就是说组合逻辑电路的基本单元就是逻辑门电路。组合逻辑电路在任一时刻的输出信号仅与当时的输入信号有关，与电路原来的状态无关。

一、逻辑代数

逻辑代数是分析和设计逻辑电路的数学基础。逻辑代数是由英国科学家乔治·布尔（George Boole）创立的，故又称为布尔代数。

逻辑代数虽然和普通代数一样用字母表示变量，但变量的取值只有"0""1"两种，分别称为逻辑"0"和逻辑"1"。这里"0"和"1"并不表示数量的大小，而是表示两种相互对立的逻辑状态。逻辑代数所表示的是逻辑关系，而不是数量关系，这是它与普通代数的本质区别。

逻辑代数运算法则和定律汇总如表 7-9 所示。

表 7-9 逻辑代数运算法则和定律汇总

定律名称	公式和定律		说明
自等律	$A+0=A$	$A \cdot 1=A$	变量与常量间的运算
0-1 律	$0 \cdot A=0，1 \cdot A=A$	$0+A=A，1+A=1$	
重叠律	$A \cdot A=A$	$A+A=A$	
还原律	$\overline{\overline{A}}=A$		逻辑代数的特殊定律
互补律	$A+\overline{A}=1$	$A \cdot \overline{A}=0$	
交换律	$AB=BA$	$A+B=B+A$	与普通代数相似的定律，其中有下画线的公式不同于普通代数
结合律	$A \cdot B \cdot C=A \cdot (B \cdot C)$	$A+B+C=A+(B+C)$	
分配律	$A(B+C)=AB+AC$	$\underline{A+BC=(A+B)(A+C)}$	
吸收律	$A(A+B)=A$ $A+AB=A$	$A(\overline{A}+B)=AB$ $A+\overline{A}B=A+B$	可由分配律推出
反演律（摩根定律）	$\overline{AB}=\overline{A}+\overline{B}$ $\overline{ABC\cdots}=\overline{A}+\overline{B}+\overline{C}+\cdots$	$\overline{A+B}=\overline{A} \cdot \overline{B}$ $\overline{A+B+C+\cdots}$ $=\overline{A} \cdot \overline{B} \cdot \overline{C} \cdots$	逻辑代数的特殊定律

【例 7-5】 试证明以下等式：

（1） A+BC= (A+B)(A+C)；

（2） $A + \overline{A}B = A + B$；

（3） $AB + \overline{A}C + BC = AB + \overline{A}C$；

（4） $\overline{AB} = \overline{A} + \overline{B}$。

反演律

证明：

（1） (A+B)(A+C) =AA+AC+AB+BC=A+AC+AB+BC=A(1+C+B)+BC=A+BC

（2） $A + \overline{A}B = (A + \overline{A})(A + B) = 1 \cdot (A + B) = A + B$

（3） $AB + \overline{A}C + BC = AB + \overline{A}C + (A + \overline{A})BC = AB + \overline{A}C + ABC + \overline{A}BC$

$\qquad = AB(1 + C) + \overline{A}C(1 + B) = AB + \overline{A}C$

（4）列真值表可以证明反演律，如表 7-10 所示。

表 7–10 反演律的真值表

A	B	$\overline{A}$	$\overline{B}$	$\overline{AB}$	$\overline{A} + \overline{B}$
0	0	1	1	1	1
0	1	1	0	1	1
1	0	0	1	1	1
1	1	0	0	0	0

同理，$\overline{A + B} = \overline{A} \cdot \overline{B}$ 也可以由此证明。

通过学习逻辑代数定律，我们知道一个逻辑函数可以有多种不同的表达式。为了得到最简表达式，以简化逻辑电路，就需要对逻辑函数进行化简。

常用的化简方法包括公式化简法和卡诺图化简法，本书只介绍公式化简法。公式化简法就是运用逻辑代数的基本定律和运算法则对函数进行化简，下面通过例 7-6 进行学习。

【例 7-6】 试化简以下函数：

（1） $Y = ABC + A\overline{B}C + A\overline{B}\overline{C} + AB\overline{C}$；

（2） $Y = ABC + \overline{A}BC + A\overline{B}C$；

（3） $Y = AC + A\overline{B} + B\overline{C}$。

解：（1） $Y = ABC + A\overline{B}C + A\overline{B}\overline{C} + AB\overline{C} = AC(B + \overline{B}) + A\overline{C}(\overline{B} + B)$

$\qquad = AC + A\overline{C} = A(C + \overline{C}) = A$

（2） $Y = ABC + \overline{A}BC + A\overline{B}C = ABC + \overline{A}BC + A\overline{B}C + ABC$

$\qquad = BC(A + \overline{A}) + AC(B + \overline{B}) = BC + AC$

（3） $Y = AC + A\overline{B} + B\overline{C} = A(C + \overline{B}) + B\overline{C} = A\overline{\overline{B}\overline{C}} + B\overline{C} = A + B\overline{C}$

上述第（3）题用到了吸收律 $A + \overline{A}B = A + B$，将 $B\overline{C}$ 作为整体进行化简。

二、组合逻辑电路分析

组合逻辑电路分析就是，根据给定的逻辑电路，找出其输入信号和输出信号之间的逻辑关系，最后确定电路逻辑功能的过程。

电路分析的过程一般有以下几个步骤：

（1）根据电路，从输入信号入手，逐步写出各级输出端的逻辑表达式；

（2）运用逻辑代数化简或变换表达式；

（3）列出真值表；

（4）根据逻辑表达式或真值表判断电路的逻辑功能。

【例7-7】 试分析图7-14所示组合逻辑电路的逻辑功能。

解：（1）逐级写出逻辑表达式。

$$F_1 = \overline{AB}, \quad F_2 = \overline{BC}, \quad F_3 = \overline{CA}$$

$$F = \overline{F_1 F_2 F_3} = \overline{\overline{AB} \cdot \overline{BC} \cdot \overline{CA}} = AB + BC + CA$$

（2）列出真值表，如表7-11所示。

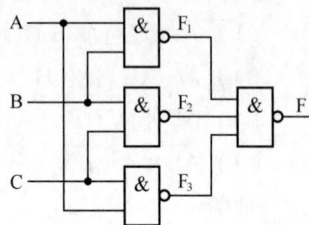

图7-14　例7-7电路

表7-11　例7-7真值表

A	B	C	F
0	0	0	0
0	0	1	0
0	1	0	0
0	1	1	1
1	0	0	0
1	0	1	1
1	1	0	1
1	1	1	1

（3）分析电路逻辑功能。

由表7-11可知，当3个输入信号中有两个及以上为1时，输出F为1，否则输出F为0。因此这个电路是一个3人表决用的组合逻辑电路，只有2票或3票同意时，表决才能通过。

三、组合逻辑电路设计

组合逻辑电路设计是其分析的逆过程，就是根据题意设计出满足逻辑功能的电路。一般的电路设计过程有以下几个步骤：

（1）根据题意确定输入、输出变量的个数，并对它们进行逻辑赋值（即确定0和1对应的含义）；

（2）根据逻辑功能要求列出真值表；

（3）写出逻辑表达式，并化简；

（4）根据要求画出逻辑电路。

【例7-8】 某工厂有A、B、C这3个车间和一个自备电站，站内有两台发电机G1和G2。G1的容量是G2的两倍。如果1个车间开工，只需G2运行即可满足要求；如果2个车间开工，只需G1运行；如果3个车间同时开工，则G1和G2均需运行。试用与非门设计控制G1和G2运行的逻辑电路。

解：（1）根据逻辑要求，确定逻辑变量，并进行赋值。

设3个输入变量A、B、C分别表示3个车间的工作状态，即开工=1、不开工=0；两个输出变量G1和G2分别对应两台发电机运行情况，即运行=1、不运行=0。

（2）根据逻辑要求列出真值表，如表7-12所示。

表 7–12 例 7–8 真值表

A	B	C	G_1	G_2
0	0	0	0	0
0	0	1	0	1
0	1	0	0	1
0	1	1	1	0
1	0	0	0	1
1	0	1	1	0
1	1	0	1	0
1	1	1	1	1

（3）根据真值表写出逻辑表达式，并化简。

取输出 G_1=1 时，各输入变量的组合，如 $\bar{A}BC$、$A\bar{B}C$ 等多项，相加后即可得到 G_1 逻辑表达式。需注意对应 G_1=1，若输入变量为 "1"，则取输入变量本身（如 A）；若输入变量为 "0"，则取其反变量（如 $\bar{A}$）。同理写出 G_2 逻辑表达式。

$$G_1 = \bar{A}BC + A\bar{B}C + AB\bar{C} + ABC = BC + AC + AB$$

$$G_2 = \bar{A}\,\bar{B}C + \bar{A}B\bar{C} + A\bar{B}\bar{C} + ABC$$

（4）用与非门设计逻辑电路，如图 7-15 所示。

$$G_1 = \overline{\overline{BC + AC + AB}} = \overline{\overline{BC} \cdot \overline{AC} \cdot \overline{AB}}$$

$$G_2 = \overline{\overline{\bar{A}\bar{B}C + \bar{A}B\bar{C} + A\bar{B}\bar{C} + ABC}} = \overline{\overline{\bar{A}\bar{B}C} \cdot \overline{\bar{A}B\bar{C}} \cdot \overline{A\bar{B}\bar{C}} \cdot \overline{ABC}}$$

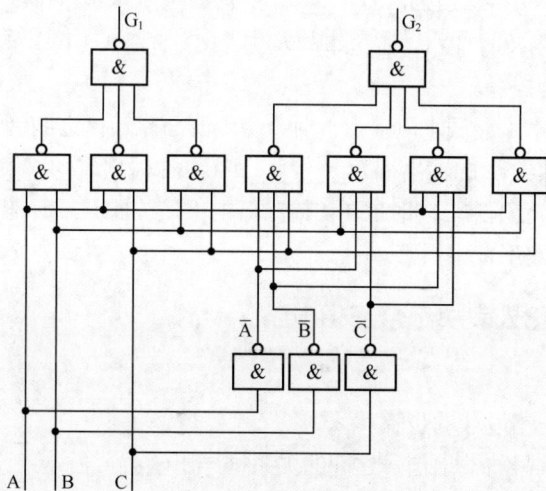

图7-15 例7-8电路

项目实施

任务7.1.1 分析汽车散热器水箱水位报警电路

一、任务目的

进一步掌握基本门电路在汽车上的应用分析方法。

二、任务内容

图 7-16 所示为汽车散热器水箱水位报警电路。该报警电路由铜棒探测器、6 个非门电路、压电陶瓷片（HTD）、LED_1、LED_2 和蓄电池等组成。试分析汽车散热器水箱水位报警电路的工作原理。

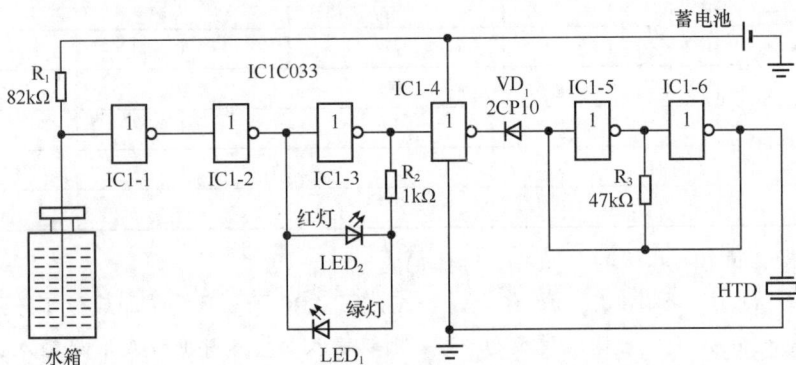

图7-16　汽车散热器水箱水位报警电路

三、分析与讨论

探测器放入水箱内，铜棒的半径可依具体情况而定，一般选用直径为 2mm 的漆包线。探测器的下端置于水箱最低水位处，且不与接地的水箱体接触。

（1）当水箱水位处于最低水位以下时，探测器与水箱体之间呈开路状态，结果使反相器 IC1-1 的输入端为_____，输出端为_____，由此可知 IC1-2 的输出端为_____，IC1-3 的输出端为_____，LED_2 _____，LED_1 _____。这样就指示水箱水位已处于最低水位以下，发出警告信息，提醒驾驶员及时加水，避免事故发生。IC1-5 和 IC1-6 组成的振荡器工作，其输出信号促使 HTD 发出声响报警。

（2）当水箱水位正常（最低水位以上）时，探测器与水箱体之间因为导通，使 IC1-1 的输入端为_____，相应 IC1-2 的输出端为_____，IC1-3 输出端为_____，LED_1 _____，LED_2 _____，指示水位正常。同时 IC1-4 输出低电平使 VD1 导通，相应 IC1-5 和 IC1-6 组成的振荡器停止工作，电路不发生报警。

任务7.1.2　分析3人表决组合逻辑电路

一、任务目的

1. 掌握组合逻辑电路设计的步骤。

2. 能够根据输入信号与输出信号之间的关系推导出函数。

二、任务内容

设计 3 人表决组合逻辑电路，结果按"少数服从多数"的原则决定。

三、设计步骤

1. 根据逻辑要求，确定逻辑变量，并进行赋值。

3 个输入变量 A、B、C 分别表示 3 人的表决情况，即_____；输出变量 L 对应表决结果，即_____。

2. 根据逻辑要求列出真值表，如表 7-13 所示。

表 7–13　真值表

A	B	C	L

3. 根据真值表写出逻辑表达式，并化简。

4. 用与非门设计逻辑电路。

拓展阅读　汽车电子技术发展

　　汽车电子技术发展历史比较久远，汽车电子技术主要应用于汽车的控制、动力系统等方面。其丰富了汽车技术的控制手段，实现了电子技术与汽车技术的完美融合，提高了环保性和安全性。

●●● 项目 7.2　集成触发器及其应用 ●●●

项目导入

　　前面讲过的组合逻辑电路由门电路构成，在某一时刻的输出仅由当时的输入状态决定。而在一个复杂的计算机系统中，还使用着另一种类型的电路——时序逻辑电路。这种电路在某一时刻的输出不仅和当时的输入状态有关，还与电路原来的输出状态有关，当输入信号消失后，这个信号对电路的影响却能保留下来。它是具有记忆功能的电路，而触发器是构成时序逻辑电路的基本单元。

　　汽车控制单元由寄存器、计数器、集成电路等数字部件组成，实现存储和计算数据、计数和定时等功能。读者应掌握寄存器、计数器、集成电路等数字部件的功能和工作过程，可为分析汽车各控制系统奠定基础。

1. 知识目标

（1）了解触发器的类型。

（2）掌握基本 RS 触发器、可控 RS 触发器、JK 触发器、D 触发器的电路和工作原理。

（3）了解寄存器、计数器、集成电路等数字部件的功能。

（4）掌握寄存器、计数器、集成电路等数字部件的电路组成和工作原理。

（5）理解 555 定时器的应用。

2. 能力目标

（1）具备分析各类触发器电路的能力。

（2）具备分析各类触发器输出波形的能力。

（3）具备分析各数字部件功能的能力。

3. 素养目标

（1）培养探索未知、追求真理的责任感和使命感。

（2）培养严谨的科学精神和职业素养。

知识学习

7.2.1 集成触发器

触发器是指具有 0 和 1 两种稳定状态的电路，在任一时刻，触发器处于一种稳定状态。当其处于某一种稳定状态时，只要不断"电"它就能长期保持这一稳定状态。只有在一定条件下，它才能翻转到另一个状态并再次稳定下来，直到下一个输入使它翻转为止。

根据逻辑功能的不同，触发器可分为 RS 触发器、JK 触发器、D 触发器、T 触发器和 T′触发器等。根据触发方式不同，触发器可分为电平触发器、边沿触发器和主从触发器。根据电路结构不同，触发器可分为基本 RS 触发器、同步触发器以及维持阻塞触发器。

触发器具有记忆功能，在计算机系统中可用来存储数据和计数。

一、基本 RS 触发器

1. 电路构成

将两个与非门的输入端和输出端交叉连接就构成基本 RS 触发器，如图 7-16 所示，它是组成其他触发器的基础。$\overline{R}$ 和 $\overline{S}$ 是触发器的两个输入端，字母上面的横线（也就是非号）表示低电平有效（即低电平触发）。Q 和 $\overline{Q}$ 是触发器的两个输出端，在触发器处于稳定状态时，它们的输出状态相反（即两个输出端互补，即 Q = 1 时 $\overline{Q}$ = 0，Q = 0 时 $\overline{Q}$ = 1）。习惯上规定用 Q 端状态作为触发器的状态，即 Q 端输出高电平时，称触发器处于"1"状态；Q 端输出低电平时，则称触发器处于"0"状态。

2. 工作原理

如图 7-17 所示，可看出输入端共有 4 种不同的组合，现分析如下。

（1）当 $\overline{R}$ = 1、$\overline{S}$ = 0 时，触发器置 1。因 $\overline{S}$ = 0，G_1 输出端 Q = 1，而 G_2 的输入信号 Q 和 $\overline{R}$ 都是高电平 1，G_2 输出端 $\overline{Q}$ = 0，所以触发器置 1。此时即使 $\overline{S}$ 端的低电平消失，由于 $\overline{Q}$ = 0 作为 G_1 的输入端而使触发器保持 1 状态不变。$\overline{S}$ 端加一个低电平时，触发器被置 1，所以 $\overline{S}$ 端为

置 1 端或置位端。

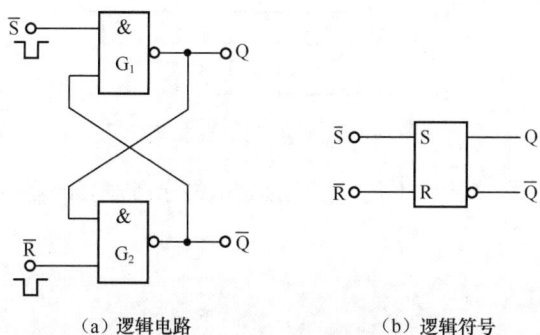

（a）逻辑电路　　　　（b）逻辑符号

图7-17　基本RS触发器

（2）当 $\overline{R}=0$、$\overline{S}=1$ 时，触发器置0。因 $\overline{R}=0$，G_2 输出端 $\overline{Q}=1$，而 G_1 的输入信号都是高电平 1，G_1 输出端 $Q=0$，即触发器置0。与上面的分析方法相同，可知 $Q=0$、$\overline{Q}=1$，此时触发器置0。当 $\overline{R}$ 端加一个低电平信号时，触发器被置0，所以 $\overline{R}$ 端为置0端或复位端。

（3）当 $\overline{R}=\overline{S}=1$ 时，触发器保持原状态不变。若触发器原来的状态为1，即 $Q=1$、$\overline{Q}=0$，G_1 的一个输入端为低电平，其输出端 $Q=1$，而 G_2 的两个输入端都为高电平，故其输出端 $\overline{Q}=0$，电路保持1状态不变。若触发器原来的状态为0，同样可分析出电路保持0状态不变。

（4）当 $\overline{R}=\overline{S}=0$ 时，触发器状态不定。此时两个与非门的输出端 Q 和 $\overline{Q}$ 全为1，在两个输入信号都同时撤去（回到 1）后，由于两个与非门的延迟时间无法确定，触发器的状态不能确定是置1还是置0。从另一个角度来说，正因为 $\overline{R}$ 和 $\overline{S}$ 端完成置0、置1都处于低电平时有效，所以二者不能同时为0。因此称这种情况为不稳定状态，该状态破坏了数字系统的正常逻辑关系，所以使用基本 RS 触发器时，应禁止出现 $\overline{R}=\overline{S}=0$ 的情况。

基本 RS 触发器的上述逻辑功能可用表 7-14 所示特性来表示。其中触发器现态 Q^n，是指触发器输入信号（$\overline{S}$ 和 $\overline{R}$）变化前的状态；触发器次态 Q^{n+1}，是指触发器输入信号变化后的状态。其中"×"表示包括 0 和 1 两种状态。

基本 RS 触发器

表 7-14　基本 RS 触发器特性

$\overline{R}$	$\overline{S}$	Q^n	Q^{n+1}	说明
0	0	0	×	触发器状态不定
		1	×	
0	1	0	0	触发器置0
		1	0	
1	0	0	1	触发器置1
		1	1	
1	1	0	0	触发器保持原状态不变
		1	1	

图 7-18 所示为基本 RS 触发器波形，也称为时序图，根据触发器输入信号的波形，对应特性绘制出输出信号的波形。波形可以直观地反映触发器输入和输出的逻辑关系。

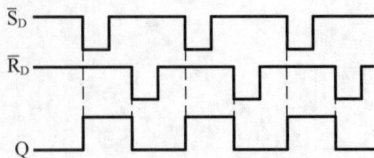

图7-18　基本RS触发器波形

基本 RS 触发器在实际中应用不多，但它是构成复杂触发器的基本组成部分，所以掌握其逻辑功能很有必要。

🎓 提示

　基本 RS 触发器的置 1、置 0 操作由输入信号直接完成，不需要触发信号触发，因此基本 RS 触发器又称为 RS 锁存器，以和其他触发器相区别。

3. 基本 RS 触发器在汽车中的应用

汽车微控制器的键盘输入电路，在使用按键开关时会有抖动现象，因此需要使用消除抖动电路，以确保电路质量。基本 RS 触发器常常用在按键的消抖电路中。

当按键开关按下时，由于机械接触可能出现抖动现象，即输入信号可能要经过几次高、低电平的变换后电路才能稳定；同样，当断开开关时，也可能经过几次抖动后才会彻底断开。若在按键和单片机输入端之间加入基本 RS 触发器电路，充分利用触发器的记忆功能，即使按键开关在改变位置时，输入信号会有抖动，但触发器处于稳定工作状态，这样就能有效克服开关抖动带来的影响。图 7-19（a）所示为基本 RS 触发器消抖电路，设未按下按键开关时，开关接在上端 B，按下时接在下端 A。A 端和 B 端作为两个与非门的输入端 $\overline{R}_D$、$\overline{S}_D$。触发器输出端 Q 连接单片机 P1.0 端。电路分析如下。

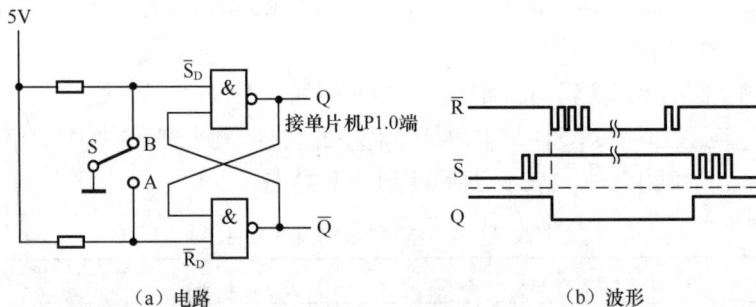

（a）电路　　　　　　　　　　　　　（b）波形

图7-19　基本RS触发器消抖电路和波形

（1）按键未按下时，B 端接地，为低电平，A 端为高电平，即 $\overline{S}_D = 0$、$\overline{R}_D = 1$，触发器输出端 Q=1、P1.0 的电平为 1。图 7-19（b）所示为基本 RS 触发器波形。

（2）当开关从 B 端打到 A 端时，首先在断开的 B 端开关有抖动，B 端（$\overline{S}_D$ 端）在低电平和高电平之间抖动数毫秒，$\overline{R}_D$ 端、$\overline{S}_D$ 端的电平组合在(1,0)、(1,1)之间反复变化，触发器输出端 Q=1。在开关过渡过程中，会出现两端都不接触的状态，此时触发器输入端都是高电平状态，即 $\overline{R}_D$ =1、$\overline{S}_D$ =1。根据触发器特性可知，此时触发器输出状态保持不变，触发器输出端 Q=1。当开关第一次碰到 A 端时，$\overline{R}_D$ =0、$\overline{S}_D$ =1，此时触发器输出端 Q=0。由于开关抖动，A 端（$\overline{R}_D$ 端）在低电平和高电平之间抖动数毫秒，$\overline{R}_D$、$\overline{S}_D$ 的电平组合在(0,1)、(1,1)之间反复变化。

由于处于(1,1)的组合时，触发器输出状态保持不变，所以此抖动对触发器输出的结果没有影响，即 Q=0、P1.0 的电平为 0。

（3）同理当开关从 A 端打到 B 端时，断开 A 端时有抖动，Q=0；A 端和 B 端都不接触的瞬间，Q=0。刚刚闭合 B 端时的抖动到稳定接在 B 端，$\overline{R}_D=1$、$\overline{S}_D=0$。开关在 B 端的抖动不影响触发器输出，即 Q=1、P1.0 的电平为 1。

通过分析可知，消抖电路主要利用基本 RS 触发器的记忆功能来消除开关触点抖动所造成的影响。

RS 触发器的应用
——消颤开关

二、可控 RS 触发器

基本 RS 触发器直接由输入信号 $\overline{R}$ 和 $\overline{S}$ 控制，功能比较简单。而实际上常常要求系统中的各触发器在规定的时刻按各自输入信号所决定的状态同步触发翻转，这个时刻必须由外加控制信号来实现，这样就可以在控制信号作用下，按一定的时间节拍将输入信号同步地反映到输出端。这个外加的控制信号称为时钟脉冲，用 CP 表示。由 CP 控制的 RS 触发器称为可控 RS 触发器，由于该触发器的翻转和 CP 同步，所以也称为同步 RS 触发器。

1. 电路结构

可控 RS 触发器由基本 RS 触发器和控制门组成，其逻辑电路和逻辑符号如图 7-20 所示。G_1 和 G_2 两个与非门组成基本 RS 触发器。$\overline{R}_D$ 和 $\overline{S}_D$ 的作用与基本 RS 触发器的 $\overline{R}$ 和 $\overline{S}$ 完全相同，$\overline{R}_D$ 为直接置 0 端，$\overline{S}_D$ 为直接置 1 端，在正常工作时 $\overline{R}_D$ 和 $\overline{S}_D$ 都置 1。G_3 和 G_4 两个与非门组成控制电路，R 为可控置 0 端，S 为可控置 1 端，CP 端接受 CP 来控制触发器的翻转。

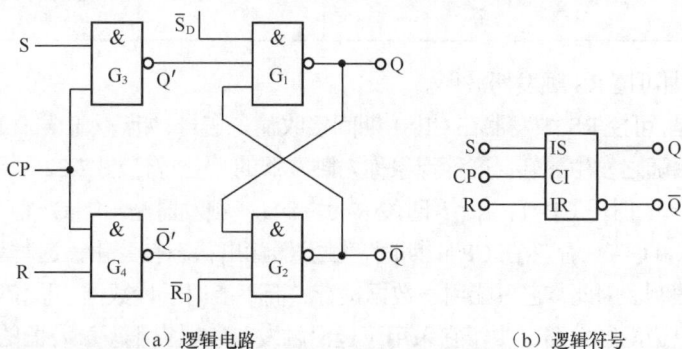

（a）逻辑电路　　　　　　　　（b）逻辑符号

图7-20　可控RS触发器逻辑电路和逻辑符号

2. 工作原理

如图 7-21 所示，可看出与非门 G_3 和 G_4 同时受 CP 控制，当 CP 为 0 时，根据与非门的特点可知 G_3 和 G_4 都输出 1，此时 R 和 S 不会影响 G_3 和 G_4 的输出，所以说 G_3 和 G_4 被锁住。由于基本 RS 触发器的输入都为 1，所以基本 RS 触发器将保持原有的状态不变。

当 CP 为 1 时，G_3 和 G_4 的输出受另外两个输入信号 R 和 S 的影响，此时 G_3 和 G_4 被解锁。R 和 S 取不同的值将会影响该触发器的状态，为此可以得到以下 4 种情况。

（1）当 R = 1、S = 0 时，触发器置 0。首先分析 G_3 和 G_4 的输出，$Q'=1$、$\overline{Q}'=0$，再分析基本 RS 触发器，可知 $Q=0$，也就是说，若可控 RS 触发器原来的状态为 1，现在将翻转为 0；如果原来为 0，现在将保持不变。

（2）当 R = 0、S = 1 时，触发器置 1。可知 $Q'=0$、$\overline{Q}'=1$，得到基本 RS 触发器输出端 $Q=1$。

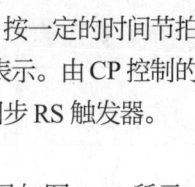

可控 RS 触发器

（3）当 R = S = 0 时，根据与非门的特点可知 G_3 和 G_4 同时被锁住，$Q = \overline{Q} = 1$。这与 CP 为 0 时的情况相同，所以此时该触发器将保持原来的状态不变。

（4）当 R = S = 1 时，G_3 和 G_4 两个与非门同时被解锁，$Q' = \overline{Q}' = 0$，因为 RS 基本触发器的两个输入端都为 0，所以 $Q = \overline{Q} = 1$，当 CP 消失后（即变为 0 时），该触发器的状态不稳定，所以应避免出现这种情况。

由以上分析可知，可控 RS 触发器与基本 RS 触发器不同，基本 RS 触发器直接受 $\overline{R}$ 和 $\overline{S}$ 的控制，而可控 RS 触发器则是由 CP 控制翻转的，故触发器的翻转与 CP 同步。其逻辑功能特性如表 7-15 所示。其中，"×"表示包括 0 和 1 两种状态（后同）。对于 $\overline{R}_D$ 和 $\overline{S}_D$，需要直接设置可控 RS 触发器状态时才用这两个引脚，除此以外，平时接高电平。

表 7-15　可控 RS 触发器特性

R	S	Q^n	Q^{n+1}	说明
0	0	0	0	触发器保持原状态不变
		1	1	
0	1	0	1	触发器置 1
		1	1	
1	0	0	0	触发器置 0
		1	0	
1	1	0	×	触发器状态不稳定，不允许
		1	×	

图 7-21 所示为可控 RS 触发器波形。

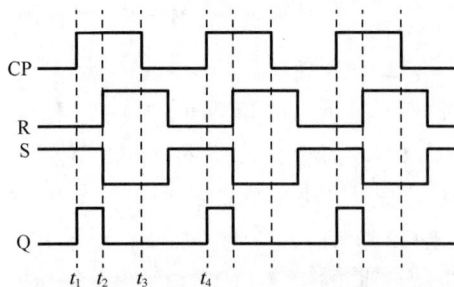

需要注意的是，可控 RS 触发器在 CP=1 期间接收输入信号，如输入信号在此期间多次变化，则其输出状态也会随之发生翻转，这种现象称为触发器的"空翻"。图 7-22 所示为可控 RS 触发器的空翻波形。$t_1 \sim t_3$ 时段 CP=1，$t_1 \sim t_2$ 时段 R=0、S=1，触发器输出端 Q=1；$t_2 \sim t_3$ 时段 R=1、S=0，触发器输出端 Q=0。显然在 CP=1 期间，触发器输出状态有变化，这对可控 RS 触发器的应用带来了很多限制。因此，它只能用于数据锁存，而不能用于计数器、移位寄存器等部件中。目前应用较多的是边沿触发器，由于它采用了边沿触发，所以克服了触发器的空翻现象。

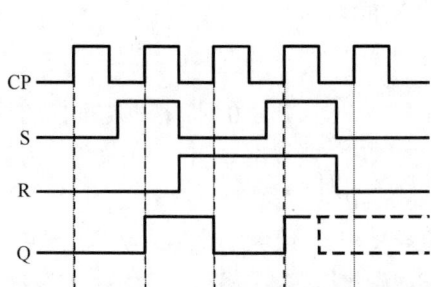

图 7-21　可控 RS 触发器波形

图 7-22　可控 RS 触发器的空翻波形

🎓 提示

　　同一种电路结构可以实现不同逻辑功能的触发器。同样是同步触发器，除了可控 RS 触发器，还存在同步 JK 触发器和同步 D 触发器等。

三、JK 触发器

1. 电路构成

JK 触发器是一种功能很强的触发器。图 7-23（a）所示为主从 JK 触发器逻辑电路，它由两级可控 RS 触发器串联而成，前一级称为主触发器，后一级称为从触发器。主触发器 S 端由两个输入信号"逻辑与"后构成，即 $S = J\overline{Q}$，其中 J 是信号输入端，$\overline{Q}$ 是从触发器的一个输出端；同样主触发器 R 端也由两个输入信号"逻辑与"后构成，即 $R = KQ$，其中 K 是信号输入端，Q 端是从触发器一个输出端。CP 直接加到主触发器的时钟输入端上，经过非门反相后送到从触发器的时钟输入端，这样使主、从触发器分别工作在两个不同的时区。主触发器的输出端接从触发器的输入端。从触发器输出端 Q 的状态就是触发器的状态。

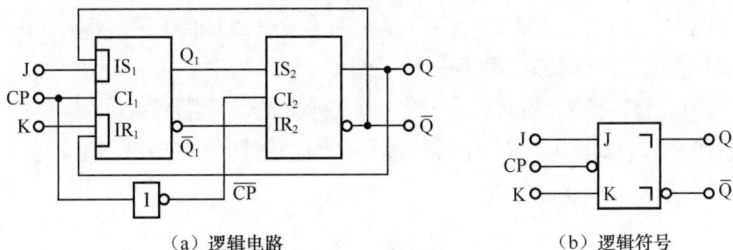

（a）逻辑电路   （b）逻辑符号

图7-23　主从JK触发器逻辑电路和逻辑符号

2. 工作原理

主从 JK 触发器的工作分为两步。首先当 CP 到来后即 CP = 1 时，主触发器解锁，接收输入信号，被置位；从触发器的时钟输入端 $\overline{CP} = 0$，这样使从触发器被锁住，保持原状态不变。在 CP 由 1 跳变到 0 后，当 CP = 0 时 $\overline{CP}$ 使主触发器锁住、从触发器解锁，这样就把主触发器在 CP = 1 时的输出信号通过从触发器输出，使从触发器翻转。因此从触发器动作，最终输出状态改变发生在 CP 下降沿。主从 JK 触发器逻辑符号如图 7-23（b）所示，其中的"⌐"符号为输出延时符号，它表示主从 JK 触发器输出状态（即从触发器状态）变化滞后于主触发器。

对于主从 JK 触发器的逻辑功能，可从以下 4 个方面论述。

（1）J=K=1，触发器翻转

假设该触发器处于 0 状态，即 Q = 0、$\overline{Q}$ = 1。当 CP = 0 时由电路构成可知 $S = J\overline{Q} = 1$，$R = KQ = 0$，当 CP = 1 时主触发器解锁，主触发器状态为 1 状态，即 $Q_1 = 1$、$\overline{Q_1} = 0$，这时从触发器处于锁定状态，也就是说输出信号此时只保存在主触发器的输出端，从触发器不发生任何变化。当 CP 从 1 变为 0 时，主触发器被锁住，保持其输出状态不变，从触发器工作，并跟随主触发器状态变化，置 1 即 Q=1。

假设该触发器处于 1 状态，即 Q = 1、$\overline{Q}$ = 0。当 CP = 0 时，$S = J\overline{Q} = 0$，$R = KQ = 1$，当 CP = 1 时主触发器解锁，此时主触发器的状态为 0 状态，即 $Q_1 = 0$、$\overline{Q_1} = 1$。当 CP 从 1 再变为 0 时，主触发器被锁住，从触发器工作，并跟随主触发器状态变化，置 0 即 Q=0。

由以上分析可知，在 J = K = 1 时经过一个时钟周期使主从 JK 触发器的状态发生了变化，实现了翻转，所以当 J = K = 1 时主从 JK 触发器具有计数功能。

（2）J = 1、K = 0，触发器置 1

假设该触发器处于 0 状态，即 Q = 0、$\overline{Q}$ = 1。当 CP = 0 时，$S = J\overline{Q} = 1$，$R = KQ = 0$，当 CP = 1 时可知 $Q_1 = 1$、$\overline{Q_1} = 0$。当 CP 再变为 0 时，主触发器被锁住，从触发器置 1 即 Q = 1。

假设该触发器处于 1 状态，同样可分析得到，从触发器仍为 1 状态，即 Q = 1。

由以上分析可知在 J = 1、K = 0 时经过一个时钟周期使主从 JK 触发器状态置 1。

（3）J = 0、K = 0，触发器保持原状态不变

不论该触发器处于 0 状态或者 1 状态，当 CP = 0 时，$S = J\overline{Q} = 0$，$R = KQ = 0$，当 CP = 1 时主触发器解锁，此时主触发器保持原状态不变。当 CP 再变为 0 时，由于主触发器输出信号没有改变，所以从触发器的状态也没有改变。

由以上分析可知，在 J = 0、K = 0 时经过一个时钟周期使主从 JK 触发器保持原状态不变。

（4）J = 0、K = 1，触发器置 0

假设该触发器处于 0 状态，即 Q = 0、$\overline{Q}$ = 1。当 CP = 0 时，$S = J\overline{Q} = 0$，$R = KQ = 0$，当 CP = 1 时主触发器解锁，此时主触发器保持原状态不变。当 CP 再变为 0 时，由于主触发器信号没有改变，所以从触发器的状态也没有改变，即 Q = 0。

假设该触发器处于 1 状态，同样可分析出从触发器置 0，即 Q = 0。

由以上分析可知，在 J = 0、K = 1 时经过一个时钟周期使主从 JK 触发器状态置 0。

表 7-16 所示为主从 JK 触发器特性。

表 7-16　主从 JK 触发器特性

J	K	Q^n	Q^{n+1}	说明
0	0	0	0	触发器保持原状态不变
		1	1	
0	1	0	0	触发器置 0（与 J 状态同）
		1	0	
1	0	0	1	触发器置 1（与 J 状态同）
		1	1	
1	1	0	1	触发器翻转
		1	0	

需注意，CP 从 1 变为 0 时，即下降沿时，触发器状态 Q 输出。

另外，由于主触发器本身是一个可控 RS 触发器，在 CP=1 期间，若输入信号 J、K 发生变化，就会影响主触发器的输出，产生一次翻转现象，而且一旦翻转就不会回到原状态。这种情况下从触发器的输出状态就不能简单地按特性来判断。

一次翻转会引起触发器的错误翻转，从而降低触发器的抗干扰能力和可靠性，使主从触发器的使用受一定局限。为避免产生错误的一次翻转，要求在 CP=1 期间，J、K 端的输入信号保持不变。

边沿触发器只在 CP 上升沿或下降沿到达时刻接收输入信号，电路状态才会发生翻转；而在 CP 的其他时间内，电路状态不会发生变化，从而提高了触发器工作的可靠性和抗干扰能力，消除空翻现象。图 7-24（a）所示为上升沿触发的边沿 JK 触发器逻辑符号。其中，与 CP 端相连的方框内有 ">" 符号，这表明上升沿触发，若在与 CP 端相连的方框左边加一个小圆圈符号 "o"，则为下降沿触发，如图 7-24（b）所示。若 CP 端相连的方框内没有 ">" 符号，也没有主从 JK 触发器逻辑符号中特有的 "⌐" 符号，则表明电平触发，如图 7-20（b）所示。所以我们在学习过程中需注意，各类触发器逻辑符号中，CP 端连接处呈现的不同画法，反映了触发器不同的触发方式。

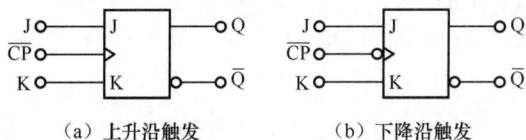

（a）上升沿触发　　　（b）下降沿触发

图7-24　边沿触发的边沿JK触发器逻辑符号

边沿 JK 触发器和主从 JK 触发器逻辑功能相同，只是触发方式不同。

JK 触发器是功能完善、使用灵活和通用性较强的一种触发器。常用型号有 74LS112（下降沿触发）、CC4072（上升沿触发）及 74LS27 等。JK 触发器在 J 和 K 取不同值时具有不同的功能，在应用时只要记住其特性就可以了。

【例 7-9】 设边沿 JK 触发器的初始状态为 0，为下降沿触发，已知输入 J、K 的波形如图 7-25 所示，画出输出 Q 的波形。

解：输出 Q 的波形如图 7-25 所示。

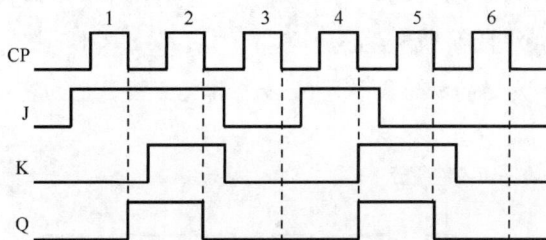

图7-25　例7-9波形

【例 7-10】 对于例 7-9，条件变为上升沿触发，其他都相同，画出输出 Q 的波形。

解：输出 Q 的波形如图 7-26 所示。

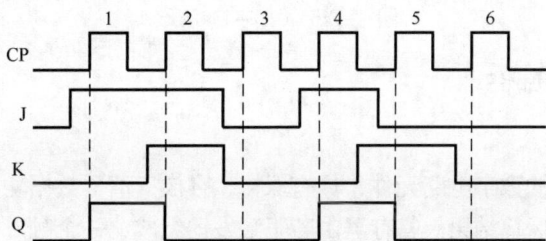

图7-26　例7-10波形

在画 JK 触发器的波形时，应注意以下 3 点。

（1）触发器的触发翻转发生在 CP 上升沿还是下降沿。

（2）在相邻两个触发脉冲（上升沿或下降沿）之间，触发器状态保持不变。

（3）主从 JK 触发器由于有一次翻转现象，故在 CP = 1 期间，只有输入信号的状态没有改变，才能按触发器特性的逻辑功能来判断触发器输出状态。

四、D 触发器

D 触发器只有一个触发输入端 D，通常为边沿触发器，其逻辑符号如图 7-27 所示。D 触发器逻辑功能非常简单，它的状

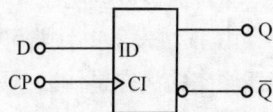

图7-27　D触发器逻辑符号

态只取决于 CP 触发边沿到来前控制信号端 D 的状态，即在触发 CP 作用下，D = 0，输出 Q = 0；D = 1，则输出 Q = 1。D 触发器的真值表如表 7-17 所示。

边沿 D 触发器

表 7-17　D 触发器的真值表

D	Q^n	Q^{n+1}	功能说明
0	0	0	输出状态与 D 相同
	1	0	
1	0	1	
	1	1	

🎓 提示

　　D 触发器可分为上升沿触发和下降沿触发两类。D 触发器可供选用的型号有很多种，如 74LS74（双 D 触发器）、74LS175（四 D 触发器）、74LS174（六 D 触发器）、74LS273（八 D 触发器）及 CD4013（CMOS 双 D 触发器）等。

【例 7-11】　设 D 触发器的初始状态为 0，为下降沿触发，已知输入 D 的波形如图 7-28 所示，画出输出 Q 的波形。

　　解：输出 Q 的波形如图 7-28 所示。

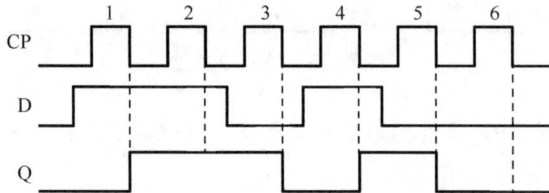

图 7-28　例 7-11 波形

7.2.2　基本数字部件

一、寄存器

　　寄存器是一种重要的数字电路元件，具有保持、存放、清零数据功能，常用来暂时存放各种输入、输出的数据和运算结果。寄存器由若干触发器组成，一个触发器只能存放一位二进制数，n 位二进制数要用 n 个触发器构成的 n 位寄存器储存。按有无移位功能，寄存器可分为数码寄存器和移位寄存器两种。

　　图 7-29 所示为数码寄存器 T4175 的内部逻辑电路，它由 4 位 D 触发器组成，D_4、D_3、D_2、D_1 是数据并行输入端，Q_4、Q_3、Q_2、Q_1 是数据并行输出端，CP 是时钟脉冲信号输入端，$\overline{CR}$ 是清零端。其主要功能如下。

　　（1）清零数据功能

　　由 D 触发器的性质可知当 $\overline{CR} = 0$，即 $R_D = 0$ 时可使 D 触发器的状态置 0，所以无论该寄存器原来的状态是什么，只要使 $\overline{CR} = 0$，就可使各触发器状态为 0。这样可清除寄存器原有数据，为接收新数据做好准备。当置 0 信号发送过去之后，$\overline{CR}$ 自动恢复到高电平，这样该寄存器将保持原来的置 0 状态不变。

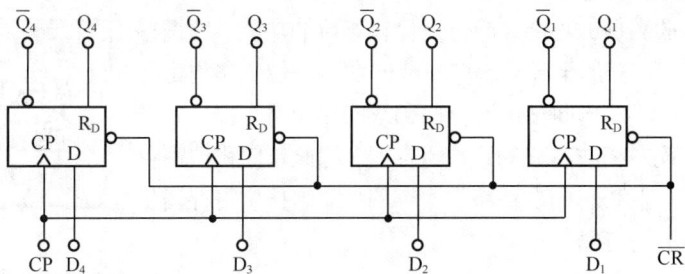

图7-29 数码寄存器T4175的内部逻辑电路

（2）存放数据功能

在确保 $\overline{CR}=1$ 的情况下，把待存数据 1010（任意一个 4 位二进制数）通过 4 个数据并行输入端输入，这样使 $D_4 = D_2 = 1$、$D_3 = D_1 = 0$，此时由于 CP = 0 使每个 D 触发器处于锁定状态，即使原来有数据保存在其中也不会被覆盖，直到 CP 上升沿到达时，使该触发器解锁，输入是什么输出就是什么。由于 4 个 D 触发器的输入端 D 从左向右依次为 1010，所以 4 个 D 触发器的状态依次为 1010，这样不但把数据经过输入端 D 存储到对应的 D 触发器中，还能够把数据持续经过 Q 端输出。

（3）保持数据功能

在确保 $\overline{CR}=1$ 的情况下，只要 CP = 0 就使该寄存器处于锁定状态，此时不论输入端 D 的数据如何变化，都无法改变寄存器中的内容。因此这种寄存器具有很强的 D 端抗干扰能力。

图 7-30 所示为 T4175 的外部引脚排列。可以看出该寄存器共有 16 个引脚，其中 16 号引脚接直流 5V 电源（V_{CC}），8 号引脚接地，其余引脚都有所标注，这样根据上面的叙述就能够实现数据的清零、存放和保持。

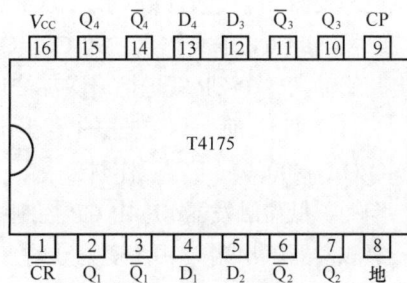

图7-30 T4175的外部引脚排列

有时为了增强寄存器的功能，在不需要读取数据时让数据存放在该寄存器中，而要求对外输出为低电平，这样只要在原来的基础上增加 4 个与门电路就可以实现，图 7-31 所示为改进后的寄存器逻辑电路。由此可以看出，Q 端为读取寄存的数据端，在正常的情况下 Q 端为低电平，这样根据与门的性质可知此时输出必然为低电平，即输出为 0000。当需要读取数据时只要让 Q 端置 1，每个与门的输出就完全取决于 D 触发器的输出端，由于上面的数据为 1010，因此这样使 4 个与门的输出为 1010，从而达到读取数据的目的。

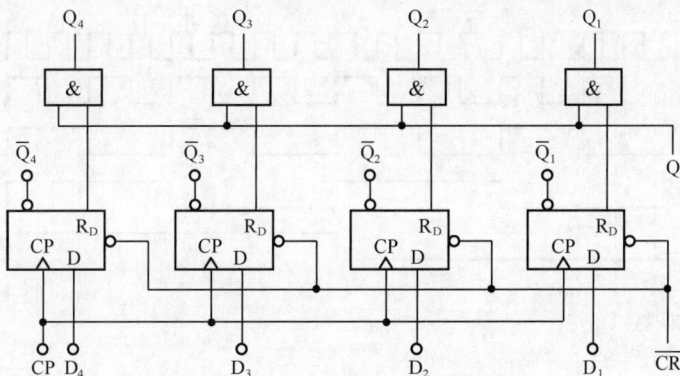

图7-31 改进后的寄存器逻辑电路

移位寄存器不仅具有存放数据的功能，而且还具有移位的功能。所谓移位就是每当一个 CP 到来时寄存器的全部数码向左或向右移一位。移位寄存器按移位功能不同可分为两大类：单向移位寄存器和双向移位寄存器。所谓单向移位寄存器是指只能实现左移或右移的移位寄存器，因此单向移位寄存器又可分为单向左移移位寄存器和单向右移移位寄存器；双向移位寄存器是数码既可以左移又可以右移的寄存器。

二、计数器

在数字电路和计算机中，计数器是最基本的部件之一。所谓计数就是统计输入 CP 的个数，它除了用于直接计数外，还可以作为数字系统中的分频和定时电路，是应用十分广泛的逻辑部件。

计数器种类很多，大致可分为以下几类。

（1）按计数制不同可分为：二进制计数器、十进制计数器和任意进制计数器。

（2）按计数增减可分为：加法计数器、减法计数器和可逆计数器。

（3）按计数器中触发器状态更新与输入 CP 到来是否同步可分为：同步计数器和异步计数器。

图 7-32（a）所示为由 JK 触发器构成的 4 位异步二进制加法计数器。4 个触发器 $FF_0 \sim FF_3$ 下降沿触发，其 J、K 输入端都保持高电平 1，即 J=K=1。低位触发器 FF_0 接收计数 CP，即 CP 信号，低位触发器输出端 Q 作为相邻高位触发器的 CP 信号输入，即 $CP_1=Q_0$、$CP_2=Q_1$、$CP_3=Q_2$。按二进制方式，电路每输入一个 CP 就进行一次加法运算。它的工作原理如下。

（1）计数前，计数器的清零端 $\overline{R}_D$ 上加负脉冲，使电路清零，即 $Q_3Q_2Q_1Q_0=0000$。正常工作时，$\overline{R}_D=1$。

（2）低位触发器 FF_0 由 CP 控制，每输入一个 CP，状态就变化一次。其余各级触发器在前一级触发器输出端 Q 由 1 变为 0 时，才会翻转。计数器波形如图 7-32（b）所示。

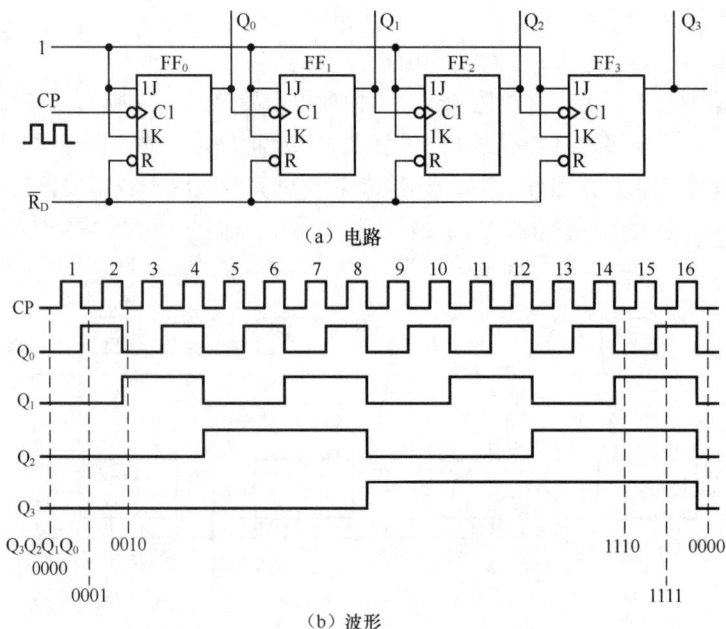

（a）电路

（b）波形

图7-32　JK触发器构成的4位异步二进制加法计数器

（3）当输入第 15 个计数 CP 时，输出 $Q_3Q_2Q_1Q_0$=1111。当输入第 16 个计数 CP 时，触发器 FF_0 翻转，输出 Q_0=0；CP_1=Q_0 从 1 变为 0，触发器 FF_1 翻转，输出 Q_1=0；以此类推，4 个触发器的输出 $Q_3Q_2Q_1Q_0$=0000。从计数器波形中可看出，从 $Q_3Q_2Q_1Q_0$=0000 到 $Q_3Q_2Q_1Q_0$= 1111，又回到 $Q_3Q_2Q_1Q_0$=0000，完成了 4 位二进制的计数循环。由图 7-32 可知，Q_0 端输出的 CP 周期是输入计数 CP 周期的 2 倍，即 Q_0 端输出的 CP 频率为输入 CP 频率的 1/2，以此类推，Q_1、Q_2 和 Q_3 端输出的 CP 频率分别为输入 CP 频率的 1/4、1/8、1/16，故 4 位异步二进制加法计数器可用作 2、4、8、16 分频器使用。

提示

测发动机的转速时一般通过传感器把转速信号变成脉冲信号，通过计数器计算出单位时间内脉冲的个数，这样通过相应的程序计算出发动机的转速，并通过显示设备显示出来。

三、七段译码器和数码显示器

在数字测量仪表和各种数字系统中，都需要将数字量直观地显示出来，一方面便于人们直接读取数据和查看运算结果；另一方面便于监视各设备的工作情况，如汽车仪表盘上显示的车速、发动机转速、冷却液温度和车内温度等。因此，数字显示电路是许多数字设备不可缺少的部分。数字显示电路通常由编码器、译码器、驱动器和显示器等部分组成。

把若干个二进制数码 0 和 1 按一定的规律编排在一起，组成不同的代码，并且赋予每个代码特定的含义即编码。用来完成编码的数字电路称为编码器。译码器可以将编码器编排代码的原意"翻译"成特定的输出信号（脉冲信号或电平信号），该输出信号可用作指令。图 7-33 所示为编码器和译码器工作原理。

译码器也可以用日常生活中打电话的例子来理解。如某人的电话号码为 12345678，当拨动电话机号码 12345678 后，就从千万个用户中把这个电话号码主人的电话接通，即把 12345678 所代表的原意"翻译"出来，打电话的过程就是译码的过程。

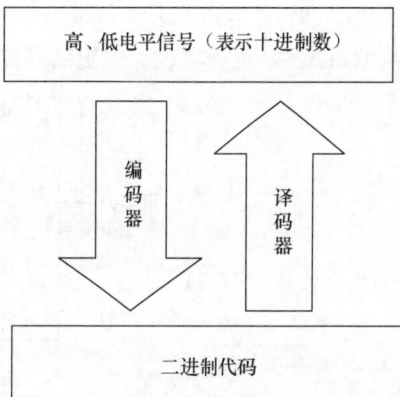

图7-33 编码器和译码器工作原理

数码显示器是用来显示数字、文字或符号的器件，广泛应用于各种数字设备中，其显示方式一般有字形重叠式、分段式和点阵式，目前以分段式的应用较普遍。图 7-34 所示七段数码显示器利用不同发光段组合方式，显示 0～15 等阿拉伯数字。在实际应用中，10～15 并不采用，而是用 2 位数码显示器进行显示。

（a）分段布置　　　　　（b）发光段组合
图7-34 七段数码显示器分段布置及发光段组合

七段数码显示器有共阴极和共阳极两种接法，如图 7-35 所示。共阴极接法时，输入高电平点亮；共阳极接法时，输入低电平点亮。

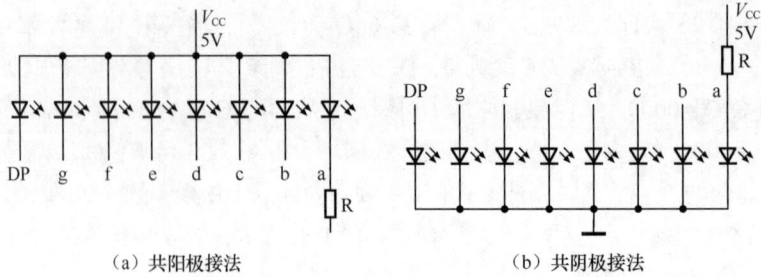

（a）共阳极接法 （b）共阴极接法

图7-35 七段数码显示器

如前文所述，分段式数码显示器（又称为分段式数码管）是利用不同发光段组合方式显示不同数码的。因此，为了使数码管能将数码所代表的数显示出来，必须将数码经译码器译出，然后经驱动器点亮对应的发光段。例如，对于8421BCD码的0011状态，对应的十进制数为3，则译码器、驱动器应使a、b、c、d、g各段点亮。即对应于某一组数码，译码器应有确定的几个输出段有信号输出，这是分段式数码管电路的主要特点。

现在的通用七段显示译码器芯片有74LS48、74LS47等。这些芯片不仅集成了七段译码器的全部电路，还增加了一些辅助功能，比如灯测试（$\overline{LT}$）、灯消隐（$\overline{BI}$）、灭零输入（$\overline{RBI}$）和灭零输出（$\overline{RBI}$）等，同时这些芯片含有驱动器，可以直接驱动发光二极管工作。74LS48的引脚排列及逻辑符号如图7-36所示，其输出高电平有效，用以驱动共阴极显示器。输入信号有4个，即二进制编码A_3、A_2、A_1、A_0，输出信号有7个，即a、b、c、d、e、f、g。表7-18所示为74LS48功能。

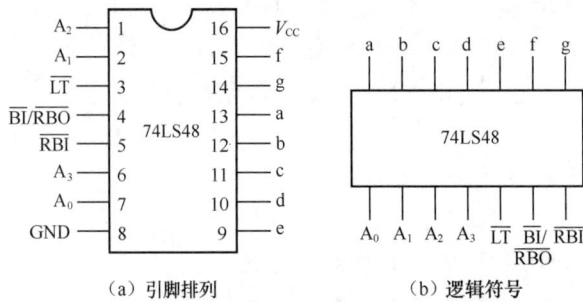

（a）引脚排列 （b）逻辑符号

图7-36 74LS48的引脚排列及逻辑符号

表7-18 74LS48功能

数字功能	输入						输出							显示数字
	$\overline{LT}$	$\overline{RBI}$	A_3	A_2	A_1	A_0	$\overline{BI}/\overline{RBO}$	a	b	c	d	e	f	g	
0	1	1	0	0	0	0	1	1	1	1	1	1	1	0	0
1	1	×	0	0	0	1	1	0	1	1	0	0	0	0	1
2	1	×	0	0	1	0	1	1	1	0	1	1	0	1	2
3	1	×	0	0	1	1	1	1	1	1	1	0	0	1	3
4	1	×	0	1	0	0	1	0	1	1	0	0	1	1	4
5	1	×	0	1	0	1	1	1	0	1	1	0	1	1	5
6	1	×	0	1	1	0	1	0	0	1	1	1	1	1	6
7	1	×	0	1	1	1	1	1	1	1	0	0	0	0	7
8	1	×	1	0	0	0	1	1	1	1	1	1	1	1	8
9	1	×	1	0	0	1	1	1	1	1	0	0	1	1	9

续表

数字功能	输入						$\overline{BI}/\overline{RBO}$	输出							显示数字
	$\overline{LT}$	$\overline{RBI}$	A_3	A_2	A_1	A_0		a	b	c	d	e	f	g	
10	1	×	1	0	1	0	1	0	0	0	1	1	0	1	ᴸ
11	1	×	1	0	1	1	1	0	0	1	1	0	0	1	⊐
12	1	×	1	1	0	0	1	0	1	0	0	0	1	1	ᒍ
13	1	×	1	1	0	1	1	0	0	1	0	1	1	ᴸ
14	1	×	1	1	1	0	1	0	0	0	1	1	1	1	ᴸ
15	1	×	1	1	1	1	1	0	0	0	0	0	0	0	全暗
$\overline{BI}$	×	×	×	×	×	×	0	0	0	0	0	0	0	0	全暗
$\overline{RBI}$	1	0	0	0	0	0	0	0	0	0	0	0	0	0	全暗
$\overline{LT}$	0	×	×	×	×	×	1	1	1	1	1	1	1	1	8

由此可以看出，74LS48 应用于高电平驱动的共阴极显示器。当输入信号 $A_3A_2A_1A_0$ 为 0000~1001 时，分别显示 0~9 数字信号；而当输入信号为 1010~1110 时，显示稳定的非数字信号；当输入为 1111 时，7 个显示段全暗。根据显示段出现非 0~9 数字信号或各段全暗，可以推出输入出错，即可检查输入情况。

提示

数字显示电路在汽车电路中应用得比较多，由于它的集成化程度比较高，只要掌握好每个引脚的功能就可以了。在实际汽车维修中遇到数字显示方面的故障，采用的方法是更换数字显示模块，对模块本身不需要维修，所以我们只要大致理解工作原理即可。

四、555 定时器应用

在数字系统中，常常需要各种脉冲波形，如时钟信号等。获取脉冲信号的方法通常有两种：一种是利用脉冲振荡器直接产生；另一种是对已有的信号进行整形处理，使之符合电路的要求。下面主要介绍用于脉冲产生、整形的集成 555 定时器及其应用。

555 定时器又称为 555 时基电路，在电路结构上是由模拟电路和数字电路组合而成的，它将模拟功能与逻辑功能合为一体，能够产生精确的时间延迟和振荡，拓宽了模拟集成电路的应用范围。电路采用单电源供电，电源范围宽，可以和模拟运放或数字电路共用一个电源，可独立构成一个定时电路，且定时精度高。电路的最大输出电流达 200mA，带负载能力强，可直接驱动小电动机、扬声器、继电器等负载。

1. 电路的组成

555 定时器电路及引脚排列如图 7-37 所示。它由分压器、比较器、基本 RS 触发器和放电三极管等部分组成。单极型定时器一般接有输出缓冲级，以提高驱动负载的能力。

555 定时器的电路结构

（1）分压器由 3 个 5kΩ 的等值电阻串联而成，"555" 由此得名。分压器为比较器 C_1、C_2 提供参考电位，当电压控制端 CO 悬空时，比较器 C_1 和 C_2 的比较电压分别为 $\frac{2}{3}V_{CC}$ 和 $\frac{1}{3}V_{CC}$。其中比较器 C_1 的参考电压 $\frac{2}{3}V_{CC}$ 加在同相输入端，比较器 C_2 的参考电压 $\frac{1}{3}V_{CC}$ 加在反相输入端。

（a）电路　　　　　　　　　　　　　　（b）引脚排列

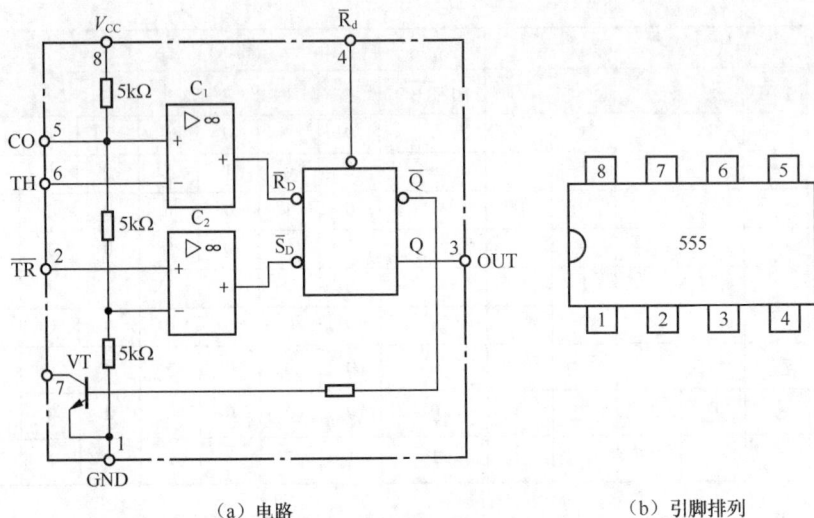

图7-37　555定时器电路及引脚排列

（2）比较器由两个结构相同的集成运放 C_1 和 C_2 组成。阈值输入端信号 TH 加在 C_1 的反相输入端，与 C_1 同相输入端的参考电压比较，其结果作为基本 RS 触发器 $\overline{R}_D$ 端的输入信号；触发输入信号 $\overline{TR}$ 加在 C_2 的同相输入端，与 C_2 反相输入端的参考电压比较，其结果作为基本 RS 触发器 $\overline{S}_D$ 端的输入信号。根据比较器原理可知，当同相输入端电位高于反相输入端电位时，比较器输出高电位 1，否则输出 0。

（3）基本 RS 触发器的输出状态 Q、$\overline{Q}$ 受比较器（集成运放）C_1、C_2 的输出端控制。基本 RS 触发器输入、输出间逻辑功能可参见 7.2.1 节内容。

（4）放电三极管（VT）的基极连接基本 RS 触发器的 $\overline{Q}$ 输出端，当 $\overline{Q}$ =1 时，放电三极管饱和导通；当 $\overline{Q}$ =0 时，放电三极管截止。放电三极管可为外接电容提供充放电回路。

2. 工作原理

下面根据图 7-37（a）所示电路分析 555 定时器电路逻辑功能。设 TH、$\overline{TR}$ 端输入电压分别为 u_{I1}、u_{I2}，电路工作原理如下。

（1）当 $u_{I1} > \frac{2}{3}V_{CC}$、$u_{I2} > \frac{1}{3}V_{CC}$ 时，比较器 C_1 输出低电平（$\overline{R}_D$ =0），C_2 输出高电平（$\overline{S}_D$ =1），基本 RS 触发器被置 0，放电三极管导通，输出端 u_O 为低电平。

（2）当 $u_{I1} < \frac{2}{3}V_{CC}$、$u_{I2} < \frac{1}{3}V_{CC}$ 时，比较器 C_1 输出高电平（$\overline{R}_D$ =1），C_2 输出低电平（$\overline{S}_D$ =0），基本 RS 触发器被置 1，放电三极管截止，输出端 u_O 为高电平。

（3）当 $u_{I1} < \frac{2}{3}V_{CC}$、$u_{I2} > \frac{1}{3}V_{CC}$ 时，比较器 C_1 输出高电平（$\overline{R}_D$ =1），C_2 也输出高电平（$\overline{S}_D$ = 1），基本 RS 触发器状态不变，电路也保持原状态不变。

$\overline{R}_d$ 为外部信号直接置 0 端，若 $\overline{R}_d$ =0，则不管其他输入端状态如何，555 定时器电路输出直接被清零；若 $\overline{R}_d$ =1，555 定时器电路输出由输入信号电压 u_{I1}、u_{I2} 决定。

由上述分析可得 555 定时器功能，如表 7-19 所示。

555 定时器的工作原理

248

表 7-19 555 定时器功能

$\overline{R}_d$ （4 脚-外部复位端）	u_{I2} （2 脚-触发输入端）	u_{I1} （6 脚-阈值输入端）	u_O （3 脚-输出端）	VT
0	×	×	0	导通
1	$> \dfrac{1}{3}V_{CC}$	$> \dfrac{2}{3}V_{CC}$	0	导通
1	$< \dfrac{1}{3}V_{CC}$	$< \dfrac{2}{3}V_{CC}$	1	截止
1	$> \dfrac{1}{3}V_{CC}$	$< \dfrac{2}{3}V_{CC}$	不变	不变

3. 555 定时器应用

555 定时器是一种多用途的单片集成电路。若在其外部配上一些电阻和电容元件，便能构成单稳态触发器、多谐振荡器和施密特触发器等各种不同用途的脉冲电路。由于它性能优良、使用灵活、方便，所以在汽车电子电路中得到广泛的应用。

（1）555 定时器构成的单稳态触发器

图 7-38（a）所示为用 555 定时器构成的单稳态触发器电路，内部的 555 定时器可参照图 7-37（a）所示。电阻 R 和电容 C 是定时元件；u_I 是输入触发信号，下降沿有效，接到 555 定时器的引脚 2；引脚 3 接输出信号 u_O。图 7-38（b）所示为 555 定时器构成的单稳态触发器波形。

555 定时器构成单稳态触发器

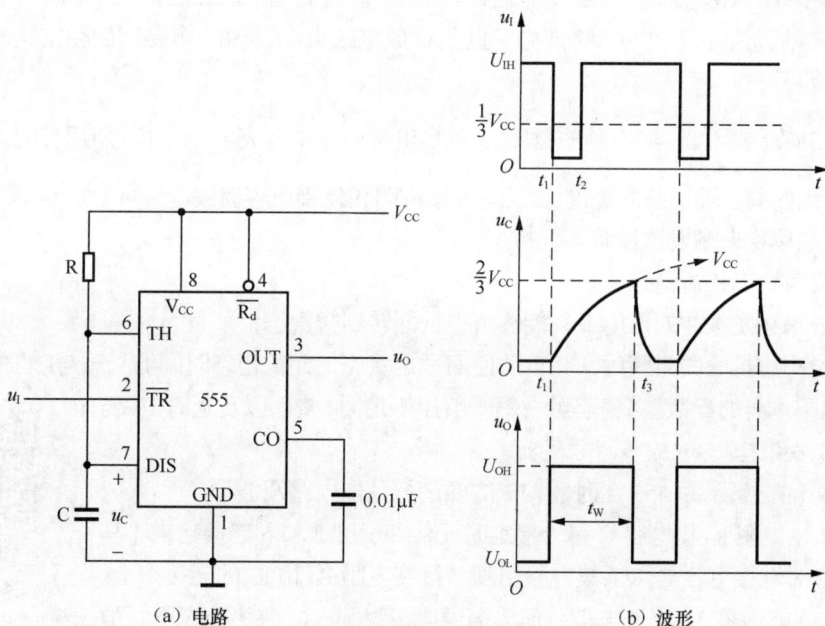

(a) 电路   (b) 波形

图 7-38 用 555 定时器构成的单稳态触发器

① 电路的稳态，输出 u_O 为低电平。

没有触发信号时，u_I 是高电平，$u_I > \dfrac{1}{3}V_{CC}$，比较器 C_2 输出 $\overline{S}_D = 1$。接通电源时，电路有一个进入稳定状态的过程。触发器的输出可从以下两种情况来分析。

- 若初始状态 Q=0，则 VT 导通，$u_C \approx 0$，比较器 C_1 输出 $\overline{R}_D=1$。由于 $\overline{S}_D=1$、$\overline{R}_D=1$，所以触发器状态保持不变，触发器置 0，输出 u_O 为低电平。
- 若初始状态 Q=1，则 VT 截止，电源经电阻 R 对电容 C 进行充电，其电压随之上升。当 $u_C > \frac{2}{3}V_{CC}$ 时，比较器 C_1 输出 $\overline{R}_D=0$。由于 $u_1 > \frac{1}{3}V_{CC}$，比较器 C_2 输出 $\overline{S}_D=1$，触发器置 0，输出 u_O 为低电平，VT 导通。此时电容经 VT 迅速放完电，$u_C \approx 0V$，比较器 C_1 输出变为 $\overline{R}_D=1$，触发器保持 0 状态不变。

因此在没有触发信号时电路工作在稳定状态，输出电压 $u_O=0$。

② 电路进入暂稳态，输出 u_O 为高电平。

如图 7-38（b）所示，在 t_1 时刻触发信号加入，u_I 下降沿到来时，电路被触发，$u_I < \frac{1}{3}V_{CC}$，比较器 C_2 输出 $\overline{S}_D=0$，而此时 $\overline{R}_D=1$，因此触发器置 1，输出 u_O 由低电平跃变为高电平。与此同时，VT 截止，这时电容 C 开始充电，电路进入暂稳态。充电时间常数 $\tau=RC$。

在 t_2 时刻，虽然触发信号 u_I 消失，即 u_I 是高电平，$u_I > \frac{1}{3}V_{CC}$，比较器 C_2 输出 $\overline{S}_D=1$，而 $\overline{R}_D=1$，所以触发器输出保持不变，置 1，输出 u_O 为高电平。

③ 自动返回稳定状态。

随着电容充电，u_C 随之上升。在电容电压 u_C 上升到 $\frac{2}{3}V_{CC}$ 时，比较器 C_1 输出 $\overline{R}_D=0$，比较器 C_2 输出 $\overline{S}_D=1$，触发器置 0，触发器翻转，输出 u_O 由高电平跃变为低电平，$u_O=0$。同时 VT 导通，电容 C 从充电转为通过 VT 放电，直至 C 放电结束，$u_C \approx 0$，电路回到稳定状态，等待下一个触发脉冲。

由图 7-38（b）可知，输出脉冲宽度 t_W 就是电容电压从 0 充电至 $\frac{2}{3}V_{CC}$ 所用的时间，即电路暂稳态的持续时间。输出脉冲宽度 t_W 仅与外接电阻和外接电容有关。

由此可知单稳态触发器具有下列特点：

① 它具有稳态和暂稳态；

② 在外来触发脉冲的作用下，能够由稳状翻转到暂稳态；

③ 暂稳态维持一段时间后，将自动返回稳定状态，而暂稳态时间的长短与触发脉冲无关，仅取决于电路本身的参数。单稳态触发器一般用于定时、整形以及延时电路。

（2）555 定时器构成的多谐振荡器

图 7-39（a）所示为 555 定时器构成的多谐振荡器电路及波形。

电阻 R_1、电阻 R_2 和电容 C 是外接定时元件，引脚 2 和 6 连接起来（其电压为 u_C），对地接电容 C，VT 集电极引脚 7 接到电阻 R_1 和 R_2 的连接点上。

555 定时器构成多谐振荡器

接通电源前电容 C 上无电荷，所以接通电源瞬间，C 来不及充电，故 $u_C=0$、$u_O=1$，555 定时器内部的 VT 截止。随着电容 C 充电，u_C 缓慢上升；当 u_C 上升到 $\frac{2}{3}V_{CC}$ 时，555 定时器内部的触发器翻转，$u_O = 0$，VT 饱和导通；VT 饱和导通使电容 C 通过 R_2 放电。随着电容 C 放电，u_C 不断下降。当 u_C 下降到 $\frac{1}{3}V_{CC}$ 时，触发器翻转，$u_O=1$，VT 截止。

随后电容 C 又开始充电，进入下一个循环。如此反复便在输出端产生了矩形脉冲。电路波形如图 7-39（b）所示。

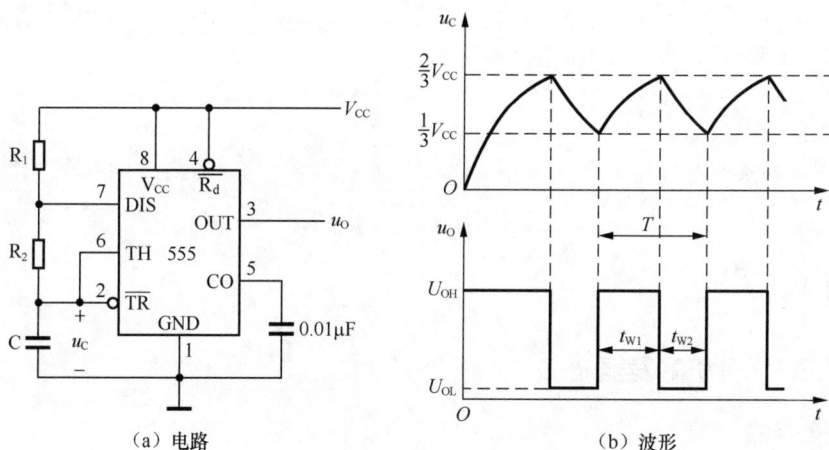

（a）电路　　　　　　（b）波形

图7-39　555定时器构成的多谐振荡器

（3）555 定时器构成的施密特触发器

施密特触发器一个重要的特点就是能够把变化非常缓慢的输入脉冲信号，整形成为适合数字电路需求的矩形脉冲信号。图 7-40（a）所示为 555 定时器构成的施密特触发器。

将 555 定时器的引脚 2 和引脚 6 连接来作为信号输入端 u_I，引脚 7 通过电阻 R 接电源 V_{CC2}，称为输出端 u_{O1}，输出电平可以通过改变 V_{CC2} 进行调制，引脚 3 是信号输出端 u_{O2}。

图 7-40（b）所示为输入信号 u_I 为三角波时施密特触发器的波形。

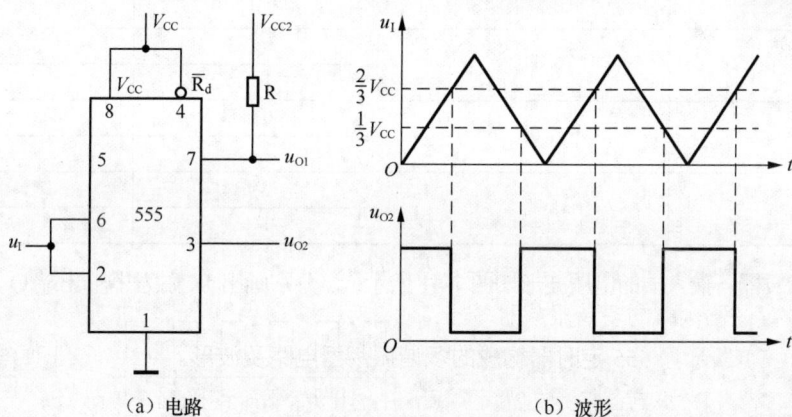

555 定时器构成施密特触发器

（a）电路　　　　　　（b）波形

图7-40　用555定时器构成的施密特触发器

开始时，$u_I = 0$，555 定时器内部 RS 触发器工作在 1 状态，VT 截止，引脚 3 输出高电平，u_{O1}、u_{O2} 均为高电平。随着 u_I 的升高，只要不达到 $\frac{2}{3}V_{CC}$，电路保持状态不变；当 u_I 升高到 $\frac{2}{3}V_{CC}$ 时，555 定时器内部 RS 触发器翻转，引脚 3 输出低电平，VT 导通，u_{O1}、u_{O2} 均为低电平。此后 u_I 在上升到 V_{CC}

施密特触发器的应用

后又下降，但是在下降到 $\frac{1}{3}V_{CC}$ 以前，555 定时器保持输出低电平状态不变；当 u_I 下降到 $\frac{1}{3}V_{CC}$ 时，555 定时器内部 RS 触发器翻转，VT 截止，引脚 3 输出高电平，u_{O1}、u_{O2} 均由低电平跃变到高电平，直到 u_I 下降到零时电路的状态也不会改变。

提示

555 定时器能够对外输出脉冲波形，通过改变电容就可以改变脉冲的频率，来达到不同的要求。

项目实施

任务7.2.1 分析触发器波形

一、任务目的

1. 掌握 JK 触发器、D 触发器的逻辑功能及分析方法。

2. 能够分析 JK 触发器、D 触发器的输出波形。

二、任务内容

根据输入信号分析 JK 触发器、D 触发器的输出波形。

三、分析过程

1. 分析 JK 触发器真值表，并填入表 7-20 中。

表 7-20　JK 触发器真值表

J	K	Q^n	Q^{n+1}
0	0	0	
		1	
0	1	0	
		1	
1	0	0	
		1	
1	1	0	
		1	

2. JK 触发器各输入端的电压波形如图 7-41 所示，试分别画出 JK 触发器输出端 Q 及 $\overline{Q}$ 的波形。

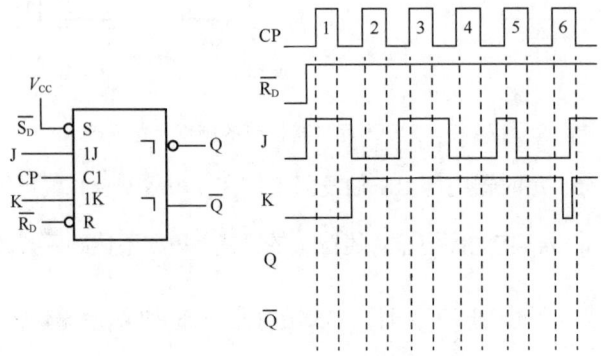

图7-41　JK触发器

3．分析 D 触发器真值表，并填入表 7-21 中。

表 7–21　D 触发器真值表

D	Q^n	Q^{n+1}
0		
1		

4．在 D 触发器的 CP 端输入 1kHz 脉冲信号，波形如图 7-42 所示，试画出 D 触发器输出端 Q 的波形。

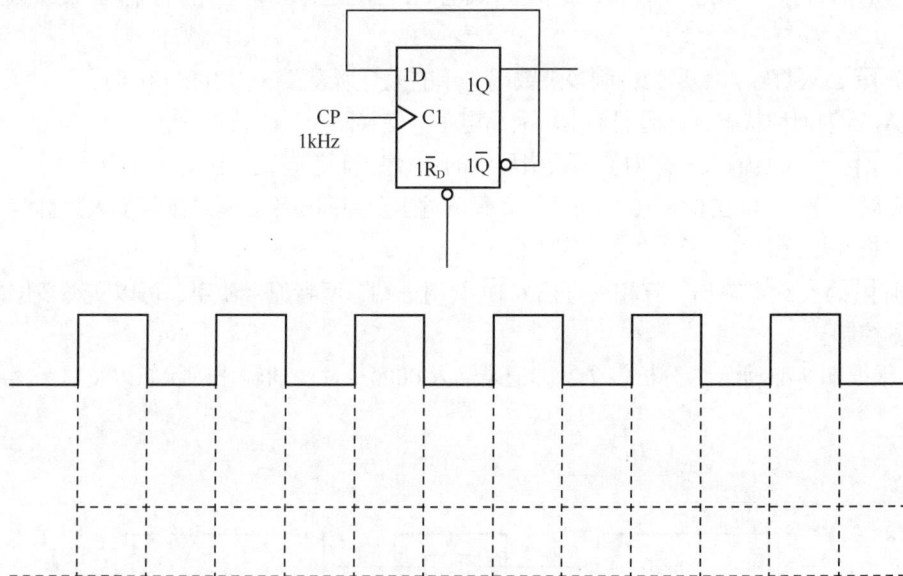

图7–42　D触发器输入、输出波形

四、分析与讨论

1．分析 JK 触发器的逻辑功能：

（1）J=K=1，触发器_____；

（2）J=1，K=0，触发器_____；

（3）J=0，K=0，触发器_____；

（4）J=0，K=1，触发器_____。

2．JK 触发器 CP_____时，触发器输出 Q 状态发生转移。

3．D 触发器只有一个触发输入端 D，通常为_____。

任务7.2.2　分析译码器与显示器电路

一、任务目的
掌握译码器与显示器电路的分析方法。

二、任务条件
直流稳压电源、数字实验板、万用表。

三、任务内容

分析译码器与显示器电路。根据译码器输入信号，验证显示器输出状态。

四、实训过程

1．74LS47译码器介绍。

74LS47译码器是输出低电平有效的七段字形译码器，是BCD-七段数码管译码器/驱动器。其功能是将BCD码转化成数码块中的数字，通过解码，可以直接把数字转换为数码管的显示数字，为低电平作用。

2．74LS47译码器引脚功能。

（1）$\overline{LT}$：试灯输入，是为了检查数码管各段是否能正常发光而设置的。当$\overline{LT}=0$时，无论输入$A_3A_2A_1A_0$为何种状态，译码器输出均为低电平，也就是各段将全亮，若驱动的数码管正常，显示8。

（2）$\overline{BI}$：灭灯输入，是为控制多位数码显示的灭灯所设置的。当$\overline{BI}=0$时，不论$\overline{LT}$和输入$A_3A_2A_1A_0$为何种状态，译码器输出均为高电平，使共阳极数码管熄灭。

（3）$\overline{RBI}$：灭零输入，是为使不希望显示的0熄灭而设置的。当每一位$A_3=A_2=A_1=A_0=0$时，本应显示0，但是在$\overline{RBI}=0$作用下，译码器输出全为高电平。其结果和加入灭灯信号的结果一样，将0熄灭。

（4）$\overline{RBO}$：灭零输出，它和灭灯输入$\overline{BI}$共用一端，两者配合使用，可以实现多位数码显示的灭零控制。

3．根据图7-43所示，分析表7-22，记录输入0000～1111时输出的状态以及显示器所显示的状态。

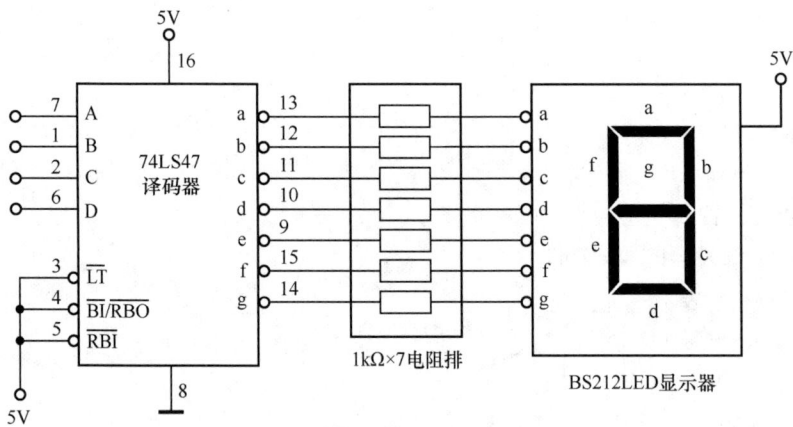

图7-43　译码器与显示器电路

表7-22　真值表

十进制数或功能	输入						输出								数码显示说明
	$\overline{LT}$	$\overline{RBI}$	D	C	B	A	$\overline{BI}/\overline{RBO}$	a	b	c	d	e	f	g	
0	1	1	0	0	0	0	1								
1	1	×	0	0	0	1	1								
2	1	×	0	0	1	0	1								
3	1	×	0	0	1	1	1								

续表

十进制数或功能	输入						输出								数码显示说明
	$\overline{LT}$	$\overline{RBI}$	D	C	B	A	$\overline{BI}/\overline{RBO}$	a	b	c	d	e	f	g	
4	1	×	0	1	0	0	1								
5	1	×	0	1	0	1	1								
6	1	×	0	1	1	0	1								
7	1	×	0	1	1	1	1								
8	1	×	1	0	0	0	1								
9	1	×	1	0	0	1	1								
10	1	×	1	0	1	0	1								
11	1	×	1	0	1	1	1								
12	1	×	1	1	0	0	1								
13	1	×	1	1	0	1	1								
14	1	×	1	1	1	0	1								
15	1	×	1	1	1	1	1								
$\overline{BI}$	×	×	×	×	×	×	0								
$\overline{RBI}$	1	0	0	0	0	0	0								
$\overline{LT}$	0	×	×	×	×	×	1								

五、分析与讨论

1．74LS47 译码器的供电电压是_____，电源引脚是_____，输入引脚是_____，输出引脚是_____。

2．BS212LED 显示器采用_____接法。当译码器输出高电平时，LED 灯_____；当译码器输出低电平时，LED 灯_____。

任务7.2.3　分析汽车转向灯控制电路

一、任务目的

1．掌握 555 定时器在汽车转向灯控制电路中的应用。

2．掌握分析汽车转向灯控制电路的方法。

二、任务内容

由 555 定时器构成的汽车转向灯闪光电路如图 7-44 所示，试分析其电路的工作原理。

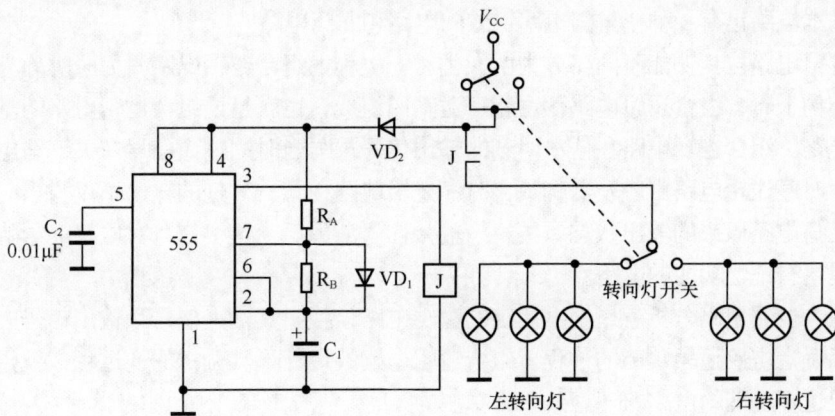

图7-44　汽车转向灯闪光电路

三、分析与讨论

利用 555 定时器的输出端 3 接_____，使继电器按多谐振荡频率进行工作，继电器的触点_____，控制转向灯电源的_____，使转向灯按一定频率闪烁。

如果驾驶员拨下左转向灯开关，此时左转向灯与_____以及_____构成一回路。但由于继电器的常开触点与之串联，所以只有当 555 定时器的引脚 3_____继电器才得电吸合，这样左转向灯就被点亮，当 C_1 充电结束时引脚 3_____，继电器断电使触点断开，这样左转向灯由于不能形成闭合回路而熄灭。如此重复进行转向灯的灯亮、灯灭控制，只要选择合适的继电器得电、断电频率，就能够感觉转向灯在闪烁。

闪光器的灯亮时间由 C_1 的充电时间常数_____决定。闪光器的灯灭时间由 C_1 的放电时间常数_____决定。闪光器的灯亮、灯灭周期即多谐振荡器的振荡周期 T。信号灯的闪烁频率为 $f = 1/T \times 60$（次/min）。通过适当选择 R_A、R_B 和 C_1 值，即可取得一定的闪烁频率。

> 🎓 **提示**
>
> 通过 555 定时器控制继电器的线圈得电和断电，就可以使控制电路断续得电，从而达到控制目的。

拓展阅读 汽车技术专家李德毅

中国工程院院士李德毅，是汽车智能驾驶技术领域的顶尖技术专家，他刻苦钻研、勇于创新，一直推动中国无人驾驶的研究和实践。他带领团队克服重重困难，在环境感知、驾驶认知、智能控制及汽车电子技术等领域取得了多项关键技术突破。

●●● 模块小结 ●●●

（1）电路中的信号可分为模拟信号和数字信号两类，模拟信号是指在时间和数值上都连续变化的电信号；数字信号是指在时间和数值上都不连续变化的离散脉冲信号。电子技术中电子电路分为两大类，其中传输和处理模拟信号的电路称为模拟电路；传输和处理数字信号的电路称为数字电路。

（2）"与"逻辑关系、"或"逻辑关系和"非"逻辑关系是基本的逻辑关系。实现这 3 种逻辑关系的基本电路也有 3 种：与门电路、或门电路和非门电路。

（3）逻辑电路按其功能不同可分为两大类：一类称为组合逻辑电路，另一类称为时序逻辑电路。从结构上看，组合逻辑电路仅由若干逻辑门组成，也就是说组合逻辑电路的基本单元就是逻辑门电路。组合逻辑电路在任一时刻的输出信号仅与当时的输入信号有关，与电路原来的状态无关。时序逻辑电路由触发器构成，时序逻辑电路在某一时刻的输出不仅与当时的输入状态有关，还与电路原来的输出状态有关，当输入信号消失后，这个信号对电路的影响却能保留下来。它是具有记忆功能的电路。

（4）组合逻辑电路分析就是根据给定的逻辑电路，找出其输入信号和输出信号之间的逻辑关系，最后确定电路逻辑功能的过程。组合逻辑电路的设计是其分析的逆过程，就是根据题意设计出满足逻辑功能的电路。

（5）触发器是构成时序逻辑电路的基本单元。时序逻辑电路在某一时刻的输出不仅和当时的输入状态有关，还与电路原来的输出状态有关，当输入信号消失后，这个信号对电路的影响却能保留下来，它是具有记忆功能的电路。

（6）根据逻辑功能的不同，触发器可分为 RS 触发器、JK 触发器、D 触发器、T 触发器和 T′触发器等。根据触发方式不同，触发器可分为电平触发器、边沿触发器和主从触发器。根据电路结构不同，触发器可分为基本 RS 触发器、同步触发器以及维持阻塞触发器。

（7）寄存器是一种重要的数字电路元件，常用来暂时存放各种输入、输出的数据和运算结果。寄存器由若干触发器组成，一个触发器只能存放一位二进制数，n 位二进制数要用 n 个触发器构成的 n 位寄存器储存。按有无移位功能，寄存器可分为数码寄存器和移位寄存器两种。

（8）计数器按计数制不同可分为二进制计数器、十进制计数器和任意进制计数器；按计数增减可分为加法计数器、减法计数器和可逆计数器；按计数器中触发器状态更新与输入时钟脉冲到来是否同步可分为同步计数器和异步计数器。

（9）数字显示电路通常由编码器、译码器、驱动器和显示器等部分组成。七段数码显示器有共阴极和共阳极两种接法。共阴极接法时，输入高电平点亮；共阳极接法时，输入低电平点亮。

（10）555 定时器是一种多用途的单片集成电路。若在其外部配上一些电阻和电容元件，便能构成单稳态触发器、多谐振荡器和施密特触发器等各种不同用途的脉冲电路。

●●● 习题 ●●●

1．简答题。

（1）数字电路的特点是什么？

（2）说明计数器在汽车中的应用。

（3）说明 555 定时器的工作原理。

（4）说明图 7-44 所示转向灯的控制原理。

（5）简述 D 触发器的工作原理。

（6）简述上升沿触发和下降沿触发的特点。

2．应用逻辑代数运算法则化简下列各式。

（1）$F = A\overline{B} + \overline{A}B + A$。

（2）$F = \overline{A} + \overline{B} + \overline{C} + \overline{ABC}$。

（3）$F = \overline{\overline{(A+B)} + AB}$。

（4）$F = A\overline{C} + ABC + AC\overline{D} + CD$。

3．应用逻辑代数运算法则证明下列各式。

（1）$\overline{A} + \overline{B} + \overline{C} + ABC = 1$。

（2）$\overline{A}\overline{B} + A\overline{B} + \overline{A}B = \overline{A} + \overline{B}$。

（3）$BC + D + \overline{D}(\overline{B} + \overline{C})(AC + B) = B + D$。

4．根据下列各逻辑表达式，画出逻辑电路。

（1）$Y = AB + BC$。

（2）$Y = (A+B)(A+C)$。

（3）$Y = \overline{A+B} + \overline{B}C$。

5. 由二极管组成的逻辑门电路及输入信号波形如图 7-45 所示，试画出相应的输出波形。

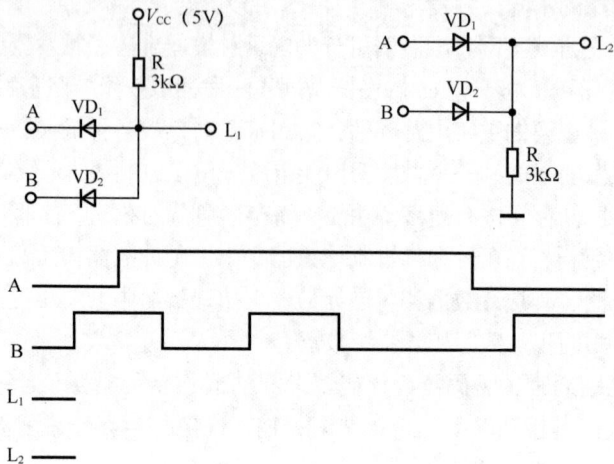

图7-45　由二极管组成的逻辑门电路及输入信号波形

6. 异或门电路及输入信号波形如图 7-46 所示，试画出相应的输出波形。

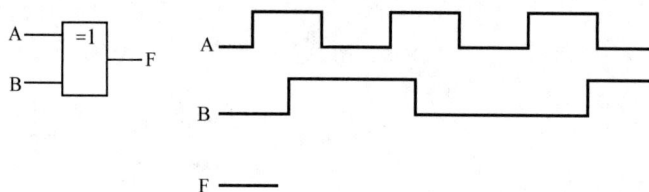

图7-46　异或门电路及输入信号波形

7. 图 7-47（a）所示为门电路输入电路，其输入信号波形如图 7-47（b）所示，试画出 G 端与 F 端的波形。

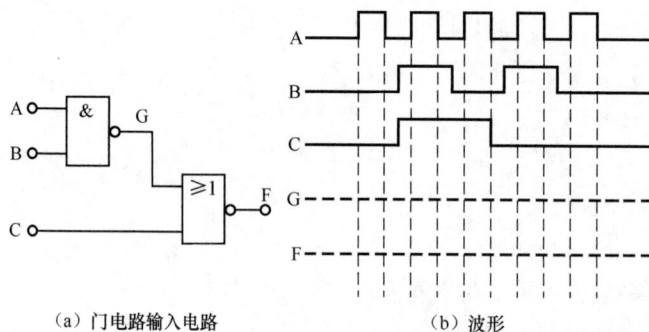

（a）门电路输入电路　　　　　（b）波形

图7-47　门电路输入电路及波形

8. 下降沿触发的边沿 JK 触发器输入电压波形如图 7-48 所示，试分别画出 JK 触发器输出端（Q 和 $\overline{Q}$）的波形。

9. 某汽车驾驶员培训班进行结业考试，有 3 名评判员。在评判时，按照少数服从多数的原则通过；但主评判员认为合格，也可通过。试画出实现此评判规定的逻辑电路。

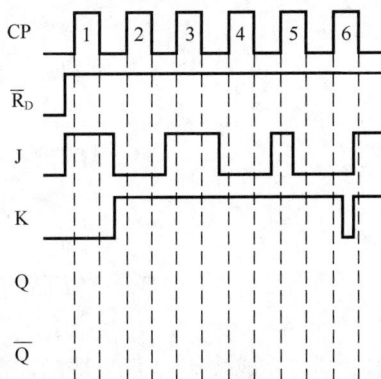

图7-48 边沿JK触发器输入电压波形

••• 自测题 •••

一、填空题

1. 将下列二进制数转换成十进制数。

$(1011)_2=(\quad)_{10}$　　　　$(10001)_2=(\quad)_{10}$　　　　$(110010)_2=(\quad)_{10}$

2. 将下列十进制数转换成二进制数。

$(21)_{10}=(\quad)_2$　　　　$(26)_{10}=(\quad)_2$　　　　$(118)_{10}=(\quad)_2$

3. 将下列 8421BCD 码转换成十进制数。

$(001010000101)_{8421BCD}=(\quad)_{10}$　　　　$(100100010111)_{8421BCD}=(\quad)_{10}$

$(100010010100)_{8421BCD}=(\quad)_{10}$　　　　$(010000010011)_{8421BCD}=(\quad)_{10}$

4. 将下列十进制数转换成 8421BCD 码。

$(314)_{10}=(\quad)_{8421BCD}$　　　　　　　　$(684)_{10}=(\quad)_{8421BCD}$

5. 数字显示电路通常由_____、_____、_____和_____等部分组成。

6. 数字电路基本的逻辑关系有_____、_____、_____3 种。

7. 在数字电路中，正逻辑是指电路中的高电平用_____表示，低电平用_____表示。

8. "与非"门的逻辑功能是有 0 出_____、全 1 出_____。

9. 触发器有两个互补的输出端 Q、$\overline{Q}$，定义触发器的 1 状态为_____，0 状态为_____，可见触发器的状态指的是_____端的状态。

10. 一个基本 RS 触发器在正常工作时，约束条件是 $\overline{R}+\overline{S}=1$，则它不允许输入 $\overline{S}=$_____且 $\overline{R}=$_____的信号。

二、选择题

1. 与模拟电路相比，数字电路主要的优点有（　　）。

A. 容易设计　　　　B. 通用性强　　　　C. 保密性好　　　　D. 抗干扰能力强

2. 一位十六进制数可以用（　　）位二进制数来表示。

A. 1　　　　　　B. 2　　　　　　C. 4　　　　　　D. 16

3. 若输入变量 A、B 全为 1 时，输出 F=0，则其输入与输出的关系是（　　）。

A. 异或　　　　　B. 与　　　　　　C. 与非　　　　　D. 或非

4. 在（　　）情况下，"与非"运算的结果是逻辑 0。

A．全部输入是 0   B．任一输入是 0

C．仅一输入是 0   D．全部输入是 1

5．在（　　）情况下，"或非"运算的结果是逻辑 0。

A．全部输入是 0   B．全部输入是 1

C．任一输入为 0，其他输入为 1   D．任一输入为 1

6．逻辑变量的取值 1 和 0 可以表示（　　）。

A．开关的闭合、断开   B．电位的高、低

C．真与假   D．电流的有、无

7．对于 JK 触发器，若 J=K，则可完成（　　）触发器的逻辑功能。

A．RS   B．D   C．T   D．T′

8．对于 D 触发器，欲使 $Q^{n+1}=Q^n$，应使输入 D=（　　）。

A．0   B．1   C．Q   D．$\overline{Q}$

9．要实现 $Q^{n+1}=\overline{Q^n}$，JK 触发器的 J、K 取值应为（　　）。

A．J=0，K=0   B．J=0，K=1   C．J=1，K=0   D．J=1，K=1

10．555 定时器可以组成（　　）。

A．多谐振荡器   B．单稳态触发器

C．施密特触发器   D．JK 触发器

三、分析题

1．电路结构及 CP 及 B 端输入波形如图 7-49 所示，试画出该电路输出端 Q、G 的波形，设触发器的初始状态为 0。

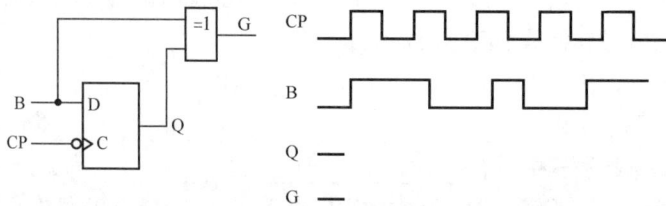

图7-49　分析题1图

2．如图 7-50 所示，各触发器的初始状态皆为 0，试画出在 CP 作用下的各触发器 Q 端的波形。

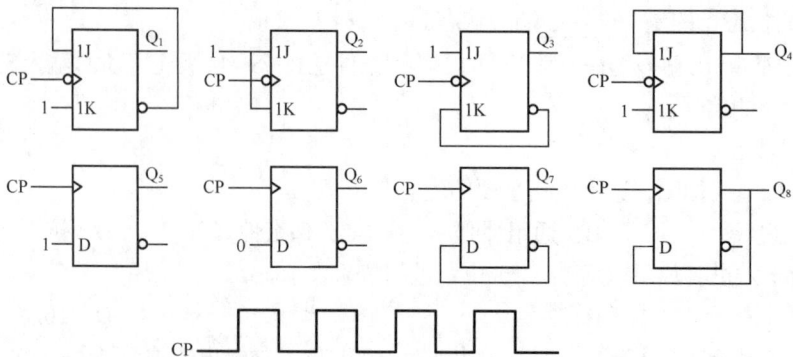

图7-50　分析题2图

3．用基本 RS 触发器消除手动开关因机械振动而产生的电压、电流波形毛刺的电路结构如图 7-51 所示，试画出按钮开关 S 在位置 A 与 B 之间变化有触点振动时，触发器 Q、$\overline{Q}$ 端的波形。

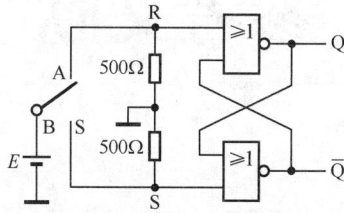

图7-51　分析题3图

4．试分析图 7-52 所示电路，当发光二极管点亮时，输入信号 A、B 分别取什么值。

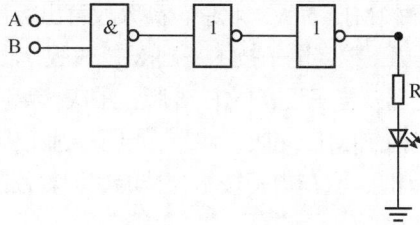

图7-52　分析题4图

参考文献

[1] 冯渊. 汽车电工与电子技术基础[M]. 3 版. 北京: 机械工业出版社, 2018.

[2] 胡翔骏. 电路基础[M]. 2 版. 北京: 高等教育出版社, 2009.

[3] 陈小虎. 电工电子技术（多课时）[M]. 北京: 高等教育出版社, 2000.

[4] 杨志忠. 数字电子技术[M]. 5 版. 北京: 高等教育出版社, 2018.

[5] 田培成, 沈任元, 吴勇. 数字电子技术基础[M]. 3 版. 北京: 机械工业出版社, 2021.

[6] 古永棋, 等. 汽车电器及电子设备[M]. 5 版. 重庆: 重庆大学出版社, 2004.

[7] 刘子林. 电机与电气控制[M]. 4 版. 北京: 电子工业出版社, 2022.

[8] 孙余凯, 吴永平, 项绮明. 汽车电子技术与技能实训教程[M]. 北京: 电子工业出版社, 2006.

[9] 许晓峰. 电机与拖动[M]. 2 版. 北京: 高等教育出版社, 2019.

[10] 秦曾煌. 电工学（上册）[M]. 7 版. 北京: 高等教育出版社, 2009.

[11] 秦曾煌. 电工学（下册）[M]. 7 版. 北京: 高等教育出版社, 2011.

[12] 李春明. 汽车电器与电路[M]. 北京: 高等教育出版社, 2012.

[13] 赵福堂. 汽车电器与电子设备[M]. 3 版. 北京: 北京理工大学出版社, 2009.

[14] 曹才开, 熊幸明. 电工电子技术[M]. 北京: 机械工业出版社, 2015.

[15] 林平勇, 等. 电工电子技术（少学时）[M]. 北京: 高等教育出版社, 2000.

[16] 李涵武. 汽车电器与电子技术[M]. 哈尔滨: 哈尔滨工业大学出版社, 2003.

[17] 刘皓宇. 汽车电工电子技术[M]. 2 版. 北京: 高等教育出版社, 2014.

[18] 周绍英, 等. 电机与拖动[M]. 北京: 中央广播电视大学出版社, 1994.

[19] 李发海, 王岩. 电机与拖动基础[M]. 4 版. 北京: 清华大学出版社, 2012.

[20] 高永强, 王吉恒. 数字电子技术[M]. 2 版. 北京: 人民邮电出版社, 2011.

[21] 江捷, 马志诚. 数字电子技术基础[M]. 北京: 北京工业大学出版社, 2009.

[22] 任礼维, 林瑞光. 电机与拖动基础[M]. 杭州: 浙江大学出版社, 1994.